硬漢鐵腕

普京傳

還你一個奇蹟般的俄羅斯

俄羅斯自2000年以來的實際最高領導人
俄羅斯公認最有魅力、最性感的硬漢
他以強悍的作風收復克里米亞重新控制了黑海
雖然強勢的軍事、外交行動引起西方國家的反對與抨擊
但在國內依然有著不敗的政績直持著他：勇往直前
他發下豪語：給我二十年，還你一個奇蹟般的俄羅斯

謝東──著

序一：凌厲重拳，超人總統引領俄羅斯走向復興

當克里米亞的硝煙逐漸散去，當克入俄條約正式簽訂，普京「給我20年，還你一個奇蹟般的俄羅斯！」的豪言壯語似乎依然迴盪在俄羅斯人民的耳中，他雄霸天下的氣勢，彷若無人能夠抵擋。離開俄羅斯多年的克里米亞半島，終於在普京再次問鼎總統高位之後，順利回歸了俄羅斯。從此，黑海艦隊不用再經歷客居他鄉的尷尬，而因為地理位置的優越性，控制了克里米亞半島，就相當於控制了黑海，俄羅斯的經濟、軍事都有了最大的保障。

三次競選，三次攀登總統寶座，普京為俄羅斯帶來的不僅僅是收復克里米亞半島這一個成績。他在危難時刻接過管理國家的重任，臨危受命，在炮火與熱血中帶著俄羅斯前進，他領著俄羅斯由貧弱逐漸走向強盛，將一個散漫無序沒有地位的，動亂落後的俄羅斯發展成了讓世界刮目相看的強國。他帶著俄羅斯人民創造了一個又一個奇蹟，整個國家在他的領導下終於揚眉吐氣，找回了自己的尊嚴和影響力。他帶領俄羅斯重新崛起，回歸到了世界強國之列。

在他的領導之下，俄羅斯散發出恢宏的氣勢，有力的鎮壓了車臣叛亂，終止了十年經濟下

滑，跨入「經濟強國」行列。他憑藉高超的政治藝術，擺平了左右兩派，使俄國多少年來第一次出現了政府與議會、在朝與在野相安無事的局面。他提出「主權民主」的概念，主張按照國情確定民主形態，讓反對派不戰而敗，也破除了西方「顏色革命」的法理依據。他讓俄羅斯的民眾恢復了對國家的信任，讓人民找到了自信以及對明天的希望，他強有力的削藩大斧掄過，國家經濟政治得到了全新改善。他長袖善舞，連任任期滿後，協助志同道合的梅德韋傑夫成功競選總統，自己轉身為總理，以「梅普組合」繼續管理俄羅斯，既不違憲連任，同時繼續執掌國家權柄。

他親自參與軍隊現代化計畫制訂，解決各種困難，督促改革計畫的落實，不斷增加軍事建設投入，大幅度提高軍費開支，使軍隊的改革以及發展由「維持型」轉變成了「發展型」，加快了武器裝備的更新換代、提升現代化水準的步伐，而戰略核威懾力量的發展更是引人注目，普京的行動讓俄羅斯逐漸恢復了軍事大國的形象和地位。在他的管理下，俄羅斯成為世界上具有活力與前途的新興市場之一，成了「金磚四國」中的重要一員，國民經濟持續高速增長，金融、財政形勢在很大程度上得到了改善，人民的生活水準得到快速提高，實現了貿易總額和貿易順差的長期雙增長。

除了這些之外，可以說，普京是俄羅斯近百年來除了列寧以外，又一個也是繼列寧之後唯一一位可以用外語與外國元首對話的領導人。與德國總理長談，和歐巴馬調侃，他應對自如，拜會英國女王，他一襲黑色燕尾服，盡顯紳士風度。他剛柔相濟。與人握手時，他那坦誠而溫和的藍眼睛好像是在向你傳遞俄羅斯的軟實力，但是那寬肩闊背加上厚重的手掌卻會讓深深地對方感受到他「鐵腕」的氣魄。而換上柔道服的他，將日本高手摔得服服帖帖，參觀少林寺，他分外溫和的將小沙彌扛到肩頭。和運動員合影，他無拘地蹲在前排。他曾獨自一人應邀去村婦家中吃酸蘑菇，安慰這位孑然一身的孤獨老人，也曾親自開一輛嶄新的國產小汽車，送給為老軍人福利奔忙左右的耄耋退休女特工。面對邀他游泳的村民，他毫不猶豫就跳進河裡。他的智慧與冷酷，鐵血與親民，在俄羅斯的土地上燦爛奪目。

如今，恢復了實力的俄羅斯，在政治發展以及外交戰略上不再退讓，在國家政策上不再一味的去取悅於人，在行動方面更是越來越積極主動。在普京的領導下，俄羅斯正在迅速的朝著強國的方向發展，「給我20年，還你一個奇蹟般的俄羅斯！」相信普京能夠繼續為俄羅斯創造一個又一個的奇蹟！

序二：他為俄羅斯而生——鐵血男人的堅韌與溫柔

2013年的《富比士》全球最具影響力人物評選結束後，被俄羅斯媒體稱為「黑盒子」的，俄羅斯總統普京高居榜首。他是俄羅斯國家歷史上的第一個「青春派」總統。他熱愛運動富有愛心，他能文能武睥睨群雄，他冷酷堅硬的外表之下，是光芒四射的個人魅力，他所有的一切都讓俄羅斯人為之瘋狂，著迷。

普京從名不見經傳到一路問鼎總統職位，從低調的平凡出身到舉世矚目的俄羅斯總統，他所領導的俄羅斯涅槃重生。他堅毅果敢，奉行強悍政策，好與人爭辯，他不掩飾自己的專注，也不會因顧及會晤者的身分而克制自己的觀點。他精通世界事務，卻又對西方人的生活一無所知，他有時溫文爾雅，有時卻又野蠻粗魯。他在日本提出北方四島的領土要求時，語帶輕蔑地說出「有本事來搶」的話語，當車臣恐怖分子一而再再而三地挑釁時，他毫不留情的說出將恐怖分子拉到茅房裡斃了，他一度被美國前總統布希稱為是冷血動物的人，在他的反對者口中，他被形容為「專制沙皇」，在將近11萬名支持者面前，他卻潸然落淚了。雙眼含淚的強勢男人看著台下潮水般的人群，臉上帶著靦腆的微笑。他三次參加競選，三次當選。究竟是什麼讓他從聖彼得堡的大雜院裡走進了克里姆林宮？又是什麼成就了「紅場黑馬」的傳奇？

他有魅力，還很強硬，他是英雄，也是凡人。出身平凡的他，曾是一名職業特工，歷經過KGB的沉浮。葉爾欽於眾人之中相中名不見經傳的他，並將他推向了風口浪尖。一句「你要照看好俄羅斯」，就讓他從此背負上了王者使命，從此風雨兼程。他穿過車臣戰火，踏著血與火的階梯登上俄羅斯之巔，揮斥方酋，睥睨一切。大洋彼岸的對手，對他愛恨交織。他駕飛機上九天只差攬月，入潛艇下五洋亦敢戲鯨。他能在黑白琴鍵上溫柔撫觸，穿上柔道服時，強力臂膀卻逼得對手氣勢全無。他治國外交手腕強硬，卻又在動物面前有柔軟的一面，他對覬覦俄羅斯的外界毫不留情，卻對自己的國民親和有加。

謎一樣的普京，他是大家眼中的好總統、好父親以及，一個好的「狗主人」，他的形象永遠都那麼親民而又神秘。他的真摯與自然深得民心，他的坦率與霸氣，冷靜與正直，無不成為別人模仿的對象以及追捧的特點。

男人想瞭解他，看看他的成功之道，去從中找到自己奮進的動力與方法，來幫助自己早日收穫成功，創造奇蹟；女人想瞭解他，因為他的魅力早已深深折服了所有俄羅斯女性，因為他的成功在告訴女性如何去選擇自己的另一半，如何能夠讓自己過得更幸福；朋友想瞭解他，看起來冷峻的他總能夠出其不意的給人驚喜，總能創造一個又一個的奇蹟；對手想瞭解他，試圖從他的一舉一動一言一行中看破他，找出他的弱點和軟肋；就連管理者，也想要瞭解他，他強硬的手段，雷厲風行的行事作風，親民而又人性化的管理方式，無一不值得每一位管理者去研究去學習；而沉浮於商海的商人、投資者也想要瞭解他，因為他廣交朋友的魅力，談判桌上的談判技巧與能力，他的處事方針以及原則，他的強大的自信心，都是經商者需要深入研究，認真學習的商海智慧；而作為一名想要在仕途上謀得長期發展，節節高升的小員工，更是想要瞭解他。他出身平凡卻問鼎總統的傳奇經歷，本身就是一個極為神奇的故事，他一路走來，從平民到總統，仕途裡的浮浮沉沉，向人們展示了一個又一個職場路上會面臨的問題和需要學習的能力。

從從政到現在，一路走來，普京一直是俄羅斯最得人心的政治家，他給了俄羅斯一個穩定的發展和生活環境，他為俄羅斯人民爭來了尊嚴與幸福。堅韌正直的他不乏柔情與溫暖，他的迷人之處不勝枚舉，全俄羅斯為他而瘋狂，而所有的這些，都可以歸納為最簡單的一點，那就是：他愛他的國家，他為俄羅斯而生！

序一：凌厲重拳，超人總統引領俄羅斯走向復興 7
序二：他為俄羅斯而生——鐵血男人的堅韌與溫柔 10

Part 1 收復克里米亞，強勢回歸睥睨群雄 21

大成功？或是小失敗，王牌戰略任爾揣度

收復克里米亞，一個人的戰役？ 22
沾滿俄羅斯人血與淚的克里米亞 24
克里米亞入俄，理所當然？ 28

寸土不讓，是什麼讓他如此無畏

黑海艦隊，用王牌收回王牌 32
緊抓機遇，為強國夢添一筆輝煌 36
自己作主，睥睨群雄 40

振興俄羅斯，接著向誰開炮？

南斯拉夫，將死棋走活 43
愛恨交織的烏克蘭 47
與喬治亞的奧塞提亞之爭 51
歷經滄桑，能否左右逢源 54

Part 2 為奇蹟而生，重歸權力巔峰 57

強勢登陸還是權力輪迴？
王者復出，眾望所歸 58
20年的俄羅斯夢 61
因為愛國，所以擔起王者使命 65
風雨兼程，演繹王者風範
「超人總統」，俄羅斯的精神圖騰 68
大難不死，夢想終成 73
冷峻也有瘋狂時 77
鐵血總統柔情漢
婚姻生活圍城內外 80
第一家庭中的慈父 87
鐵血背後的寵物情結 92
Part 3 英雄不問出處，總統曾是草根 97
沒有政治背景的家族
距國家權力中心最近的是廚師 98
平凡家庭裡的愛國教育 102
爭強好勝的小普京
大雜院裡的孩子王 108

遠處傳來英雄的召喚
沒有滿分的「黨的棄兒」 112
文武雙全的少年 117
281中學的吸引力 123
我的理想是做一名諜報員 129
鑄造廠大街，初次相遇「大房子」 134
列寧格勒大學時光
無論如何都要進入大學 138
為了目標而瘋狂學習 142
為「流氓」辯護 147
為突然終止的友誼落淚 151

Part 4 從KGB到總統的飛躍 157

我是戰士，隨時準備犧牲
夢想突然降臨 158
401，這裡不是浪漫的天堂 164
從KGB到紅旗學院 170
潛伏德勒斯登 179
莫斯科保持沉默 183

從政路上的強勢助跑

重新審視KGB 189
驚天政變，脫離KGB 198
斯莫爾尼宮的灰衣主教 205
寧願因忠誠被絞死，也比背叛偷生好 210
紅場黑馬，解救索布恰克贏得葉爾欽賞識 215
選擇好自己的政治團隊 224

代理總統的背後

莫斯科政壇怪事？ 229
這個總統在意料之外？ 233
等到勝利再舉杯 237

Part 5 崢嶸歲月裡的鐵血蛻變 243

踏著血火前進的新世紀總統

「照看好俄羅斯」——接過王者使命 244
為什麼會是普京？ 249
發佈競選總統的綱領 252
在血火中前進的新總統 258
洗好牌後再開局 261

無法打敗的獨一無二 265
總統就職儀式 272

連任總統，我只是公民雇來打工的

如果不是普京，還能是誰？ 277
顏色革命面前，強勢維護本國利益 287
新彼得大帝，演繹自己的「普京時代」 290
真正屬於俄羅斯人民的總統 296

信任危機，糟糕事不只一次

「庫爾斯克」號悲劇，「超級總統」也會犯錯 304
要是在廁所抓到，就將他溺死在馬桶裡 312
「寡婦軍」，莫斯科不相信眼淚 315
別斯蘭，屈服只會造成更為慘烈的襲擊事件 321

Part 6 蟄伏，雙人馬車的駕馭智慧 325

當總理也是很幸福的事情

只要是為國家工作，換個身分也幸福 326
新的權力組合：梅普組合 330
俄氏「史塔西」 334

退居幕後，但不曾離開

華麗轉身，蓄勢待發
俄羅斯人民喜歡「有普京的日子」 337
相識17年，新總統離不開普京支持 339
梅普組合？還是普梅組合？ 342
博弈還是默契？競選背後的謎團 347
魅力總統的人氣秘密 349

Part 7 綜述：雷霆治國，強勢外交 353

鐵腕強人背後的四大「秘密武器」
來自情報系統的權力核心：西羅維琪 354
國家穩定的守護神：聯邦安全局 357
權力在握的最大籌碼：統一俄羅斯黨 359
穩對世界格局演變：能源博弈 361

大刀闊斧破除舊制
處理民族矛盾 364
任人唯信強化政權 371
解決人口問題 377

復興之路去腐革新
擔當責任解決遺留問題 381

打擊寡頭毫不留情（上） 385
打擊寡頭毫不留情（下） 391
重拳出擊嚴查腐敗 396

光榮之路俄羅斯行進在路上

軍事強國恢復昔日榮光 400
強硬回擊在看不見的戰場上 405
大國外交實力的博弈 408
領土問題有本事來搶 411

附錄一：普京歷年精彩演講

2014年就克里米亞獨立並加入俄羅斯演講 419
2012年就職演講 436
2012年競選總統演講 438
2008年卸任演講 458
2004年連任演講 461
2000年就職演講 465

附錄二：普京大事年表

Part 1

收復克里米亞，強勢回歸睥睨群雄

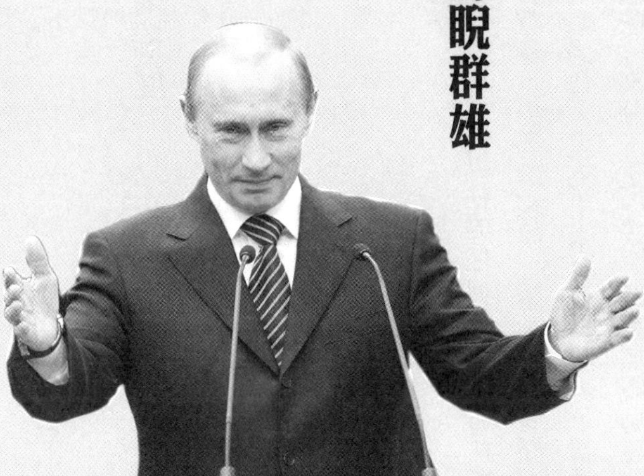

大成功？或是小失敗，王牌戰略任爾揣度

收復克里米亞，一個人的戰役？

2014年3月18日，這一天，對於一個普通的公民來說，似乎與以往的任何一天沒有什麼不同，但是對於克里米亞人民，對於俄羅斯，甚至，對於整個世界局勢來說，這卻是具有歷史意義，足以掀起狂瀾的一天。這一天，俄羅斯總統普京國家議會，就克里米亞公投發表了講話。他說，克里米亞過去還有現在，都是俄羅斯「不可分割的」部分。這一天，普京無視烏克蘭的抗議以及西方的反對與制裁，與克里米亞領導人簽署條約，同意將克里米亞加入俄羅斯。這一天，這位向來堅決維護國土與主權的鐵血王者，在克里姆林宮向議會上下兩院發表了電視演說，明確的對克里米亞問題表明了俄方的立場。

普京在深思熟慮之後，於18日這一天，與克里米亞議會議長康斯坦丁諾夫還有克里米亞總理阿克肖諾夫以及塞瓦斯托波爾市議會主席恰雷，一起簽署了有關克里米亞共和國以及塞瓦斯

托波爾市加入俄羅斯聯邦的條約，當簽字儀式結束後，莊嚴的俄羅斯國歌在四周響起。這是一個歷史性的時刻，這一刻，普京又一次告訴世界，對於自己的國家，自己的人民，他永遠都不會放棄，不會讓步。

這一天，來自烏克蘭、來自西方各國的強烈反對與制裁，對於俄羅斯總統來說，都成為浮雲，在硬朗的弗拉基米爾·弗拉基米羅維奇·普京面前，任何外界的干擾與反對，永遠都無法撼動他對國土與主權，人民與領土的捍衛之心與保護之力。惡意的分割行動和冷血抨擊，對於普京來說，「就是個屁」。這位鐵血戰神，在強勢歸來後，正在一步一步的，為俄羅斯創造著前所未有的輝煌，而他曾許諾，給自己20年，創造一個全新的俄羅斯，此刻，正是諾言逐步兌現的時候。他，為奇蹟而生，為俄羅斯的生存與發展，始終走在最前端，最高峰，他不畏強權，立場堅定，他揮斥方遒，睥睨一切。

有人說，普京得到了克里米亞卻永遠丟失了烏克蘭，對於得到的成果，只不過是一個小小的成功，但是對於失去的，則是一個大大的失敗。也有人說，克里米亞的回歸，是一場普京一個人的戰爭，他主導了所有環節，控制了整個戰局，甚至，結局如何早已在他的掌控之下。有人大肆宣揚普京的險惡之心，也有人對其雷霆行動讚賞有加。這一場聲勢浩大的戰爭，是眾望所歸還是一廂情願？是權力擴張的一步棋子還是維護民眾的勢在必行？

一千個人，有一千個觀點，一千個國家，有一千種態度。而對於他人的評說、惡意中傷、言語攻擊，甚至是八國集團的排擠，普京卻沒有膽顫，沒有後退，沒有害怕，他面對八國集團的威脅，用蔑視的眼神與霸氣的口吻告訴大家，對於刻意的排擠與威脅，他無所謂，俄羅斯從來就不怕威脅，不會輕易屈服。他的心裡，是宏達的治國夢，是如何走上強國之路的一個又一個計畫，他要把俄羅斯打造成獨一無二的強國，他為了俄羅斯而不斷奮鬥、開拓，在他面前，沒人能夠阻止他一步一步壯大自己的國家，克里米亞對於普京，對於俄羅斯來說，不可分割，不能失去。不管外界的反對聲討多麼激烈，這一場戰役，普京一個人扛了下來，因為他的身後，是整個俄羅斯的發展，是全部俄羅斯國民熱切而忠實的期待！為了強國，他必須前進！

沾滿俄羅斯人血與淚的克里米亞

世界各方熱議，得到克里米亞而失去烏克蘭，孰輕孰重，普京此舉到底划不划算？如果說，現在將不安定因素太多的烏克蘭送給俄羅斯，俄羅斯還真的並不一定會欣然接受，但是，對於克里米亞半島，可以說，對雷厲風行的普京來說，就算付出再大一些的代價，也是不會輕易放手的，克里米亞半島，從古到今，讓俄羅斯人付出了太多的血與淚了。應該說，俄羅斯對克里米亞半島的控制，是用幾百甚至是上千萬俄羅斯人的生命與鮮血換來的，在這樣沉重的歷史面前，任何一個俄羅斯領導人，假如他輕易的放棄了克里米亞半島，那麼他將成為俄羅斯歷史上的千古罪人。

從15世紀起，克里米亞就與當時剛剛成形的俄羅斯國產生了種種糾葛，從1478年到1777年的時間當中，克里米亞汗國隸屬於奧斯曼帝國，這個國家的國民收入主要來自於奴隸人口的販賣，從東邊北邊抓人，然後賣給西邊南邊的宗主國奧斯曼帝國。而這時的俄羅斯尚且處於哺乳期，很自然的，便成了克里米亞主要的經濟來源地。隔三差五，克里米亞就回去俄羅斯的地面上收一次人口，最大的一次戰事，是發生於1572年的莫斯科，高達十五萬人被抓走，俄羅斯人民的生活暗無天日。

一直到了18世紀，隨著本國勢力的收縮，1774年，奧斯曼帝國放棄了對克里米亞汗國的宗主地位，三年之後的1777年，失去依靠的克里米亞歸入了俄羅斯，成了俄羅斯的附庸。但是，沒過多久，克里米亞國內就出現了叛亂，君主沙希因向俄羅斯求助，迫不及待的俄羅斯立刻派出7萬人的大軍正式踏足克里米亞的土地，就這樣開始了為克里米亞不停流血的俄羅斯史。到了1783年，俄羅斯用強硬的手段趕走了克里米亞末代汗王沙希因，並將克里米亞正式歸入了俄羅斯版圖。

為了克里米亞半島，俄羅斯人前後和奧斯曼帝國發生了9次衝突，其中最後一次，也是最慘烈的一次，就是改變了整個世界歷史的1853年至1856年的克里米亞戰爭。這場戰爭是繼拿破崙戰爭之後，歐洲大陸上發生的又一次小規模的世界大戰，這場戰爭被稱為「第一場現代化的戰爭」。因為，在這場戰爭中，大量的現在我們所熟悉的戰爭技術第一次得到了實戰驗證。這場發生在歐亞地區的戰爭在一定程度上還直接影響到了幾年之後的美國南北內戰。由於克里米亞戰爭的結束，造成了原來供應戰爭軍糧的美國人出現了經濟危機，因為南北經濟模式的不一樣，致使雙方在危機中的處境出現了嚴重的分化，南北矛盾越來越激化。俄羅斯在戰爭中失敗後，憤然慫恿支持了當時的林肯政府去打內戰，甚至還直接派出艦隊支援北方軍隊。當然，儘管美國人並沒有直接參與克里米亞戰爭，但是卻從中撈到了最大的好處，那就是阿拉斯加，這塊本屬於俄羅斯的領土。由於俄羅斯擔心英國人開闢第二戰場將阿拉斯加奪走，於是忍痛割愛將阿拉斯加以低價賣給了美國人。

在克里米亞戰爭中，雙方死亡人數總計達到了50萬到100萬，俄羅斯憾敗，失去了對黑海的控制權，在一定程度上造成了俄國國內的農奴制以及軍事制度的改革，為後來的俄國近代革命埋下了伏筆。但是，雖然戰敗，俄羅斯並不甘於認輸，他們透過不斷挑動當時屬於奧斯曼帝國的巴爾幹諸民族的神經，從側面一步一步的瓦解了奧斯曼帝國在黑海還有巴爾幹地區的勢力範圍，最終終於成功的捲土重來，並且日益介入到歐洲事務當中，這也是第一次世界大戰的伏筆。

雖勝猶敗的奧斯曼帝國在各家列強的玩弄下，領土範圍一天比一天小，最後僅剩下了小亞細亞半島那小片領土。為了打擊俄羅斯這個大仇家，奧斯曼帝國毅然加入了一戰時期的同盟國陣營，雙方在高加索地區展開血戰，奧斯曼帝國想要借助這個機會狠狠地徹底擊敗俄羅斯，來恢復自己昔日的榮耀，可惜隨著同盟國的整體戰敗，土耳其徹底失去了對克里米亞半島甚至黑海局勢的發言權，克里米亞半島很自然的成了俄羅斯國家內部的家務事。等到了蘇聯衛國戰爭時期，克里米亞半島作為黑海門口，是蘇德雙方僅次於史達林格勒還有列寧格勒之後的又一個絞肉機，戰後蘇聯確立的13個衛國戰爭中的英雄城市當中，包括了兩個克里米亞半島的城市，一個是刻赤，還有一個是塞瓦斯托波爾，塞瓦斯托波爾也就是現在俄國海軍重兵封鎖最後作為獨立體與克里米亞一起併入俄羅斯的那個海港。在衛國戰爭最開始的時候，這兩個城市基本上都是戰鬥到了最後一人一槍才被德軍佔領的，尤其是塞瓦斯托波爾，這個並不太顯眼的小港口城市，在德國重炮還有機群的日夜轟擊之下，頑強堅守了整整250天才淪陷，為衛國戰爭初期拖延阻塞德軍的進攻付出了不可磨滅的貢獻。光從衛國戰爭來講，包括塞瓦斯托波爾在內的整個克里米亞半島，對於俄羅斯來說，就絕不會是一個可有可無的地方，這是一塊用俄羅斯軍民鮮血供奉起來的聖地，這裡的地理位置堪稱兵家寶地。

到了蘇聯時期，在赫魯雪夫的推動下，1954年，克里米亞半島離開了俄羅斯，被割讓給了烏克蘭。其中的原因其實非常的簡單：首先，在當時的歷史條環境當中，烏俄一家親，俄羅斯與烏克蘭不分彼此，那時候的蘇聯人沒法預料到還不到40年，親密如一家的俄烏便要分家了。其次，赫魯雪夫是烏克蘭族出身，而且長時間的在烏克蘭工作，曾擔任過烏克蘭第一書記，所以，在克里米亞半島的歸屬上，很自然的便傾向於烏克蘭。

如今，圍繞著克里米亞問題的各種精彩演出，僅僅是一個開始，強勢回歸的鐵血總統，對於自己國家的領土向來是說一不二的，正像他說的「俄羅斯的領土是很多，但沒有一寸是多餘的「想要你就來搶！」沾滿了俄羅斯人民血與淚的土地，普京又怎麼會允許它落入別家之手呢。

克里米亞入俄，理所當然？

2014年3月7日，普京簽署總統令，承認克里米亞共和國是獨立的主權國家。3月18日，普京簽署文件，批准關於克里米亞加入俄羅斯的國家間協議草案。俄羅斯總統弗拉基米爾·普京在2014年的3月18日，完成了第二次世界大戰以來，首次對另一個歐洲國家領土的吞併，他大筆一揮，便把烏克蘭的克里米亞半島併入了俄羅斯聯邦。一切似乎來得太突然，卻又那麼的理所當然，普京的一連串舉動，並不是突然而發，卻又難以阻擋。沒有佩戴任何徽章的俄軍官兵在佔領克里米亞議會3周之內，普京和克里米亞新總理就克里米亞加入俄羅斯便順利簽署了相關條約。而俄羅斯黑海艦隊的大本營，克里米亞的港口城市塞瓦斯托波爾，則作為另一個主體與克里米亞同時加入了俄羅斯。

2014年3月7日這一天注定是屬於普京的，他在一群喜悅無比的俄羅斯政治菁英面前簽署了這兩份入俄的條約，完成了將這個黑海之濱的半島重新劃歸俄羅斯版圖的過程。從頭到尾，整個過程的推進速度簡直快得讓人來不及喘息。莫斯科方面的行動使得數千名的烏克蘭軍人的未來被畫上了問號。當這些軍人駐守的基地被不佩戴任何徽章的俄軍部隊包圍著時，那些軍人以及外界人士的心裡，可對未來有個計畫？又有誰能夠明確的看到他們的未來？起先，烏克蘭國防部聲稱，已有一名軍人被槍殺，而在克里米亞首府辛菲洛普的一處軍事設施，烏克蘭軍人與一夥蒙面武裝分子發生了衝突。隨著事態不斷的演變，從衝突到人民遊行，高級將領失蹤，軍隊渙散，人民遊行並呼籲入俄，整個克里米亞，大到烏克蘭，在短短的時間裡，發生了天翻地覆的變化。

普京對俄羅斯議會上院以及下院發表了長達1個小時的演講。在演講裡，他十分明確的為克里米亞的回歸喝采叫好。「克里米亞是俄羅斯戰爭榮耀的象徵，是俄羅斯傳統、語言、信仰的象徵，」普京慷慨激昂，他的演講引發了陣陣雷鳴般的掌聲。

事實上，如果追根溯源的話，人們就會瞭解，克里米亞歷來就是屬於俄羅斯的，在態度強硬，寸土不讓的俄羅斯總統普京面前，這個本就該屬於俄羅斯的範圍，歸入俄羅斯，是勢在必行的事情。1783年，俄國正式把整個克里米亞半島納入自己的版圖當中。併入俄國的克里米亞隸屬塔夫里達州管轄，1918年還成立了塔夫里達蘇維埃社會主義共和國，成了俄羅斯聯邦的成員。1921年，又成立了隸屬俄羅斯聯邦的克里米亞韃靼社會主義自治共和國。後來，為了慶祝烏克蘭的哥薩克人鮑格丹·赫梅爾尼茨基開始與俄國「結盟」300周年，當時的執政者赫魯雪夫，主導蘇聯最高蘇維埃主席團在1954年通過決議，把本屬於自己的克里米亞劃歸於烏克蘭。而決議的原因是：「鑑於克里米亞與烏克蘭蘇維埃社會主義共和國之間經濟上有共同性、地域接近、經濟和文化關係密切。」伴著蘇聯的解體，俄羅斯人逐漸地意識到克里米亞將永遠地劃歸烏克蘭所有這個問題。於是，俄羅斯的一些政黨以及團體就以克里米亞歷史上「就屬於俄羅斯」，還有「1954年蘇聯最高蘇維埃的決議不合法」為理由，提出不放棄「任何一寸神聖的領土」。

俄羅斯軍隊在克里米亞還有烏克蘭邊境所表現出來的「簡練精幹」的作風，讓世界各國無不為之動容。透過一小股士氣高昂、訓練有素並且裝備精良的志願兵，俄羅斯軍隊能夠快速的在任何前蘇聯領土上部署行動，俄軍隊這一全新的面貌引起了西方針對後冷戰時期俄羅斯進攻能力的警惕。聲討聲四起。2008年之後，俄羅斯軍費出現了大規模的上漲，同時還進行了徹底的改革，軍隊被打散再造，經過不斷的訓練，塑造出了一支職業化的軍隊。此次克里米亞行動，俄武裝部隊以前所未有的速度、機動性以及戰術能力，在1.8萬名烏克蘭士兵駐守該地區的情況下，僅僅用了一小股特種部隊，沒有費一兵一卒，便快速的佔領了克里米亞半島。有關專家指出，俄軍透過在境內調動15萬部隊吸引住了西方國家的注意力，而事實上真正在發揮作用的，卻是特種部隊。

而俄羅斯在克里米亞的軍事行動如此的暢通無阻，主要的原因還在於克里米亞民眾對俄軍的支持以及幫助。因為大量的平民圍堵烏克蘭軍事基地，致使基地內的烏軍難以執行任何軍事行動。還有，因為烏克蘭軍方就地募兵的政策，以至於超過三分之二的士兵選擇了投奔俄羅斯，而不是拋棄家人、背井離鄉去為烏克蘭賣命。假如說換成了別的地方，那麼，可以說，俄羅斯將很難擁有這麼大的優勢條件。

民眾呼聲高漲，面對領土的外流，政治集團的呼籲，以及考慮到克里米亞的位置對於俄羅斯的安防等方面的重要性，寸土不讓的普京終於斬釘截鐵的揮灑出了自己睥睨天下的豪邁筆鋒。在很多人眼裡看來，克里米亞問題並不算是一個重點，真正的重點在於，俄羅斯透過這次軍事行動，對外界展示了本國的決心、決策還有執行能力。不管這個過程是快速的血腥的，還是無聲而有計畫的，不管西方國家如何反對，媒體怎樣抨擊，克里米亞入俄，對於普京，對於俄羅斯來說，是必然的趨勢，注定的結果。對於普京來說，此舉對於建立強大的俄羅斯國家來說，僅僅是個開端而已。

寸土不讓，是什麼讓他如此無畏

黑海艦隊，用王牌收回王牌

在克里米亞危機中，始終獨當一面的，作為俄軍隊強有力後盾的，便是黑海艦隊，這支艦隊被譽為「俄海軍之母」。黑海艦隊長期「客居」烏克蘭，隨著烏克蘭的權力落入親西方勢力的手中，黑海艦隊加強了戰備，同時更有大批俄羅斯的軍隊雲集俄烏邊界展開了軍演，而俄羅斯議會也同意普京在烏克蘭動用武裝力量。而美國歐巴馬政府則對這樣的情況表示極力反對，嚴重警告，聲稱如果俄羅斯軍事介入烏克蘭的話，會「付出巨大代價」。

當烏克蘭的動盪朝著克里米亞半島蔓延的時候，俄國防部以及海軍總司令部已命令駐紮當地的黑海艦隊提高了戰備等級，雖然說莫斯科一直強調這個舉動純屬於自衛行為，並不代表黑海艦隊會干涉烏克蘭的內政，不過，西方媒體給出的解讀依然是「俄羅斯可能要動手了」。事實上，強大的黑海艦隊，一直以來都是烏克蘭乃至西方國家的一個「心頭之病」。我們都知道，克里米亞半島在1954年之前是俄羅斯蘇維埃加盟共和國的一部分，在1954年當時的執政者赫魯雪夫將其作為「烏俄結盟300周年」的禮物，劃入了烏克蘭的版圖。

作為「蘇聯遺產」之一，長期留駐在克里米亞半島的俄羅斯黑海艦隊現在大約有50艘作戰艦艇（不含輔助船隻），人員共計2.5萬。黑海艦隊的司令部、主錨地以及後勤倉庫均集中於天然良港塞瓦斯托波爾，不過，在費奧多西亞、奧普克、刻赤等地也有一些分泊點、軍營以及靶場等軍事設施。黑海艦隊所屬第810海軍陸戰旅，負責陸上設施的警戒與維護，該旅曾經參加過兩次車臣戰爭以及俄格南奧塞提亞戰爭，戰備水準不容小覷，可謂俄羅斯的王牌戰隊之一。

長時間以來，俄羅斯黑海艦隊在克里米亞擁有強大的民意基礎，前塞瓦斯托波爾城市委員會主席瓦列里·薩拉托夫就曾明確的表示過，克里米亞人、黑海艦隊與俄聯邦是不可割裂的「三位一體」。對俄羅斯來說，放棄黑海艦隊是沒有商量餘地的，因為這支艦隊是莫斯科向黑海乃至地中海拓展力量的唯一工具，是俄羅斯海外拓展的王牌。但是，如果黑海艦隊離開塞瓦斯托波爾港的話，也就意味著要面臨覆滅，這樣的事情在19世紀以及20世紀發生過兩次。如果從地圖上看的話，會發現，地中海和俄羅斯的領土看起來沒有任何聯繫，不過，在俄羅斯人的眼中，俄羅斯漫長的海岸線被分割為互不相連的4塊，而地中海，是溝通北方艦隊、波羅的海艦隊以及黑海艦隊的必經之路，因此說，「地中海-黑海」便是兵家必爭之地。更為重要的一點是，黑海處於溫帶海區，如果黑海艦隊能常年進出地中海，就可以牽制大部分北約海軍力量。另外，俄羅斯的外貿貨物中，有六成途經「黑海-地中海」，因此它對俄羅斯經濟也異常重要。

這幾年來，黑海艦隊出現在各國眼中的頻率一直很高，在多場局部衝突中表現出了非常引人注目的戰鬥力。2008年8月8日，喬治亞對受到俄維和部隊保護的南奧塞提亞「不宣而戰」，莫斯科在第一時間做出回應，駐北奧塞提亞的俄陸軍第58集團軍南下截擊喬治亞陸軍主力第4旅，與此同時黑海艦隊也奉命出動主力軍艦。在海戰當中，黑海艦隊不僅擊沉了兩艘喬治亞軍導彈艇，還把第810海軍陸戰旅運送到了蘇呼米港登陸。2011年敘利亞危機爆發後，莫斯科又把黑海艦隊當作戰略力量運用，旗艦「莫斯科」號頻繁出入東地中海，緊密的監視著美國艦隊的一舉一動。俄駐黎巴嫩大使亞歷山大．札瑟普金曾在接受「俄羅斯之聲」採訪時明確的指出，中東局勢的發展對俄海軍駐地中海艦艇輪換會產生一定的影響，所以俄羅斯必須隨時準備好保護本國的利益，黑海艦隊將在其中扮演舉足輕重的角色。

如果說黑海艦隊是俄羅斯軍事以及經濟方面的王牌艦隊，那麼克里米亞便是容納這個王牌艦隊的王牌之地。不論從黑海艦隊駐紮的需要來講，還是從克里米亞半島本身所具備的優勢來講，收復克里米亞，俄羅斯便掌握了黑海艦隊以外的另一個王牌。克里米亞半島是黑海上最大的半島，如果控制這裡的話，朝南能夠俯視亞細亞半島上的奧斯曼土耳其帝國，可以隨時監視歐亞之交的博斯普魯斯海峽。朝西，就是被稱為「歐洲火藥庫」的巴爾幹半島，對於保加利亞、羅馬尼亞等國家，均盡收眼底。

從戰略角度來講，克里米亞有史以來就一直是一個易守難攻的軍事戰略要塞，是俄羅斯確保南部安全的重要地區。這個半島被稱作「黑海門戶」，它具體位於烏克蘭的最南部，南臨黑海，東扼亞速海，它僅在北部的狹長地帶與烏克蘭大陸相連，東部則與俄羅斯相鄰，面積2.7萬平方公里。如果從地圖上看的話，會發現克里米亞半島就像是一隻伸展開的巨型章魚，把觸角從東歐平原南端一直伸向了黑海的中央，戰略地位十分突出，軍事家們一致認為「誰佔領了克里米亞，誰就能夠控制整個黑海」。

從蘇聯時代起，俄羅斯的黑海艦隊有近7成的基建都部署在克里米亞地區。目前，俄海軍黑海艦隊在克里米亞擁有的海軍基地以及岸防部隊基地的機場數目可觀。如果丟失了對克里米亞的控制，那麼俄羅斯對中東、西亞以及外高加索甚至是巴爾幹的控制能力就會被極大限度地削弱。而且，克里米亞擁有宜人氣候以及無限美麗的風景，它歷史悠久，是一個極佳的旅遊勝地。早在蘇聯時期，中央政府就曾在這裡投鉅資開發了完善的休閒、旅遊設施，大批遊客的湧入帶來了非常可觀的收入。

透過前面對黑海艦隊的分析不難看出，克里米亞便是俄羅斯的戰略要塞以及經濟創收要地。而烏克蘭本國的危機使得該國的地域裂痕越來越深。烏克蘭西部地區一直親歐洲，而南部的克里米亞則是俄羅斯勢力的主要根據地。在克里米亞全國1.8萬的人口當中，僅俄羅斯族便佔到了將近6成，剩下的為烏克蘭人、克里米亞韃靼人。雖然說烏克蘭語是烏克蘭政府使用的唯一語言，不過克里米亞政府的業務工作開展，主要還是使用俄語，近八成的克里米亞居民把俄語視為自己的母語。比起別的一些地區來，克里米亞透過教育以及政府宣傳來推進烏克蘭語的使用一直不怎麼成功。所有的這一切，造就了今天俄羅斯順利的收回了克里米亞，不管是黑海艦隊還是克里米亞，擁有這兩張王牌的俄羅斯，在硬漢普京的率領下，必將朝著強國夢越來越近。

緊抓機遇，為強國夢添一筆輝煌

對於俄羅斯頻繁的運用黑海艦隊來維護自己的海外利益，美國以及歐洲諸多國家開始不斷的慫恿烏克蘭政府中的親西方勢力「拿捏」黑海艦隊，於是導致了俄烏兩國之間的摩擦一直不曾消停。2008年南奧塞提亞戰爭後，當時的烏克蘭總統尤申科一度阻止參戰的黑海艦隊返回塞瓦斯托波爾港，俄聯邦則以天然氣漲價進行回應。2009年3月，烏克蘭軍警採取突然行動，強勢攻奪位於格尼切斯克市的「火星-75」導航站以及水文站大樓，緊接著又透過軍人偽裝觀光客的方式，佔領了克里米亞半島上的近70座燈塔。就在同年的6月份，烏克蘭警方又以「未事先通報」為藉口，扣押了駛往塞瓦斯托波爾的俄軍裝甲車以及導彈運輸車，負責協調黑海艦隊問題的俄駐烏外交參贊也被驅逐。

2010年亞努科維奇當選烏克蘭總統後，推行「平衡外交」，主動緩和了對俄的關係，兩國達成一項被外界稱為「能源換基地」的哈爾科夫協定，同意延長黑海艦隊在克里米亞的駐紮期限。但是，烏克蘭的反對派因此而大力抨擊亞努科維奇「出賣主權」，聲稱「總統違憲」，並提出了「廢除協議」的要求。就在2014年，亞努科維奇終於被反動派趕下臺，烏克蘭政府對俄羅斯駐軍的態度急速惡化，而這一切，為普金抓緊時間收復克里米亞創造了良好的條件。

延續了數月的烏克蘭反對派示威引發了規模宏大的暴力衝突，烏克蘭總統亞努科維奇於2014年2月22日遭到了議會的免職，烏克蘭的緊張局勢進一步升級。就在烏克蘭危機爆發3個多月後，烏克蘭南部的自治區克里米亞提出了「併入」俄羅斯的要求。俄羅斯總統普京及時下令讓俄西部的軍隊快速進入高度警戒狀態。

26日，克里米亞首府辛菲洛普，數千反對烏克蘭新政府的克里米亞居民同支持政權更迭的克里米亞韃靼人，在議會大樓前示威時發生了肢體衝突。示威活動27日還在持續。就在26日當天，俄羅斯國防部長謝爾蓋·紹伊古宣佈，依據總統普京的命令，俄西部以及中央軍區當天開始舉行緊急軍事演練，檢驗戰備狀況。演練分為兩個階段，將持續到3月3日，場地靠近俄羅斯與多個國家的邊界，其中也包括了烏克蘭。俄羅斯方面明確表示將強化措施，以保護駐紮在烏克蘭克里米亞自治共和國的俄黑海艦隊的設施安全。

隨著克里米亞局勢的日趨緊張，一隊不明身分的武裝人員於27日凌晨佔領了烏克蘭克里米亞自治共和國議會以及政府大樓，同時還在樓上升起了俄羅斯國旗。有關報導聲稱，這夥不明身分的武裝人員均佩戴著象徵蘇聯贏得第二次世界大戰的黑色以及橙色標誌物，明確的打出了

「克里米亞屬於俄羅斯」的標語。

在克里米亞共和國，俄語居民為主要人口，有報導稱，烏克蘭臨時政府先前確認，遭議會解除總統職務的維克托．亞努科維奇離開首都基輔之後，最後一次現身的地方是克里米亞。烏克蘭克里米亞自治共和國最高拉達議長弗拉基米爾．康斯坦丁諾夫於當地時間2月20日表示，在合法政權被更換的情況下，克里米亞將提出脫離烏克蘭的問題。克里米亞地方議會議員尼古拉．克拉斯尼琴科則提出建議，假如近期烏克蘭的國內危機得不到緩解和控制的話，那麼就必須提出克里米亞回歸俄羅斯的問題。而他的一些同行對他的提議表示非常的贊成與支持。

和列寧雕像被紛紛推倒的烏克蘭的其他地區不一樣的是，塞瓦斯托波爾的巨型列寧雕像依舊安然矗立，平靜地遙望著遠方的黑海，而位於他旁邊的，就是白色的俄羅斯艦隊營房。城中古老的街道上清晰地點綴著蘇維埃時期的紀念碑。就在當地時間25日，數百名示威者聚集到自治共和國議會建築前，要求自治共和國宣佈烏克蘭目前的政府是非法的。甚至有一部分示威者還高喊口號：「俄羅斯，請救我們。」「一群強盜掌了權」，示威者提出要求，請求克里米亞舉行全民公投，來決定是繼續留在烏克蘭，成為一個獨立的國家，還是直接併入俄羅斯。有報導指出，克里米亞自治議會中的一名親俄羅斯議員奧列格．羅迪洛夫曾在2008年說過：「烏克蘭不屬於俄羅斯的說法是虛構的，我們不相信。」他說，文化、語言以及東正教間的聯繫，使得烏克蘭與俄羅斯更像是一個隱形的共同體，此外兩個國家還都是斯拉夫民族，他說：「我們不相信有任何不同，我們已經在一起350多年了。」

轟轟烈烈的烏克蘭危機之下，普京一面聲稱「克里米亞人民有權選擇自己的生活」一面簽署了克里米亞入俄的協定，這一場收復之戰，沒太多的硝煙。沒有費太大的力氣，彷彿普京早已做好了收復克里米亞的準備，而烏克蘭恰到好處的為他提供了機會。收復克里米亞屬眾望所歸，顯得理所當然。如果不是烏克蘭這場硝煙四起的危機，很難說，克里米亞入俄能夠這麼順利，當然，最關鍵的是鐵人普京及時抓住了危機裡的機遇，為自己的強國戰略扣動了最有力的扳機。

自己作主，睥睨群雄

當俄羅斯開始了軍事演習之後，美國白宮馬上傳出消息，發言人卡尼在27日聲明，美方將密切關注俄羅斯在烏克蘭邊境展開的軍事演習，希望俄羅斯能夠對演習保持透明，不要採取挑釁行動。白宮發言人指出：「在這個非常微妙的時期，我們敦促他們不要採取任何可能被誤解或導致誤判的舉措。」而美國國務卿克裡則在27日告訴媒體，俄羅斯外長拉夫羅夫當天上午與他通電話時，已經保證尊重烏克蘭主權。俄外交部及時發表通報聲明，拉夫羅夫在與克里的通話中強調，當務之急是保證履行烏克蘭各方2月21日簽署的危機解決協議。就在同一天，北約秘書長拉斯穆森也呼籲俄羅斯不要採取任何可能造成烏克蘭局勢緊張的行動。他指出：「北約和烏克蘭之間有著長期夥伴關係，北約支持烏克蘭民主進步以及防務改革，還有雙方在軍事領域的合作。」面對各方言論，俄外交部27日也發表了聲明，表示俄羅斯願意和西方國家就烏克蘭問題進行真誠的合作。聲明中指出，俄方呼籲那些提出倡議並支持21日簽訂的危機解決協定的國際夥伴，要完全意識到自己對於協議履行所應該負的責任。

2014年3月18日，當普京與克里米亞議會議長康斯坦丁諾夫以及克里米亞總理阿克肖諾夫還有塞瓦斯托波爾市議會主席恰雷，一同簽署了有關克里米亞共和國還有塞瓦斯托波爾市加入俄羅斯聯邦的條約之後，消息一傳出，正在波蘭訪問的美國副總統喬．拜登就在第一時間裡帶領國際社會嚴厲的譴責了俄羅斯的行為，聲討普京吞併克里米亞的行為「無非是搶地」。

而美國總統巴拉克．歐巴馬則及時邀請七國集團(G7)的其他國家領導人在海牙開會，針對這場危機進行商討。美國等多國甚至在克里米亞入俄之前就一再提醒普京，如果分裂烏克蘭，搶佔克里米亞的話，一定不會有好的後果。不管是威脅還是提醒，普京都沒有理會，甚至在得知被峰會成員排擠出來之後，他依然面色平靜的說「無所謂！」。

普京指出，克里米亞地區的人民已經自己決定了該地區未來的命運，這是他們自由意志的勝利。他所指的，是16日在克里米亞舉行的全民公投。他強有力的反駁了西方對這場公投的批評，並且出面重申他對公投結果的全力支持。「阿爾巴尼亞族人能做的事，克里米亞人為什麼就不能做？」他提出問題，把克里米亞半島的獨立與阿爾巴尼亞族裔為主的科索沃地區脫離塞爾維亞相提並論。「你不能在某一天把一樣東西說成是黑的，第二天又把它說成是白的。」

普京將莫斯科與西方國家鬧翻的決定，形容為他的國家數十年、甚至幾個世紀以來一直遭受欺凌的後果。美國與歐盟做出反應稱，它們將馬上升級制裁行動。17日，美歐國家對多名俄羅斯以及前烏克蘭官員實施了簽證禁令還有資產凍結。而白宮發言人也表示，「制裁還會升級，新的目標即將公佈。」一面對西方國家的制裁與威脅，普京卻不曾屈服，他堅定的強國戰略不曾為誰而動搖。而揚言要進行制裁俄羅斯的國家，在強勢的普京面前，面對普京的鐵血政策，似乎也只是雷聲大雨點小。

普京捲土重來後的一連串強國政策自然被他國看在眼中，這位雷厲風行，說一不二，傲視群雄的總統，沒有人能夠阻擋他超前奮進的步伐，沒有人能夠影響到他的節奏，沒有人可以輕易地打敗他，西方國家在聲討的同時想必心裡也在盤算著，這位總統真的是不好惹。在成功收回克里米亞之後，有人預言俄羅斯的下一個目標將是隔海相望的阿拉斯加。阿拉斯加從1799年成為俄國的領土。後來在克里米亞戰爭期間，為了能夠有力的制衡英國，俄國以720萬美元的價格將阿拉斯加低價賣給了美國，1959年，阿拉斯加成為美國的第49個州。很多人提出疑問，既然在歷史上，克里米亞與阿拉斯加都曾是俄羅斯的領土，前者由赫魯雪夫劃歸烏克蘭，後者被亞歷山大二世廉價賣給美國，如今普京把收回克里米亞稱作是「糾正歷史錯誤」，那麼，阿拉斯加呢？也有人說，這只是一個玩笑而已，俄羅斯不會要回阿拉斯加，面對種種猜測與預言，不管是玩笑否，事實上，沒有人能夠清楚普京的下一步準備做什麼，也沒有人能夠阻止他帶領俄羅斯走向繁榮的腳步。

振興俄羅斯，接著向誰開炮？

南斯拉夫，將死棋走活

在普京政權的對外戰略裡，對南關係不屬於俄羅斯的核心利益目標範疇，南斯拉夫依然是俄羅斯外交的一枚籌碼。不過，南斯拉夫新一屆的政權上臺後，兩國關係的基礎以及內容將會出現一定的變化。在俄羅斯的對外政策中，南斯拉夫一直佔據著特殊重要的位置。南斯拉夫問題，可以說是近10年來，時常會引發俄羅斯與西方不和的主要地區性問題。

1991年底蘇聯解體，葉爾欽帶領「民主派」執掌了俄羅斯的大權。為了能夠在西方的援助下順利的進行經濟改革，儘快達到經濟振興的目的，同時也為了能夠快速融入到西方「富人俱樂部」當中去，葉爾欽奉行「依附西方」的對外政策。在面對南斯拉夫問題的時候，俄羅斯表示支持西方對南的制裁，支持西方在波赫設立禁飛區的決定。從1992年上半年開始，俄羅斯陸續承認了前南一些共和國獨立。但是西方承諾的援助常常是很難兌現的空頭支票，讓俄政府大失所望，1992年秋天到1993年初，俄羅斯政府調整了對外政策方針，同時，在前南問題上開始脫離西方大國一致反對塞爾維亞的立場。1993年1月25日，葉爾欽公開表示俄羅斯在南斯拉夫問題上「有自己的見解」。

針對對美國要對南斯拉夫動武的一連串威脅，俄羅斯揚言，如在聯合國討論這個事情的話，他將使用否決權。隨後，俄羅斯又提出自己的調解方案，聲稱本國積極參與解決南危機的時刻已經到來。美國等西方國家對俄羅斯突然高姿態唱反調的做法感到十分不滿。1994年1月北約開始啟動東擴步伐，同時決定加大對波士尼亞內戰的干預。面對北約的一連串做法，葉爾欽發表講話說：「某些人力圖在沒有俄羅斯參加的情況下就波赫問題做出決定，這絕不會得逞，我們絕不允許這樣做。」為了制止北約的軍事打擊計畫，葉爾欽派特使急赴波赫，說服塞族領導人接受俄羅斯的建議，隨即俄羅斯宣佈派400名士兵參加在薩市的維和行動。事後，俄外長科濟列夫拒絕原定於4月21日前往布魯塞爾參加與北約簽署和平夥伴關係協議的活動，他表示，「俄羅斯和西方的蜜月已經結束」。這是俄羅斯獨立後在國際熱點問題上首次和西方的較量。

1994年12月2日，俄羅斯首次在聯合國安理會使用否決權，反對西方提出的對南斯拉夫實施進一步制裁的議案。到了1995年下半年，為爭取西方對葉爾欽競選連任的支持，俄政府在南斯拉夫問題上的立場明顯出現了退讓。1995年8月，以美國為首的北約對波赫塞族連續實施大規模空襲，俄政府反應乏力，只是譴責北約的行動「超出了聯合國的授權」。1996年俄羅斯大選結束，葉爾欽獲得連任，俄政府又著手加強與南斯拉夫之間的關係。1998年2月科索沃發生大規模暴力事件後，美國一方面推動聯合國安理會通過了對南聯盟實行武器禁運的決議，而且還不斷威脅要使用北約的軍事力量從外部對科索沃局勢進行直接軍事干預。俄羅斯提出反對意見，並表示絕不接受北約對南聯盟動武的威脅，葉爾欽親自告誡美國總統柯林頓不要對科索沃進行軍事干涉。1999年3月24日，在以美國為首的北約不顧俄羅斯的反對，悍然發動對南聯盟的空襲。俄羅斯總統葉爾欽發表聲明指責北約不光是違反了聯合國憲章，同時還違反了與俄羅斯簽署的相互關係基本文件，同時俄羅斯發起了對「北約新戰略概念」批判，指出這一新戰略動搖了以聯合國及其安理會為核心的整個國際關係體系，將成為相互不信任的根源。與此同時，俄羅斯也在盡最大力量避免和西方的關係出現大幅度的惡化。

總的來說，在過去的10年當中，俄羅斯在南斯拉夫問題上陷入較深，雖然說他的政策起伏比較大，不過可以看出俄羅斯的基本立場和西方是對立的。由於實力以及手段限制等問題，所以不得不向西方低頭。因為俄羅斯不可能為南斯拉夫做出民族犧牲。如果俄羅斯與西方在南斯拉夫問題上的矛盾尖銳到必須做出妥協的時候，往往都是以犧牲南斯拉夫的利益，來實現俄羅斯和西方的利益交換

2000年9—10月，南聯盟總統選舉，因為俄羅斯處置比較得當，因此兩國之間的關係並沒有受到損害。大選期間，俄羅斯先是支持米洛塞維奇，儘管中間不得不放棄了對米氏的支持，不過一直到了最後才承認了科什圖尼察的勝出，讓俄羅斯的政策一度陷入了危機當中，帶來了一定的被動。不過，因為俄政府堅持不干涉南內政，一直主張和平解決大選爭端，同時還積極從

事國際調解，於是贏得了南國內各派勢力的理解。當南斯拉夫新總統科什圖尼察10月27日訪問俄羅斯之後，兩國之間的關係迅速得到了恢復。

可以說，南斯拉夫原本是一盤死棋，米洛塞維奇下臺後，俄羅斯不但沒有了包袱，同時還有了將死棋走活的可能。普京上臺後，對俄羅斯對外政策做出了重要的調整，他指出，俄對外政策的基本原則是：「國內目標高於國外目標」以及「務實、經濟效益、國家利益至上」。普京一再強調的「強國」意識早已成為俄羅斯對內對外政策的指導思想。俄羅斯仍會加強和南斯拉夫之間的合作關係。同時，俄羅斯加強對南關係，也帶有第三層次目標即建立多極世界的戰略含義。

由於與南斯拉夫的關係不屬於俄核心利益目標範疇，所以說，從地緣政治以及國家主權原則方面來考慮，俄羅斯將如同以前一樣，繼續支持南斯拉夫維護國家主權、反對外來干涉的努力，力阻整個東歐的「北約化」。不過，俄羅斯對南斯拉夫的支持依然還會僅僅停留在政治以及道義層面，避免付出經濟方面的代價。在普京的領導下，俄羅斯仍將極力避免因南斯拉夫問題而與西方出現激烈的矛盾。強硬的普京善於安排和管理，在俄羅斯與南斯拉夫以及與西方各國的關係之間，他本著始終維護俄羅斯最大利益為前提，將南斯拉夫這步死棋走活，走好，既不輕易得罪西方，還能夠維護好本國的利益。

愛恨交織的烏克蘭

隨著烏克蘭動亂，克里米亞入俄，烏克蘭東部部分地區也隨之提出入俄想法，俄烏之間的關係再一次被提到了風口浪尖。

說起俄羅斯與烏克蘭，二者之間有深厚而悠長的歷史淵源。西元9世紀，烏克蘭民族的第一個國家基輔羅斯崛起。基輔羅斯疆界空前廣闊，是當時歐洲最大的國家。基輔羅斯和西歐北歐各國以及東方阿拉伯等國之間有著頻繁的貿易關係。弗拉基米爾父子統治時期，基輔羅斯的政治、經濟以及社會生活繁榮昌盛，奠定了今天俄羅斯、烏克蘭共同的文化基礎。西元988年，弗拉基米爾娶了拜占庭帝國的安娜公主為妻，宣佈基督教為國教。因此今天俄羅斯的國徽上帶有拜占庭文化的標記雙頭鷹。在弗拉基米爾父子之後，基輔羅斯逐漸衰落，被沙俄的始祖莫斯科公國所滅。因此，從沙俄時代一直到蘇聯時期，甚至是今天的俄羅斯，基輔羅斯一直被奉為俄羅斯歷史的發端，基輔城也被稱為「俄羅斯諸城之母」。

而約在12到13世紀，「烏克蘭」一詞開始出現並被廣泛使用，隨後，這個叫法慢慢擴大到了今天烏克蘭的大部分地區，並以這個叫法為紐帶，出現了一個新的民族。不過當時的烏克蘭僅僅是作為一個地理學概念以及民族學概念存在著，並非政治學概念，由於不存在烏克蘭這樣一個國家，所以它的土地分別被劃入立陶宛大公國以及波蘭王國的版圖，烏克蘭人成為一個喪失了自己國家的民族。

1648年，烏克蘭人民在鮑格丹．赫梅利尼茨基的率領下起義，反對波蘭的統治。他寫信給沙俄政府，希望得到同樣信仰東正教的俄羅斯的幫助。並在信中表示，烏克蘭哥薩克願意接受俄羅斯沙皇的領導，不過，沙俄政府反應謹慎，沒有立即給予答覆。在沒有任何援助的情況下，烏克蘭起義軍依靠智謀，兩次擊敗了當時的歐洲軍事強國波蘭，但是，因為波蘭收買了克里米亞汗國，後者在烏克蘭背後發起了進攻，腹背受敵的烏克蘭起義軍被包圍，只好再次向沙俄求援。1650年，沙俄和波蘭之間的領土問題談判破裂，於是決定援助烏克蘭。1654年3月，烏克蘭代表團在莫斯科覲見了俄國沙皇。隨後，雙方簽訂了《三月條約》，烏克蘭在獲得了高度的自治權力之後，與俄羅斯正式結盟。與烏克蘭結盟後，俄羅斯獲得了朝思暮想的出海口，同時也打開了俄羅斯通往歐洲的大門，歐洲的先進文化經過烏克蘭的黑土地，源源不斷地傳入了俄羅斯。而主要受西方影響的烏克蘭歷史發展的軌跡轉向了俄羅斯的沃土。

1700年，俄羅斯沙皇彼得一世發動與瑞典爭奪波羅的海的「北方戰爭」。戰爭期間，烏克蘭哥薩克被調來充當炮灰，並強行取消了烏克蘭的地方自治，於是導致了烏克蘭貴族的不滿。1708年，烏克蘭首領瑪澤帕與瑞典結盟，想要重獲民族獨立。沙皇彼得得知後大怒，派出軍隊血洗了哥薩克營地，俄烏從此成為仇敵。1709年，俄軍在烏克蘭境內徹底擊敗了瑞典軍隊，烏克蘭獨立的夢想破滅。緊接著，彼得大帝專門組成了小俄羅斯部，在烏克蘭推行全面俄羅斯化的殖民政策，沙俄用剛柔並濟的辦法，同化了烏克蘭上層統治階級，在這之後的200年裡，沙俄一直牢牢控制著烏克蘭。

1917年，沙俄發生「二月革命」，帝國一夜之間破碎解體。1917年3月，烏克蘭成立了代表資產階級以及小資產階級的中央政權「拉達」。為了能夠得到德國的承認，「拉達」搶在蘇俄政府之前和德國締結和約，以提供糧食還有農副產品為代價，換取德國派遣45萬軍隊進入烏克蘭，抵抗蘇維埃武裝。可是德軍一進入烏克蘭，就找藉口推翻了「拉達」政權，扶植了一個親德的傀儡政府。德國兵敗後，蘇俄紅軍展開反攻，烏克蘭又一次回到了蘇俄的版圖，但是後來在與波蘭的戰爭中，蘇俄紅軍先勝後敗，被迫將西烏克蘭地區割讓給了波蘭等國。1922年12月，烏克蘭作為第一批四個加盟共和國之一，加入了新成立的蘇聯。1939年，蘇聯政府用武力奪回西烏克蘭地區，烏克蘭就此完成統一。蘇聯時期，烏克蘭的經濟得到了很大的發展，人民的生活也得到了很大的改善。但是，因為蘇聯政府的一些錯誤政策，致使烏克蘭民族主義情緒不斷滋長。1991年「8．19」事件發生後沒多久，烏克蘭趁著蘇聯中央政府陷入癱瘓，宣佈成立獨立國家。

兩國之間亦親亦敵，摩擦不斷。近年來，在俄格衝突還有波美達成反導協定的背景下，烏克蘭先是宣佈限制俄羅斯黑海艦隊的活動，隨後又表示要與西方國家進行導彈防禦合作。俄羅斯對烏克蘭的一連串親西方舉措反應十分強烈。2008年，俄羅斯與喬治亞發生了激烈的軍事衝突，喬治亞宣佈退出獨聯體，波蘭與美國就美在波領土建立反導基地達成協議之際，烏克蘭出爐一連串的親西政策，引起了俄羅斯的強烈不滿。而黑海艦隊客居烏克蘭的問題成了俄烏兩國關係緊張的導火線。

從歷史到今天，烏克蘭繼承了大量蘇聯遺產卻一直向著北約靠攏，面對烏克蘭的過分舉動俄羅斯一忍再忍，直到2006年1月份，俄羅斯關閉了向烏克蘭的能源供應，1年後又關閉了向白俄羅斯的能源供應，而圍繞石油以及能源的鬥爭，使得美國更加的竭力主張繞開俄羅斯的項目，而俄羅斯在普京和梅德韋傑夫等人的領導下，力爭控制裡海資源的流向，並且，在2007年與中亞國家達成協議取得了成功。烏克蘭與俄羅斯在戰略根本方向上出現了嚴重的對立。2014年3月份，俄羅斯宣佈和烏克蘭斷絕外交關係。2014年4月9日普京指出，目前，俄羅斯依然在支持烏克蘭的經濟，補貼達到數億美元，不過這樣的情況不能永遠持續下去。普京當天在位於莫斯科州的新奧加廖沃總統官邸同俄政府成員舉行會議，討論加強與「俄最重要的夥伴之一烏克蘭」的經濟聯繫。普京指出，烏克蘭國內正在發生複雜的政治進程，希望俄就穩定烏局勢所提出的倡議可以產生良好的效果。

而克里米亞的入俄引起了一連串的連鎖效應，烏克蘭東部多個城市的親俄分子紛紛提出入俄的要求。呼聲四起，面對動亂的烏克蘭，面對拖欠自己巨額債務的烏克蘭，普京不會讓俄羅斯貿然行動，但也絕不會任由烏克蘭侵犯俄羅斯的切身利益。

與喬治亞的奧塞提亞之爭

普京連任期滿後，推出與自己政見相同的梅德韋傑夫出任總統，2008年，普京開始擔任總理一職。而就在2008年的8月7日，俄羅斯聯邦和位於其南部邊疆的喬治亞共和國，因為南奧塞提亞爭端，而發生了大規模的軍事衝突。兩國調集了大量的部隊開赴南奧塞提亞境內，展開了慘烈的戰鬥。

喬治亞及其南奧塞提亞自治共和國在地理上處於東歐平原的南部，北臨俄羅斯南部邊疆大高加索山脈，而這一地區，也正是1994年以及1999年分別爆發兩次車臣戰爭的俄聯邦車臣共和國領土。喬治亞東南部和土耳其共和國接壤，南面緊鄰亞美尼亞還有亞塞拜然共和國，西面是黑海的海岸線。除了俄羅斯以外，國際上承認喬治亞的領土包括阿布哈茲還有阿札爾兩個自治共和國還有南奧塞提亞自治州以及其他九個州。而俄羅斯所說的南奧塞提亞共和國也就是西方國家承認的喬治亞共和國北部山區的南奧塞提亞自治州。在這個歐亞接壤的邊緣地區，西部是信奉基督教的歐洲人，北部是信奉東正教的俄羅斯人，而南面則是阿拉伯人，在漫長的歷史中曾經分別被東正教、基督教以及阿拉伯人統治，一直以來都沒有統一的宗教以及政治傾向，因此很容易分離出各派別朝不同的宗教以及政治集團靠攏。

奧塞提亞人起源於阿蘭，在宋朝時成為兩個國家，在中世紀時期受到喬治亞與拜占庭的影響，成為基督徒。因為匈奴人的統治，他們被逐出在現在俄國頓河以南的家鄉，一部分越過高加索山脈來到喬治亞，同時分成了三部分，分別是受到伊斯蘭影響的西部Vigor，還有南部的南奧塞提亞，以及北部的北奧塞提亞。北奧塞提亞從1767年開始，就接受俄羅斯的統治，現在屬於俄羅斯管轄。現在的南奧塞提亞還有喬治亞其他的地方，在1801年被沙俄吞併。俄國二月革命之後，奧塞提亞人成立國家委員會，很快就呼籲把南奧塞提亞併入蘇維埃由布爾什維克黨人所控制。十月革命發生後，南奧塞提亞成了孟什維克派的喬治亞民主共和國的一部分，不過北奧塞提亞卻成了布爾什維克派的蘇維埃共和國的一部分。1921年，前蘇聯第11紅軍擊敗喬治亞民主共和國，成立了喬治亞蘇維埃社會主義共和國政府，大量的奧塞提亞人也參與了這次進攻喬治亞的戰鬥。

為了感謝奧塞提亞人，蘇維埃共和國於1922年4月20日成立了南奧塞提亞自治州，並以當時喬治亞人仍佔多數的茨欣瓦利為首府。1922年3月12日，喬治亞加入外高加索蘇維埃社會主義聯邦共和國，同年12月作為該聯邦成員加入蘇聯。1936年12月5日，喬治亞蘇維埃社會主義共和國成為蘇聯加盟共和國之一。1990年11月4日，喬治亞蘇維埃社會主義共和國發表獨立宣言，改國名為喬治亞共和國，1991年4月9日正式宣佈獨立。1993年10月22日正式加入獨聯體。1995年8月，通過新憲法，定國名為「喬治亞」。但是，1991年11月28日，親俄羅斯的南奧塞提亞分離主義政府宣佈原屬喬治亞共和國的南奧塞提亞自治州自喬治亞獨立，成立南奧塞提亞共和國，可是唯獨得到了俄羅斯的承認。國際社會承認的喬治亞共和國由阿布哈茲和阿札爾兩個自治共和國以及南奧塞提亞自治州還有其他九個州組成。這也就意味著，國際上認為南奧塞提亞是喬治亞屬下的一個自治州，而事實上卻是由親俄的南奧塞提亞分離政府控制該地區。

1992年還有2006年南奧塞提亞政府組織的公民投票顯示，兩次均以超過96%的民意支持獨立，國際社會同樣對投票結果不予承認。直到薩卡什維利上臺後，喬治亞得到了空前的發展，同時也將喬治亞帶上了親美的道路。2004年以來美國成功插手該地區問題，喬治亞發展了多項和北約、美國、歐盟的軍事以及經濟合作，期間曾爆發出雙方準備在喬治亞境內部署導彈防禦系統的事件，成為俄羅斯的心頭之恨。

而從地理上看，高加索地區是俄羅斯聯邦重要的戰略安全防務區。在這個地區，長期存在著分離主義的情緒，此前的兩次車臣戰爭均發生在此地區，俄羅斯在此駐紮著北高加索軍區超過10萬的部隊，俄羅斯一直擔心車臣和喬治亞分離效應的蔓延，影響俄聯邦整體的穩定。

2008年俄喬衝突，俄羅斯重創喬治亞，一度兵臨第比利斯城下，並與南奧塞提亞軍隊控制了茨欣瓦利。在國際輿論的壓力之下，俄羅斯才將軍隊撤出喬境內。而幕後黑手美國，始終旁觀，在最後關頭喊話讓俄羅斯停止「侵略」，揚言要儘快在波蘭部署反導系統，俄羅斯則回應在伊朗部署中遠端導彈。事實上，俄羅斯確實在南奧塞提亞駐紮了維和部隊，抑制了美國在該地區的過分行動。文人出身的薩卡什維利雖然親近西方，拉攏美國，最後，卻還是敗給了KGB出身的硬漢普京。

歷經滄桑，能否左右逢源

可以說，俄羅斯和歐洲的關係，不管是從歷史上還是從現在來看，一直都不太融洽。由於地理位置的原因，俄羅斯處在歐洲的邊緣，由歐洲與亞洲之間的一大塊緩衝地帶構成，俄羅斯人的歷史經歷完全不同於歐洲人，因此他們所發展起來的文化也相應的有很大不同。古代俄羅斯在歷史上一直處於異族統治以及分裂的狀態，其中有蒙古和韃靼入侵和統治。儘管處在這樣的狀態之下，其權力中心卻一直處於東方，並且由於地理上的因素，實質上和正統的歐洲處於隔絕的狀態。

假如不是因為歐洲面臨宗教改革的浪潮，那麼，也許，這個和外界隔絕、閉目塞聽的莫斯科就會被徹底的遺忘。蘇聯解體後，雖然說俄羅斯的經濟出現了倒退，但是軍事實力的強大，使得和美國關係密切的歐洲感到十分反感，既擔心俄羅斯的軍事威脅，同時也擔心俄羅斯的經濟狀況會危及自身。1999年11月，在土耳其舉行的歐洲安全與合作組織首腦會議上，俄歐曾為車臣問題激烈交鋒，俄總統葉爾欽為此中途退席。2002年，普京任俄羅斯總統已經兩年，俄歐又為加里寧格勒的人員過境問題出現了糾紛，糾纏了一年多才達成折中協定。到了2004年，俄歐關係再次降溫，雙方在《京都議定書》、俄加入世貿組織、俄國內民主進程以及烏克蘭總統選舉等一連串問題上產生了糾紛。雖然說當年5月在莫斯科簽署了歐盟支持俄加入世貿組織的議定書，不過依然有大量的問題懸而未決。

俄羅斯的參與對歐盟來說是構築歐洲安全體系的重要力量，同時，俄羅斯還是歐盟的能源庫，並且，歐盟還想借助俄羅斯來制約美國的霸權，推動世界割據多極化。而對於普京所領導的俄羅斯來說，想要站穩地位，取得大發展，目前非常需要得到歐盟的經濟援助以及技術，並且，目前的俄歐貿易已佔俄外貿總額的50％以上，這一點關係著俄羅斯的經濟穩定。儘管說俄歐關係時不時會出現一些糾紛，不過總能透過協商來進行化解，沒有脫離合作的主線。

普京上臺後，俄羅斯得到了飛速發展，重展雄風，逐步在世界佔有了很重要的地位，使得歐盟認為俄羅斯有帝國擴張傳統，因而對俄懷有戒心。而俄羅斯呢，想要圓強國之夢，躋身世界強國之列，並參與主導歐洲事務。歐盟想要將中東歐國家納入西方體系，並力圖侵入獨聯體地區，而俄羅斯則希望盡可能多地保留自己在上述地區的利益以及影響，特別是極力反對北約東擴。

普京總統越來越強硬的外交手段，彰顯出了俄羅斯作為核大國以及安理會常任理事國謀求全球領導地位的企圖。在俄歐峰會上，普京曾主動問梅克爾，美執意在波、捷兩國部署導彈防禦系統並且在科索沃的行動都表明，美國人口口聲聲地說願意與俄進行對話，可是行動上卻我行我素，既然是這樣的話，那麼俄羅斯還有什麼必要繼續與美國進行對話？而俄羅斯和土庫曼斯坦以及哈薩克斯坦簽定價值7億多歐元的天然氣管道項目的舉動，使得歐盟努力想將土庫曼斯坦等中亞國家的天然氣經土耳其還有南歐輸入西歐國家的希望瀕臨破滅。俄歐峰會不歡而散，俄歐關係和俄美關係一樣陷入了尷尬而冷戰的局面。

從古到今，俄羅斯經歷了巨大的變化，分分合合起起落落，在普京上臺之後，俄羅斯的狀況得到了極大的改善，如今，俄羅斯正在普京的領導下逐漸走向繁榮富強，未來的俄羅斯是否能夠在歐洲左右逢源，還得看凌厲的普京將要出什麼牌。

Part 2

為奇蹟而生，重歸權力巔峰

強勢登陸還是權力輪迴？

王者復出，眾望所歸

俄羅斯《獨立報》刊登了一張梅德韋傑夫和普京的合影：兩個人都在抬著手腕對時間，但是，普京只是專注地盯著自己的手錶，梅德韋傑夫則在用手指撥動自己的錶，看起來好像是在按照普京的時間對錶。

早在2008年5月梅德韋傑夫宣誓就職後，就有電視媒體播出這樣一幅漫畫：普京和梅德韋傑夫一起坐在一輛汽車裡，最初，方向盤在普京的座位前；後來，兩個人互換了座位，但方向盤仍然掌握在普京手裡。一直以來，人們都有一個觀點，認為普京在他的政治班底中安插了許多聖彼得堡同鄉。這群人從聖彼得堡而來，進入莫斯科，掌管著俄羅斯的政治、經濟、軍事等各項大權，政治評論家們稱這個組織為「聖彼得堡幫」。普京並不認同這個說法，他說其中許多人在很多年前就已經移居莫斯科，像每個莫斯科人一樣在紅場玩耍，到救世主大教堂做禮拜，去繁華的阿爾巴特大街購物。即使他曾任命了一些從聖彼得堡走出來的人，也是因為在那個時刻，只有他們有能力勝任那個職位。儘管普京不願意承認「聖彼得堡幫」的存在，但事實上俄羅斯政壇離不開這群人。他們像太陽系的行星一樣，環繞太陽運轉。這個「太陽」，就是普京。在普京當上總理之後，還是有很多人願意沿著普京在過去8年設計的「普京路線」走下去，包括繼任的總統梅德韋傑夫。

一位俄羅斯官員曾說：「俄羅斯人民每到關鍵時刻都會得到神的保佑，祂給我們派來普京這樣的領導人。上帝知道，我們離不開他。」這樣的話語不乏諂媚和奉承，沒有一個國家只靠一個人就能運轉，也沒有一個人能從根本上改變一個國家的命運。但是，俄羅斯人就是喜歡用這種方式，向崇拜的強者致敬。

在俄羅斯歷史上，其興盛期往往伴隨著一個強大領導人的存在。俄羅斯人從不掩飾他們對偉大統治者的渴望，除了普京，似乎沒有第二個人能擔起這個重任。所以，當梅德韋傑夫提議普京作為「統一俄羅斯」黨的總統侯選人參加2012年總統大選時，幾乎所有人都覺得這是順理成章的事。過去數年的事實證明，在普京領導下形成的管理模式和戰略是正確和有效的，在遵循俄羅斯政治規則和合理性的前提下，由普京再度競選總統，是眾望所歸和大勢所趨。

大概是因為俄羅斯人民受盡苦難，所以他們對節日格外熱愛。不管是傳統慶典還是潮流節日，不論是世俗節日還是宗教節日，不管是職業節日還是特殊紀念日，民眾都會用最大的熱情去慶祝。2月23日是俄羅斯祖國保衛者日，這個節日曾一度被更名為蘇聯建軍日。一般來說，俄羅斯人民將這個日子視為男人的節日，女人們會向男人們表示祝賀並贈送禮品。

2012年的這一天，普京的支持者沿著莫斯科河，一路步行至盧日尼基體育場。這是俄羅斯最大的體育場，共有8萬多個坐席，曾在2008年承辦了歐洲冠軍盃決賽，有段時間，這個體育場被稱為列寧體育場。遊行的隊伍高舉著俄羅斯國旗和標語，佩戴著白藍紅三色絲帶或者其他帶有政治意義的徽章，一邊向前走一邊唱著愛國歌曲。

「只要普京在，我們就是一個強大的國家！」

「我們要穩定！我們要普京！」

「沒有更好的選擇。」

「普京——我們的總統。」

標語上的口號很多，但都在傳遞同樣的訊息：他們相信普京，他們支持普京。在盧日尼基體育場外，有人在發放免費的謝肉節薄餅，還有免費的熱茶、咖啡和熱粥，甚至提供禦寒的毯子。春天還沒到，流動的空氣撲到臉上，仍然是涼的。但是，置身國旗海洋中的民眾，顯然已經感受不到寒冷，他們因口號而振奮，因未來而興奮，為普京而狂熱。

體育場中心臨時搭建起了演講臺，環繞在演講臺周圍的10多萬人翹首盼望，等待著一個人的出現。當普京站上演講臺的一瞬，掌聲和歡呼像是新年夜的鞭炮和煙火炸開來。

普京沉著地說：「俄羅斯面對的戰鬥正在繼續，勝利將屬於我們……我們不會讓任何人將他們的意願強加給我們。我們有自身信念，這幫助我們贏得勝利。」然後，他問臺下的人們：

「我想問你們，我們會勝利嗎？」「是的。」無數喉嚨裡吼出了同一個聲音。「我們是一個勝利的國家，這根植於我們的基因，世代相傳。」200年前，俄國人民在博羅季諾和拿破崙·波拿巴的侵略軍浴血奮戰，為了紀念這種偉大的精神，俄國詩人萊蒙托夫滿懷深情寫下了讚美的詩行。現在，普京又將它道出，向他的支持者們傳遞著「必勝」的信號。

反對的聲音並不是沒有。以自由為名的年輕人湧上街頭，他們擔心普京在總統位置待的時間太長，他們渴望改變；對普京上臺後將採取的強硬外交政策感到苦惱的西方國家，費盡心機地想掀起一場「俄羅斯之春」。走在大街上進行「反普」遊行的，並不是在生活中挨餓受凍的窮人，相反，他們之中的大多數人都在過去10年俄羅斯經濟的復甦中獲利。他們期待得到更多的東西，包括政策上的改革以及更少的腐敗。

20年的俄羅斯夢

在莫斯科市中心的阿爾巴特大街上，有一家普通的咖啡館，進出的顧客絡繹不絕，與之相比，隔壁的星巴克顯得冷清許多。咖啡館收銀臺旁邊，擺放著2012年俄羅斯大選5名總統候選人的宣傳海報。原來，這家咖啡館正在提前進行「大選投票」。任何一位顧客不論年齡、國籍、性別、身分，只要在消費時向店員說明自己支持誰，就會被記錄下來，並即時顯示在咖啡館牆壁的顯示幕上。其他連鎖店裡也進行著同樣的活動，所有資料透過網際網路實現同步更新。「投票吧，你不會輸的——3月4日再來，你會獲贈免費咖啡。」咖啡館的活動海報上印著醒目的宣傳語，所有人都在期待大選之日的到來，當然，不僅僅是為了一杯咖啡。

克里姆林宮斯巴斯基鐘樓始建於1491年，它風雨無阻地工作了幾百年。現在，自鳴鐘的指標向前跳動了一格，伴隨著一場春雪，2012年俄羅斯總統大選在橫跨9個時區的廣袤土地上拉開了序幕。

莫斯科時間3月4日上午11點，梅德韋傑夫夫婦抵達位於拉緬基區多夫熱科街的第2634號選區，他們與在場的工作人員和選民打了招呼，在選民登記簿上簽了自己的名字，領到了兩張選票。梅德韋傑夫並沒有用多少時間就填好了選票，或許是因為他在心中已經將這一時刻預演了很多次。

普京在前一天晚上睡了個好覺，他已經很久沒有在午夜之前安然入眠了。晨練後吃過早飯，普京和妻子柳德米拉一起來到俄羅斯科學院投票站。在他拿到選票後還發生了一個小插曲，選票從他手中滑落到了地上。穿著黑色長大衣的普京不方便彎腰去撿，但趕在身邊的工作人員彎腰前，他還是自己蹲下身去，把選票撿了起來。蹲在地上的普京笑了一下，臉上浮現了類似於羞赧的神情。

媒體的圍追堵截自然是少不了的，就連其他選民也不時舉起手機拍照。普京投票後，柳德米拉甚至沒辦法順利從擁擠的媒體人群中穿過，普京只好大聲說：「現在該柳德米拉．普京娜投票了，請大家給她放行！」

這天是週日，但並不是所有莫斯科人都能享受週末。建築工人米哈伊洛維奇冒雪而來，投票後他還要去工地工作。他說：「投票對每個俄羅斯人都非常重要，不然我也就沒有必要過來了。」他希望新的領導人能讓他的孩子生活得更加幸福。超市收銀員巴芙拉要趕在下午兩點前回到工作崗位，她雖然不願意為了投票而請假，也不想因為工作放棄投票，她相信自己投出的這一票是在「對俄羅斯的未來負責」。

各個投票站前都排著長隊，人們鄭重地拿著選票，像要把一顆心放進投票箱裡。投票工作在當天20時結束，莫斯科人的週末時光也已接近尾聲。但是，馬涅什廣場上依然人山人海，他們揮舞著國旗，高舉著標語，白藍紅三色氣球被捆紮成堆，迎著初春料峭的風起起伏伏。在這樣一個夜晚，莫斯科無人入睡。

普京在23點左右出現在馬涅什廣場，他和梅德韋傑夫一起，邁著大步來到了廣場中央，來到了人群中。此時，聚集在廣場上的普京支持者已超過11萬，遠遠超過集會申請人數的上限1.5萬人。廣場附近的莫霍瓦亞街、特維爾大街與革命廣場等路段不得不暫時封閉。無數道希望的目光聚焦在那一個身影上，比任何聚光燈都更耀眼。

當梅德韋傑夫簡短宣佈了普京獲勝後，一向以「硬漢」形象示人的強者靜立在支持者前面，他似乎竭力想讓臉部的表情看起來輕鬆一些，甚至不安地搓動了一下手指。他站到麥克風前面，還未出聲竟然有些哽咽，兩行淚水從藍色的眼睛中流出，在璀璨的燈光下十分閃亮。

記者們瘋狂按動快門，他們之中沒有一個人見過普京的眼淚，他們甚至開始在大腦裡飛快構思明日頭條的標題。民眾先是短暫沉默，緊接著爆發了此起彼伏的呼聲，如山呼海嘯，向臺上流淚的新總統傳遞著支持的訊息。「我曾經承諾我們會贏得勝利，現在我們贏了。」面對支持者，普京大聲宣佈：「光榮屬於俄羅斯！」整個馬涅什廣場、整個莫斯科、整個俄羅斯，沉浸在熱鬧而歡樂的海洋中。

結束了廣場集會的行程，已是3月5日凌晨，普京沒有回家休息，而是專程趕到了自己的競選總部，向競選團隊的工作人員表示感謝，與他們一起慶祝這共同的勝利。未來的一切都是未知數，誰也不知道作為「舵手和船長」的普京將帶領俄羅斯這艘巨輪駛向哪裡。普京深情地引用了詩人葉賽寧的詩：

假如天兵向我喊道：

「快拋棄羅斯，住進天堂！」

我定要說：

「我不要天堂，請還給我自己的祖國。」

世上再沒有比這質樸的語言更動聽的了！就連夜鶯的啼鳴、百靈的歌唱都不及這樣的話語悅耳。面對競選總部的工作人員，普京說：「我曾經承諾的一切，必將全部兌現、全部實現。」不知有多少人在這一刻想起了普京在2000年的承諾，他說：「給我20年，還你一個奇蹟般的俄羅斯！」普京本人，正是俄羅斯奇蹟裡最耀眼的一幕傳奇。

因為愛國，所以擔起王者使命

2012年3月4日晚，十萬多普京支持者在莫斯科克里姆林宮旁的馬涅日廣場集會，慶祝普京大選獲勝。這意味著普京將成為下一個6年的總統，並很有可能連任。這讓很多人不禁想起他的一句口號：給我20年，還你一個強大的俄羅斯。2000到2008年，8年的執政充滿挑戰，但普京表現出驚人的定力和勇氣，就連一向以耐心聞名的日本人，都感嘆從他身上佔不到一點政治便宜。時隔4年之後，普京很可能連任12年，他果敢、強硬的作風必將在今後影響著國際政壇。當得知競選獲勝時，「硬漢」普京含淚答謝了所有支持他的人。

「感謝那些祝福『偉大俄羅斯』的人們。我想問你們，我們會勝利嗎？……我們勝利了！……我們贏得公正、誠實！……謝謝你們！」「我們將更加誠實、更加努力地工作。我們將達成所有目標。我們呼籲所有人為了人民和祖國的利益團結起來。我向你們保證，我們會獲得最終的勝利！榮耀屬於俄羅斯！」

當俄羅斯的大多數人民把權力之鑰交給他的時候，他自始至終唯一反覆重申的一個觀念，就是「愛國」。對於多民族的俄羅斯來說，團結各族人民的唯一思想只可能是愛國主義。普京坦言：「我們沒有主導思想，但我們需要共同找到某個能團結整個多民族的俄羅斯的因素。我認為，除了愛國主義之外，沒有任何東西能夠做到。」

愛國之心不僅讓他在一個網際網路高度發達的時代團結了渴望祖國繁榮富強的俄羅斯人民，也讓他這數十年如一日的工作充滿動力，倘若不是因為愛國，他如何能夠應付那麼多次的恐怖事件、暗殺活動、政治質疑和鐵腕改革？一個人能夠走多遠，要看他有怎樣的情懷，普京對俄羅斯的熱愛，使他成為了一個讓人信賴的、可以給俄羅斯帶來美好前程和團結安定的人。

當普京獲勝的消息傳出，整個國際政壇都毫不意外，可以說自從普京去年9月宣佈參選，人們就已經料到這一天。阿拉伯新聞網的評論說，普京勝選，一是沒有任何疑問，二是人心所向，三是給俄羅斯帶來了新希望。評論說，在當下的俄羅斯體制和錯綜複雜的形勢下，普京是俄羅斯這個幅員遼闊國家總統的不二人選，沒有人比普京更適合總統的位置，更能把俄羅斯帶往強大和富庶。

各國媒體都紛紛就此事發表了看法，普京的勝出是對他支持者的鼓勵，同時也是對他的對手們的衝擊，很多人開始預測普京將要面臨的各種困難，他在實現俄羅斯現代化的路上可能會採取的措施，以及越來越有想法的選民對他的要求。儘管困難重重，前途未卜，好在普京擁有大多數人的信任和支持。在為普京拉票的過程中，很多口號反映出愛國的普京在人民心中的位置：「只要普京在，我們就是一個強大的國家」，「為普京投票，為國家穩定投票」，「別無選擇」。

20多年前，軍事上從未失敗的蘇聯一夜間崩潰，其中一個重要的原因，就是當時的社會菁英不認同自己的國家，他們希望透過向西方敞開心扉，來解決國內的一切問題，這種想法事後被證明是完全錯誤的，隨之而來的是俄羅斯十年的衰退和貧困，連每人平均壽命都在縮短。從一個超級大國一下子變成歐洲俱樂部門外的可憐漢，俄羅斯人民的內心落差有多深不言自明。這種局面直到普京上臺才得以扭轉，普京一上臺就打出愛國主義的旗號，對待西方時展示驕傲的俄羅斯人的態度和決心。他領導的俄羅斯不再向西方讓渡國家利益，集中權力來扭轉俄羅斯經濟衰退、社會秩序崩潰的局面。

愛國是普京改變國家的動力，也是他繼續在政壇叱吒風雲的神器。普京之所以為普京，也就在於他胸中的一腔愛國情懷。

風雨兼程，演繹王者風範

「超人總統」，俄羅斯的精神圖騰

2010年11月，俄羅斯聖彼得堡郊外的一處賽車場上，一輛黃色跑車以240公里的時速繞著賽道奔馳了好幾個小時。駕駛者不是別人，正是普京。這一年，他58歲。

開賽車對於58歲的普京而言不算大事，兩年前，他還曾打過老虎。那是2008年8月，秋季的烏蘇里江藍色澄碧，兩岸火紅的楓葉林在天與江水之間鋪展開來。這裡的秋季絢爛火熱。

俄羅斯烏蘇里江保護區裡，一隻亞洲虎被眾人制伏。各大媒體的攝影記者想儘量靠近這隻困獸，爭取找到最好的拍攝角度。突然，老虎掙脫了束縛，牠早先受了驚嚇，已是極具攻擊性，再加上圍觀的人群與各種噪音，現在又驚又怒，兇猛異常。透過鏡頭觀察亞洲虎的攝影記者們沒來得及反應，當危險發生的那一刻，許多人甚至忘記了逃跑。千鈞一髮，血盆般的虎口衝著驚恐的人群張開，百獸之王的怒吼打破了烏蘇里江的平靜，下一刻血腥將要瀰漫在這個純淨的季節。場面混亂無比，電視機前觀看這場直播的人只是突然看到畫面搖擺不定，然後信號中斷。

普京從來沒有想到會發生這樣的事情。老虎前一秒還在工作人員的控制中，下一秒所有人臉上都出現了驚恐的扭曲。普京離老虎比較遠，他最擔心的是那些攝影記者。他們在開始時太過專注於拍攝，危險發生的時候根本沒有反應的時間。果然，普京看到有人竟然呆呆站立在那裡，手上還扛著攝影機，擺著要拍攝的姿勢。牠嚇呆了。

尖叫聲、呼喊聲混成一片，工作人員與避難者擠在一起。老虎還沒有發起攻擊，它只是立在那裡，高高翹起尾巴，觀察著周圍的人，隨時可能展開攻擊。早年的訓練令普京具有快速的反應能力與敏捷的身手，他從身旁保衛人員手中拿過一把麻醉槍，瞄準老虎，射擊……

千里之外的電視畫面恢復了信號，人們看到普京拿著麻醉槍，守在昏倒的老虎身旁。電波把這一畫面傳給了全世界，於是「打虎英雄」成為普京最具傳奇性的稱號之一。大約一年以後，身穿緊身潛水服的普京在一隻大白鯨身上安裝了無線電信號發射器，以幫助科學家研究大白鯨的遷徙模式。原來，會打老虎的普京，也會「戲鯨」。

普京從治國思想到日常活動，他的一切似乎都如此強硬。儘管已年過半百，但是俄羅斯人還是能看到他們的總理身體硬朗。莫斯科郊外發生森林大火時，普京能駕駛水陸兩棲飛機救火；在圖瓦度假時，普京在野外宿營，光著上身在山地的崎嶇地帶騎馬，而且他胯下的駿馬身上沒有馬鞍……一切都顯示出不再年輕的普京仍然有良好的體能素質。他似乎是在告訴人們：

「我很健康，還很清醒，還能夠為俄羅斯服務，請放心把俄羅斯交給我。」

會打老虎，還會給白鯨安裝無線電，會彈鋼琴會唱歌，會柔道會滑雪，還會治理國家，還有什麼是普京不能的？吉爾吉斯坦北部的一座山峰被冠以「普京峰」之名，而此前享有這一殊榮的分別是列寧和葉爾欽。

相比之下，梅德韋傑夫的儒雅與溫和令他的氣場顯得並不強大。因為俄羅斯民族在很長一段時間裡經受了太多的磨難，這片動盪的大地太需要一個強有力的人來安撫人們脆弱的神經。俄羅斯人崇拜英雄，從封建時代的彼得大帝到葉卡捷琳娜二世，都詮釋了這個民族的「權威情結」。普京的堅毅，哪怕有時的確顯得有些「專制」，也是他最大的魅力所在。

但是英雄也得過日子，他不能一直這樣「堅硬」地度過每一分鐘。2008年，普京在克里姆林宮舉行的每年一度的大型記者會上說了這樣一句話：「我面對兩次投票給我，選我當俄羅斯聯邦總統的公民們，我無愧。這8年來，我忙得就像木帆船上的划槳奴隸，從早到晚，還是殫精竭慮地幹。」

普京的確很忙，但再忙的人也有閒暇時光。生活中的他細膩而溫柔，除了家人朋友以外，科尼是他最好的陪伴。他喜歡和科尼在森林或海邊散步，那對他來說是再好不過的放鬆。一次，在索契城的總統官邸，普京和科尼一起在海邊散步。他們在那裡發現了一隻折斷了翅膀的海鷗，於是，普京把海鷗帶回官邸照料。最後，他找到了契索城裡的鳥類公園，讓海鷗在那裡安了家。契索城不大，沒過多久普京養護海鷗的故事就傳遍了整個小城。但是，普京的溫情似乎並沒有感染與他關係不錯的布希。有一次，布希說喬治亞領導人「熱血沸騰」。普京當時回答：「我也充滿了熱血。」但是布希不這麼認為，他說：「不，弗拉基米爾，你是冷血動物。」

人越忙便越嚮往悠閒的田園生活。有一次，普京到阿爾泰山河流巡視。路上，他被那裡的風光吸引，這時，一位當地老人出現在他面前，這位老人正騎在馬背上在河裡釣魚。普京為那田園牧歌似的生活方式打動，他朝前走去，與老人攀談起來：「先生，這馬不會凍僵嗎？」老人並沒有對普京表現出過多的熱絡，他只是看了一眼身邊的年輕人，然後便回頭不看他，一邊繼續釣魚，一邊悠悠地說：「我不會把馬凍僵的。小夥子，快點離開這兒吧。我聽說，普京要到這裡來。」

我們很難想像，這位帶著俄羅斯走向光明未來的人，竟然與時尚的距離那樣遙遠。他從沒發過電子郵件，因為他沒有電子郵箱，也沒有部落格。因為工作性質，他也不能使用手機。當然，我們相信普京身邊總會有工作人員替他發郵件、打電話。對於現代流行的網球、高爾夫球等運動，普京也並不感興趣。他喜歡游泳，當然，更喜歡柔道，每天早晨7點半，他準時醒來後做的第一件事情便是練習一套柔道動作，然後出門游泳。

無論普京在私人時間裡如何溫情，在外人眼中他永遠是冷峻的。2007年12月12日，莫斯科西郊茂密的森林裡，一座蘇聯時期風格的建築打開了它古典主義樣式的大門，黃昏時的光線打在美國《時代》雜誌總編斯丁格爾的車上。這裡是普京的私人別墅，通常採訪不會安排在這裡，但這一次例外。別墅區的白樺林此時顯得格外寂靜，斯丁格爾已經換乘克里姆林宮的專車，向林區深處行進。他對這裡的神秘感一點也不覺得驚奇，畢竟是總統別墅。但是當俄方工作人員提醒他不要隨意走動，避免被樹林裡的狙擊手誤會時，他還是打了一個小小的冷顫。

普京穿著正式地迎接他的到來，他有3個小時的時間和這位影響了2007年世界局勢的強權人物對話。但是他遺憾地發現，無論他如何運用採訪技巧，都很難從普京嘴裡套出話來。政治問題很難，私人問題更是無從下手。斯丁格爾想讓氣氛變得活躍一些。他原本以為這不是什麼難事，因為總聽人說普京談話有時很幽默，但事實上，普京自始至終沒有講過一個令他覺得幽默的話題。也不知是不是語言問題，普京也對斯丁格爾的幽默表現出不解。這場訪問唯一令斯丁格爾感到安慰的是，普京至少說了他平時會讀《聖經》，喜歡莫札特，也喜歡披頭四。到了10點，斯丁格爾聽見普京說：「好了，桌上也沒有什麼菜了，採訪就到這裡吧。」斯丁格爾走向自己的汽車，他在腦中給這位2007年《時代》雜誌年度人物下了評語：冷峻，冷靜，原則性強，嘴很緊，難套話。

2014年三月，普金強勢回歸後的第二年，俄羅斯列瓦達研究中心26日發佈的資料，很明確的告訴我們，有80％的俄羅斯人支持俄羅斯總統普京的工作，60％的受訪者都十分堅定地相信，「國家正朝著正確的方向發展」。普京的工作得到了整個國家絕大多數人的認可與支持，有人分析稱，普京的高支持率在一定程度上，和克里米亞回歸俄羅斯這件事有很大的關係。不管前方的路將如何走，我們都能看出來，普京，早已成為俄羅斯民族的精神圖騰，人們支持普京，信賴普京！

大難不死，夢想終成

紅場上，人群熙來攘往，各地遊客慕名前來。這裡是莫斯科的城市中心，也是莫斯科最古老、最富有神秘色彩的地方。克里姆林宮被深紅色的高牆緊緊包圍，雄偉莊嚴，它是現代俄羅斯的權力中心和象徵。

總統辦公樓是一幢黃白相間的三層樓，樓頂升起的國旗代表總統仍在緊張的工作中。門口的衛兵時刻緊繃著神經，觀察著經過的每一個人，但總有一些地方和人是他們看不到的。距離紅場不遠處的一棟公寓裡，一個年輕男子坐在窗臺上遙望著紅場和克里姆林宮。他側著身子，支起右腿，軍用皮鞋牢牢地踩在窗臺上，左腿隨意地在半空中搖晃著。擦拭著狙擊步槍的手皸裂出好幾個流血的傷口，但他似乎全然不覺，仍然注視著窗外，疲憊中帶著些許緊張，又彷彿若有所思。不一會兒，他迅速地把狙擊槍扛在肩上，睜大了一隻眼睛，像一隻發現了獵物的野獸死死地盯著獵物一樣看著瞄準鏡裡出現的人——他的暗殺目標。

這並不是好萊塢大片中的情節，這一幕就發生在2008年3月俄羅斯總統選舉日之前，而狙擊手的目標正是總統普京和梅德韋傑夫！槍手是塔吉克斯坦人，他在租來的公寓裡準備了大量武器，等待時機實施暗殺。好在克里姆林宮的特工提早發現並將他抓獲，及時挫敗了暗殺行動。普京知悉並躲過所有針對他的暗殺行動，而且從未因此改變自己的工作日程或取消任何已經安排好的行程。

全世界有多少人曾經或者現在仍然想要普京的腦袋，有多少人想把某一天變成普京的末日，但均以失敗告終。2012年，普京再一次競選總統，回顧普京曾經歷過的「尖峰時刻」，毫不誇張地說，幾乎每一次都可以成為好萊塢大片的劇情藍本。

2000年2月24日，剛剛出任代總統的普京在索布恰克的葬禮上躲過了第一次暗殺。此前，車臣非法武裝頭目巴薩耶夫就在網上懸賞250萬美元追殺普京。俄羅斯方面也獲得了相關情報，但是普京不顧一切，堅持參加葬禮。因為普京的到來，2月24日的聖彼得堡籠罩著緊張、森嚴的氣氛。街上巡邏的警力比以往增加了許多，索布恰克的遺體安放大廳、墓地等每一個普京將要出現的地方都有特種部隊和貼身保鏢保障他的安全，恐怖暗殺者沒有任何可乘之機。

同年8月，當普京前往烏克蘭著名療養城市雅爾達，參加獨聯體國家總統的非正式峰會時，第二次暗殺的腳步也慢慢地逼近。幸好，烏克蘭國家安全部門及時獲悉並扣押了密謀刺殺普京的相關人員，提前將他們驅逐出境。不過，陰謀者並沒有善罷甘休，回國後普京的人身安全再一次受到威脅。

普京平日在克里姆林宮辦公，下班後由總統車隊護送至郊外的家中。9月11日晚，當普京的總統車隊快速行駛在莫斯科的庫圖佐夫大街上時，一輛俄羅斯出產的小轎車緊緊尾隨在車隊後面。後來這輛小轎車竟然不顧一切衝進車隊，撞翻了一輛吉普車，最後護衛車將它撞出了車隊，保障了普京的安全。

2002年對於普京來說是個多事之秋。8月俄機墜毀，10月劇院被劫……而事實上，這年年初普京已經和死神很近了。1月9日到10日出訪亞塞拜然期間，普京險些被恐怖分子的炸彈炸死。幸好，亞塞拜然相關部門早就注意到有人悄悄將炸彈運入國境，並及時逮捕了實施暗殺的嫌疑犯。普京再一次與死神擦肩而過。

2002年的另一次暗殺行動頗有喜劇色彩。據說，一個身材高大的中年男子駕駛汽車闖進了克里姆林宮的圍牆。他走下汽車，對圍過來的士兵聲稱自己是現任俄羅斯總統，要見普京。衛兵當然不會同意他的瘋狂請求，他們果斷地將男子帶到了最近的警察局進行審問。

這個瘋狂的男人叫札伊特賽夫，是一名精神病患者。幾年前哥哥慘遭謀殺，使他深受刺激，在日記中他寫道：「我要砍掉普京的腦袋。」更讓人忍俊不禁的是，早在2001年這名男子就曾試圖駕車衝進克里姆林宮，並被員警送進同一家醫院。所以這一次員警將他送進這家醫院後，醫生立即認出了他。

幾次暗殺失敗後，要將普京置於死地的人似乎都摸出了門道——在固定地點實施暗殺行動容易被發現，所以他們在普京出行的途中花費心思。

2002年11月，暗殺者在普京回家的必經之路布魯萊沃．烏斯潘斯科耶高速公路旁放置了大量高效能炸彈，想在總統車隊出現時透過遙控裝置引爆炸藥，炸毀普京的車隊，令普京粉身碎骨。

2003年6月，又有人趁普京往返於聖彼得堡和普斯科夫之間時，將一個手工爆炸裝置安裝在普京車隊必經的一座橋底下。幸運的是，這兩次暗殺行動還沒有來得及實施就被警方發現，炸彈也被及時排除。

還有一次，兩名「特工」計畫在普京訪問英國時，在英國境內對其實施暗殺，但這一消息被流亡英國的前俄羅斯特工亞歷山大．利特維年科密報給了英國警方。在英國警方的努力下，這次暗殺行動也被粉碎了。就在2012年2月底，俄羅斯和烏克蘭特工部門還聯合行動，逮捕了兩名計畫在大選之後暗殺普京的嫌疑犯。兩名嫌疑犯供認，他們均受雇於車臣非法武裝頭目多庫．烏馬羅夫。烏馬羅夫掌控著多個極端組織，曾經製造過包括2010年3月莫斯科地鐵連環爆炸案在內的多起恐怖爆炸事件。

這一次烏馬羅夫指揮三名男子從阿聯酋經土耳其抵達烏克蘭著名港口城市奧德薩準備實施暗殺行動，但其中一人在1月初的一起非襲擊性爆炸事件中被炸身亡。正是這起爆炸事件引起了烏克蘭和俄羅斯安全部門的注意，俄烏兩國聯合調查，最終挫敗了這次正在積極醞釀中的暗殺行動。

按照其中一名嫌疑犯的供認，這次暗殺計畫和之前一次未遂的暗殺行動十分相似。他們已在普京上班的必經之路——庫圖佐夫大街上藏匿了大量炸彈，準備伺機引爆，炸毀普京所乘坐的汽車。

普京想再一次手握權杖，但這條通往權力的路可謂艱難重重、險境迭起。普京雖然不用像《不可能的任務4》中湯姆·克魯斯那樣在世界第一高樓杜拜塔上表演高空彈跳，上演真人版蜘蛛人，但要躲過如此多的暗殺陷阱也不是件容易的事。「給我20年，還你一個奇蹟般的俄羅斯。」這句話是普京最著名的「宣言」。20年的期限越來越近，經歷了種種大難的普京和俄羅斯，是否能夠順利地實現強國之夢呢？

冷峻也有瘋狂時

在公共場合，當著很多人的面脫下上衣，把臉浸在牛奶中，親吻自己身邊素不相識的女士，和一位女士比賽摔角，並且親吻她的手來慶祝勝利。如果不是親眼所見，無論如何，都不會有人把這一連串瘋狂的行為舉止和那個在平日裡，辦事說話沉穩冷酷、講究風度的俄羅斯總統普京聯繫在一起。但是，這一幕瘋狂之舉確實真真切切地發生在了一向以鐵血冷酷著稱的普京身上，並且還被俄羅斯的媒體工作者在第一時間裡搬上了螢幕，讓俄羅斯全國的觀眾們大飽了眼福。

總統先生這些一反常態的大膽舉動，是在俄羅斯韃靼斯坦共和國首府喀山舉行的民間節日慶祝活動上出現的，在為期一天的訪問中，普京在舉手投足間把他的個人魅力展現得淋漓盡致，第一次，他讓自己的子民們感觸到了自己那冷峻外表下的炙熱。在喀山的一座公園裡面，歡樂的人群熱情洋溢的簇擁著普京。這位上任不久的年輕總統，在這個時候好像也忘了自己的身分，一邊用韃靼語朝著民眾問好，一邊與周圍的群眾一起手舞足蹈。有幾位大膽的女孩還主動走上前和他擁抱親吻，而普京總統則非常從容地接受了這份節日的美好祝福。十分難得的是，普京還給在場的群眾展現了自己的舞蹈才能，儘管說姿勢並不怎麼專業，但是依然贏得了眾人的一片喝采。舞蹈結束之後，餘興未盡的普京接著又和當地的一位女格鬥冠軍進行了激烈的對抗。完全沒有任何準備的他，在最後贏得了勝利。不管這位女孩是不是有意讓著自己的特殊對手，贏得勝利的普京無所顧忌的振臂高呼，還拉過女孩的手致吻手禮，來表達自己心中的喜悅。

如果你以為瘋狂結束了，那就錯了。最搶眼畫面還在後面，只見普京把自己平時極少當眾穿著的T恤快速的脫了下來，赤裸上身，把臉浸入一碗牛奶中，好像在尋找著什麼。過了一會兒後，他非常得意地把一枚硬幣用嘴叼出來，交給了早已恭候在一邊的活動主辦者。與普京總統同行的一位助手透露，總統先生還在慶祝活動上觀看了戰車比賽，與二戰老兵一起親切地飲酒聊天，還佩戴了傳統飾品自娛。在談到自己的感受時，普京說：「小時候，我媽媽總喜歡用這個節日的熱鬧場面來形容我的屋子有多亂。現在我才知道，原來這個節日是這麼的美妙。」

在歡慶的同時，人們也注意到了，總統的身邊，除了俄前總理基里延科以及緊急情況部部長紹伊古等人之外，韃靼斯坦共和國總統沙伊米耶夫以及巴什科爾托斯坦共和國總統莫爾塔札·拉希莫夫也陪伴在總統先生的左右。這兩位人士的在場，使得人們在歡樂祥和的氣氛裡彷彿看到了一些希望。有關消息稱，沙伊米耶夫和拉希莫夫一直有將韃靼斯坦和巴什科爾托斯坦從俄聯邦獨立出去的想法，而這兩個共和國又是極端分裂分子集結力量的重點地區。所以有人猜測，普京這樣的訪問實際上是醉翁之意不在酒。

而到了12年的總統大選臨近時，俄聯邦韃靼斯坦共和國領導人明尼哈諾夫說，他相信普京一定會在即將到來的總統選舉上獲得民眾的支持，因為他是唯一一個能夠勝任這一職務的人選。明尼哈諾夫表示，至少韃靼斯坦共和國居民應該支持普京，以對他所做的一切表示感謝。「如果我們韃靼斯坦不讚賞普京，我會覺得十分羞愧、委屈！這個人為我們共和國做了多少事啊！」明尼哈諾夫稱普京是值得依賴的人，他強調「沒有人比他為韃靼斯坦共和國做的事情更多」。他還例舉了一些在韃靼斯坦共和國成功執行的項目，包括煉油以及石化工廠綜合體的建成，首府喀山還獲得了2013年夏季世界大學生運動會舉辦權等等。明尼哈諾夫還強調，不只是對韃靼斯坦共和國，對於整個俄羅斯國家而言，普京都是最佳的總統候選人，因為他擔任過兩屆總統、一任總理，擁有非常豐富的治國經驗。

總統的瘋狂不僅僅彰顯了無窮的個人魅力，更是為自己迎來了更多的信賴與支持！

鐵血總統柔情漢

婚姻生活圍城內外

再剛強的人，也有疲憊的時刻，內心深處也渴望有一塊安詳的地方供自己休憩，在普京事業穩定之後，他也萌生了組織家庭的打算。

其實在大學裡，普京曾有過一段比較穩定的戀情，但這段感情後來不幸夭折了，至今都沒有人知道其中的詳情。

普京大學畢業後加入KGB，他的感情問題不僅僅是私人隱私，更涉及國家安全。因為當時的領導者認為，如果間諜是單身，很容易被國外的花花世界所迷惑，萬一叛逃至西方國家，對整個間諜網都將是一個沉重的打擊；另一方面，間諜結婚以後，可以更好地為自己的身分作掩護。因此，普京的感情問題被提上日程。

作為普京的好兄弟，謝爾蓋·羅杜爾金也在為普京的個人問題發愁，他常常拍著普京的肩膀，無可奈何地說：「普京，你可以稍微微笑一下麼？你這樣有哪個女孩子會喜歡上你啊！」原來由於職業需要，普京不苟言笑，喜怒都不寫在臉上，讓人覺得神秘和陌生。

「兄弟，我這有張列寧格勒蘇維埃劇院音樂會的門票，我女朋友會帶一個女伴過去，你也去看看吧，說不定你能碰到你的真命天女呢。」謝爾蓋半開玩笑半嚴肅地說道，「你可以去試一下。」由於職業保密的關係，就連謝爾蓋也只知道普京在警察局工作。

就這樣，當謝爾蓋帶著女友以及那個神秘的女孩來到劇院時，普京已坐在售票窗口旁邊的椅子上了。「普京，怎麼樣，漂亮麼？」謝爾蓋打趣道。而那個女孩也大大方方地伸出手：「我叫柳德米拉，很高興見到你。」不過當時普京並未給柳德米拉留下很深的印象。用後來柳德米拉的話說：「當時他穿著簡樸，其貌不揚，如果在街上，我絕對不會注意他。」

1957年，柳德米拉出生於俄羅斯西部著名工業城市加里寧格勒，柳德米拉出身並不顯赫，和普京一樣，是在普通人家裡長大的，父親亞歷山大·什克列布涅夫在機械修理廠工作，母親葉卡捷琳娜是車隊的收款員。從小乖巧聰明的她深受家人的寵愛。淺色的長髮高高束起，一雙清澈的大眼睛好像會說話一般，中學時代，漂亮的柳德米拉就是「校花」，是全校男生心目中的「白雪公主」。

她活潑開朗，愛好文藝，是學校的文藝骨幹。從契訶夫經典戲劇《櫻桃園》到俄羅斯民間故事，大大小小的女主角都少不了柳德米拉的傾情演出。那時候，她的夢想是成為一名優秀的演員。

在加里寧格勒，柳德米拉度過了她的中學時代。高中畢業後，她報考了嚮往已久的列寧格勒戲劇學院表演專業，卻在第二輪考試中被淘汰。柳德米拉失落極了，她躲在家裡不吃不喝，第一次嘗到了失敗的滋味。之後，她開始到處打工貼補家用，從郵遞員到汽車銷售，她做過很多種工作，吃了不少苦。一年後，柳德米拉考入了加里寧格勒理工大學，但她認為理工科枯燥無味，漸漸失去了學習興趣。大學二年級時，她考入加里寧格勒聯合航空公司，成了一名令人羨慕的空姐，柳德米拉的命運開始轉變。

一次，柳德米拉和朋友約好去列寧格勒度假，正是這次旅行成就了一段美妙的姻緣。後來她回憶起和普京第一次見面的場景時說：「朋友在劇院的臺階上，向我介紹了一位叫瓦洛佳的小夥子，我們就這樣相識了。」那時候的普京剛剛結束KGB在莫斯科的特訓，被派回列寧格勒工作。

也許是一見鍾情，第二天普京作東，請柳德米拉及其女伴到劇院觀看演出，接著又是第三次。謝爾蓋看出普京確實對柳德米拉情有獨鍾，於是鄭重地告訴自己的好兄弟，一定要把握住這次機會，不要再裝酷扮深沉了。

在第一次見面時，普京與柳德米拉在地鐵口互相道別，普京便將自己的電話號碼告訴了柳德米拉，要知道，由於工作的原因，普京絕不能輕易將自己的電話號碼留給他人。普京深情地對柳德米拉說：「我在警察局工作，因為工作需要，我暫時不能告訴你真實情況。」柳德米拉後來才知道普京在KGB工作。

返回加里寧格勒後，柳德米拉只要有空就打電話給普京，隨著感情的升溫，柳德米拉索性利用工作便利，常常搭機赴約會。

柳德米拉回憶道：「回到家之後我還常常回憶我們見面時的情景。那個時候，我家裡還沒有電話，還不能像現在的年輕人那樣經常煲電話粥，所以，為了解思念的煎熬，有時候我就坐著飛機去和普京約會。正好當時航空公司有經常到列寧格勒出差的機會。一般人是乘公共汽車、電車或計程車赴約，而我是乘飛機去談戀愛。」

經過三、四個月的電話傾訴和多次見面，柳德米拉從內心深處感到普京是她喜歡的男人。雖然他貌不驚人，但是他內在的魅力像磁鐵般吸引了柳德米拉，而普京也在不斷接觸的過程中發現這個貌似「花瓶」的女孩其實有很多內在的優點。

時間過得很快，一晃三年半過去了。有一天，普京突然對柳德米拉說：「經過三年半的接觸和交往，你現在該瞭解我是什麼樣的人了。我不愛說話，脾氣也不好，有時還會讓別人受委屈。做我的伴侶是有一定危險的。現在你該決定與我的關係了。」

「這是什麼意思？」柳德米拉暗忖道，「難道是要和我分手？不行，絕不能這樣。」於是，她毫不猶豫地說：「我已經決定了。」

「真的決定了？」普京顯得很驚訝，隨即用探求的目光注視著柳德米拉，似乎想從中發現些什麼似的。柳德米拉點點頭，眼淚都快要流出來了，以為他們的關係就要告吹。想不到，普京卻說出了令她激動萬分的肺腑之言：「我愛你，想選擇一個日子和你結婚。」

組織上也對普京選擇柳德米拉表示歡迎，因為經過政審和考察，他們覺得這是一位淳樸的好女孩、賢內助。為了要求進步以及擁有更好的未來，柳德米拉聽取普京的建議，決定求學深造，於是她來到列寧格勒，想進入普京的母校列寧格勒大學。蘇聯的大學對於已經參加工作的青年是敞開大門的，柳德米拉又曾經在大學有過學習經歷，因此很順利地被列寧格勒大學預科錄取，讀語言專業，她被分配讀西班牙語，還學了法語。

1983年夏天的一個夜晚，正是列寧格勒最美好的季節，在涅瓦河一艘遊輪的「浮船」餐廳，這對有情人舉行了簡單的婚禮，大家按照俄羅斯傳統的方式，慶祝他們成為夫妻。

成家立業後的普京變得更加成熟穩重，對生活和工作的理解也上升到一個新的層次，而柳德米拉和他性格上的一些互補，也讓普京更快地成長起來。

「普京是個少言寡語的人，」柳德米拉這樣說道，「但他是個兼具細心和耐心的情人。」戀愛中，他常常給柳德米拉帶來不一樣的驚喜。即使在婚後，他仍然保持著戀愛中的習慣。

柳德米拉回憶說：「一天早晨，我醒來的時候發現床頭放著一串金光閃閃的項鍊和精美的十字架。那天是我的生日，我開心極了！」柳德米拉得到的禮物是幾個月前她和普京一起去耶路撒冷的時候，普京在那裡為她選購的。雖然兩人同行，但柳德米拉竟然不知道普京是何時買的禮物。普京花費心思不讓她知道，而且將這個秘密一直隱藏到她生日那天，如此有心的男人，哪個女人會不心動呢？

但普京也有讓妻子頭疼的時候。他有一句名言：「過多地讚美女人容易使她們驕傲。」或許正是這樣，普京很少讚美柳德米拉。在德國時，普京工作，柳德米拉則負責料理家務和照看孩子。她喜歡烹飪，享受在廚房裡叮叮噹噹地忙碌，然後將美味佳餚端到心愛的丈夫和孩子面前。但普京是個對食物很挑剔的人，如果不好吃他甚至不會動一下。

一次，柳德米拉很用心地準備了晚餐，一心等待著普京用餐後的評價，但他始終不置一詞。終於，柳德米拉忍不住問：「今天的肉怎麼樣？」她眼神中情不自禁地流露出期待的喜悅。「有點太硬了。」普京平靜地說。天啊！辛苦地跑去買菜買肉，變著法子做，換來的就只有這一句話，柳德米拉的心情一下子跌到了谷底。她明白普京永遠不會將她的「勞動成果」吃光，更不會像別的男人那樣一邊打著飽嗝，一邊說「太好吃了！太好吃了」，那樣他就不是弗拉基米爾．普京了吧。

普京成為總統之後，柳德米拉的生活發生了很大的變化。作為第一夫人的責任讓柳德米拉總是沒有時間和精力去做自己想做的事，她在一些場合對此也有過「抱怨」，她認為，第一夫人只是個普通人，她有自己的習慣、觀點、愛好和情感，有自己的工作和計畫。

作為第一夫人，柳德米拉的一舉一動都受到媒體的關注，而她本身卻是個低調、不喜歡張揚的人。她曾被英美媒體稱為「克里姆林宮一大謎團」，三次成為俄羅斯第一夫人的她多年以來卻很少公開露面。身為總統夫人、總理夫人，柳德米拉給俄羅斯民眾的印象是低調，忍耐。她不喜歡拋頭露面，不熱衷於政治活動，只想做一名普通的妻子。

但是，作為普京的妻子，注定她的生活無法普通，這就在她和普京之間造成了一個無法調和的矛盾，普京想要國家，而柳德米拉想要丈夫和屬於自己的生活。

2013年6月6日俄羅斯總統普京與夫人柳德米拉在克里姆林宮大劇院觀看完芭蕾舞劇演出後，接受俄羅斯電視臺採訪時宣佈，兩人30年的婚姻已走到盡頭，俄羅斯總統新聞發言人佩斯科夫隨後證實了這個消息。

在宣佈分手消息時，雙方都顯得十分平靜，當被問及離婚的原因時，普京說：「是這樣子的，我所有的工作都要公開，有一些人喜歡，有一些人不喜歡，也有一些人完全不能容忍這一點。柳德米拉已經堅持了8年，甚至9年。總之這是共同的決定。」而柳德米拉則解釋說：「普京完全沉浸在工作當中，我們的孩子長大了，每個人都有自己的生活。我不喜歡拋頭露面，也不喜歡飛來飛去，我們幾乎見不到彼此。」

儘管兩人已經離婚，但普京和柳德米拉都宣稱對方將永遠是自己最親近的人。2014年4月2日，俄羅斯聯邦總統官方網站上「各屆總統簡歷」中關於普京的一欄已經進行了修改，其中不再提及普京夫人柳德米拉，只提到普京總統的兩個女兒，這表明普京和柳德米拉的婚姻關係正式結束。

第一家庭中的慈父

「爸爸，我可以到院子裡玩會兒沙子嗎？」「當然可以。」「爸爸，我可以吃一根香蕉嗎？」「沒問題，寶貝！」準備晚飯、收拾房間、給瑪莎洗衣服……「家庭煮夫」普京忙得四腳朝天，人生中最狼狽的時刻也許就是現在了。

1986年，小女兒卡佳在德國德勒斯登出生。在卡佳出生之前，柳德米拉住進了德國軍事科學院附屬醫院，照顧大女兒瑪莎的任務只能由普京一個人承擔了。8月31日，卡佳出生了。柳德米拉躺在醫院的病房裡，當她睜開疲憊的雙眼，看到的是這樣一番景象：瑪莎穿著窄窄的連腳褲，褲子緊緊地裹在她的腿上，顯然已經太小了；不知從哪裡翻出來的襯衫緊繃繃地包裹著她瘦小的身軀。她似乎比媽媽入院之前看到的瘦了一些，不過臉上卻是一副興高采烈的樣子，彷彿她是一個要風得風、要雨得雨的小公主——儘管公主的衣裝有些寒酸、皺皺巴巴，但這並不影響她的心情。

可以看出，這5天和爸爸在一起的日子，她過得十分開心。從前，和媽媽在一起，她總是被約束不許做這不許做那。但和爸爸在一起，她的天地一下子寬了，生活自由自在，她好像從來沒有這樣開心過。

柳德米拉曾經毫不避諱地向記者表示，在家中普京經常扮演慈父的角色，幾乎所有反對的話都是從她的嘴裡說出的。「並不是所有男人都像他那樣愛自己的女兒。」柳德米拉說。事實上，自兩個女兒出生以來，普京一直將她們視為掌上明珠，對她們寵愛有加，甚至可以說是溺愛。

曾有記者追問柳德米拉：「他（指普京）不想要個男孩嗎？」在俄羅斯，重男輕女的情況一直存在，中世紀的家庭希望生養男孩，因為當時只有男孩才能分到耕地，他們結婚時還會為家裡帶來女勞動力。這個觀念根深蒂固，直到現代也沒有完全轉變。「但弗拉基米爾．普京並不這樣認為，」柳德米拉說，「他認為，凡是上帝給的都是好的。」雖然普京認為男女各有分工，女人應該操持家務，男人要掙錢養家，成為家庭的守護神。但對於孩子，他沒有過多的要求。

「3顆『格洛納斯』都已經送入預定軌道。如果一切進展順利，2008年它們的信號將會覆蓋我國全境。」伊萬諾夫正在向普京彙報25號發射的全球定位衛星情況，以及整體佈局的進展情況。普京認真地聽著下屬的彙報，時不時寫下點什麼。突然，一向謙和有禮的總統竟打斷了伊萬諾夫的談話，他看著自己的第一副總理說：「謝爾蓋，什麼時候我也能給我的狗買一套全球定位系統呢？這樣牠就不會走丟了。」冷面普京也有這樣幽默的一面，其實普京一向很重視家庭生活，包括像上面提到的那樣關心家裡的寵物。

在德國的時候，每天晚上7點下班後，普京通常會立即結束工作回到家裡，和家人一邊看著電視節目，一邊吃晚飯。飯後，他總忍不住要逗逗兩個女兒，和她們玩一會兒。他經常把她們舉得高高的，沉浸在她們天真的笑聲中，忘卻一切煩惱；或者是慵懶地躺在床上，任由小女兒卡佳在他臉上抓來抓去，大女兒瑪莎靠在他身邊，拍他的肚皮。

成為總統後，他出現在女兒視線中的機會越來越少，瑪莎和卡佳在電視上看到爸爸的時候，遠比在家裡看到他的時候多。「爸爸，能和我們一起看一會兒動畫片嗎？」小女兒卡佳用稚嫩的聲音問，她撲閃著一雙大眼睛，天真可愛。「對不起寶貝，爸爸現在沒有時間，不過我以後一定會陪你們看的。」普京一手撫摸著瑪莎的頭髮，一手將小女兒卡佳摟進懷裡，他的手寬大而溫暖。瑪莎和卡佳似乎有些不太高興，但她們立即理解了爸爸的意思。出任總統以後，他實在分身乏術，真的沒有時間陪伴她們，但他一直都很關心女兒們在做什麼——普京特意強調了「一定」這個詞。

在世人面前，普京展現了他的強硬作風，但在一雙女兒眼中，他不是鐵腕總統，而是一位「護犢」的慈父。普京曾是俄羅斯駐民主德國的KGB特工，為了保護女兒，他從未讓她們在任何媒體上露過面。瑪莎和卡佳分別出生在1985年和1986年，現在我們能看到的有關兩位「第一千金」的照片幾乎都是在1990年普京回國之前拍攝的。至今為止，世人對瑪莎和卡佳的印象還是兩個紮著蝴蝶結的小女孩。

自2000年普京出任總統以來，國家安全部門經常獲悉關於暗殺普京及其家人的情報，車臣非法武裝分子的恐怖威脅使愛女心切的普京不得不把女兒好好地藏起來。上大學之前，普京請來家庭教師，教授兩個女兒相應的課程，但這並沒有影響到兩個女兒的學習成績。2004年，瑪莎和卡佳在未享受任何特權的情況下雙雙考入聖彼得堡大學的生物和土壤科學系、東方研究系。她們像普通學生一樣，在考試前必須填寫的個人簡歷中填上自己的真實姓名，並在「父親的工作地點與職務」一欄中，絲毫沒有隱瞞地寫上了「俄羅斯聯邦總統」。

通常，聖彼得堡大學在新學期開始之前都會公開錄取名單，但這一次只有生物和土壤科學系、東方研究系沒有張榜。看來，普京為了保護女兒稍稍「動了些手腳」，外界有傳聞說，兩位千金的檔案也被聖彼得堡大學深鎖在保險櫃裡。這顯然也是普京授意的。雖然瑪莎和卡佳考入了普京年輕時代就讀的聖彼得堡大學，但她們並沒有機會感受聖彼得堡的歷史、文化和涅瓦河畔優美的風光。為了安全，她們仍舊不能享受集體生活，學習的地點被安排在克里姆林宮郊外的一處官邸。

當然，年輕的女孩不會甘願總待在家裡，瑪莎和卡佳也不例外。她們時常約上三五好友去電影院看電影或者聽音樂會，只是不管走到哪裡，警衛都會在她們看不見的地方保護她們。更多的時候，總有一名警衛和她們一同觀看電影。

「一起去喝杯咖啡吧！」電影結束後，瑪莎經常這樣邀請保護她們的警衛。年輕的警衛剛想敬禮，手臂抬到一半卻落下了——在公共場合敬禮顯然會暴露她們的身分。於是，他似笑未笑地搖搖頭作為回答。卡佳看了看姐姐瑪莎，聳了聳肩道：「算了吧，我們已經邀請了上千遍了，結果還不是一樣。」卡佳有些失落，但她和瑪莎都明白，警衛也有他們的工作原則，她們沒有理由為難他們，況且他們從來沒有妨礙過兩個女孩的活動。

儘管知道自己是被保護的，但瑪莎和卡佳也經常有被監禁的感覺。「說真的，我也想去學校上學，」瑪莎說，「可是，一些沒禮貌的人總會問東問西。」有時候，故意的討好和恭維令她們厭惡至極，而過分的刨根問底更讓她們招架不住。

「你知道你們的爸爸接下來打算怎麼做嗎？」心情好的時候她們會回答「不知道」，將問題搪塞回去；心情不好的時候，她們索性就充耳不聞。這樣的問題讓瑪莎很煩惱，她和妹妹從來沒有這樣問過爸爸，她們認為這是在浪費時間：「我們為什麼要問呢？爸爸還有很多問題要應付，他已經夠忙了。」事實上，她們常常抓住僅有的和爸爸在一起的時間，講她們自己的事情，普京更願意聽這些，而不是關於工作或者其他什麼。

隨著女兒們漸漸長大，成長的煩惱也接踵而來。當媒體問普京最希望兩個女兒得到什麼時，普京思索良久，回答道：「愛情和勇敢。」但總統的女兒也愁嫁，瑪莎經常會向閨蜜芭芭拉抱怨：「天哪！我已經20多歲了，卻沒有嘗過初戀的滋味。」

芭芭拉是義大利前總理貝魯斯柯尼的女兒。2002年夏天，時任義大利總理的貝魯斯柯尼邀請普京和兩個女兒到義大利薩丁島的海濱度假。當時，芭芭拉正在澳洲旅遊，貝魯斯柯尼立即將會說俄語的女兒叫回來陪伴普京的兩位千金。芭芭拉和瑪莎同齡，語言交流上沒有障礙，二人一見如故。旅行途中，芭芭拉還曾竭力照顧暈機的瑪莎，兩人成為好友。回國後，她們還經常互相聯絡，分享心事。

看著兩個女兒一天天長大，出落得亭亭玉立，普京夫婦也意識到，給女兒尋覓如意郎君是一件棘手的事。各國媒體當然不會放過這個線索。希臘一家叫「Traffic」的小報曾傳出普京大女兒瑪莎即將於希臘的桑托林島完婚的消息。2009年俄羅斯一家媒體瘋狂報導，普京的一個女兒已與俄羅斯國防部長謝爾久科夫的親戚舉行了婚禮，婚禮上俄軍「雨燕」特技飛行隊還為前來祝福的嘉賓做精彩的表演。幾乎同時，一位俄羅斯資深媒體工作者也在電臺直播時爆料，新郎是一位政治寡頭。儘管俄羅斯有關方面快速做出反應，澄清了事實，但被普京「雪藏」多年的兩位千金已經引起世人越來越多的關注。

鐵血背後的寵物情結

普京不苟言笑，經常一臉嚴肅。他把那些細膩的個人感情，全部藏在了寬大的袍服裡。普京十分喜愛動物，這在各國政界中，是出了名的。

普京家裡原來養著一隻叫做瑪利斯的高加索牧羊犬，不幸的是，這隻狗出了交通意外被撞死了。而普京最出名的寵物，無疑是他的愛犬科尼。科尼是一隻血統純正的拉布拉多獵犬，拉布拉多獵犬是一種中大型犬類。其個性溫和、活潑，沒有攻擊性且智慧高，是最值得依賴的犬種之一，據說一條成熟的拉布拉多獵犬的智商相當於一個8歲的兒童。因而這種狗經常被訓練作為警犬、導盲犬等工作用犬。科尼在成為普京的寵物之前，就曾在俄緊急情況部179救援隊犬術訓練中心接受訓練。2000年，普京去犬術訓練中心視察，當時的俄羅斯緊急情況部長紹伊古將這條不到1歲的雌性獵犬贈給了普京，科尼就此成為了「第一家庭」的成員。

作為「第一寵物」，科尼自然經常有機會見識一些大場面，2001年，普京在俄羅斯著名的度假勝地索契會見到訪的白俄羅斯總統盧卡申科時，科尼也出席了歡迎儀式，面對在場的眾多重要人士和媒體記者，科尼不僅不感到緊張，反而彬彬有禮地搖起尾巴，與人們打招呼，從此獲得了「外交家科尼」的美譽。

2007年，德國總理梅克爾訪俄，俄德兩國領導人剛在談判桌前坐下，當普京總統開始對梅克爾的到來表示歡迎時，科尼就大搖大擺地走進談判大廳，然後來到梅克爾身前，對著她嗅來嗅去，之後還親暱地靠在了梅克爾腳下。梅克爾顯然沒有料到這一點，因此感到有些緊張，普京見狀拍了拍牠，將牠從梅克爾身邊趕走了。

普京說：「您別害怕，這隻狗不會做什麼壞事，牠只是喜歡記者。」之後梅克爾似乎也對這隻狗產生了興趣，與普京就科尼開始聊了起來：「牠多大了？」普京回答說：「5歲。」梅克爾表示：「那牠還不老。」

在科尼「會見」過的外國政要中，據說美國前總統喬治．W．布希和英國前首相東尼．布萊爾也都很喜歡牠。小布希還曾經在採訪中談到關於關於普京和寵物的軼事，小布希說，當普京訪美時，他將自己的寵物巴尼——一隻蘇格蘭獵犬介紹給普京，普京雖然沒有明說，但是他當時的反應和肢體語言彷彿在說：「這也能叫狗？」後來小布希訪俄，普京問他：「你想見見我的狗嗎？」隨後向小布希展示了自己的狗，普京看著小布希，然後說：「比巴尼更大，更快，更強。」

作為備受主人寵愛的「第一家庭」成員，科尼不僅經常在莫斯科郊區和索契的總統別墅內和主人一起會見外國政要，更有機會獲得一些「特殊待遇」。「格洛納斯（GLONASS）」是俄語中「全球衛星導航系統」的縮寫，其作用類似於美國的GPS導航系統，這個系統最早開發於蘇聯時期，後由俄羅斯繼續該計畫。有一次，當俄羅斯第一副總理謝爾蓋·伊萬諾夫向普京彙報計畫發射3顆全球定位衛星和俄羅斯「格洛納斯」系統部署的整體進展時，普京突然問道：「我什麼時候能為我的狗科尼買一套全球定位系統？這樣牠就不會走丟了。」伊萬諾夫隨後送給科尼一個裝有定位系統的項圈，這個項圈看起來很普通，只是側面多了一個小方盒狀的信號接收器，只有170克重。當普京為科尼戴上這個棕色的項圈時，科尼不停地擺著尾巴，似乎很喜歡這個新禮物。在將這個項圈送給科尼的同時，科尼也肩負起了一項新的任務，這就是為這種項圈做測試，如果測試成功，俄羅斯緊急狀態部的獵犬將會陸續戴上這樣的項圈，這樣，獵犬在現場搜救倖存者時，更容易找到倖存者所在的位置。

拉布拉多犬作為一種性情優良的犬類，不需額外照顧，不需剪毛，也不需要天天洗澡，本身就是一種理想的寵物犬，因為普京的愛犬科尼，更是讓這一犬種在俄羅斯風行一時，因為每個人都希望養一條和「真正男子漢」一樣的狗。就連科尼的父親阿爾科爾所在的寵物俱樂部刊登廣告，打出的廣告詞都是：「你在本店買到的寵物和總統的寵物科尼是同一個爸爸！」

2003年12月，俄羅斯國家杜馬（下議院）選舉前夕，科尼產下了8隻小狗，是普京夫婦親自為科尼接生的。12月7日一大早，普京就和妻子柳德米拉一同來到了投票所，投票後就匆匆離開，這是因為他們急著回家照顧剛剛分娩的科尼。這個消息馬上傳遍了全國，許多俄羅斯民眾都透過信件或者電子郵件向普京總統表達了領養科尼子女的願望，普京在其國內眾多的志願領養科尼子女的人中選擇了一名不到6歲的小女孩卡嘉和一位80歲高齡的退休老工人別列維茨，並邀請他們到克里姆林宮作客，將科尼的兩個孩子分別贈送給了這兩名幸運者。2005年年底，總統辦公室收到一封電報，發電報的是普京愛犬科尼女兒達里娜的主人，電報稱達裡娜一胎產下11隻小狗崽，科尼因此榮升外婆。

由於普京對狗的喜愛，很多國家元首將幼犬贈送給普京作為禮物。普京的另外一隻寵物就是這麼來的。2012年普京訪問保加利亞時，保加利亞總理博伊科．鮑里索夫把一隻雄性保加利亞牧羊犬贈送給普京。隨後，普京面向全國民眾為這隻牧羊犬徵名，最後普京接受了一名5歲男孩的建議，給這隻狗命名為巴菲。普京回應男孩穆斯科沃特．迪瑪．索科洛夫說：「我真喜歡你的建議。」作為感謝，普京還送給這名男孩一個他簽名的足球。據說巴菲與科尼十分友愛，巴菲喜歡蹭科尼的耳朵，並對她搖尾巴以示友好。

2012年，日本秋田縣知事佐竹敬久為感謝俄方在日本大地震後協助賑災，趁時任日本外相的玄葉光一郎訪俄期間，向普京送上一隻名為小夢（Yume）的雌性秋田犬，這個名字在日語有「夢想」的意思。2014年索契冬奧會期間，日本首相安倍晉三赴俄，普京還帶著2歲大的小夢會見了安倍，安倍當時一眼便認出小夢，上前輕撫了小夢一下，並用俄語說「小狗真乖」，普京則回應說：「對，不過有時會咬人。」

除了收到他國領導人贈送的寵物，普京有時也會贈送寵物給其他人，科尼女兒卡琳就被作為「親善大使」送給了白俄羅斯總統盧卡申科，而科尼的另外一對兒女也被送給了奧地利前總統克萊斯蒂爾，克萊斯蒂爾去世後，他的遺孀履任駐捷克大使時，也沒忘帶上牠倆。當本秋田縣知事佐竹敬久贈送給普京秋田犬時，普京還向喜歡貓的佐竹敬久回贈了一隻西伯利亞貓，這隻貓目前仍由佐竹敬久飼養在秋田縣知事公舍。普京還曾經送給前委內瑞拉總統查維茲一隻俄羅斯黑埂幼崽，據說查韋斯非常喜歡這隻小狗。

普京不僅自己喜愛寵物，更藉寵物展開了強大的「寵物外交」，不得不說，這是一個國家元首愛寵物的最好方式了。

Part 3

英雄不問出處，總統曾是草根

沒有政治背景的家族

距國家權力中心最近的是廚師

時近午夜，克里姆林宮的燈光逐漸暗了下來。這是昔日俄國沙皇舉行加冕盛典的場所。據說在17世紀它最輝煌的時候，整座宮殿鍍金繪彩，到處是昂貴的地毯和精緻的雕塑。每當天色變暗，一簇簇火光便相繼點亮，似乎在夜幕中彰顯著皇室的高貴。現在，這座宮殿已沒有昔日作為皇宮的奢華，卻雄偉依舊，莊嚴不減。空曠的大廳十分寂靜，偶爾有些輕微的響動，彷彿蟄藏著一隻不安分的小獸。

弗拉基米爾·弗拉基米羅維奇·普京沒有通知任何人，獨自一人出現在安德列大廳，踏上白天已經鋪好的紅地毯，從大廳的入口舉步，緩緩踱到正廳最前方，然後優雅轉身，向左右各掃視了幾秒鐘。自信的笑容隱隱浮現在這個男人硬朗的面孔上：很好，一切都很正確。

這是2000年5月6日的深夜。再過幾個小時，陽光將吻醒紅場上棲息的鴿群，微風會喚起道路兩旁佇立的白樺，俄羅斯第二任總統的就職典禮也將在這裡舉行。從莫斯科出發，朝西北方向行進，會到達俄聯邦歐洲部分面積最大的特維爾州。這片土地上，有一個名叫圖爾根諾斯基的村莊，它既不是特別富庶，也沒有獨一無二的景致，顯得並不起眼。

在一戶村民家中，一個頭髮花白的老人伸出粗短有力的手，指向老舊樺木几案上的電視機，激動地說：「瞧，那可是弗拉基米爾家的孩子！」正坐在地上修彈弓的男孩抬起頭，看著螢幕上那個小個子、藍眼睛的男人，皺著眉頭朝他的祖父嚷嚷：「您說過太多次了！」然後，男孩低下頭，重新投入自己的「武器」修理工作中，比之前更加專注。

老人口中的「弗拉基米爾」是弗拉基米爾．斯皮里多諾維奇．普京，也就是剛剛入主克里姆林宮的總統先生的父親。老普京曾是一位勇敢的潛艇艦隊士兵，後來在衛國戰爭中受了傷，不得不告別戰場。退役之後，老普京的「戰場」就轉移到位於列寧格勒（現聖彼得堡）的一家工廠。直到他的兒子逐漸在政壇嶄露頭角，老普京也沒有停止工作。

沒有任何跡象表明，普京能夠在父親的人生經歷中得到政治啟蒙，即使擴大到整個家族，也未見任何一位親屬曾在政治方面有所作為。如果非要挖掘這位平民總統的家族背景，那麼，他的祖父斯皮里多諾算是曾經距離國家權力中心最近的一位。

斯皮里多諾不是什麼大人物，他只是一名廚師。但別小看了這個在爐灶旁工作了一輩子的人，他精心烹製的菜肴，曾被端上列寧的餐桌，也被史達林享用過。在普京的父系直系親屬裡，祖父斯皮里多諾是農奴制被廢除後出生的第一人。

俄語中，「農奴」與「魂靈」是同一單詞。作家果戈理在長篇小說《死魂靈》中，帶著含淚的笑把俄國社會的痼疾無情地揭露出來：農民生則為奴，流血淌汗地勉強生存；即使不幸死去，他們尚未註銷的戶口也會被貪婪的地主當作商品倒賣。俄國沙皇亞歷山大二世很早就痛下決心，要廢除農奴制——那是社會的毒瘤和膿包，腥臭的味道在廣袤的土地上瀰漫不去，吞噬了無數人的生命。在寒風凜冽的時節，很多農奴穿著破破爛爛的舊棉襖，棉絮露在外面，稀疏的鬍子在風中顫抖；他們垮塌著肩膀，佝僂著脊背，手指枯瘦，雙腿呈O形，身體的每一個部位都哆嗦著。可憐的人，一生都沒有過過一天好日子。

1861年，沙皇政府終於意識到「若不棄小利，則大利難保」，農奴制被廢除。出生於1879年的斯皮里多諾，幸運地沒有被貼上「農奴」的標籤。他少年時開始在特維爾地區一家小飯館做學徒，後來去了列寧格勒的餐廳。不知出於何種際遇，在十月革命後，他成了列寧的廚師，並追隨這位偉大的革命導師去了莫斯科。再後來，他成了領袖史達林在瓦爾泰政府別墅的多名廚師中的一位。

斯皮里多諾有很多機會接觸整個國家的權力中樞，這無疑增長了他的見識與閱歷，甚至讓他比政治局成員更近距離地觀察到一些細微的政治動態。但是，這些寶貴的經歷似乎只是豐富了他茶餘飯後的談資，並沒有成為其為前途鋪路的磚瓦。據說斯皮里多諾是個性格十分倔強的老頭，假如有人無禮冒犯了他，那麼他會立刻摘下圍裙離開廚房。不過，他並不習慣於為難別人，一旦對方彎腰道歉，他也能欣然接受對方的歉意。在他工作的療養院裡，有一座通風良好、空間寬敞的地窖，裡面除了貯藏著一些果蔬，還有甘醇的美酒。有一段時間，斯皮里多諾掌管著地窖的鑰匙，但他連一片菜葉也不曾帶回自己家中。他更願意用勞動換取自己需要的一切。

普京幼年時偶爾會到祖父家裡住上幾天，但小普京不僅從沒機會與領導人共用美食，甚至因為偷吃祖父為其他政府官員做的點心而被擰紅了耳朵。小普京摸著通紅的耳朵，不滿地望著他的祖父；老頭兒撚著鬍鬚瞇著眼睛，打量著一臉委屈的孫子。這對視的祖孫二人，恐怕都沒有想到，曾經因貪嘴而被擰紅耳朵的小男孩，在幾十年之後，會入主克里姆林宮。在普京之前，這大概就是他的家族最靠近權力巔峰的時期了。而即使在這個時候，權力與他們本身也並無實際的聯繫。

再向前追溯，普京家族的眾位先祖中，沒有誰曾是顯赫權力的掌握者，甚至沒有任何在軍事、科技、文學、藝術等領域中引人關注的佼佼者。他們大多是平民，在廣袤的田野裡，在繁忙的工廠裡，或勤勞或懶惰地度過了一生。如果不是出了普京這樣一位人物，那麼，這個家族就會像西伯利亞森林裡的一棵落葉松，或像伏爾加河中的一滴水，消失在歷史的洪流中，不為人知。顯然，普京的出現，讓這一切發生了變化。

平凡家庭裡的愛國教育

1952年10月7日，在這個很普通的日子裡，在列寧格勒市（現聖彼得堡市）中心巴斯科夫巷弄一座大雜院的非常普通的家庭裡，弗拉基米爾·弗拉基米羅維奇·普京誕生了。他的童年時光就是在這個大雜院裡度過的。

可以說，普京算是不幸的，但是他又是幸運的，不幸是因為他曾經有過兩個哥哥，可是都幼年早夭；幸運的是，正是因為這樣，父母對他才更疼愛有加。

雖然說蘇德戰爭只是普京出生十幾年前的事，不過在很小的時候大人們就喜歡給他講列寧格勒保衛戰的悲壯情景。這種由家庭成員的犧牲和城市創傷的感受而形成的觀念，其效果是抽象、枯燥的政治教育所無法達到的。列寧曾經說過：「愛國主義就是千百年來鞏固起來的對自己的祖國的一種最深厚的感情。」這樣的家庭背景，讓普京很自然地接受了蘇聯的愛國主義教育，而愛國主義，正是他日後作為總統所提倡的俄羅斯精神之一。

1942年的蘇聯，第二次世界大戰進行得如火如荼，東斯拉夫人和日爾曼人的鮮血染紅了整片東歐戰場。而普京的父親不僅是這場戰爭的見證者，更作為一名士兵參與其中。

普京的父親出生於1911年，他在眾多兄弟姐妹裡排行第二，另外還有3個兄弟以及兩個妹妹。在他3歲的時候，在遙遠的塞拉耶佛街頭，一個名叫普林西普的波士尼亞青年，繞過重重衛兵，槍殺了奧匈帝國的皇位繼承人斐迪南大公以及他的妻子索菲亞。這一舉動觸發了某個神秘的機關，緊鎖的牢門被撞開，於是，蓄勢已久的名為「戰爭」的野獸，咆哮著從鐵籠裡衝出來，噴出熾烈的火焰，瞬間把歐、亞、美大陸變成了火場。

就在第一次世界大戰快要結束的時候，俄國爆發了十月革命，蘇維埃政權誕生。5年後，在1922年的年末，俄羅斯、白俄羅斯、烏克蘭等國聯合組成了蘇聯。在「戰爭」，這個最殘酷最冰冷的改革方式的推動下，俄國人的生活在很大的程度上發生了深刻的改變。

但是這所有的一切，對於無憂無慮的童年小夥伴們來講，那些翻天覆地的變化，還比不上農場裡的牛犢丟失了顯得重要。

那段日子裡，老普京還像所有同齡人一樣，在時代的疾風驟雨裡，享受著童年的快樂。一直到了17歲，他認識了少女瑪麗婭．伊萬諾芙娜．謝羅莫娃。

假如說將普京父母相識、結合的過程寫成一個劇本的話，那麼最起碼會出現3個版本。

第一個版本裡的兩個年輕人讓人同情。那時，鄉村裡的年輕人常常聚在一起聊天、遊戲。在一次聚會中，老普京不慎傷了瑪麗婭的眼睛。於是，在瑪麗婭家人的要求下，他把這位受到傷害的年輕女孩娶進家門，以示負責。

第二個版本基本上和第一個版本大致相似，僅僅是在細節處有些出入：在傷害了瑪麗婭後，老普京很快就主動上門，向瑪麗婭的父母請求原諒，並請求他們把女兒嫁給自己。與前者相比，第二個版本裡的老普京，多了一些男子漢的擔當，這段婚姻也顯得更有人情味。

第三個版本則是出自他們的兒子普京的回憶。在普京看來，父母之所以會走到一起，主要還是因為愛情。毫無疑問，這個版本是故事的3個版本中最為浪漫的一個。

1932年，老普京應徵入伍，妻子留在了列寧格勒。他的新兵培訓期是在瓦西里耶夫島地區度過的，他先進入潛艇艇員訓練大隊接受訓練，後成為一名海軍士兵，一直在喀琅施塔得要塞的潛艇大隊服役。

退役之後的老普京回到了列寧格勒。這個時候，蘇聯的新憲法剛剛施行了一年，第二個五年計畫也最終完成。史達林帶領著蘇聯人民，跌跌撞撞、磕磕絆絆地朝前走著。1937年，蘇聯的工業生產總值躍居歐洲第一，世界第二。可是，這一切都阻擋不了戰爭的到來。

第二次世界大戰爆發後，沒過多久蘇聯也被捲入了硝煙瀰漫的戰火當中。衛國戰爭爆發，老普京主動請纓奔赴戰場。根據兒子普京的回憶，父親最初被分配到了人民內務委員會（第330步兵團）殲敵營。老普京與他的戰友們，並不需要到最前線的槍林彈雨中浴血衝鋒，他們的任務看起來似乎更安全一些——在敵後從事偵察工作，必要時給德軍搞搞破壞，比如破壞敵軍的通訊系統，切斷補給線，或者炸毀敵軍的彈藥庫。

和老普京一起戰鬥的，還有另外27名年輕的小夥子。儘管說他們不需要迎著槍炮而戰，但所處環境其實並不輕鬆。1941年的秋天，老普京所在的偵察分隊進入愛沙尼亞地區。在愛沙尼亞，不僅存在著反對蘇聯的力量「第五縱隊」，當地很多百姓還充當著法西斯勢力的嚮導與告密者。在這地獄一般的環境當中，這支偵察隊不可避免地被魔鬼盯上了。他們的行蹤被出賣給德國納粹，經過與德軍的一番交火，偵察隊不得不撤退，但德國士兵從四面八方包抄過來。

可以說是一處沼澤解救了老普京，他撤到沼澤中，將自己整個人蜷縮成一團，躲進了冰涼的污水中，透過一截蘆葦管勉強呼吸。當德軍的軍犬從旁邊經過時，他幾乎聽清了那畜生喉嚨裡不斷發出的咕嚕聲。戰鬥的最後，24個年輕的生命都埋葬於愛沙尼亞了，包括老普京在內，只有4名戰士得以生還。這絕對是一場噩夢！死裡逃生，就像在從萬劫不復地獄中蹚出了一條血路，沿途中貪婪的野獸、飛迸的火星，都讓他膽戰、心寒、絕望。

一直到冬天戰爭依然進行著。老普京和一名戰友奉命潛入德軍營地，準備伺機捉一名「舌頭」，以獲取有價值的情報。時間緊迫，兩個戰士還沒有做好充分的準備，就摸索著潛入了敵方陣地。他們剛躲進一條隱蔽的壕溝，喘息還未平復，一個德國士兵恰好從防空洞裡走出來，立即發現了他們。三雙血紅的眼睛裡都佈滿驚恐和無措，德國士兵一時之間甚至忘記了高呼示警。老普京與戰友正要衝過去制伏他，德國兵卻更迅速地丟過來一顆手榴彈。

老普京後來對那段驚心動魄的往事回憶的時候，依然心有餘悸：「當時，手榴彈正好在我兩腿間爆炸了。」非常幸運的是，這一次他又與死神擦肩而過。雖然身受重傷，但在戰友的救助下，他還是奇蹟般地擺脫了德軍的追捕，逃回了蘇軍陣地。老普京被送往列寧格勒地區的戰地醫院治療，並在那裡恢復了健康。不過，他落下了殘疾，不能繼續參與戰鬥。他想過當一名戰地後勤人員，但傷殘的身體令他感到十分吃力，他只好離開部隊。

沒能夠戰鬥到祖國勝利的時刻，這是老普京作為一名戰士的最大遺憾。但是，如果說他當初沒有因傷離開戰場的話，誰也不敢保證他能活到戰爭結束的那一天。

二戰結束後，統計資料表明，蘇聯人口較戰前減少了2700萬，如果再把戰爭期間出生的人口統計進去，死亡數字會更加龐大。伏爾加河畔、涅瓦河邊掩埋著蘇軍將士的累累白骨，他們因這場戰爭長眠於此，日日夜夜守衛著祖國的土地。

曾有一部以二戰為背景的電影《士兵之歌》在1959年引起轟動，電影的主角是一個名叫阿廖沙的19歲通信兵。阿廖沙在戰鬥中立下功勳，將軍要表彰他，問他有何要求。阿廖沙搓著衣角不安地答道：「我想回家。」

將軍皺眉道：「你不能在前線提出這樣過分的要求！」

阿廖沙十分為難，說：「有什麼辦法呢！天冷了，家中的屋頂是破的，會漏風，村莊裡已經沒有男人，我想回家幫媽媽修好屋頂。」

阿廖沙如願回到家鄉，見了母親一面，又匆匆歸隊。這一去，他就再也沒有回來。衰老的母親常常站在村口，茫然地望向遠方，等待著她的兒子回家。

能夠如同老普京一樣從地獄生還的戰士是幸運的。在無情的戰爭中，誰能想像有多少母親失去了她們的「阿廖沙」。而老普京本身也經歷過喪子的痛苦。妻子瑪麗婭曾經生下兩個兒子，大兒子不幸早夭，二兒子則死於列寧格勒保衛戰期間。

當時，德軍圍困列寧格勒，城內缺衣少食，孩子不幸染病，瑪麗婭一籌莫展，只好同意政府工作人員將孩子帶走，希望他能得到更好的照顧與治療。遺憾的是，這個孩子最終沒能熬過去。這是老普京人生裡的另一段夢魘。他被種種痛苦的記憶劫持，偶爾墜入夢中，就像被再次拉進地獄的熔爐。

所以，小普京的出生與成長，是伴著父母分外的疼愛以及戰爭故事一路走過來的，誰也想不到，在這個平凡的家庭裡，父親時常提起的戰爭年代的經歷，便是小普京成長路上非常重要的愛國教育啟蒙。

爭強好勝的小普京

大雜院裡的孩子王

年幼的普京跟著父母住在大雜院的一幢五層樓裡，房子是普京父親所在的車輛廠分給他們家的。這幢樓非常的簡陋，沒有熱水，也沒有衛浴，廚房很小，還是公用的，樓梯一側有鏽跡斑斑的鐵欄杆，樓道裡經常有老鼠出沒。大人們對此苦惱不已，不過這個鼠患問題很快就成了孩子們娛樂的途徑，他們聚在一起手持木棍，以驅逐老鼠為樂。

小普京也時常跟著大家驅逐老鼠，每次當大人們看到小普京也跟著大孩子們拿著木棍跑來跑去的時候，都覺得哭笑不得，大家都會說：「普京，你力氣太小了！別湊熱鬧了！」經過幾次團體滅鼠後，小普京在內心深處認為自己能夠獨當一面了。

僅僅過了沒幾天，多年以後還被人津津樂道的「人鼠大戰」便在這個大雜院裡上演了。那一個清晨，對於早早便醒來的普京來說，這只不過是他人生當中一個普通得不能再普通的早晨，可是對於與普京狹路相逢的老鼠來說，卻是生與死的關頭。

或許是普京常常參與「滅鼠行動」所培養出來的勇氣，也有可能是這隻老鼠當時只有保命的念頭，一人一鼠剛「會面」，老鼠便想奪路而逃。普京一看，赤手空拳就追了過去，也許是這隻大老鼠跑著跑著覺得不對：為什麼一個小個子就敢追我？當老鼠被逼到一個死角後，忽然轉身向普京衝了過來。對於幼年的普京來說，他並不知道狗急跳牆，更別說鼠急咬人，但本能讓他扭頭就跑，畢竟人比這老鼠跑得快，他以最快的速度朝著自己家跑去，砰的一聲將大門關上了。經過這一次打鼠事件後，幼年的普京變得謹慎了很多，再也不會一個人魯莽地去招惹這些瘋狂的老鼠了。

再長大一些之後，小普京的「勢力範圍」就不僅僅局限在自己家的大雜院裡了。「我帶你們去探險！」普京經常會興致勃勃地號召小夥伴們，「外面有好玩的動物，還有可以吃的野果，我們一起去探險吧！」

在他的鼓動與號召之下，幾個小夥伴一起跟著小普京乘坐著電氣火車去郊外玩去了。可是到了郊外，他們走著走著就迷了路，不知道自己到了什麼地方，在天寒地凍、荒無人煙的情況下，既沒有好玩的小動物，目之所及也都是一些荒草棄木，不少小朋友不由自主地哭了起來。「嘿！夥計們，你們覺得這很刺激嗎？」「這有……什麼刺激啊！我好害怕！」一個小夥伴嚇得直打哆嗦，「你們難道沒聽大人們說過以前列寧格勒保衛戰嗎？好多戰士在野外都是自己生火取暖的。你們看，我帶的是什麼！」原來，普京隨身帶著火柴，他高高舉著火柴，如同將軍一樣享受著夥伴們的注目禮。

於是普京指揮著小夥伴們，四處撿來了易燃的乾樹枝，很快篝火便點起來了，感受著篝火的溫暖，小夥伴們不再驚慌失措，都開始享受這不受家長約束的快樂時光。玩夠以後，在普京的帶領下，夥伴們一起回家了，雖然歷經迷路與磕磕碰碰，但他們終於回到了家。當小普京帶領著小夥伴們出現在焦急萬分的父母面前時，父母嚴厲地斥責了他們，雖然挨了訓，普京依舊有些得意，因為這是他第一次成為「領袖」。

經過這次外出探險的事件後，普京便在一群孩子中當上了「孩子王」，雖然是「孩子王」，但他並不熱衷於「發號施令」，不屬於那種手握「執行權力」便作威作福的「首領」。許多年後，執掌俄羅斯大權時，他還保留著這種優良的習慣。他喜歡保持獨立性，更願意充當執法者，扮演法官的角色。

到了8歲的時候普京才上學，他就讀的193中學是一所包括小學和中學的混合制學校。從一年級到8年級，普京都是在193中學度過的。學校離家非常近，與他們家在同一條巷弄，步行不足10分鐘就可以到達。小時候的普京喜歡睡懶覺，雖然住得離學校很近，但第一節課小普京還是經常遲到。為了節省時間，避免遲到，他在冬天從不穿大衣。普京有他自己的邏輯：大衣太重，會嚴重影響他跑步的速度，還有穿著大衣跑到學校，然後再脫掉，這需要很多時間。於是課堂裡常常出現這樣一幕：在即將上課的時候，普京跑進教室，迅速坐到自己的位子上。他小時候並不喜歡學習，成績一直處於中等。不想上課的時候，他就跑回家享受無拘束的生活，而不是和同學們待在一塊兒，於是在學校裡，他常常獨來獨往。

蘇聯的戰鬥英雄們是普京和小夥伴們的偶像，他們在戰場上奮勇殺敵，浴血抗戰的故事是孩子們最愛聽的。聽過癮了，普京自然也想扮演一下大英雄，作為大雜院的「孩子王」，每次都是普京扮演紅軍，最後「擊潰」了其他小夥伴扮演的德軍。

隨著普京年紀的增大，「普京，你太厲害了！」這樣的讚譽時不時在他的耳旁響起，而普京也儼然一副「紅軍英雄」的樣子，帶著一群小跟班在街上走來走去。俗話說「人多是非多」，普京他們也常常陷入一些不同街道孩子們的混戰之中，不過由於普京膽大夠狠，一直都是他們揍別人。

「嗨，你就是普京吧？」一次，一個看起來瘦小的男孩從街角處走過來，想和普京套近乎，看著這個男孩瘦小的個子，普京大大咧咧地說：「你以為誰都可以喊我的名字麼？小子，你想挨揍麼？」這個瘦小的男孩沒想到普京說話居然這麼粗魯，立刻還以顏色：「我就喊你名字了，普——京！」於是兩個人立刻扭打在了一起。

這個看起來瘦小的男孩將小普京打得基本沒還手之力，而他的小跟班們當時也都被嚇住了，不敢上去幫忙或者勸架，普京一次次地站起來又一次次地被打倒在地。雖然普京一直在被動挨打，但是他那股拚勁還是讓對手心存懼意，很快附近的人拉開了他們，而被揍得鼻青臉腫的普京一點也不肯認輸，嘴上依舊說著硬氣的話，不過周圍看熱鬧的夥伴們都明白，普京這次可真是吃大虧了。

很多年以後，當上總統的普京回憶時說道：「當時我感到很委屈，打我的那小子看起來是個瘦猴。不過，我很快便明白了，他年齡比我大，力氣也比我大得多。對我來說，這件事不啻是街頭『大學校』給我上的很重要的一課，使我得到一次獲益匪淺的教訓。」他還從中悟出了一個道理：「如果想要成為勝者，那麼在任何一次對打中，都要咬牙堅持到底。」不到萬不得已，不可以輕易捲入衝突，不過，一旦有情況發生，那麼就應該假定無路可退，必須鬥爭到底。

孩子士普京第一次挨打，就悟出了一個受用終生的道理，不能不說是一個重要的收穫，而在KGB的工作中普京還掌握了另外一條準則：如果你不準備動武，你就不要拿起武器，不應該隨意恫嚇別人；只有在你決定開槍的時候，才須掏出手槍。一旦你下定決心，那你就要堅持到最後。換句話說，不打則已，打則必贏！

沒有滿分的「黨的棄兒」

塔馬拉是列寧格勒的優秀教育工作者，在學校裡辛勤工作了一輩子。她既美麗溫柔又善良端莊，孩子們都很喜歡她。1981年，她還曾獲得過編號為「33333」的民族友誼獎章。塔馬拉·帕夫洛芙娜．奇若娃不幸去世了。兩年以來，3個親人相繼去世，接踵而來的禍事讓塔馬拉的家人心力交瘁，也把這個本不富裕的家庭推入困窘的深淵。

如今，塔馬拉的墓地上連塊墓碑也沒有。貧窮的親人只能用黑色的帶子把金屬框的遺照綁在水泥十字架上。有一次，塔馬拉的兒媳賴莎前來墓地祭掃，只見照片已經被狂風吹翻，倒扣在泥濘的地上。賴莎一路哭著回到家裡，反覆思索後，寫了一封信：「……難道這樣的一個人死後還不應該得到一塊普通的墓碑嗎？請您相信我，她一生都是個純潔、善良和非常樸實的人，甚至當您已經當上我們市裡的大官，塔馬拉．帕夫洛芙娜也從未找過您。她根本就沒動過這樣的念頭，她這樣做完全出於自己樸實的人格……」

賴莎將信紙疊得十分平整，與一張老照片一併放入信封，鄭重地寫下收件人的姓名：弗拉基米爾．弗拉基米羅維奇．普京。關於地址，她並不十分清楚，只好含混地寫道：莫斯科，克里姆林宮。大家都覺得她的行為非常的可笑，就算是這封掛號信奇蹟般地寄達目的地了，誰又能知道總統先生是不是還記得自己一年級時的老師呢。

可是，奇蹟真的發生了，在下一個教師節到來之前，一塊墓碑豎在了塔馬拉的墓前。事情回到了1960年9月1日這一天。

8歲的男孩普京進入了193中學，第一次見到了女教師塔馬拉。他對入學第一天的場景已經沒什麼印象，但家中的一張老照片記錄了他當時的樣子：他穿著一件舊式灰色校服，像穿著軍裝的小戰士一樣，手裡捧著一盆花，端端正正地站著。長大後的普京看到這張照片時，不由得納悶：難道不應該捧著一束花嗎？我為什麼會端著一盆花呢？在那個時候，很多學校教室裡都沒有盆花，新學生報到時，出於禮貌，應該給老師獻上花束。可離開泥土的花枝很快就會枯萎，老師更希望學生帶一些盆花來美化校園。

「我們的女老師──塔馬拉．帕夫洛芙娜，我當然還記得，但要我說出那個時期有什麼特別的事留在我的記憶中──還真的沒有。」雖然普京已淡忘了小學時的經歷，他的同學們卻記得一些有意思的事情，比如塔馬拉老師曾經為普京慶祝生日。

這位女教師十分熱愛自己的學生，時常安排孩子們一起過週末，還不忘給過生日的孩子準備禮物。當普京過生日時，按照傳統，塔馬拉把他叫到講臺上，把一些有趣的兒童讀物送給了他。接下來，同學們陸續走上講臺，把自己準備的賀卡、鉛筆、橡皮等小禮物堆放在講桌上。當普京捧著一堆禮物走回自己的座位時，有些小東西掉在了地上。他想彎腰把東西撿起來，又擔心懷裡其他東西掉落，一時左右為難。後來，塔馬拉老師親切地幫他把禮物整理好，放進他的課桌裡，然後叮囑他專心聽課。整整一堂課，普京不時的低頭望向自己的抽屜。塔馬拉老師笑著提醒他馬上就要下課了，男孩則不好意思地紅了臉。

193中學是一所既有小學部，又有中學部的混合制學校。除普京之外，這裡還走出了另一位俄羅斯家喻戶曉的人物──娜傑日達．康斯坦丁諾芙娜．克魯普斯卡婭。1898年，克魯普斯卡婭與列寧在西伯利亞流放地舒申斯科耶舉行了婚禮。這位偉大的女人，被譽為「蘇聯國母」以及「蘇聯第一夫人」。而普京則是先在193中學完成了一至八年級的學業，後來又考入了列寧格勒大學，成了偉大革命導師列寧的校友。

誰也沒有想到，這個出生於黨代會召開期間，又總能與政治領袖們扯上關係的孩子，竟然在很長時間內都是「黨的棄兒」。當時，大多數的學生三年級就成了少先隊員，普京卻足足遲了3年才獲得這個榮譽。

當普京從四年級升入五年級以後，薇拉·德米特里耶芙娜·古列維奇成了他的班主任。薇拉對普京的第一印象顯然被打了折扣，因為當時全班45名學生中，有42人的脖頸上都飄揚著鮮豔的紅領巾，只有普京和另兩個孩子脖子上光禿禿的。

對於這個現象，普京有著自己的看法。他覺得這與自己在大雜院的成長經歷不無關係。大雜院裡雖然條件簡陋，秩序混亂，但在對一切充滿嚮往和憧憬的孩子眼裡，那就是一片自由的海洋。院裡的花楸樹就是奇形怪狀的珊瑚，樓道裡逃竄的老鼠就像神秘的海怪，自己和夥伴們就像是游魚、海馬、海星，或者貝殼。他們擁有獨特的生存法則和自我評價體系。

可是等到進入學校以後，普京發現一切都發生了變化，學校裡錯綜複雜的規章制度像一張緊緊束縛自己的大網。一條擱淺在陸地上的小魚怎麼能快活起來呢？小學生普京不由得有些垂頭喪氣。而掙扎過程中，難免會破壞規矩、違反紀律，也正是因為這樣，普京遲遲沒能夠加入少先隊，沒能得到一條象徵著「好學生」的紅領巾。

雖然說普京的家距離學校步行只有7分鐘的路程。但入學初他還是很難保證按時到校，他不願意一頭栽進那個像籠子一樣的地方。在老師的勸誡和父親的責備之中，他才慢慢的做出了改變，但是，他依然還是拖拖拉拉的，連早一分鐘走出家門都不願意。

進入冬季以後，巴斯科夫巷道附近的居民會經常看到一個連大衣也沒穿的男孩，他一邊奔跑一邊呼哧呼哧地喘氣，嘴裡呵出一團團白氣，耳朵也被凍得通紅。當人們詢問他為什麼不穿大衣時，他會認真地解釋：「大衣太重了，它會影響我跑步的速度。」只差那一點點時間，小普京可能就會遲到了！就算是到了學校，他也很難專心學習。班主任薇拉想起普京在學校的樣子，還是有些納悶這個表現並不出眾的孩子是怎樣成為總統的。

當老師們回憶起來時，是這樣評價小普京的：「在學校時，瓦洛佳總是能夠成功地從鄰桌的練習本上看到些什麼，或左或右，有時還回頭看看後面同學的練習。他還會經常鑽到桌子底下，不是鋼筆沒了就是鉛筆掉到地上。課間休息的時候，他會到各個樓層轉上一圈。」和課堂表現相似的是，他的成績也很少給父母帶來驚喜。在五分制的考試中，他的成績大多數時候是3分，從來沒得過2分，4分相對少些，滿分就更稀罕了。一般這種類型的學生是很容易被忽視的。成績優秀的學生就如同是漆黑夜空裡的月亮，而小普京還有其他成績中等的學生，就如同旁邊忽明忽暗的星星，偶爾綻放一下光彩，多數時候都沉寂無聞。

不過，到了六年級，普京突然開始認真的讀書，就像是突然對學習萌生了興趣一樣。有人猜測可能是受到父親的嚴厲責備甚至打罵，但對他十分瞭解的好友鮑里先科說，能夠從根本上影響普京的人只有他自己，其他人不可能強迫他。或許，是因為普京的年齡實在太大了，或許是因為老師們發現了他的變化，沒過多久，普京從「黨的棄兒」這一糟糕的隊伍裡走出來，成了一名大齡少先隊員。

文武雙全的少年

文武雙全這個詞，用在年少時的普京身上，一點都不過分。1976年，普京獲得列寧格勒柔道錦標賽的冠軍，兩年之後，他又獲得柔道和實戰格鬥摔角大師的頭銜。他對這種搏擊運動情有獨鍾，即使在當選總統之後也從未丟下，甚至還在2007年參與拍攝了一部名為《跟普京一起學柔道》的教學片。

事實上，普京並不是從一開始就學習柔道，他最開始的時候，學的是桑勃式摔角。而與這項運動結緣，也完全是出於偶然。

1965年的秋季，當時還在就讀五年級的普京以及鮑里先科正一起聚精會神地盯著桌子上的電話機和一張抄寫著很多電話號碼的紙，絕大多數號碼都被一條紅線從中截斷，只有一串數字還保持潔淨。年幼的普京皺皺眉頭說：「只剩下這一家了。」「是的。」鮑里先科回應著，看了普京一眼，「還是讓我打吧，我還沒怎麼用過這種高科技的機器呢。」普京沒回答，算是默許了鮑里先科的要求。

電話終於是撥通了，可卻遲遲無人接聽。鮑里先科放下話筒，說：「要不明年春季再報名吧，春天時還會有很多體育俱樂部招收學員的！看來今年他們的招生工作都已經結束了！」「再打一次吧！」普京盯著那串數字旁邊標注的「桑勃式摔角隊」，對鮑里先科說，「最後一次！」接電話的人，是安那托利．西姆耶諾維奇．拉赫林，他是一名桑勃式摔角教練。拉赫林在電話裡拒絕了鮑里先科的請求，理由是招生已經結束，摔角小組額滿了。但鮑里先科是個執拗的男孩，他不停地哀求，表示他和朋友瓦洛佳一直對摔角很感興趣，懇請教練給他們一次機會。

拉赫林時不時的可以聽到鮑里先科小聲的嘀咕，好像是在和他身邊的「瓦洛佳」商量怎樣說服自己，不過這位教練一直沒有聽到「瓦洛佳」出聲。最後，拉赫林的耐心全部被電話裡喋喋不休的男孩磨光了，他不耐煩地說：「那你們明天就到俱樂部來吧！」電話那邊立刻傳來一陣歡呼。

就這樣，普京和鮑里先科加入了摔角隊。鮑里先科只學了一年，後來覺得這些自衛術對自己的意義不大，於是果斷地退出了，並且把自己的摔角服送給了夥伴瓦洛佳。而在此之前，普京一直沒有屬於自己的專業的服裝。他幾乎每天都去訓練，卻一直穿著媽媽瑪麗婭織的上衣，腳上則是一雙手織的毛線襪子。他從沒有因此感到窘迫，就算是隊友們偶爾會調侃這雙怪異的運動「鞋」，他依然能夠保持坦然。不過，在得到鮑里先科贈送的專業摔角服之後，普京的確是高興了很長一段時間。

十三四歲之前的男孩子，身高、力量的差別並不太明顯，能在一群孩子中擁有威信、成為領袖的，常常是個性比較鮮明的人。但是，在發育期到來後，那些強壯而結實的大個子才能成為孩子王。為了保住自己平日在夥伴當中豎立的地位，普京決定學習一項既能增強體質，同時還可以鍛鍊技能的運動。

起初進入訓練隊的時候，普京並沒有展現出什麼過人之處，恰恰相反，他的體力在眾隊員中算是偏弱的。不過，他很快就引起了教練拉赫林的關注。拉赫林發現，這個小個子男孩身上，有著一股不服輸的勁頭，不管面對的對手多麼強壯，他從來都不會畏懼，而且他非常的能吃苦，這些特點都很難得。對於一個運動員來說，還有什麼比頑強的毅力、過人的勇氣、吃苦的精神更為重要的呢？

摔角隊的訓練場地定在十二月黨人大街21號樓，隊員們每週都要訓練兩三次，訓練的過程十分嚴格。每到訓練的日子，普京一放學就會匆匆趕回家，簡單吃幾口飯，換上衣服就朝俱樂部跑去。

拉赫林教練對這個勤奮的學員非常滿意。但普京的父母並不這麼認為。他們和其他家長一樣，希望兒子能夠把學習做好，然後掌握一項如音樂、繪畫之類的藝術才能，或者再學一門語言也是好的，總之，最好不要從事危險的運動。普京曾練過一段時間拳擊，後來在一次較量中被打傷鼻子，差點得動手術。這讓他的父母非常不安，尤其是瑪麗婭，一想到她的瓦洛佳被人一拳打傷了鼻子，這位溫柔的母親就忍不住顫抖。所以，當小普京再次準備溜出家門去參加摔角訓練時，瑪麗婭忍不住抱怨道：「又要出去胡鬧了嗎？早晚有一天，你的手腳會被弄斷！」

老普京雖然不像瑪麗婭那樣強烈地反對普京，但是，毫無疑問，他也是不支持普京的「體育事業」的。為了將兒子從這危險的漩渦裡拉出來，父親甚至花費了很大的一筆錢，去買了一架手風琴，希望藉此分散普京對摔角這項危險運動的注意力。

聰明的普京清楚地意識到父母的良苦用心，知道父母希望自己今後學拉手風琴，而不是摔角。可是，這時的他早已對摔角運動入了迷，摔角場上力量的博弈、技巧的碰撞、智慧的摩擦都將他深深的吸引，而運動員之間互相較勁又彼此尊重的關係也讓他心懷敬意。小普京覺得非常矛盾：對於自己熱愛的運動，他絕對不會放棄，可是他又不想讓自己的父母傷心。於是，年輕的瓦洛佳進入了他少年時期中最忙碌的階段：每天，他都要按時到學校上課；每週之中有兩三天，他要跟著拉赫林教練學習摔角；而不必去參加訓練隊的那幾天，他要學習拉手風琴，來表示自己對父母的尊重。

所以說，他並不是一個聽不進他人意見的人。之前他曾經報名參加一個德語學習小組，但是學了沒幾天就提出退出，而且他的理由讓德語老師有些不知所措。普京當時十分嚴肅地說：德國人傷害了我的父親，我的兩位叔叔和一個哥哥也在與德國人的戰爭中喪生！年輕的女老師不得不花費很長時間與普京談話，告訴他學習德語的必要性。普京雖然有些不情願，但最終還是同意繼續學習，好像是為了幫老師的忙才這樣做似的。值得慶倖的是，從低年級就打下的德語基礎在日後發揮了難以想像的作用。作為KGB特工駐紮德國的日子，流暢的德語是普京最得力的武器之一。

接受自己該尊重的，堅持自己該堅持的，普京似乎從小就懂得這個道理。可是，即便他努力學習，用心練琴，父母還是不時地勸說他，希望他能主動放棄摔角訓練。家裡的矛盾越來越尖銳，普京覺得自己正踩在一棵針葉松的樹幹上，坐立難安。針葉松在列寧格勒隨處可見，普京小時候經常爬到上面去玩，曾不止一次被銳利的針葉劃破皮膚。愁眉苦臉的普京忍不住向教練拉赫林求助。聽完少年的傾訴，拉赫林笑了，這個學員的執著確實打動了他。拉赫林和普京擊掌為誓，保證自己一定會說服他的父母。

那時候，普京家只是普通家庭，他的父母是最平凡的工人，但教練的社會地位比較高。拉赫林沿著逼仄而黑暗的樓梯爬上五樓，敲開普京家破舊的金屬門，介紹了自己，這讓老普京夫婦多少有點惶恐不安。拉赫林沒有直接說明來意，而是一直誇獎瓦洛佳是個很有天賦的摔角手，他既聰明又靈巧，難得的是他還非常努力，並且知道如何保護自己。

沒有一位父親或母親不願意聽別人誇獎自己的孩子！瑪麗婭有些羞赧地紅了臉，好像被誇獎的是自己一樣；老普京雖然仍是一臉嚴肅，但嘴角也隱隱地露出笑意，他不時輕咳兩聲，回應著教練：「是的，確實如此！瓦洛佳雖然調皮，但確實很聰明……」隨後，拉赫林又向他們具體解釋了桑勃式摔角是怎麼一回事，還告訴他們，體育運動能帶給孩子很多「好的」、「善良的」東西。

拉赫林不止一次到普京家家訪，最終說服了普京的父母。在這以後，普京不僅能夠自由地參加摔角訓練，對手風琴的學習也因為心理壓力的減輕而能夠投入更多的心思。這種既能享用美味的黑麵包又能塗抹魚子醬的日子，真是再幸福不過了。普京就這樣過上了一邊摔角一邊學習手風琴的生活，最後在這兩方面也都收穫頗豐。

從193中學畢業後他進入281中學，並繼續追隨拉赫林練習摔角。1969年，普京的桑勃式摔角成績達到成人甲等水準，又在列寧格勒市青年錦標賽上獲得亞軍。1970年，他還獲得了運動健將的候選資格。而普京的手風琴演奏也令他的同學驚歎不已。他雖然不是什麼樂壇高手，卻能用動情的演奏把聽眾帶入令人沉醉的音樂世界之中。那時候他常常彈奏一首《阿莫爾河之波》（即《黑龍江之波》），一個叫雅科夫．海利克曼的同學聽了很多遍，從來不會感到厭倦，她從不吝嗇對普京的讚美：「這支華爾滋舞曲再不會有人比他拉得更好了！」

遠處傳來英雄的召喚

281中學的吸引力

20世紀60年代蘇聯進行了一項教育改革。這項改革要求學校減輕學生的課業負擔，功課的設置更加注重培養青年面向生活的能力，並能滿足他們對職業的自由選擇。因此，一批實驗性學校在國家政策的指引下相繼建立，281中學就是其中一所。281中學對學生功課的要求比其他學校高出一大截，教學內容也比其他學校超前，那裡的老師卻寬容得令其他學校的學生羨慕不已。這一切究竟意味著什麼，16歲的普京其實並不十分瞭解。他只知道他即將離開193中學，必須選擇一所新的學校進行第二階段的教育。

「為什麼？你從來不喜歡化學，為什麼要到281中學去？」普京的班主任薇拉看著眼前目光堅定的孩子，著實驚訝。除了普京，幾乎全班同學都決定到197中學繼續學習。薇拉原本以為，理科成績並不出色的普京就算不喜歡197中學，也不會決定到281中學去。因為281中學以化學為特長，它所面對的，是那些對化學抱有強烈興趣，那些希望自己成為「門捷列夫第二」的學生。而普京以往的學習成績證明，他對文科更加擅長。所以，薇拉對於普京的選擇十分困惑。「我就是想到那裡上學。」普京的回答很簡單，「等到了那裡再說……」這件事情對普京而言，不過是決定了一件事情，然後去做而已，至於動機，沒有必要向別人解釋。就這樣，16歲的普京將自己的興趣與未來託付給了一個在當時看起來並不可靠的決定。但事實證明，「281」對普京來說是個幸運數字。他當年看似草率的決定，成了他日後走向克里姆林宮最重要的一步。

當然，普京的數理化成績的確並不理想。也許是普京自知他在化學上將無所建樹，所以他學起化學來只是馬馬虎虎。雖然他在化學上並不十分賣力，但他也從未放棄。既然開始，便好好結束，這是普京早已形成的生活信條。他沒有因為化學成績而放棄在281中學的學習，不過直到畢業那一年，普京的理科成績也只在3分線上徘徊。

除了學習之外，中學時期的男孩子身上當然也有些其他標籤，比如兄弟、打架、社交等。儘管這些標籤比學習更能體現年輕人應有的模樣，儘管普京的學習成績平平，但他的確純粹是為了學習而來到281中學的。你幾乎能用公式計算出他每天的活動：上課＋回家。

在全部所學課程中，普京喜歡的是歷史，他對歷史的見解也十分獨到。因此，對於一群理化尖子生而言，普京在課堂上的回答成了他們在枯燥歷史課上的唯一樂趣。另外，他對老師提問的回應也是他們唯一的拯救。一遇到老師提問，同學們都希望普京能表現得更加積極主動些，以吸引老師的注意，這樣他們就不必擔心歷史老師會指定某人回答問題。當然，大家也希望普京在回答老師的提問時，能儘量把時間拖長，這樣他們就能安心地等待下課鈴聲響起。普京從來沒有讓他的同學失望過。有一次，他甚至與歷史老師對談了整整一節課，將課堂變成了他與老師的會談。那可真是皆大歡喜。

除了歷史之外，普京在文學上的境遇也比他在化學課上的經歷亮眼得多。化學從未使這位未來的總統有過任何興趣，他所癡迷的是文學。他之所以決定進入281中學，或多或少也是因為那裡有一位極好的文學老師，米哈依爾．伊拉里奧諾維奇．傑緬科夫。米哈依爾熱愛文學，他對文學與創作的非凡領悟形成了他獨特的魅力。他說，要多討論問題，不要總是跟著別人走；他說，生活很美好，要善於發現；他說，要閱讀，不要只讀課本上提到的。這位文學老師當然也安排作文練習，但固定命題的很少，如果非得有個固定題目的作文，那麼他會讓你對某些事件發表看法，例如，電線杆會如何看待它曾經是一棵樹的日子，或者做一個蘋果的好處，等等。米哈依爾的學生提起他時，臉上都有相同的表情：熱切的崇拜與尊敬。米哈依爾老師以他獨特的魅力影響著他的學生，普京也在其列。在進入281中學的第一年，教師節前普京寫下了《我們可愛的老師》。這篇作文在全蘇聯廣播電臺播放了。這是普京的心聲第一次透過電波被全國聽到。

文學帶給普京的愉快超過了完成任何一項化學實驗所能帶給他的成就感。在一次文藝晚會上，普京還站在燭光下為台下的同學們朗誦詩歌。很多年以後，普京的老同學依然清晰地記得，那燭光映在普京沉著的眼裡，泛起溫柔的波瀾。文科成績突出的普京在主打理科的281中學裡的確是個另類。另類的學生有一個共同的特點，那便是很少交際，普京也一樣。他並不參加班級活動，紅領巾小分隊，共青團工作，社會活動……這一切都是他在281中學的兩年中極力逃避的。是的，這位俄羅斯政壇的風雲人物，當年的確曾經絞盡腦汁想辦法遠離社會工作。對集體活動的缺席無形中讓普京顯得有些獨特，但普京並不是悶頭讀書的書呆子。與其說他不熱衷於社交，倒不如說他根本沒有時間交朋友，因為除了學習之外，他幾乎把所有的時間都花在了運動上。

早年的摔角與柔道訓練令普京練就了健壯的身體與靈活的反應能力。他並不輕易在人前展示自己優良的體育素質，直到在一次1000米測驗中，這位個頭不高的男孩從起點開始就像隻雄鹿一樣飛奔向前，第一個衝過了終點。這件事情就像一陣風吹走了蒙在金子上的沙塵，普京的運動才能開始在大家面前耀眼起來。

普京熱愛運動。運動場上的普京顯得尤其堅韌、勇敢、反應迅速。無論他是否願意顯示自己，他在桑勃式摔角與柔道上的成就都無法被忽視。他的桑勃式摔角達到成人甲等水準，就是在他17歲那一年，即進入281中學的第二年。

運動健將稱號的獲得並不輕鬆，他每週要訓練4次，每次連續幾小時。普京一踏上運動場，便像一隻雪豹，永遠不會向對手妥協。而一旦離開那裡，他就彷彿從不曾受過摔角訓練一樣，彬彬有禮，溫和謙遜。他從來不願意在某個不擅長摔角與柔道的人身上發揮他的特長，雖然他好勝，但他未曾向任何人挑釁，這是他的修養與尊嚴。所以，當他的同學帕維爾．維諾格拉多夫在球場上無意中戳到他的眼睛時，普京並沒有生氣。他極有風度地接受了對方的道歉，因此也交到了一位朋友。

不過事情也有例外。對於新入學的人而言，學校有時並不是友好的大家庭。普京剛剛進入281中學時就被欺負了。普京不明白，那天那個男生為什麼會無緣無故地打他的後腦勺，他自認沒有做過任何出格的事情。童年時期形成的打架哲學指導了普京接下來的行動。他反擊了，毫不客氣，但事情並沒有得到有效的解決，血氣方剛的青年們採用了他們特有的解決方式：放學以後，各自帶人來解決問題吧。這種情況下，普京需要兄弟。他有一個名叫維亞切斯拉夫·雅科夫列夫的兄弟，他從一年級開始就是普京的同班同學；還有一個兄弟——連津，是普京一年級到四年級的同學，他們在進入281中學以後形影不離，普京甚至幫連津追過女生。

那時連津與普京是同桌，連津喜歡坐在他們前排的拉婭·列舍特尼科娃。上課時，他總想去揪女孩俏皮的小髮辮，但他不敢，於是向普京求助：「嘿，瓦洛佳，幫幫我，你來揪。」於是，為朋友兩肋插刀的普京毫不猶豫地伸手揪了拉婭的辮子，然後當作什麼事情也沒有發生一樣，淡定地坐在位子上。現在，普京在約定的地點，平靜地與維亞切斯拉夫和連津站在一起。3個好夥伴的對面站著至少有15個人。這是一場心理戰。普京出乎所有人的意料，頂住了壓力，贏得了對手的尊重。

這也就是為什麼並不特別與人交好的普京，身邊從來不缺朋友。也不難想像，總會有女孩對這樣的男孩心生愛慕。列娜·奧夫奇尼科娃在剛剛進入281中學後不到一個月，就對普京印象深刻。儘管普京個頭不高，臉上缺乏表情，但她還是每天都往普京那兒跑。普京的女生緣一向不錯，除了列娜外，還有一位名叫丹尼婭·納普恩科娃的女生也為普京著迷。但是很遺憾，這些少年的浪漫事，永遠停留在普京的少年時期。誰都有可能失戀，未來的總統也不例外。

2005年4月28日，俄羅斯總統普京訪問以色列，期間會見了尤季茨卡婭——他在281中學的德語老師。在見到普京之前，尤季茨卡婭顯得有些緊張，她印象裡那位謙虛穩重但經常不完成作業就來上課的孩子，如今已是俄羅斯的總統了。誰能想到呢？或許他已經認不出自己了。

不出尤季茨卡婭所料，普京見到她時只是輕輕地親吻了她，禮節性十足。這令尤季茨卡婭感到難過。但在正式的會見結束後，普京單獨與這位昔日的恩師見了面。普京向她聊起了自己的生活，當回顧過去時，普京沒有忘記，每當自己因參加比賽未完成作業站在這位和善的德語老師面前道歉時，尤季茨卡婭總是寬容地給予原諒。普京的德語很好，尤其在他到281中學上學以後，他的德語成績更是有了飛速的提高。他一直努力學習這門功課，除了熱愛，或許也因為尤季茨卡婭的寬容。所以，可以說，281中學是普京成長道路上一次非常正確的選擇。

我的理想是做一名諜報員

文學老師米哈依爾翻看孩子們寫的作文時，彷彿能看到夢想之芽在一顆顆幼小心靈裡逐漸萌發。科學家、作家、工程師、農藝師、軍人、工人……夢想的飽滿永遠令人驚歎，儘管米哈依爾已然有了這樣的體認，可當他翻開普京的作文本，讀到那句「我的理想是做一名間諜」時，他依然感到前所未有的震撼。

米哈依爾看到他的學生在作文的結尾寫道：「……父親從小就教育我，將來要對國家和人民有所貢獻。老師也經常教育我們好好學習，以報效祖國和人民。我報效祖國和人民的方式，就是當一名出色的諜報員，用我的惡名換取敵人的失敗，用我的犧牲贏得祖國和人民的勝利。」

米哈依爾承認，這是一篇十分優秀的作文，內容從間諜在戰爭史上的重要作用逐步過渡到蘇聯著名間諜的事蹟，再引申到當今社會中間諜所發揮的獨特作用，整篇文章邏輯通暢，分析深刻。米哈依爾無論如何都無法將它與不善言辭的普京那張16歲的臉相聯繫。他幾乎翻遍了記憶裡關於普京的所有畫面，但普京實在太普通了。而「普通」，幾乎是所有教過普京的老師對他的一致評價。這兩個字意味著：沒有亮點。不過，大多數非凡人物所走的道路，也總是從看起來普通的起點開始的，比如《盾與劍》中的主人公——亞歷山大·別洛夫。

《盾與劍》取材於蘇聯衛國戰爭時期的真人真事。瓦季姆．科熱夫尼柯夫在這部偉大的作品中塑造了一位優秀的間諜——亞歷山大．別洛夫。亞歷山大冷靜清醒，具有極強的判斷力和自制力。他在德國投降的前夜瓦解了他們滅絕集中營的罪惡計畫，拯救無數生命於水火之中。但這位優秀人物的起點，平凡得像針葉林中的一棵松樹一樣。

他是那個時期典型工人家庭中的獨子；他的父親在那個特殊的年代裡，曾經為了祖國在前線戰鬥。亞歷山大成長的道路也並不亮眼，他加入柔道隊，對體育投注了極大的心力；他用心學過化學，真正癡迷的卻是歌德；儘管他對音樂並無天賦，但他仍然花心思學習、聆聽，以期體悟音樂的真諦；他還學過一段時間的德語，成績不錯……僅此而已。大家都以為，平凡如亞歷山大將來會跟從父親的腳步成為一名工人。沒有人知道他的志向是當一名偵察員，直到他做出決定以後，他的朋友才知道他的人生目標原來如此遠大，就像米哈依爾看到普京的作文一樣。

瓦季姆的《盾與劍》出版時，普京13歲。一本好書，不僅在於紙面上的文字功力，更在於紙外的影響力。《盾與劍》與所有偉大的蘇聯衛國文學一樣，讓全國著迷。就像當年的《鋼鐵是怎樣煉成的》影響了一代人一樣，30年後，《盾與劍》同樣以它飽滿的現實主義特色與藝術魅力影響了戰後20年的蘇聯。青年普京的血液隨著《盾與劍》中騰起的硝煙而沸騰了。熱血、正義、忠誠、勇氣與智慧，每一樣都令他興奮不已。他一遍又一遍地翻看這本書，讓自己的身心都沉浸在這部文學作品所描述的間諜世界裡。小說裡機智的周旋與英勇的對抗一遍遍在他的腦子裡閃過，有時，他甚至幻想著自己正走在某條不知名的大道上，機智而謹慎地甩掉了身後跟蹤自己的「尾巴」。

普京開始憧憬自己的未來，而他或許沒有想到，30年後，當他踏上克里姆林宮的紅地毯時，全世界都在他身上看到了亞歷山大．別洛夫的影子。普京決定當間諜時不過是個16歲的孩子。他的生活正像一列飛速行駛在西伯利亞平原上的火車，有許多可供選擇的軌道，他的每一項決定都有可能將他的命運之軌轉換，令他的生命列車駛向完全不同的方向。

影響普京這一重要人生選擇的人除了亞歷山大．別洛夫之外，還有揚．卡爾洛維奇．別爾津。那僅僅是一次很平常的探訪，鮑里先科來到普京家裡。房子是老普京親手搭建的，包括兩個房間和一個客廳。屋裡的裝飾十分簡單，其中的一個房間裡甚至只擺放了一張床，客廳裡也只有一張桌子和一張沙發。雖然這裡十分簡陋，但鮑里先科無論何時來到這裡都能感受到溫情，就像回到自己的家裡。普京的父母圍著餐桌愉快地忙碌著，不停地讓鮑里先科吃這吃那。

鮑里先科用過餐之後，沿著過道走向普京的房間。過道裡有一個爐子，上面正燒著水，白色的蒸氣呼呼地頂著壺蓋子。他推開右手邊的門，那是普京的房間。這個房間並沒有特別的裝飾，但普京桌上的一張照片吸引了鮑里先科的注意。照片裡的男人身著軍裝，臉部線條剛毅。他的鼻樑高挺，目光炯炯有神，高挑的眉毛似乎在宣誓主人的自信與威嚴。他直視著前方，嘴唇抿出一道俐落的線條。鮑里先科拿起照片，端詳一會兒便回頭詢問：「瓦洛佳，這是誰？」

「他是一位偵察員，間諜。」普京接過鮑里先科手裡的照片，盯著看了幾秒，然後抬起頭，直視著鮑里先科的眼睛，用沉靜的聲音說道：「他是揚·卡爾洛維奇·別爾津。」

儘管普京說得不動聲色，但鮑里先科很明顯還是受到震撼：「噢，好兄弟，你當真很喜歡這些勇敢的人是嗎？我也是，那些故事，《盾與劍》還記得嗎？我們可看過好幾遍了……」這時的鮑里先科還沒有意識到，身邊沉默寡言的好兄弟已經做出了影響自己一生的決定。而這個決定多少與照片中的別爾津有關。

別爾津是20世紀初蘇聯最有名的偵察員。在國內戰爭時期，別爾津曾經在全俄肅清反革命及怠工非常委員會，即「契卡」，擔任過駐軍隊代表。後來，他成了大名鼎鼎的格魯烏（俄羅斯軍事情報總局）的負責人。這位出生於拉脫維亞的蘇聯偵察英雄曾經為了心中的理想，飽嘗鐵窗之苦，而且不得不經歷西伯利亞嚴寒的冬季。他堅強地挺過了這一切，然後在蘇聯的偵察史上留下了不可磨滅的痕跡。20世紀30年代初，他依靠無線電截聽與間諜滲透手段獲得了許多寶貴情報。但是，這位傳奇英雄遇上了一個並不如意的年代，最終被冠上莫須有的罪名，並被槍決。無論他的結局如何，別爾津在情報工作上的傳奇經歷與對蘇聯所做出的傑出貢獻無疑對青年普京的人生道路選擇產生了極大的影響。

在《盾與劍》和別爾津的召喚下，普京認識到，間諜才是男人應該從事的事業，KGB才是他應該去的地方。他很清楚，間諜往往得不到別人的好感，但正如他自己在作文中說的一樣，他決定用惡名換取敵人的失敗與國家的榮譽。行事低調的普京從來沒有在人前說起過自己的志向，直到他在那篇名為《我的理想》的文章中表露心跡之後，才有人知道他對未來的打算。此前，他的家人甚至從來沒有跟他討論過任何與將來工作有關的事情。沒有任何跡象表明，這名行事低調的矮個子男孩會在將來的某一天進入神秘的KGB，還會在30多年後左右俄羅斯政壇，叱吒風雲。如果非得說有，就只能說他曾經在281中學擔任過政治時事宣傳員。那是普京表現得最有「大人物」風範的一次。

由於當時政治宣傳的必要，每個中學都必須有一名學生擔任政治時事宣傳員，定期向全校師生通報國內外的政治時事，同時做出適當的評論。這是一項不同尋常的工作。除了普京還有誰能勝任呢？他或許不喜歡集體活動，但如果那與時政有關，他一定帶著飽滿的熱情參加。在政治晚會或國際形勢報告會上，都可以見到普京的身影。他在這些聚會上大膽地發表自己的見解，關於「布拉格之春」，關於政治局委員格利戈里．羅馬諾夫的貪腐。不可否認，16歲青年的政論水準確實有限，不過，普京在眾人面前講話時的手勢和面部表情十分符合一位標準政客的特點。他在公眾面前的出色表達能力，無疑彌補了年輕的他在政治評論上的缺陷。

小普京在擔任政治時事宣傳員時期的表現給人的印象非常深刻，以至於他後來在電視上發表演說時，他的校友們仍時不時地把這位俄羅斯政壇大人物，與281中學裡那身形瘦小的瓦洛佳相重疊。

鑄造廠大街，初次相遇「大房子」

北極圈的寒意漸漸滲入這個高緯度的國家。街道兩旁的楓樹在冷風的催動下，將青翠的綠幻化成火熱的紅。這座城市裡沒有特別高大的建築，因此天際線顯得觸手可及。天空在這個季節裡，藍得愈發沉靜。而大道兩旁建築物上的金色黨徽，在沉靜藍天的映襯下，耀眼得近乎犀利。

秋天，紅與黃主宰了列寧格勒。涅瓦河的水靜靜地沿著古老的水道緩緩向前。在它的左岸，涅瓦大街從冬宮廣場上華麗的巴洛克建築中伸展出來，向東穿過綠橋、喀山橋、花園街、阿尼奇科夫橋，然後與擁有200多年歷史的鑄造廠大街相遇。鑄造廠大街上矗立著許多著名的建築，比如19世紀的瓦爾瓦拉．多爾戈魯基大樓。但在所有歷史悠久的建築中，那個站在馬路對面的十來歲男孩只對其中一座僅建成30多年的房子感興趣——鑄造廠大街4號，國家安全總局列寧格勒分局，列寧格勒市居民口中的「大房子」。

這個孩子望著國家安全總局列寧格勒分局方正的建築線條，心中滿是興奮。當他繞著這座建築走了一圈之後，那股興奮被沮喪取代。所有的入口都是封閉的，他沒有發現可以進去的地方。於是，他回到最初站立的位置，抬頭望著灰色的外牆緊緊皺起了眉頭。他應該事先向弗拉基米羅夫——鮑里先科的大哥的朋友——打聽得更詳細一些才對。弗拉基米羅夫在KGB的科技處工作，他說要進KGB（即國家安全總局）就要先到鑄造廠大街大房子的幹部處來，卻沒說怎麼才能進去。這時，男孩看到大樓的某個出口處站著一個男人，於是，他徑直走向那人問道：「幹部處在哪裡？」男人低頭看著他，臉上沒有表情，眼裡也讀不出情緒。他用充滿公式化的聲調問：「你去幹部處做什麼？」「我將來想進KGB工作。」孩子回答。男人臉上的線條似乎有一點鬆動，說：「那你最好到接待處去。」「接待處在哪裡？」「柴可夫斯基大街。」對話結束。

而那一段時間，國家安全總局列寧格勒分局接待處的偵察人員在讀報時，除了關注每天的重大新聞與黨政宣傳外，還不得不關注電影預告欄。因為一旦有關於間諜的電影上映，接待處便會湧進一批熱情高漲的民眾，向他們揭發身邊潛伏的敵特人員。當然，很多時候，民眾的熱情與事情的真實程度並不成正比。人們神經質地懷疑自己經常光顧的飯店多半是敵方特務的接頭地點，懷疑鄰居正在對自己實施某種催眠術以套取情報，懷疑給自己治了10年牙齒的牙醫在病人的嘴裡裝了某種微型竊聽器。

偵察員們喜歡那些優秀的間諜題材電影，但他們對於神經質的熱血民眾感到十分頭疼。通常，他們會認真記錄下這些頭腦發熱的民眾所提供的各種線索，以安撫民眾敏感的內心。然後，他們會收起那些看起來一本正經記錄下來的東西，放進抽屜，不採取任何行動。但如果遇到較真的人，非得看著你向上彙報情況，就真有些難辦了。

因此，偵察員們養成了一種習慣，他們必須知道近期有哪些間諜電影上映，再看看上映後的第二天是不是自己當班，如果是的話，那麼他們在前一天晚上就必須做好準備，以便能在第二天拿出比平時更加旺盛的精力來應付那些麻煩事。但不可否認，思路清楚、覺悟較高的民眾還是有的，他們往往自願成為線人，能夠為KGB提供些重要線索。

尼古拉．葉戈羅維奇上尉知道，今天他將會忙上好一陣子，因為瓦季姆．科熱夫尼柯夫的小說《盾與劍》改編的電影昨天上映了。那真是部出色的作品，人民需要英雄。美國不斷地破壞社會主義的成果，前不久捷克斯洛伐克的反革命事件就是證明。他們是不會死心的，蘇維埃政權與他們的鬥爭將一直持續下去，所以，人民需要英雄，而這些英雄就像《盾與劍》裡的亞歷山大一樣，將會從工人階級中產生。他們當中的年輕人是保衛蘇維埃政權的中堅力量。他們正在以實際行動加入這一偉大的行動，就像剛剛那位來訪的少年一樣。

尼古拉上尉回想他第一眼見到來訪少年時的樣子：淡黃色頭髮，藍色眼睛，斯拉夫人。他穿著281中學的校服，新的。雖然瘦小，但從體格上看他應該長期進行體能鍛鍊。他表情沉穩，但看得出那是極力隱藏緊張情緒的結果。尼古拉上尉直覺判斷這位少年不是來揭發身邊鄰居的。少年向他遞去團員證和身分證，詢問道：「我要怎樣才能進KGB工作？」少年的問話直入主題。尼古拉上尉迅速掃了一眼少年遞來的證件。他承認，他對於少年來這裡的目的判斷錯誤。他原本以為，少年此行的目的，和那些看完電影《神秘的復仇者》後想為情報機關提供幫助的心中充滿浪漫幻想的少年一樣。

尼古拉上尉把少年帶到自己的辦公室，讓少年在自己的對面坐下，然後耐心地解釋道：「我們通常不接受主動來找我們的人。要進KGB，你必須先上大學或者先服兵役。然後，我們會把你送進情報機關的專門學校去學習。這樣你才能進KGB。」少年聽完繼續問：「如果上大學的話，上什麼樣的學校會比較好？」尼古拉上尉回答：「那得看你想進哪個部門了。我猜猜，你想進……偵察部門？」少年稍頓了一會兒，然後點點頭。「那你應該上法律專科學校，或者大學的法律系也行。」尼古拉上尉沒有告訴少年，從今年起，國家要在大學生中選拔優秀的畢業生進入情報部門，以補充機構的新血，保持機構的活力與後續能力。當然，他也沒有告訴少年，法律專業畢業的學生在選拔中最具優勢。他只是就少年的提問挑最適宜的語言回答。

過了25分鐘後，他們的談話結束了。儘管這位少年還不具備進入KGB的條件，但尼古拉上尉還是打開來訪記錄本，記下了這次談話。他在樣式簡潔的專用筆記本上寫下少年的名字——弗拉基米爾．弗拉基米羅維奇．普京。他今年16歲。接下來，是兩人對話的詳細內容與談話時間。完成後，他拿起電話聽筒，打了一個內部電話。10分鐘後，關於弗拉基米爾．弗拉基米羅維奇．普京詳細而確切的資料，包括他的家庭資訊，便被記在了筆記本上。尼古拉上尉再次確認筆記本上的資訊後，便將本子收進身邊的抽屜裡，然後拿起《真理報》，上面有政治學習的內容。小普京與國家安全總局的第一次接觸就這樣結束。

列寧格勒大學時光

無論如何都要進入大學

「法律專科學校或者大學的法律系！」走出柴可夫斯基大街的灰色大樓後，KGB接待人員的話就一直在普京的耳邊迴響，簡直像是電影《盾與劍》中隆隆的槍炮聲，震得他忍不住顫抖。在年輕的普京17年的生命當中，從來沒有一刻像此時這樣激動。他像迷失於西伯利亞深密叢林中的戰士，突然望見了炮火，聞到了硝煙，以至於因激動而濕了眼眶——距離前方高懸的理想，是不是又近了一步？

九年級的普京突然迷上了大作家高爾基的小說《我的大學》。雖然小說主人公阿廖沙上大學的理想最終被現實無情碾碎，只能進入沒有圍牆的殘酷的「社會大學」，但每次翻開這本書，第一行文字就會讓普京熱血澎湃。「就這樣決定了，我要去喀山大學讀書。我暗下決心，無論如何都要進入大學。」普京也暗下決心，無論如何都要進入大學！

他開始抓緊一切時間學習，就連在摔角隊訓練的休息時間，他也會捧著書本看上幾眼。有一次，摔角隊在列寧格勒市郊的托科索沃集訓，隊友瓦西里·舍斯塔科夫和他聊起了關於未來的計畫。瓦西里非常苦惱，因為他不知道自己應該上大學還是專修體育。他問普京：「嗨，瓦洛佳，你是怎麼打算的呢？像你這樣有前途的運動員，一定會走體育這條路吧？」

普京沒有絲毫猶豫，立刻給出了否定的回答：「不，我要上大學！」

「為什麼？教練一直認為你是個天才，他說你遲早會拿冠軍的！」

「我已經決定考大學，上法律系。」在做出決定之後，普京仍然堅持訓練，但對他來說，體育並不是他追求的職業，只是業餘愛好。現在，他有更重要的事情要做——上大學，進入法律系，進入KGB。不過，普京並沒有像那些浮誇的青年一樣把這個宏大的計畫宣揚得盡人皆知，這也顯示出他為人沉穩、老練的一面。他好像揣著一塊珍貴的紅寶石原石，在把紅潤的寶石切割出來前，他不打算告訴任何人。

還是在九年級，普京去了一趟位於列寧格勒市中心的瓦西里島，列寧格勒大學就坐落在瓦西里島第二街，涅瓦河北岸，與冬宮和伊薩基輔大教堂遙遙相望。校園裡那些一身書卷氣的青年男女友好地為他指路，然後各自抱著厚厚的書本進入不同的教學大樓，身影消失在一扇扇莊嚴的門後。普京一路打聽著去了法律系，不僅仔細觀察了整幢建築的外觀，還走了進去，甚至在某間教室裡坐了一會兒，和自習的學生聊了起來。他們的話題圍繞法律系的專業分類、具體課程、考試流程展開，對方給了他很多誠懇的建議。

走出法律系大樓時，天剛剛變黑。周圍的建築在暮色中顯得格外深沉厚重，普京長長地呼出一口氣。在這次探訪中，他清楚地意識到進入這所高等學府是多麼困難，但是，怕什麼呢？回去之後，他把化學、物理暫時拋下，開始專心學習文學、語文和其他一些必學的科目。普京心裡有一份周詳的計畫表，要實現進入列寧格勒大學法律系的目標，需要怎樣的「人力和物力」，必須準備哪些「工具」，這些都像列寧格勒大學櫟樹葉上的脈絡一樣清晰。

普京的計畫按部就班地進行著，但父母對這一切並不知情。在普京讀中學時，家裡幾乎從未探討過他以後應該做什麼。想要考上高等學府並不容易，大多數相對保守的家長都希望自己的孩子能考一所專科學校，普京的父母也將這樣的未來默認為普京應走的路。於是，到了十年級中期，當普京向大家宣佈要考取列寧格勒大學的遠大志向後，父母在震驚之餘表示強烈反對。

他們像最初反對普京練摔角一樣，反對他考列寧格勒大學。更讓普京煩惱的是，這一次拉赫林也站在了他的對立面。拉赫林一直希望普京到列寧格勒五金製造廠技校繼續學習，因為他們的摔角隊與這所技校屬於同一家工廠。假如普京同意，拉赫林甚至有辦法讓他免試入學，這樣的話，摔角隊不會因為優秀隊員紛紛離去而解散，隊員們則可以免服兵役。這實在是件一舉多得的好事。普京完全沒必要冒險考大學，何況一旦落榜，他就必須馬上去部隊服役。在最親近的家人和最尊敬的教練面前，普京低著頭，聲音雖小卻十分堅定：「我還是要考列寧格勒大學！」「很好。那你準備考什麼專業呢？」拉赫林沉下了臉。「法律系。」「哦？法律系？讀完法律系要做什麼呢？想去當員警嗎？」「我不去當員警！」在拉赫林嘲諷語氣的刺激下，普京終於有些沉不住氣，他不高興地回了這一句，隨後又低下頭去。

怒氣沖沖的拉赫林向老普京夫婦打過招呼就離開了。普京的耳邊還是沒能安靜下來，因為父母仍在耐心地勸他。父親終於發現一切勸說都無濟於事，開始有些失態，「鬧不好你要去當兵的！」「沒什麼可怕的，」普京回答說，「當兵就當兵。」對於當兵這件事，普京確實一點也不害怕。因為他打聽過，服兵役也是進入KGB的途徑之一，只不過與上大學相比，這條路可能會更遠、更坎坷，但那一刻普京已經做好了一切準備。

在人的一生當中，總有一些時刻需要拿出全部賭注為之一搏。就像曾有勇氣把自己掛在5樓護欄網上似的，普京此刻仍有勇氣承受任何結果。他的父母都是普通的工人，為了讓兒子接受好的教育已盡了最大的努力，普京深知這一點，也更明白接下來的一切只能靠自己。除了自己努力，沒有任何捷徑。他早已決定，要麼拚盡全力，到達自己所希望的人生新階段，要麼徹底完蛋！普京就這樣承受著來自父母和教練的雙重壓力，繼續進行最後階段的複習。那段日子無疑充滿煎熬，除了體力的付出，他還要時刻警戒內心不安的魔鬼。普京想起了自己的前輩和戰友——阿廖沙，那個連做夢都想去喀山大學的少年，他後來怎麼樣了呢？

「我來到這座有一半韃靼人的城市了，寂寞地棲身於一條僻街盡頭山崗上的平房裡。房子對面是一片火燒之地，長滿了茂密的野草，一大堆倒塌的建築廢墟從雜草和林木中突兀而出，廢墟下是一個大地洞，那些無處安身的野狗常躲到這裡，有時牠們也就葬身於此了。這個地方令我永生難忘，它是我的第一所大學。」普京當然無法體會阿廖沙的失落與痛苦，因為他比阿廖沙幸運多了。他沒有經歷過那樣讓人難堪和絕望的貧窮，甚至沒怎麼吃過苦；更重要的是，他的夢想還在。

專科學校的考試比較早，鮑里先科很早就拿到了一所技校的錄取通知書。他興高采烈地對普京吹噓說：「我現在可是大學生了，可你還是你啊！」正在複習的普京表情沒有絲毫變化，他盯著手裡的書，平靜地說：「沒關係，我很快也會成為大學生的。」1970年，18歲的普京如願考入了列寧格勒大學（今聖彼得堡國立大學）法律系國際法專業，這是他人生中的第一個大轉折。

為了目標而瘋狂學習

這是一座歐亞文化混血的城市，是美麗而且富於風情的列寧格勒。1703年，沙皇彼得大帝下令修建了這座城堡。它像一顆珍珠，百年過去之後仍然光彩不減。叫人吃驚的是，這座被譽為「東方威尼斯」的城市，最初竟是一片沼澤。它的名字幾經更改，見證著歷史的變遷。最初，聖彼得堡的名字源自城中的第一座建築物——扼守涅瓦河河口的聖彼得保羅要塞；一次大戰爆發後，它被更名為彼得格勒；1924年，曾在這裡領導發動十月革命的領袖列寧逝世，它被更名為列寧格勒；1991年，蘇聯解體，經市民投票，它恢復舊名——聖彼得堡。

這是不是意味著俄羅斯人忘不了彼得大帝？俄羅斯人民忘不了羅曼諾夫王朝這位第四代沙皇？詩人普希金曾虔誠地讚頌這位「讓俄羅斯騰空而起」的偉大人物——是他在18世紀初期發起一場聲勢浩大的改革，把俄國從貧窮的深淵裡拖拽上來。從1724年起，這座城市每隔百年必遭遇毀滅性的洪災，滾滾洪水奔湧而至，似乎要漫過天際；拿破崙、希特勒燃起的戰火，又幾乎將其毀滅。但這座英雄的城市，兀自巋然不動，任水淹、火燒、炮擊，都不倒、不塌、不垮，就像它英雄的子民一樣。也是在1724年，彼得大帝發佈建立俄國科學院的聖諭，俄國科學文化的發展邁入一個嶄新的階段。同年，聖彼得堡大學（後改名為列寧格勒大學）也隨這股改革之風而來，成為俄羅斯最早的教育中心，與整座城市一起經歷了雨雪、炮火的考驗。

如今，普京已經身處這座歷史悠久、全國矚目的大學了。在列寧格勒大學的高層建築上眺望，能夠看到清澈的涅瓦河緩緩流淌，輪船鳴著悠長的汽笛駛過，一串串美麗的波浪像漂亮的流蘇，點綴著映在河水裡冬宮的倒影。亞歷山大·弗多洛維奇·克倫斯基曾在這所學校讀書，他最初入校時讀的是歷史語文系，後來才轉入法律系。1917年二月革命之後，克倫斯基成為俄國地主資產階級臨時政府總理，也成了蘇維埃政權的死敵。弗拉基米爾·列寧非常不喜歡野心勃勃又熱衷空談的克倫斯基，諷刺他是「小拿破崙」和「小牛皮家」。不過，這個討厭的傢伙卻是列寧的校友。早在1892年，列寧獲沙俄政府教育部特批，以該大學法律系校外旁聽生的身分參加了大學畢業國家考試，獲金質畢業獎章與畢業證書。

普京考大學的這一年，正值列寧100周年誕辰，舉國上下都在以各種慶祝活動緬懷這位偉大的革命導師。同年6月，克倫斯基病逝，哀悼者僅有少數。普京入學後，不止一次聽系裡的教授和同學聊起從這裡走出去的兩位政治人物，似乎也是從那時開始，他就感受到了與政治有關的微妙力量。當時，他從未設想過30年後的事情，即使偶爾憧憬未來，他也絕對想不到自己會成為被後輩校友津津樂道的大人物。再後來，德米特里·阿納托利耶維奇·梅德韋傑夫也從列寧格勒大學法律系畢業，並在2008年成為俄羅斯聯邦的總統。當俄羅斯人提起這所學校時，常常忍不住驚歎：就是那所專門培養領袖的學校嗎？

1970年，法律系一共招收了118名學生，分成4個班，普京在四班。這些新生中還有免試入學者，他們或來自生產一線，或來自工人預備系，或來自部隊，或由高加索等地區選送。總之，這批把單位證明資料當做錄取通知書的人，佔了法律系的不少名額。而通過考試入學的學生，幾乎每個人都經歷了激烈的競爭和殘酷的篩選。普京在入校後才更切實地感受到這場角逐的殘酷，他甚至有一種死裡逃生的感覺。機會得來不易，普京自是倍加珍惜。

法律系課程從上午9點開始，到下午2點結束，連週六也要上課。很多學生對這種每天都要上課的生活感到厭倦，但普京覺得學習的時間還是不夠多。當周圍的同學和朋友紛紛去參加各種文娛或聯誼活動時，他會找一個角落安靜地學習。就連回到家裡，他也不會停止學習。好友鮑里先科偶爾仍會到普京家裡去，但幾乎每次都看到普京在看書。他們兩人相處的情形常常是這樣的：普京低頭看書，鮑里先科自己在旁邊說話。普京偶爾也會參與鮑里先科的話題，或者回答鮑里先科的問題，但就在開口講話的同時，他的眼睛也沒有離開書本。過不了多久，鮑里先科就會起身告別。普京則起身送他，一邊迭聲致歉，一邊舉起啞鈴開始鍛鍊。每到這時，鮑里先科都忍不住調侃好友簡直像著名的吝嗇鬼潑留希金，不過普京緊緊抓住的不是金錢，而是時間。事實上，鮑里先科非常明白，普京並非不尊重朋友，而是不想浪費時間。

送走鮑里先科後，普京會立刻重新投入學習中。在這種幾近瘋狂的學習狀態中，已經可以看到「工作狂」普京的影子。不過，他並非在盲目地付出，每當他展現出竭力拚搏的姿態時，絕對是因為他已經看到了具體的目標，他必須為此勇往直前。這個從普通工人家庭走出來的青年清楚地知道，如果一個誠實的平民想要獲得一塊麵包，就必須透過勞動去交換。普京追求的麵包是5分的成績單。在列寧格勒大學法律系期間，他幾乎每科成績都是5分。儘管他很少參加聚會等活動，並且幾乎從不在課堂上發言，但其優異的成績還是讓很多同學對他刮目相看。畢竟，成績之於學生，就像動章之於戰士，總是耀眼非常。

雖然普京比較沉默，但同學們對他的印象普遍不錯。列昂尼德·波洛霍夫在上大學之前工作過一年，又在軍校裡學習了3年，還當過兵，總之，他的社會經驗遠比同班其他人豐富。他和普京第一次見面就被這個年輕人的涵養和氣質吸引了。那時候，很多同學都把考入法律系當成一件值得吹噓的事情，他們狂傲自大、目中無人，而普京在與人交流時，表現出了難能可貴的謙虛，他從不勉強別人，懂得分寸；話雖不多，卻能清晰且準確地表達自己的意思。

在大學裡，普京曾和同學一起前往同在瓦西里島的二戰死難者公墓。夏至將至，銀色的月光無聲地流淌在墓園中，靜默的墳墓與林立的十字架一眼望不到盡頭，蟲鳴聲與樹葉沙沙聲讓夜晚顯得更加沉寂。安眠於此的，大多是最普通的勞動者，還有來自勞動者家庭的戰士。文明是用勞動者的血汗澆灌出來的美麗植物，在與野蠻勢力的鬥爭過程中盛放如花。那一夜，普京在公墓前久久佇立，一語未發。

除了必修的專業課之外，低年級時系裡還開設了很多共產主義理論課程，如馬列主義哲學、科學共產主義等。很多人抱怨閱讀馬恩和列寧原著會耗費太多精力，普京卻讀得津津有味，甚至家中臥室裡也放著《列寧選集》。

最初，列寧格勒大學的每名學生都享有35盧布助學金，但這些錢顯然無法支撐日常花銷，即使後來提高到45盧布，還是不能完全解決問題。為了多掙一些零用錢，很多人趁著暑假參加大學生建築隊。普京的家就在列寧格勒，比家在外市的同學開銷小，但他還是隨著打工的隊伍一起出發了，其中有兩次普京去了阿布哈茲。打工時他最多掙得800盧布，這一大筆收入讓他異常興奮，簡直不知道該用來幹什麼。鮑里先科很羨慕，看著朋友興奮且不安的樣子，又覺得好笑。「你說，我是不是應該給媽媽買一件禮物？到底買什麼好呢？」普京和鮑里先科一起來到涅瓦大街上的一家點心店。鮑里先科在一旁出主意，普京反覆比較著玻璃櫥櫃裡的糕點，最終挑了一個又大又漂亮的蛋糕。捧著蛋糕回家時，夕陽的餘暉把年輕大學生瓦洛佳的影子拉長，投射在寬闊的涅瓦大街上。每邁出一步，普京都能想像到母親驚喜的表情。

大學時光就這樣，在普京匆匆忙忙爭分奪秒學習、提高自己的節奏中，飛速度過。

為「流氓」辯護

20世紀70年代，蘇聯經濟像隻機靈的麋鹿般一路跳躍飛奔，但傳媒業的發展顯得慢騰騰的。儘管在電車上、街心花園、涅瓦河畔隨處可見埋頭讀報的人，但人們還是不住地抱怨資訊的匱乏。正處於世界觀形成期的大學生們對此尤為不滿，他們撇著嘴念叨不停：「《真理報》裡沒消息，《消息報》裡沒真理。」

普京比較幸運，因為法律系的課堂比其他院系的精彩多了。當時法律系擁有很多著名的老教授，他們不僅擁有豐富的教學經驗，在法律實踐領域也頗有建樹，不少人是法律界追捧的權威法學家和金牌律師。系主任尼古拉·謝爾蓋耶夫學識淵博，假如學生能聽懂，他甚至可以用多國語言授課。奧林皮阿德·約費教授的聲望首先是建立在舌頭上的，他是一名出色的演說家。出色的演說家是不用看講稿說話的，那些天花亂墜的比喻、天馬行空的想像、清晰縝密的思路都裝在他睿智靈活的大腦裡。還有阿納托利·亞歷山德洛維奇·索布恰克——一位有獨立思想的知識分子，他對當時蘇共的統治方式存有異議，雖然不能在課堂明言，但他總是能以一種有經驗的、權威的、睿智的發言贏得喝采和掌聲。不管是毛頭小夥子還是紅著臉的女孩，都用熱誠的目光望著他，就像發現了一個新奇而驚險的世界。

教授們授課時免不了聯繫實際生活，很多人就像聽故事一樣，任憑各種資訊在自己的腦海中穿行，又任憑其散去。普京卻不會這樣，他仔細分析每個案例中隱藏的資訊，除了法律資訊，他還會思考這些事件的社會意義，每當這時，思維就像一輛失控的電車，普京自己也不知道它會駛向哪裡。他還會把從課堂上聽來的新鮮事告訴其他院系的朋友。在物質豐富而資訊匱乏的年代，分享資訊比分享美食更加受人歡迎。普京覺得有必要讓他的朋友們知道，在這片國土上發生的一切，並不都像電視和報紙上所宣傳的那樣美好。

從這些優秀且富有個性的教授身上，普京獲得的不僅是專業知識，他的思維方式與價值觀也逐漸成形，並在他所仰慕的學者的影響下變得越來越成熟。關於黑和白、美和醜、對和錯的區分，法律自然能給出嚴格的界定，但是，在很多情況下，黑與白中間常隱含著一片灰色地帶，美和醜之間也免不了普通與平凡的存在，而對與錯，誰又能分得那麼清楚呢？在一次「對與錯」的辯論中，替人出頭的普京遭受了不小的打擊。

法律系的一名學生沒有按照規定程序從圖書館借閱和歸還圖書，面臨著被開除的嚴厲處分，校方的理由是「其行為與法律系大學生稱號不相稱」。對於一座擁有近300年歷史的院校來說，開除一名犯錯誤的學生並不是什麼了不起的事情，但在當時這引發了激烈的爭論。很少在公開場合發表意見的普京也為此開口了，他覺得自己應該替這個可憐的同學說話。毫無疑問，這個同學確實犯了錯誤，並且應該接受懲罰，但並非所有錯誤都要用「揭傷疤」式和「扼殺」式的措施來糾正。現在，那個從貧窮家庭走出來的同學就像被拖上絞刑架，普京能想像出他的驚恐和絕望——「如果把人趕出校門，那我們就要考慮他今後該怎麼辦。」一個剛剛從貧窮中脫身的人，一個被規則否定的人，一個被學校拋棄的人，他該怎麼辦？也許他足夠堅強，能在逆境中百煉成鋼；也許他非常軟弱，最後會沮喪成一攤爛泥；但如果他心懷不甘和怨憤，會不會成為社會的一顆毒瘤？誰來替這樣的風險埋單呢？

普京為這個同學的未來設想出無數種可能，堅決認為開除不是唯一的辦法，更不是最好的辦法。「讓我們再考慮考慮，也許我們可以幫他。要是就這樣把他趕出校門，萬一實踐證明我們錯了怎麼辦？」遺憾的是，雖然普京以鮮明的立場和堅決的態度表達了自己的觀點，但最後這名學生還是被開除了。這讓普京非常鬱悶，他試圖說服校方用更富人情味的方式解決問題，但他的一腔熱情撞上了冷冰冰的制度，瞬間讓他偃旗息鼓。不過，青年人總是充滿激情的，為了自己堅持的原則，他們常常不怕碰壁。這件事發生後不久，摔角隊裡又出了狀況。

一名年輕隊員和他人發生了爭執。但凡清醒而理智的人都知道，爭吵並不能解決實際問題，反而像把燃燒的菸頭丟到成堆的松木裡，將引發更嚴重的後果。這個隊員平時脾氣很好，像一隻溫順而乖巧的松鼠，幾乎沒和人吵過架，但那天不知怎麼回事，他就像被一隻猞猁附了身，竟和對方大打出手。一般來說，年輕人打架也不罕見，雙方私下和解，甚至還可能成為朋友。但沒想到當天有人通知了警方，趕來的員警沒有穿制服，當他衝上去抓人時，被暴躁情緒籠罩著的小夥子毫不客氣地將他打倒了。事態的發展令所有熟悉這個隊員的人瞠目結舌，他將面臨兩年半的監禁，罪名是「流氓滋事」和「對抗員警」。

出庭時，坐上社會辯護人席位的除了教練拉赫林，還有普京。普京是自己要求前來為隊友辯護的。這時，他加入KGB的決心已越來越堅定，而替「流氓」辯護會對自己的前途造成怎樣的影響，他也再清楚不過，可他沒有想那麼多，或者他把各方面的風險都已經想到，還是決定去冒這個險。因為普京相信自己的隊友，並且希望自己能夠保護他。最後宣判時，隊友的刑期是最初的一半。拉赫林非常感慨，這讓他想起普京考大學之前自己曾嘲笑其是不是想當可以抓人的員警，而這一次，普京用學到的法律知識幫助了隊友，站在員警的「對立面」。拉赫林感嘆地說，普京簡直是一個「具有完美個性的人」，你能在他身上發現獨立、誠實、本色等一連串優秀品質，他從不做下流的事，從不出賣朋友，並且會在第一時間向朋友伸出援手。

對普京第一印象深刻的大學同學波洛霍夫的評價與拉赫林基本相同，在他眼裡，「普京不會出賣朋友，不會排擠別人，不會暗中使壞，也不會踩著別人的肩膀向上爬。」總之，他們都認為，普京絕對是一個可交之人。

為突然終止的友誼落淚

考大學的事情像一顆被投入河中的鵝卵石，在普京與拉赫林之間激起些許漣漪，但他們都沒有把這種微不足道的衝突記在心裡。畢竟，普京知道教練的初衷是希望自己少走彎路，而拉赫林也不會介意普京偶爾表現出來的孩子氣。

上大學以後，普京沒有放棄體育訓練，也並未退出拉赫林率領的俱樂部。不久，海燕體育協會的負責人找到了他。對方十分欣賞普京表現出來的體育天賦，希望他能轉會。海燕體育協會屬於列寧格勒大學，是一家老牌的體育協會，按理說普京此時轉會無可厚非，但他還是委婉地拒絕了對方的邀請。普京的表現讓拉赫林十分滿意，因為他覺得自己受到了尊重，並且感受到普京對俱樂部的深厚感情。

那時候，普京偶爾仍會參加一些桑勃式摔角比賽，不過他的興趣已經從摔角轉移到柔道上。同時，由於學業繁重，用來參加訓練的時間不可避免地減少了。拉赫林也越來越清楚地意識到，體育只是普京的業餘愛好，學習才是他更重視的。普京也向拉赫林透露了一些想到KGB工作的想法，這讓拉赫林非常震撼，後來又暗暗對這個孩子生出一些敬佩——原來，他一直默默努力靠近那個宏大的理想。

即使面臨學業的巨大壓力，普京也從來沒想過丟下運動。他已經練習了很多年，體育一直陪伴他成長，已成為他生活中不可或缺的一部分。而另一方面，他確實在其中享受到了學習之外的樂趣，除了獲得成績後的滿足感，更重要的是訓練過程中的平和心境，就像置身於一座森林公園，沒有任何烏煙瘴氣，也沒有半點煩心事，雖然身體感覺疲憊，但心靈像被解放了一樣輕鬆。

當然，運動中並非全是快樂的事情。大學三年級時，普京的一位好朋友切列穆什金在摔角比賽中被對手掀翻在地，結果造成椎骨移位，送到醫院後沒幾天，這位朋友就去世了。

切列穆什金來自烏克蘭外省一個貧寒的家庭，從家徒四壁的環境來到列寧格勒這樣一座大城市，他的日子並不好過。為了掙到一些零用錢貼補生活，他找了一份清潔工的工作。最初，他住在學校宿舍裡，每天特別早起床，從學校趕到負責的居民區，匆匆忙忙地清掃街道，然後把垃圾運走，做完這一切，再迅速趕回學校上課。即使生活如此窘迫，切列穆什金也很少露出愁容，他的臉上總是掛著柔和的微笑，為人彬彬有禮，說話做事都十分得體。這樣一個年輕人自然能贏得別人的好感，為了照顧他，那個居民區的好心人專門給他安排了一個住處。那是一間狹窄而昏暗的小屋，在大院入口處的拱門下面，條件雖然簡陋，但起碼省去了早上從學校到居民區的時間，他工作時就不必總是擔心會遲到了。切列穆什金對此非常滿意，連連向對方表示感謝。就這樣，這個年輕人在與巴斯科夫街道僅隔一條街的巷弄住了下來。

列寧格勒的冬天寒意刺骨，在海風的猛烈攻勢下，這座海濱城市彷彿要被凍結起來，連親密的戀人也只能戴著手套牽手，隔著大衣擁抱。在一天中最冷的清晨，普京離開位於巴斯科夫街道的家時，常常看到一個穿著黑色軍裝大衣的年輕人，他一會兒揮舞著笤帚清掃，一會兒又攥著冰鏟除冰，口鼻裡呼出的氣慢慢上升，在睫毛和眉毛上凝成漂亮的白霜，即使被凍得不時停下來跺腳搓手，他的表情卻始終從容而愉快。普京覺得，這個年輕人的心裡有一團火。

遇到的次數多了，兩個人偶爾會互相點頭問好，再熟悉些就開始聊天。普京驚訝地發現，對方居然是自己的校友。漸漸的，普京和切列穆什金成了非常要好的朋友，他們常常在一起聊天，交流對學業、時事的看法，鮑里先科偶爾也會加入其中。普京對切列穆什金非常欣賞，鮑里先科甚至調侃說：「我覺得瓦洛佳真的愛上他了，他非常欣賞他的人品。」後來，在普京的勸說下，切列穆什金也開始練習摔角，不過，他加入的是列寧格勒大學的海燕體育協會。

1973年3月中旬，在普希金城農學院基地，列寧格勒市高校桑勃式摔角錦標賽拉開帷幕。普京沒有參加這次比賽，畢竟他曾經拒絕過學校俱樂部的邀請。

切列穆什金剛剛參加訓練不久，他希望自己能在觀看比賽的過程中獲得一些啟發。於是，他一直安靜地坐在場邊，場內比賽進行得如火如荼，他則在一旁認真地觀看摔角手們的一招一式。突然，教練來到切列穆什金身邊，說：「嗨，小夥子，快到你上場的時候了！」「什麼？」這意外的狀況讓切列穆什金吃了一驚，「您是說讓我去參加比賽嗎？」「當然！難道是讓你上場跳旋轉舞給他們加油嗎？快做準備吧。瞧，那邊的大個子就是你的對手。」

切列穆什金順著教練注視的方向望去，只見一個健碩的大塊頭正在抻腰壓腿，活動手腳。剛好對方的視線也看過來，切列穆什金突然有些膽怯，「教練，我開始訓練沒多久，還沒有參加比賽的經驗。這麼重要的比賽，我一定會輸掉的。」「你的信心呢？趕緊把它從你的腳底板下拉出來吧。」教練不滿地盯著畏畏縮縮的切列穆什金，並沒有改變主意。切列穆什金只好硬著頭皮上場了。

比賽開始後，切列穆什金一直處於被動，在對手的步步緊逼下找不到還手的機會，重重地挨了幾拳。海燕的隊員和列寧格勒大學的觀賽學生們一直在旁邊吶喊，或許是受到鼓勵，切列穆什金突然爆發，他先是把對方逼退，然後迅速做了一個胯下撲，大塊頭一時之間亂了分寸，只好用肚子來承受這一拳的力道。

就在這時，切列穆什金犯了一個致命的錯誤，他似乎想更近距離地擊倒對方，或許是覺得小個子在貼身搏鬥中更容易佔據優勢，但是，在桑勃式摔角中把頭、頸暴露給對手，是技術不成熟的表現。對方立刻抓住這個機會，倚仗身高優勢迅速壓住切列穆什金的脖子，然後又靠體重優勢向下壓。拉赫林當時也在場，從他的角度剛好能看到被壓倒方在瞬間呈現出來的痛苦而扭曲的表情。他心中一顫：糟糕，出事了！

裁判似乎也察覺到不對，趕緊上前把纏鬥在一起的兩個人分開，大塊頭剛剛鬆開手，切列穆什金就一頭栽倒在地，哼也沒哼一聲。教練和隊友迅速撲了過去，他們緊張地呼喚著切列穆什金。大塊頭也不知所措地站在旁邊，想走過去扶起切列穆什金，又不敢貿然移動他的身體。自始至終，切列穆什金都沒有睜開眼睛，他的頭無力地貼在冰涼的場地上，脖子似乎斷了。事實的確如此。受傷的切列穆什金被迅速送到醫院，醫生宣佈：傷者脖子上的韌帶斷了，並且還伴有嚴重的頸椎骨錯位。普京聽到消息也立即去了醫院，可是，好朋友安靜地躺在病床上，那雙愛笑的眼睛緊緊閉著，好像沉睡過去了。過了幾天，這個年輕人便停止了呼吸。

他從遙遠的家鄉來到這座憧憬已久的城市；他在課堂上安靜地汲取知識；他在簡陋但整潔的小屋裡滿足地生活；他在空曠狼藉的街道上認真勞動；他跟好朋友談心，對陌生人微笑；他在一場比賽中被推上賽場，惴惴不安，然後送了命。普京非常傷心，但他很少把自己內心的情感寫在臉上。這種情緒轉化成了巨大的憤怒——把一個剛剛掌握了桑勃式摔角動作要領，毫無經驗的隊員推上賽場，這樣的做法簡直不可原諒，他迫切地想去體育教研室討個說法，但最終被拉赫林攔住了。「在這種情況下怎麼可能找得到負責人呢？更何況不論在事實上還是在法律上，怎麼能證明對方有罪呢？」被這番理智且不容辯駁的發言敲醒，普京沉默了。「瓦洛佳，聽我說，誰都沒有錯。真的，誰都沒有錯。」拉赫林感受到普京心中的壓抑和痛苦，但他毫無辦法。

校方在禮堂裡為切列穆什金舉行了追悼會。這個「為學校的體育聲譽而犧牲」的小夥子，蓋著白色的綢緞，躺在棺木裡，昔日紅潤的面頰已經蒼白，深邃的藍眼睛緊緊閉著。他的老師、同學、教練、隊友沉默地從他身邊走過，和他告別，把手中的鮮花輕輕放在靈柩一側。熟悉普京的人從來沒見過他像那天一樣嚴肅而冷峻。他像座雕塑般靜靜地站在切列穆什金的靈柩前，眼神彷彿失去焦點，偶爾掃視身邊的人，也像什麼都沒有看到一樣。在追悼會上，沒有人看到普京落淚。他們不由得嘀咕：這人的心腸可真是硬呢。

但是，同學科利亞·阿列霍夫看到了這個硬漢的眼淚。那是在追悼會結束之後，普京與阿列霍夫陪著切列穆什金的媽媽和姐姐去墓地，他們要去和這個小夥子道別。墳墓上的泥土還濕潤著，像被親人和朋友們的眼淚打濕了，周圍插滿松柏枝和鮮花。切列穆什金的媽媽肩膀顫抖著，眼裡卻淌不出淚來，就這幾天，她的眼睛和心靈一起乾涸了。在安靜的墓園裡，普京終於伏在墳前哭了起來。那時他已經過了20歲，很久不曾掉眼淚，可是面對朋友的不幸去世，他實在難以抑制內心的悲痛。那是阿列霍夫唯一一次見到普京落淚，很多年後，他把當時的情況告訴鮑里先科，鮑里先科說道：「那大概是他長大後第一次掉眼淚吧！」

這是一個悲劇，一個年輕人付出了生命的代價，一段友情被無情的命運硬生生扯斷。普京遭受了前所未有的打擊，那一段時間，他變得沉悶且封閉，他甚至為自己勸切列穆什金加入摔角隊而深深自責。但是，有什麼辦法呢？生活還得繼續。契訶夫在《三姊妹》中這樣寫道：「生活是艱苦的，我們中許多人覺得生活沒有希望，可它還是在變得越來越明朗和輕鬆，看來，它變得十分光明的時代已經不遠了。」

在心靈飽受折磨的同時，普京把更多的時間和精力投入學習和訓練中。大學接近尾聲時，他離KGB也更近了。

Part 4 從KGB到總統的飛躍

我是戰士，隨時準備犧牲

夢想突然降臨

列寧格勒大學法律系的門口停著一輛札波羅熱茨人牌轎車，它出產於以機械工業聞名的紮波羅熱地區。這輛轎車通體潔白，那流暢的線條更令它擁有極高的回頭率。大家都對這輛車的主人感到好奇，要知道，當時的蘇聯可不是所有人都開得起這樣的轎車。當人們發現它的主人是普京時，列寧格勒大學法律系的學生都驚呆了，普京的家庭並不富裕，這輛札波羅熱茨人是從哪裡來的？

人們對這輛札波羅熱茨人的來歷議論紛紛，但如果有人去問普京的教練拉赫林，他或許會告訴你：「這有什麼奇怪的。我的摔角隊裡，光這一個月就有兩名隊員的家裡同時擁有了車。什麼？怎麼得來的？那還用說，運氣，他們都是幸運女神的寵兒，他們中彩票了。」

後來，普京的解釋證實了拉赫林的說法。那天，普京的母親在餐館買飯，餐館師傅沒有零錢找給她，便用一張彩票作為替代。沒想到，那張彩票竟然讓她得到了一輛札波羅熱茨人。普京見到這輛車後十分喜歡，父母便將車送給了他。但人們的猜測並沒有因普京的解釋而停止，一部分人仍舊認為，是普京自己購買了這輛車。因為他參加過暑期大學生建築隊，在那裡做了一整個夏天，有一筆不小的收入，相當於當時蘇聯月平均工資的7倍。所以，對普京來說，買輛車並不是一件難事。

還有一種說法在某種程度上更符合這位未來總統的人生經歷：那是KGB給普京的車。持這種意見的人認為，普京在進入列寧格勒大學後不久，就已經與KGB的人接上頭了。普京在大學時期的確與KGB的人有過接觸，至於KGB是否大方地交給一位尚未出道的特工如此豐厚的報酬，就不得而知了。

那是1974年一個普通的午後，普京和往常一樣待在學校裡，這一天並沒有什麼不同。普京已經在學校裡待了4年，因為KGB不會接受太主動的人，所以他在校園裡安安靜靜地等待了4年，但4年過去，他期待的一切都沒有發生。生活安靜得如同冬夜裡無風的白樺林。當年那個接待處的工作人員已經把那個黃口小兒忘了，誰能把一個16歲孩子的話當真？石頭落到水裡，蕩起漣漪，然後一切歸於平靜，關於KGB的事情或許早就結束。普京認為他已經沒有再等下去的必要，或許他應該考慮重新定位自己的將來。

但就在這個大學四年級的普通午後，就在普京準備重新選擇職業的時候，他接到了一通電話，電話那頭傳來一種純事務性的、聽不出任何情緒的聲音：「我想跟您談一下關於工作分配的問題。」普京立刻明白了。他們約定在教師休息室會面，但普京並沒有在約定時間見到電話裡的人，他決定等一等。時間一分一秒地過去，普京一個人在教師休息室裡等了20分鐘。他突然意識到自己可能被戲弄了，於是立刻站起身準備離開。就在他踏出第一步時，他看到有人朝自己跑了過來。「對不起，我遲到了！」那人說。普京的怒火被誠懇的道歉澆滅了。「這一切都是計畫中的，」那人說，「弗拉基米爾，這些天我見了一些人，主要是你們學校的共青團和法律系的一些人。他們給了我一些關於你的評價。」普京沒有插話。「當然我也觀察了你很久。我認為，你是個頭腦靈活的人，這從你的學習成績就可以看出來。你話不多，身體健康，是個優秀的青年。」

聽到這裡，普京已經看到了他的未來，好像穿透層層迷霧的春日暖陽，變得越來越清晰。果然，那人繼續說道：「我現在想知道，你對到情報部門工作有什麼想法？」普京的想法很簡單，他從中學時代起就在夢想這一刻的到來，但是他並沒有表現出這種迫切感。他只是說，他接受這份工作。因為他記得，當年接待處的那位工作人員告訴他，KGB不接受主動找上門的人。KGB的確在選人方面要求苛刻，也正是這種苛刻，才保證它擁有在半個多世紀裡與美國中央情報局和英國軍情六處抗衡的實力。不難想像，KGB在挑選成員時嚴格到何種程度。

首先，他們會選擇一些相貌平平，沒有特別體貌特徵的人作為候選人；其次，候選人應該機智，意志力強，有極強的團隊意識，並且有正常的性觀念；第三，他們不會挑選任何有犯罪紀錄的人，如果他是平民出身，沒有任何親屬或朋友在海外，那麼他就具備了一定的優勢。當具備以上條件後，候選人還要經過KGB工作人員的嚴格審查。他們會像監視一名特務一樣監聽候選人的電話，跟蹤他，觀察他日常生活的各方面，還會向候選人周圍的人打聽關於他的一切。這一過程最少將持續半年。

當KGB認定候選人在各方面都符合要求時，他們還必須在正式吸收他之前與他進行一次談話。這主要是因為KGB當年在「肅反」中犯了許多錯誤，對自身的聲譽造成了嚴重的影響，他們必須確定自己未來的同事對KGB的看法，確定候選人自願加入這一組織，否則，他們在今後的工作中就很可能遇到許多麻煩。在情報機構裡，麻煩通常就意味著失敗與死亡。加入KGB並不比隻身一人徒步穿越西伯利亞平原容易多少，能通過前三關的人並不多。經過悄無聲息但慘烈的淘汰，普京進入了最後一關，他等來了那個與他談話的人。教師休息室那次會面之後的很長一段時間裡，普京再也沒有見過任何KGB的人，也沒有得到任何與此相關的消息。那個與他在教師休息室裡談過話的人，就像從來沒有出現過，不留痕跡地消失了。

直到1975年1月，迪米特利．岡瑟洛夫，一個KGB軍官找到普京。他們進行了長時間的談話。在這次談話後，也就是大學畢業的前一年，普京實現了少年時代的夢想，從此開始了長達15年的諜報生涯。而事實是，有關於KGB給普京留下的所有印象，都來自那些充滿浪漫主義色彩的間諜電影與文學作品。在接受KGB的邀請時，他帶著單純的愛國熱情與英雄主義情懷走進KGB，但此時的KGB已經走入其歷史使命的尾聲，普京錯過了KGB最輝煌的時候，在黃金時期，那裡的一名軍官抵得上一支軍隊。

這個創造出無數傳奇的機構有過很多名字，第一個名字是「全俄肅反委員會」，也就是大名鼎鼎的「契卡」。十月革命以後，革命導師列寧面對國內各種反動勢力和此起彼伏的暴亂，決定成立一個能夠採用非常手段與一切反革命分子做鬥爭的機構。列寧找到他最忠誠的戰友費裡克斯·愛德蒙多維奇·捷爾任斯基。45天之後，「契卡」成立，捷爾任斯基任主席。此後，「契卡」在全國範圍內對反革命和怠工行為進行肅清。1917年12月21日，「契卡」擁有了特別司法權和執法權。

1922年2月，在史達林的提議下，蘇聯設立國家政治保衛局，除繼續履行當年「契卡」的使命外，還負責監視人民的日常生活，審查新聞和其他各類媒體出版物。1933年，蘇聯政府賦予國家政治保衛局一項極高的權力：有權採取一切必要的手段對一切破壞活動進行鎮壓。這一時期，它的作用在蘇聯歷史上發展到了巔峰。1934年7月，國家政治保衛局改組為國家安全總局，隸屬內務部。正是從這個時候開始，對外間諜活動成為它的新使命。然而在此後的「大清洗」中，國家安全總局成為蘇聯國內政治鬥爭的工具，它的聲譽一度跌到谷底。1941年2月，國家安全總局從內務部中獨立出來，它的名稱變為國家安全人民委員部。1946年3月，改稱國家安全部，這個名字一直用到1953年史達林逝世前。1953年3月，史達林的逝世改變了這個機構的命運。國家安全部被撤銷，併入內務部，直到1954年3月，赫魯雪夫才重新將其從內務部中獨立出來，成為直屬部長會議的國家安全委員會。從此，它以「KGB」為代號，在20世紀的間諜戰中敘寫傳奇。

KGB共有4個總局、7個管理局和5個獨立處。在黃金年代，它擁有50多萬名工作人員，有大約150萬線人分佈於全國各地，在海外還有差不多250萬名諜報人員為它服務。KGB的規模令對手驚歎，英國軍情六處用「世上空前龐大」來形容它。20世紀最偉大的間諜幾乎都出自這個令西方情報界談之色變的神秘機構，比如世紀間諜大師左爾格和阿貝爾。

左爾格精通六國語言，其中包括中文。20世紀30年代初，他曾在上海建立情報網，從事諜報工作。他最傳奇的經歷是在希特勒上臺後，與納粹黨之間的鬥爭。當時，左爾格以德國記者的身分常駐日本。他多方周旋，打入納粹內部，獲得了東京納粹高層的信任，為蘇聯政府搜集了大量德日情報，特別是他截獲的日本關於南太平洋戰略部署的情報，對後來蘇聯在二戰戰場上的戰略轉折具有重大意義。

阿貝爾上校同樣以傑出的諜報工作震驚西方情報界。這位精通英、法、德、義等語言的間諜大師，在美術、音樂和文學上同樣具有極高的造詣。他在二戰時打入納粹黨核心，成為黨衛軍情報機構負責人舒倫堡的副官，獲得許多重要情報。二戰結束後，阿貝爾化身畫商，在紐約開設了一家畫廊，為KGB提供美方情報。阿貝爾經歷了二戰的硝煙和冷戰時期的殘酷鬥爭，在德國和美國建立起KGB的情報網絡。整個20世紀，找不到能望其項背的人。

這些在看不見的戰場上戰鬥的傳奇英雄，影響了整整一代蘇聯青年。普京雖然沒能與這些間諜大師生活在同一時空，但這位未來的總統將為KGB帶來第二個黃金時代。

401，這裡不是浪漫的天堂

阿納托利是列寧格勒大學就業委員會的法律系代表，他剛拿到畢業生名單，那一長串名字正等著他分配將來的工作。他走進人事處時，瞥見一個穿著黑西裝的人待在角落裡，背靠牆壁，雙手抱胸，垂著頭，彷彿很久以前就已經待在那裡，一動不動。阿納托利不知道「黑西裝」的名字，但他很清楚「黑西裝」的身分：KGB派到這裡來監督學生分配工作的特工。阿納托利不知道「黑西裝」平時都是如何監督的，因為在他的印象中，「黑西裝」好像什麼具體的事情都沒幹過。阿納托利拿出整理好的名單，開始工作，他一邊核對資訊，一邊將結果報給身邊的記錄人員。在這個過程中，「黑西裝」連姿勢都沒有變過。阿納托利想，他一定是睡著了。

「弗拉基米爾·弗拉基米羅維奇·普京。律師。」這是今天的第42個名字。讓阿納托利沒有想到的是，這個名字就像觸發器一樣突然按下了「黑西裝」身上的某個開關。他一下子抬起頭，像一臺從休眠中啟動的機器一樣迅速進入工作狀態，中間甚至沒有過渡，「黑西裝」當著整個就業委員會的面大聲嚷道：「不，他要到KGB工作。我們雇用了他。」阿納托利覺得，「黑西裝」的聲音在人事處辦公室高高的天花板上迴盪。3天後的一個下午，陽光正好，七月的白楊枝葉茂盛。校園裡很少有人走動，除了單調的蟬鳴外，偶爾只從遠處傳來人的聲音，聽起來像是誰在讀普希金的詩。

波洛霍夫走在列寧格勒大學法律系學生宿舍寬敞明亮的走廊裡，白楊的影子從廊柱中間穿過，投在走廊的地板上。他走到一扇門前，敲了兩三下，聽到裡面的回應便推門走了進去。波洛霍夫看見普京正坐在桌前寫著什麼，拉了張凳子坐下後，他說：「你知道，如果進了KGB，你就不屬於你自己了。」「是的，但那是我的理想。」「說實話，我真是太意外了。你從來沒說過你想進KGB，我總覺得你應該進檢察院，當法官或律師。」

「可我喜歡這份工作。」普京的聲音很堅定。波洛霍夫知道，這就是他認識的普京。儘管他一直不明白KGB究竟看中好友的哪一點，但他認為，單憑普京優異的成績和穩重低調的性格，就足以打敗那些整天叫嚷著要為國家安全部門服務的人。他擁抱了好友一下，並說道：「你一定會幹得很出色，瓦洛佳。」說完，他重新走進被白楊的影子籠罩的走廊，向遠處走去。走廊裡迴盪著腳步聲，不一會兒便什麼也聽不到了，只剩下蟬鳴。

普京聽著波洛霍夫的腳步聲遠去，稍稍出了一會兒神，隨後他填寫完之前未完成的申請表，將它與其他幾份文件和表格一起放進了密封袋。午後慵懶的陽光打在窗臺上，陣陣蟬鳴裡，普京彷彿又看到了鑄造廠大街4號的大樓。一時間，他覺得自己正站在大樓裡，而不像7年前那樣站在外面找不到入口。他爬上樓梯，走向大樓的第六層，那裡是他將要工作的地方，KGB列寧格勒分局第一處……

1975年10月，23歲的普京通過了畢業論文答辯，並獲得優秀。一切進展得很順利，除了他還是沒能進入鑄造廠大街4號那幢9層建築。作為KGB的一名新成員，普京在畢業後被派到列寧格勒郊區的一所封閉式學校。那是一所保密學校，代號401，是位於奧赫塔區的一幢灰色建築，除了一樓和二樓外，其餘的樓層都是學員宿舍。普京抬頭看了看大樓，便提著包包走向大門。黑色的鐵門外，站著兩名身著軍裝的荷槍士兵，其中一個見到普京走來，伸手攔住了他：「請出示您的證件。」普京從外衣口袋裡拿出KGB的特別通行證遞上去，士兵接過證件，仔細地核對了一番，然後才打開那道黑色的鐵門。

對於剛從大學畢業的普京而言，即將到來的培訓多少還帶著點浪漫主義的色彩。那些存在於文學作品裡的間諜生活，依然影響著他對培訓生活的看法。但事實上，這種生活既不浪漫，也不刺激。這所學校在接受新學員的第一天，就殘忍地驅散了他們身上浪漫的大學氣息，粉碎了他們對間諜生活的天真幻想。普京站在佇列裡看著面無表情的教官，他正在公佈培訓計畫：「在最多一年半的時間裡，有2913個課時等著你們。」普京看到教官的嘴唇一張一合，覺得自己走進了一個噩夢。

「物理、化學、數學、繪畫和速寫是你們的基礎課，另外，還有地理、外語、各國的政治經濟常識、外國文學。你們要把各國軍事組織的編制、軍備、外國領導人的詳細資料和生活習慣、個人特徵刻進你們的大腦。學會地形學、攝影、藥物學，學會如何識別便衣，如何反偵察，如何迫使對方就範……」普京迅速明白了自己的處境：沒有寒暑假，一個星期6天，每天進行7個小時的訓練。而在這些課程開始之前，他還有一門必修課：革命傳統教育，這是身為KGB軍官必須接受的教育。

進入401的日子，普京的生活十分有規律，不僅指學校的制度，也包括普京的自我修習。起床後鍛鍊身體，上午9點到下午3點學習各項課程，其間有短暫的午飯和休息時間，3點以後的安排是自習、晚餐和就寢，每週6天，普京都重複著同樣的事情。高強度的訓練沒有把年輕的普京擊垮，他知道，現在所接受的每一項培訓都是嚴格針對他將來要從事的工作而安排的。他對培養「全面技能」的課尤其感興趣，授課的老師都是實踐經驗豐富的資深間諜，與他們相處本身就是一件極有趣的事，更別說他們常常「傾情」附贈一些「獨門絕技」。作為新手，普京花一年的時間完成了他所有的培訓課程，期間表現相當不錯。在培訓結束時，他從容地站在考核團成員面前，從專家手中拿到了優異的成績與陸軍中尉軍銜。

普京到阿列克謝·盧爾多金的住處時，阿列克謝正坐在沙發上給大提琴調音。普京看見大提琴棕色的琴身散發出柔和的光澤，像個優雅的少女躺在阿列克謝的懷裡。「阿列克謝，我要去KGB工作，馬上……也許不會馬上。」普京沒有看阿列克謝，而是盯著他手裡的大提琴，真是一把好琴。阿列克謝手裡的動作有了明顯的停頓，但他沒有立刻回答普京，而是調完最後一根琴弦，然後將大提琴小心翼翼地放進琴箱，扣上琴箱的銀扣，才抬起頭看向普京的眼睛，那裡面有他熟悉的堅韌。「你總能夠計畫一切，我的朋友。」阿列克謝往普京面前的一對摯友回憶起往日時光，時間平靜得如同窗外絲絨般的藍天。

年輕的中尉終於踏進鑄造廠大街4號，那座他在16歲時找不到入口的大樓。現在，他終於知道如何進去：它的入口並不在鑄造廠大街上。普京徑直走向鑄造廠大街旁邊的卡利亞耶夫大街，然後穿過沃伊諾夫大街，那裡有一個門崗。普京出示證件後，門崗看了一眼，上面寫著「初級業務特派員」，抬頭看看普京，再看看照片，跟另一個門衛核對了些什麼，然後把證件還給普京，放行。新生活就這樣開始了。

這份工作令普京的生活陷入一種很微妙的境地。他的一些朋友對KGB的人懷有戒心，就像阿列克謝那樣，雖然並非充滿敵意，但終歸有一種距離感，所以當有人問起時，他總說自己在員警部門工作，例如刑偵處。普京進入大樓後，朝他工作的地方走去。第五層的反情報處。那裡並不是普京最初期待的工作地點，他真正想進的地方是「第一處」，情報部門，六層。但在得知自己被分派到這裡工作時，普京沒有提出任何意見，沒有對這一指派表現出任何猶豫。他知道KGB的生存規則，知道自己沒有挑選的權利。如果在分派的任務面前表現出任何猶豫，他們就會說：「好吧，下一個。」這句話意味著你從此再也沒有機會進入這幢大樓。當然，普京不會犯這樣的錯誤。

他走進自己的辦公室，看到裡面已經有4個人坐著，雖然來了新同事，但他們當中沒有人抬頭，仍舊各自做著自己的事情，普京的到來似乎並沒有引起他們的關注。辦公室裡有兩位同事的年紀很大，估計過不了多久就該退休了。其實，這裡有許多老人，普京從那個朝氣蓬勃的校園走進一個被老人包圍的地方。雖然已經有了足夠的心理準備，但這一切離他想像的還是有些遠，尤其是那些老同事。這些工作作風強硬的老人們從令人敬畏的年代開始就進入KGB，他們的行事風格幾乎象徵著KGB在那些日子裡的辦事準則，甚至直到現在依然如此。作為年輕一代，普京發現自己與他們相處起來並不算十分愉快。

「弗拉基米爾，你到我這兒來一下，有個計畫要討論。對了，帶上你的報表。」科長叫住了普京。這是普京在反情報處工作的第六個月，他寫過幾份報告，參與了幾次計畫討論。這是他的日常工作，事情雖然並不複雜，但他的確很忙。規定的工作時間是上午9點到下午6點，但這並不意味著6點一到他就能從辦公室走出去。比如現在，他要參加一次計畫討論。

這次討論由一名資深的老特工主持，普京一直在認真傾聽，直到他發現這位老人的一處行動計畫並不符合法律規定。於是，他立刻插了一句：「不，這樣做不行。」普京的「不」字在空氣裡產生的震動，敲擊著在場每個人的耳膜。所有人都看著他，臉上帶著不解的神情。老特工轉過身來，看著這位年輕中尉的臉，發現普京的臉上有一種光彩，就像涅瓦河上反射的日光，耀眼而又直接。老特工深吸了一口氣，用了一個疑問句：「你是什麼意思？」「這樣做不行，不符合法規。」普京解釋道。他一開始以為「不符合法規」已經能夠說明一切，結果卻發現房間裡的人臉上都帶著疑惑的神色。辦公室裡從來沒有這樣安靜過，時間彷彿停止了流動，直到老特工緩慢而低沉的聲音響起：「什麼法？你說的是什麼法？」普京引述了一遍法律條文，並作了解釋，詳細而準確。但是他發現，同事們的疑惑表情仍然沒有退去。

老特工靠在椅背上，低垂著眼瞼，一陣沉默後，他抬起頭看著眼前年輕的中尉，用比剛才高一個聲調的聲音緩慢地說道：「上級的指示就是法律，我的孩子。」

從KGB到紅旗學院

安德列匆匆走向謝爾蓋．彼得羅夫的辦公室，他沒有敲門就直接走了進去，事情不是很緊迫，但他總覺得這事一點也不能耽誤，否則機會隨時將溜走。謝爾蓋看著同事推門走進來，手上拿著一份人事檔案，同事的眼神告訴他：有重要的事情。

「安德列，你來了，請坐。」「你必須看看這個，」安德列顧不得坐下，將人事檔案放在謝爾蓋面前，「我相信你會喜歡他的。」謝爾蓋抽出第一張紙，上面貼著一名年輕中尉的照片。資料說他畢業於列寧格勒法律系，在401學校進行過培訓。「親愛的安德列，401培養的是反情報處的工作人員，你確定我們這裡需要他嗎？」「我知道第一處選人非常謹慎，所以沒有經過考察我不會輕易把人推薦給你。這個弗拉基米爾值得你去一趟幹部處。」「你確定嗎？」

安德列彎下腰，兩手撐在謝爾蓋的辦公桌上，直視著這位領導情報處的上校說：「當然。視野開闊，會外語，頭腦清醒，具備嚴密的分析能力。沉穩，安靜，如果說有缺點的話，那麼我認為『缺乏危險意識』或許可以算一條。」弗拉基米爾．弗拉基米羅維奇．普京。謝爾蓋上校看著照片上的年輕人，眯起眼睛。安德列知道他這是在思考。最後謝爾蓋終於說：「好吧，我派人跟他談談。」謝爾蓋收起檔案，打了個電話。

普京並不知道謝爾蓋辦公室裡正在進行著一場或許會改變他命運的談話，此時他正在莫斯科接受反情報培訓。當第一處的人找他談話時，他有些意外。他們一次又一次找他，一共4次。最後一次是一位名叫謝爾蓋·彼得羅夫的上校，情報部門的負責人，上校表示希望普京進入第一處。普京當然願意。KGB裡有誰不願意進入第一處呢？在很多人眼裡，第一處的工作意味著能以國家的名義出國，那簡直是特工中的「白領」。但對普京來說，那不是重點，而是第一處的工作比五層的有意思得多，那裡是他一直嚮往的地方。於是，從莫斯科回來後，普京便從五層升到了六層。

謝爾蓋發現，這位法律系高才生在歷史與政治方面的素養超過了其他所有人，他似乎對身邊的一切都感到好奇，彷彿有無窮盡的時間來汲取知識。謝爾蓋無法想像，在業務如此繁忙的對外情報處，普京是如何抽出時間來學習那些知識的，而且他善於跟人打交道，各個社會階層的人他都能打理得十分妥當。不過，如果你問謝爾蓋最看中普京哪一點，這位上校將毫不猶豫地回答：「他的分析能力。」

對普京而言，分析似乎是他的天賦。他曾經對他的兄弟，那個大提琴手阿列克謝·盧爾多金說：「你一定會跟你的妻子分手的。」當然，這番話令他的兄弟頗為不快。沒有人能在事情發生以前就給出定論，但事實證明普京可以這麼做。他有預見性，對待任何事情也都能做到深思熟慮。後來，阿列克謝果然與妻子離婚了。事後他問普京：「我知道你是間諜，但間諜究竟是做什麼工作的？你是做什麼的？」普京笑笑，淡淡地說：「我是搞社會關係的。」當然，普京的分析能力並不只是運用在分析他人的婚姻狀況上，他對當時社會事件的分析同樣獨到而精準。謝爾蓋親眼見識過他對各類不明朗狀況的深刻洞察力。幾乎每一次，事態都彷彿被普京控制著一樣，朝著他預料的方面發展。

普京知道自己在第一處的工作情況如何，他相信自己的能力，也很清楚自己應該做些什麼。他所有的努力最終換來一張工作證，上面的工作單位是「列寧格勒刑偵處」。這是一張所謂的「掩護證明」，必須得到局長諾瑟列夫將軍的批准才能發放。在整個KGB第一處，只有幾個業務出色的人才能得到，但一貫低調的普京，儘管深得領導賞識，卻從未在人前展現出所謂的優越感與領袖氣質。他謙虛溫和，遵守紀律，除了一件事……

斯庫拉托夫走進辦公室的時候，普京正在撥電話，那是辦公室裡唯一的電話。普京表情嚴肅，顯然是有什麼要緊的事情。普京受到領導器重，所承擔的工作想必也十分重要，但斯庫拉托夫從來不知道普京究竟在幹些什麼。事實上，情報處沒有人知道他人的工作任務——在這裡工作，最好不要知道這些。斯庫拉托夫只是與其他幾位同事點了點頭算打過招呼，然後便坐下來開始自己的工作。他聽到普京的電話打通了。

「阿列克謝，是我……是的……我拿到票了……是的，3張……賴金的話劇……是的，我弄到了……不用客氣……我知道，我知道會有女孩一起過來。她們從哪兒來……好的，我知道……不，我沒有……我知道，我不會說的……」斯庫拉托夫有點焦躁，這不是普京第一次這樣做，這是辦公室的電話，公用電話，工作時候用的電話，但是普京用起來毫無顧忌。他總是用辦公室裡唯一的電話和工作以外的人聊天，他真是個「煲電話粥」大王。今天這事和「女孩」有關，還有「話劇」，這絕對是個人問題。

斯庫拉托夫並沒有把內心的想法說出來，他在心裡抱怨完後，便接著工作。誰也不知道這通在旁人聽起來與工作無關的私人電話，會給普京帶來什麼，或許那時的普京也沒有意識到，他幫朋友拿到的賴金話劇票竟然是他走向另一個生活階段的開始。總之，毫無顧忌地使用辦公室電話談論私人問題，或許是普京在KGB引起的最大「爭議」。除此以外，所有人都說普京是個好同志。

有這樣一個好同志在身邊工作，謝爾蓋無疑是幸運的。他看著普京的檔案，裡面寫著普京已經在情報處工作了4年，軍銜是少校。普京的前途光明，但想在情報界保持旺盛的生命力，就必須不斷提升自己。謝爾蓋很清楚，普京是匹千里馬，不能把他關在馬廄裡，因此，儘管很捨不得，他還是在批文上簽了自己的名字——謝爾蓋把普京推薦到了紅旗學院，這是1984年。

紅旗學院是一所專門培養情報員的學校，第一處會定期選拔一些優秀的新人前去學習。就好像在幾千噸的礦石中淘出幾克最富價值的黃金一樣，第一處每次都要經過慎而又慎的篩選才能確定人選。普京進入紅旗學院，這不僅意味著他具有優秀的業務能力，同時也意味著他將擁有光明的前程。在謝爾蓋簽完批文後不久，普京前往莫斯科進行了一次特殊的談話。之後，他被派去紅旗學院一年制系學習。因為普京會德語，而且說起來跟俄語一樣流利——如果他的外語稍稍弱一點，那麼他很可能會被派到二年制系或三年制系。

空曠的大地上塵土飛揚，普京站在黃沙裡看不清前方。一輛坦克衝出沙陣朝他開來。這裡一眼就能望到盡頭，沒有可供他躲藏的地方。普京所能做的，就是在那龐然大物向他開過來時，迅速地鑽到它下面。他必須快速敏捷，一丁點的猶豫都可能讓他喪命。普京看準時機，順勢倒地，動作乾脆俐落，位置恰到好處。他必須緊貼著地面，努力控制自己的呼吸，一動不動。坦克轟隆隆地響，帶著巨大的陰影擦著他的身體緩緩駛過。當光線再次回到眼前時，普京站了起來。他成功了。還沒有把呼吸調整好，他就聽見後面傳來坦克的轟隆聲。又有一輛！容不得多想，他迅速轉身，坦克已經來到他的面前。他屏住呼吸，直直倒下，坦克的履帶離他的左臂不到一公分。

普京在坦克底下閉上眼，他能感覺這個機械怪物打在他臉上的熱氣。當感覺到光影重新敲打自己的眼皮時，普京快速從地上躍起，長長地呼出了一口氣……「四人合格，無傷亡。」被機械扭曲了的男聲從廣播裡傳來。坦克的轟隆聲停止了，黃沙還在空氣中漫無目的地亂竄，彷彿不得安寧的靈魂。普京轉過身，尋找主席臺的方向。

這裡是紅旗學院的訓練場，今天的訓練科目是鑽坦克。普京透過塵土看見了主席臺，發現自己已經來到場地的邊緣，離他最近的一個學員在大約20碼處。「解散。」廣播裡再次傳來被機械扭曲的男聲。「普拉托夫！」有人搭上了普京的肩膀。普京回頭一看，是室友久加諾夫。「你看起來還不錯。我聽說以前有人在這裡丟了性命，」久加諾夫一邊擦汗一邊說，「不過我們活下來了。」普京點點頭說：「是的，我們一向很幸運。」「普拉托夫，你可不只幸運這麼簡單。」久加諾夫咧嘴一笑，「我們都不只幸運這麼簡單。好了，明天還有高地跳傘，真夠受的。晚上見。」「晚上見，久加諾夫。」

高地跳傘比鑽坦克更讓這些未來的情報官們覺得可怕。這些血氣方剛的年輕軍官們站在高地上，穿著有背帶的降落傘衣，縱身躍下。間諜電影裡常見到這樣的場景，鏡頭裡他們看起來很帥氣，可是天知道站在上面的人需要克服多少心理障礙，要知道，在兩腳著地以前，沒人知道會發生什麼。那天，諾維科夫在跳下去以後就出了狀況。

普京還記得他與諾維科夫一前一後跳了下去。風刮過臉，陸地快速朝著自己撲來。你總想抓著點什麼，但什麼也沒有，那一刻，你很可能對一切都失去了信心，所有的一切都不受控制，人就像浮在大海裡的稻草，對一切都無能為力。不過，對於訓練有素的學員而言，這一切只是一瞬，很快他們就會調整好自己。普京四肢大張，讓翼膜張到最大，以便風把他托起來，他順著風勢調整自己的姿勢與身體的角度。

在快靠近地面的時候，普京與諾維科夫準備減速。普京感到諾維科夫死死地拽著他，他有些動彈不得。原來，安全繩斷了。

諾維科夫看到地面正如一面巨大的牆壁向自己猛衝過來，心想他們著陸的時候一定會受傷。當漸漸看清地面上的東西時，諾維科夫更加絕望。那是一塊剛剛收割過的玉米地，土地堅硬無比，玉米稈隨處都是。弄不好會喪命的，這個念頭在諾維科夫的腦海中漸漸清晰，他本能地抓緊了他的搭檔。這是他第一次見到這位面部線條剛毅的搭檔，只知道搭檔叫普拉托夫。現在，在一切都無法確定的情況下，普拉托夫是他唯一可以抓緊的東西。

諾維科夫感到普拉托夫也緊緊地抓著他，他們開始墜落。因為安全繩無法發揮效用，所以他們的墜落變得毫無章法，如果不能及時調整好姿勢和角度，一定會有危險。諾維科夫還沒有來得及想辦法，就覺得自己在空中翻了個跟頭，然後他和普拉托夫就到了地面，歪倒在地。發生了什麼？那個跟頭是怎麼回事？普京站起來，顯得有點不好意思。他對諾維科夫說，他在空中使了一招柔道中用到的動作，幫了大家一把，所以他們有驚無險地著地了。諾維科夫看著他，不知該說些什麼，只好說：「我也喜歡柔道。」

普京想起那天的驚險，心裡也不免一緊。那天諾維科夫說自己也喜歡柔道，此後他們便成了朋友。但普京知道，「諾維科夫」就像「普拉托夫」一樣，不是真名。在紅旗學院，沒有人使用真名。從進入這裡的第一天起，他們就分得了一個「代號」。但有時，這些年輕的情報官往往會忘記這一規則。比如，他們會在射擊訓練結束後說：「報告，彼得洛夫射擊完畢。哦，不，不是，別洛夫射擊完畢。」

普拉托夫，也就是普京，與諾維科夫從那次高地跳傘後就成為好朋友。但是，他們直到畢業都不知道對方的名字，也不知道對方的過去，因為「歷史」對於這些學員而言是不被允許提及的，不管他們是初出茅廬的新人還是久經沙場的老兵。當然，這一切並不影響陌生的學員之間建立起正常的人際關係，他們能進紅旗學院，就證明他們都是KGB裡一等一的業務好手，只有最優秀的人才能來到這裡，而與陌生人建立聯繫對於這些出色的情報人員而言，簡單得如同從樹上摘蘋果一般。

紅旗學院的訓練是艱苦的，不帶半點溫情，但這並不意味著學員們要像機器人一樣生活。事實上，訓練以外的閒置時間裡，大家過得相當多采多姿。他們會到學校附近的村莊去滑雪，到集體農莊去幫農民摘蘋果，一週踢一兩次足球，還會聚在宿舍裡喝果醬茶，聊天，下棋。對於這些長期處於緊張狀態的KGB軍官而言，在紅旗學院的日子彷彿是難得的悠長假期。因為在這裡，除了學習外，他們沒有過分緊張的時候，而且學習對他們而言更是以往工作的延續，那些知識信手拈來。

普京從鑽坦克訓練場回到宿舍換了身衣服，便向米哈伊爾．弗羅洛夫的教室走去。他的穿著並沒有特別的地方，甚至可以說普通得不能再普通，但他還是引起了弗羅洛夫的注意。的確，普京的穿著並沒有特別之處：領口乾淨的白襯衫、熨得平平整整的灰色西裝、顏色合宜的領帶。這一身再正常不過了，除了現在的氣溫是30℃左右。

普京對自己的要求一向嚴格。在炎熱的夏天，弗羅洛夫上課時只穿著短袖襯衫，但普京依然嚴格遵守規定，穿著正式服裝進入教室。此時的普京顯得如此與眾不同。事實上，他在任何時候的穿著打扮都顯得與眾不同。他喜歡穿長大衣，戴寬簷禮帽，有時手上會拿一把長柄雨傘，看起來十分紳士。

也許因為普京是他所在班級的指揮官，因此他在這方面對自己有嚴格的要求，他得看起來顯得比其他人更莊重一些。普京之所以成為指揮官，也不過是因為他當時的軍銜比其他人高罷了。他平時並沒有任何官僚作風，常和同學們打成一片，很多時候甚至會帶頭犯些錯誤。比如，在所有不參加學校規定的晨跑人員名單中，就有普拉托夫少校，他不喜歡這種單調的體育活動，便找各種藉口逃避，然後自己去游泳。

還比如，學校不允許學生喝酒，指揮官普拉托夫會帶著自己的同學到外面偷偷買酒喝。但普拉托夫有時候會向系負責人請假：「我們想到白樺林裡鍛鍊一下，慢跑，活動活動。」這時，負責人總是意味深長地看著普拉托夫，但通常都會准他的假。接著，普拉托夫就會帶著同學們穿過白樺林，到學校外面的農莊向農民購買私釀的烈酒，然後，人家坐在林子附近的樹樁上，暢快地喝上幾口。不過，普拉托夫自己並不喝酒，他對酒沒有興趣。當遇到不得不喝幾口的情況時，他也十分節制。事實上，所有人在喝酒問題上都很有分寸。他們知道應該喝到什麼程度，因為大家知道，酒精會給他們的工作帶來怎樣的影響。

在喝過酒後，普拉托夫領著他的「慢跑」隊員們從白樺林裡往回走。他們的鼻頭紅紅的，但即便教導員聞到了他們身上的酒味，也往往不會太計較。「在白樺林中運動」早已成了公開的秘密，只要他們不是醉醺醺地回來，一切都在可控的範圍內，那麼教導員還是可以容忍學員們在單調的培訓生活中加入一點小插曲。

潛伏德勒斯登

1986年，民主德國的德勒斯登市來了一對年輕夫婦，他們帶著剛出生不久的女兒住進了德勒斯登市安吉利卡斯特拉西大街的一幢兩層小樓房。住在他們隔壁的查爾斯先生說，這對新搬來的夫婦來自俄羅斯。男主人個子不高，體型健壯，好像是個記者。查爾斯先生對新鄰居的瞭解僅此而已，還是住在對街的婕西小姐對他們瞭解得更多一些。她說：「這對夫婦很好客，熱情而有活力。男主人很有風度，性格溫和，他有一雙藍色的眼睛。女主人以前是一名空姐，長得可真漂亮，我真有些羨慕她的大眼睛。不過最重要的是，她心地善良，誠實可靠。他們的女兒叫瑪莎，今年一歲。對了，女主人好像又懷孕了。」

阿道夫一家曾經受到邀請，到這對年輕夫妻的家裡作客。阿道夫太太對女主人的印象非常深刻，她說：「天哪，她真是個出色的女主人。你知道，她做事乾脆俐落，很有主意，而且直率坦誠，她能陪你整夜聊天，和她相處真的相當愉快。」

這對年輕的夫婦不是別人，正是普京和他的妻子柳德米拉．普京娜。1985年，普京從紅旗學院順利畢業，被派到民主德國從事諜報工作。他的妻子——柳德米拉，他親切地稱她為柳達。

柳達是他進入紅旗學院之前認識的。那天，阿列克謝讓他幫忙弄3張賴金的話劇票，說是要帶著女孩看話劇，並邀請普京一起來。阿列克謝帶來的女孩中就有柳達，他們就這樣認識了。當然，事情的發展還有很多波折。

普京被派到民主德國這一年，柳達剛從大學畢業。當然，她知道自己的丈夫是KGB的人，只是她還沒有意識到KGB所代表的意義與警察局究竟有什麼不同。柳達不知道的是，當普京在紅旗學院學習的時候，他的工作方向已經基本確定，所以當時KGB就對柳達進行了嚴格的安全審查。當然，柳達不會知道這些。有一天，她突然被叫到人事處，有人告訴她：「你透過了特別審查程序，可以和普京一起去德國。」於是，她便來了。

夫妻二人帶著他們一周歲的女兒來到德勒斯登，鄰居當然不會知道普京的真正工作是什麼，他們只知道這位看起來沉穩低調的男人是萊比錫「蘇德友誼之家」的主任。的確，這個身分是普京在這裡的掩護。他的工作地點與民主德國秘密情報機構史塔西在同一棟樓裡，那棟樓和他的住處相距不過100多公尺。每天，普京從家裡出來，花5分鐘穿過街道到對面的大樓上班，柳達則在家裡照顧瑪莎。他們看起來真是再普通不過的一對夫妻。

到民主德國工作是普京從一開始就定下的意向。他的德語十分流利，進入紅旗學院時，普京進行了德語進修，派他來德勒斯登似乎是再合適不過的選擇。但如果僅僅從KGB特工的工作地點來看，德勒斯登並不是個理想的選擇。與那些在波昂和漢堡工作的同事相比，普京在德勒斯登工作的薪水待遇比他們差了不止一截，但普京好像已經在這個不太理想的工作地點發現了屬於自己的樂趣。

這位未來的俄羅斯總統對德勒斯登豐富的物資表現出了一定的興趣。當時俄羅斯物資緊缺，買東西通常要排隊，但在德勒斯登好像什麼東西都不缺。未來的總統原本對酒精飲品並不感興趣，然而到了這裡，他開始「放縱」起來。普京發現，這裡有一個叫拉德堡的小鎮，那裡的啤酒是整個民主德國最可口的。他常常到那裡去買小桶的啤酒，小桶上有一個水龍頭一樣的裝置，打開它，啤酒就流出來。於是，一週3.8升啤酒便成了這位未來總統在德勒斯登生活的一部分。當然，他飲酒依然很有節制，沒有「節制」的是他的體重。自從愛上那裡的啤酒之後，普京的體重從64公斤升到75公斤，而且一直沒能降下來。當然，他的工作地點離家那麼近，附近又沒有完善的體育設施，他實在沒有辦法消耗啤酒帶來的多餘熱量。

在柳達看來，德勒斯登的生活就像一個悠長假期，輕鬆而愉快。每天，在丈夫上班以後，她就把小女兒送到樓下的托兒所。中午，丈夫會回家吃午飯，通常會和同事朋友們一起回來，大家說說笑笑，熱熱鬧鬧，話題與工作無關，顯得格外輕鬆。週末，丈夫會開車帶全家到城外去，散步、野餐……當然，夫婦倆也在這裡發現了許多與俄羅斯不一樣的地方。尤其是柳達，很多事情都令她感到驚奇，德國人的嚴謹與細緻令她印象深刻。這裡的街道很乾淨，人們每週都要清潔窗戶。柳達甚至注意到德國人晾衣服的方式與俄羅斯人不同。德國婦女會在庭院裡豎起兩根竿子，中間拉一根繩索。在上班以前，她們把洗過的衣服一件一件掛上，整整齊齊，一絲不苟。

當然，普京在德勒斯登的生活並不僅僅是喝啤酒、郊遊。畢竟，民主德國是蘇聯接觸西方的前沿，德勒斯登是克里姆林宮獲取西方情報最重要的「耳朵」，普京在這裡有許多工作要做。他最主要的任務是招募線人。莫斯科方面對於北約和美國的軍事情報十分關注，然而，當時的局勢不利於KGB成員向聯邦德國直接滲透。因此，普京要想辦法招募一些「志願者」，讓他們幫助自己監視美軍。這項工作並不容易，但是普京有自己的辦法。他讓民主德國情報部門為他提供德勒斯登居民提交的聯邦德國親屬過境探親申請，然後，他會從這些申請中篩選出一些人，作為發展對象。雖然普京進行了卓有成效的嘗試，然而在德勒斯登工作的6年裡，他和他的同事只發展了不到20個間諜，而且他們還必須提防其中的雙面間諜，壓力著實不小。除了監視對方的軍事動向外，按上級指示普京還得監聽民主德國的高層。當然，也有人說普京並沒有參與這次行動。事情的真相無法得到證實，因為普京當年在德國工作時的檔案消失了，一切看起來就像他從未在民主德國出現過一樣。

除了發展線人之外，普京還必須在民主德國與聯邦德國之間建立情報網，以便收集西方的科技情報。他特別關注那些與電腦或雷射科技有關的情報，一旦與此有關的關鍵字出現，他會立刻將其拷貝下來，送到莫斯科。普京很努力地工作，新的情報接連不斷地被送往莫斯科，然而，它們多半如石沉大海一般，沒有一點回音。普京看不到他所收集的情報在之後發揮過什麼作用，莫斯科完全忽視了他所傳達的資訊。「它們在哪兒？它們發揮了什麼作用？」普京一次又一次發問，但一次又一次失望。漸漸的，他感覺莫斯科離他越來越遠。而這種感覺，隨著民主德國境內不斷發生的衝突與矛盾漸漸加深。

這些矛盾並不單單屬於民主德國，而且屬於整個蘇聯，多年累積的體制問題就像漸漸擴散的癌細胞折磨著這個龐大的國家。終於有一天，西方的敵意滲透了柏林圍牆，儘管這道防禦法西斯的鋼筋水泥牆從來沒有在真正意義上發揮過作用。

莫斯科保持沉默

1989年11月9日。

柏林城內越來越多的市民走出家門，他們心照不宣地向著柏林圍牆進發。守護柏林圍牆的士兵，直在等待上級的命令，卻沒有得到一個字的指令，於是，他們乾脆放棄了守護，站在擁擠的人群外觀望著。突然，人群中發出一聲呼喊：「推倒它！」洪水的閘門打開，圍觀的人群潮水般湧向柏林圍牆。「轟」的一聲悶響，塵埃瀰漫開來。一位年輕的士兵微皺起眉頭，抬手捂住了鼻子。

在歐洲乃至世界史上，這一幕意義重大。有人稱柏林圍牆的倒塌是「兩德統一進程最具標誌意義的里程碑」，有人說這是「冷戰結束的標誌之一」，還有人將其視為「一種制度對另一種制度的勝利」，當然也有人驚呼，其實是牛仔褲、搖擺舞和價廉物美的電器打敗了冷冰冰的意識形態。但對普京而言，這面牆的倒掉關乎信仰。雖然普京來到德勒斯登後不久就預感到民主德國將要發生的一切，但是他沒有想到，這一切會來得如此之快。

普京走在比平日空曠的大街上，12月的天際線顯得比平日冷硬，路上隨處可以看到寫著「讓駐軍滾出去」的標語。他不免有些難過。他的孩子在這裡長大，他的第二個女兒卡佳在這裡出生。兩個可愛的女孩在這裡上學，她們先學習德語，然後才學習俄語。他與柳達漸漸喜歡上了這個國家，他們瞭解這裡的風俗與文化，到處旅行，結交了許多朋友。這裡成為他們的第二故鄉。他看著腳下的落葉，開始為這裡的人擔憂。

最近，他幾乎每天都能聽到哭聲。人們的工作、生活與長期以來信仰的一切都隨著柏林圍牆的倒下而崩毀了。不僅如此，蘇聯在歐洲的地位也可能隨著那面高牆的倒塌而下降，這才是最讓普京擔憂的地方。但理智告訴他，整件事情是不可避免的。只不過他沒有想到，莫斯科最後竟然會放棄這裡的一切，一走了之。

落葉在腳下發出聲響，秋天的肅殺加深了普京心中的擔憂。他裹緊風衣，加快腳步向辦公大樓走去。今天他可能得在大樓裡待上一整天，因為前不久，一批情緒激動的民眾闖進了史塔西，他們毀了那裡，並從那裡搶走了武器。這可不是什麼好事。夜色漸漸沉了下來，天邊的最後一道光線被巨大的黑暗吞噬，天上看不見星星，今晚的夜色顯得特別深沉。普京站在辦公室的窗戶前，不時朝家的方向望去。從這裡，他可以看見住所的房頂。可是隨著夜色越來越重，窗外的一切都黑了，他只能從玻璃上看見自己的影子。

「長官，樓外有大量民眾聚集，他們情緒激動。請指示。」一名軍官跑進辦公室，一邊喘氣，一邊報告。普京將窗戶打開一條縫，看到了聚集的人群，他們如同目標一致的蟻群。雖看不出是誰在組織，聚集的方式看起來也毫無章法，顯得有些混亂，但這種混亂裡有一種無形的秩序。這令普京感到了強烈的威脅。他扭過頭，朝家的方向看了一眼，熟悉的屋頂在夜幕裡顯現出灰色的線條。他關上窗，發出命令：「讓保衛分隊進入戰備狀態。」「是，長官！」

普京再次打開窗戶。人群已經在樓下形成環狀的包圍圈，他們在大聲謾罵、叫喊。普京能察覺到，他們就像充滿憤怒、惡意與激情的氣球一樣，隨時可能爆炸。他緊皺眉頭，拿起了身邊的電話：「接駐德勒斯登蘇聯坦克部隊司令員。」電話那邊安靜下來，大約有十幾秒，普京除了等待什麼也做不了，這十幾秒讓他覺得有一個世紀那麼久。電話裡傳來男人渾厚而低沉的嗓音。普京直接說：「KGB德勒斯登的辦事處，我是弗拉基米爾·普京。辦公地點樓下有大量情緒激動的民眾聚集，我請求你們派人來維持治安，以免事態激化，導致難以彌補的損失。」

普京在「難以彌補」上加了重音。是的，這幢樓裡的損失誰也無法彌補。普京指的不僅是人員的傷亡，還指那些存放在這裡的機密文件。如果這些文件因為他在此次事件中的不當處理而落入他人手中，那麼他將面臨軍事法庭的審判，更何況很多人的命運都與這些文件有著緊密的聯繫。從同意KGB保留他們檔案的那一刻開始，這些人就已經將他們今後的命運交給了國家，所以不能出任何差錯。無論如何都要保證這些文件以妥當的方式留存下來，或者以妥當的方式消失。總之，它們不能離開這幢大樓，一張紙片也不能。

但是，電話那頭的回答令普京的心涼了半截：「沒有莫斯科的命令，我們不能這樣做。現在事態並不明朗，我得打電話請示莫斯科。」電話裡只剩下忙音。普京放下電話，手指敲擊著桌面，一下一下。他的目光集中在桌上擺著的筆筒上。他就這樣站著，看著筆筒。大約過了半分鐘，普京再次拿起電話：「莫斯科說什麼？」「電話打過去了，莫斯科保持沉默。」普京什麼也沒有說。他放下電話，轉身對警衛員說：「讓保衛分隊隨時待命。我出去跟他們交涉。」「不，長官，您這樣做很危險。」警衛員勸阻他。「弗拉基米爾，你沒有必要這樣做，太危險了。」同事勸他。「是的，你可能被殺，你可能被扣下來當人質，到時候我們怎麼辦？我們誰能把你拖回來？」另一個同事勸他。這些問題普京並不是沒有想到，只是他有更重要的事情必須考慮。

他走出樓門來到庭院裡，身邊跟著一名衛兵。他每踏出一步，空氣裡的緊張感就加重一分。普京看到人群中一張張失去理智的臉，他們的叫喊聲更清晰地傳入他的耳朵。此刻他腦子裡想到的是離這裡不遠的柳達和他可愛的女兒——瑪莎、卡佳，想到的是辦公室裡放在他桌子上的檔案。他要保護他們，妻子、女兒、那些檔案裡的名字，還包括眼前這些充滿惡意的人。

其實，他完全可以築起防禦堡壘，可以選擇遠離這些情緒失控的人。這完全符合工作條例。即使有人在這種情況下受傷或死亡，他都沒有任何過錯，因為他是照法令行事的。但是，普京不想這樣做。他選擇走向人群，與他們談判。他不想看到任何人在這次事件中受傷，更別提死亡。終於，他與人群之間只隔著一道圍牆。

很多年以後，普京離開了德勒斯登。人們談論起這次事件時，包括很多關於俄羅斯總統普京的傳記裡，都提到了一名年輕的軍官，獨自走向暴怒的狂徒。他舉著槍對捍衛權利的人們說：「離開這裡。我是戰士，隨時準備犧牲。」

目睹此次事件的人很多，但是以上描述的情況很顯然並非出自一個誠實的見證人之口。因為那天，這名年輕的軍官——弗拉基米爾．弗拉基米羅維奇．普京走向人群的時候，人群裡有人搶先開口衝他喊道：「這裡是什麼地方，這幢樓用來幹什麼？」「這裡是蘇聯的軍事設施。」普京回答。「胡說，你們的汽車上明明掛著德國牌照！」「我們與德國方面有協議，因此我們才掛德國牌照。」「你是誰？」「我是一名翻譯。」「你的德語太流利了，翻譯不可能講這麼流利的德語。」

對話進行到此，普京覺得再糾纏下去已經沒有必要，因此他謹慎地挑選詞語，鄭重地說：「我再重複一次，這裡是蘇聯的軍事設施。這裡與民主德國的軍隊沒有任何關係，這裡和國家安全部沒有任何關係。根據我們與德國方面的合約，我們可以在這幢樓裡行使自己的權利。請你們遵守禮節，不要越過界線。還有一點必須請你們注意，我們享有治外法權。」

普京說完，向身邊的衛兵示意。衛兵馬上領會了他的意思，於是動作明顯而略帶誇張地將手中的槍重新上了一次膛——喀嗒，聲音清脆，帶著威脅的意味。然後，普京慢慢地轉過身，背對著人群，帶著他的衛兵向樓內走去。

普京回到樓裡後，人群依然沒有散去，但是很明顯他們已經不再試圖進入大樓。普京安靜地站在窗前，看著樓下的人。不知道過了多久，他聽到汽車發動機的聲音。

坦克部隊還是來了。一輛軍用卡車滿載著荷槍實彈的陸戰隊員進入了普京的視野。普京看到卡車在樓前停下，戰士們從車上跳下來。他們行動敏捷，快速分散開，形成包圍態勢將大樓團了起來。這些戰士不是莫斯科下令派來的。坦克部隊的司令員一直沒有等到莫斯科的回覆，他最終自己做出了決定。夜深了，人群終於散去。

當四周恢復平靜時，普京被從未有過的空虛感襲擊，他的腦海裡不斷重複著那句話：「莫斯科保持沉默。」莫斯科保持沉默。莫斯科拋棄了他們。他在這裡工作的土壤與養分隨著莫斯科的沉默而消失。普京坐在椅子上，靠著椅背，十指交叉放在胸前，切膚的傷痛在這個安靜的夜裡喧囂不已。很明顯，蘇聯的病症再也沒有治療的可能，它癱瘓了。很快，這種傷痛被深沉的憂慮所替代。如果蘇聯崩潰，他或許會失去工作，整個情報部門的特工——他可愛的同事們都前途難測。然而，他的祖國需要一次新生，但他不知道這是不是最好的時機。他第一次無法運用自己出色的分析能力為自己的將來、為民主德國、為蘇聯的將來做出令自己信服的預測。

沒有人知道蘇聯與KGB會走向哪裡。普京從位子上站了起來，他必須做點什麼，可是他無能為力，沮喪一度佔據了他的內心。最後，他點起爐子，燒掉了所有的檔案。

從政路上的強勢助跑

重新審視KGB

1937年，為了慶祝十月革命勝利20周年，蘇聯舉行了盛大的閱兵儀式，第二代領導人莫洛托夫、伏羅希洛夫、史達林、加里寧等出現在遼闊而華麗的紅場。他們高昂著頭，眼神犀利，自信地看著步兵師、騎兵師、特種分隊、坦克方陣陸續走過紅場，皮靴踏在地上，揚起一片沙塵。事實上，他們已經察覺到危險的迫近，在漫天飛沙裡，二次大戰的硝煙越來越近。

索布恰克就出生在這一年，他的家鄉——西伯利亞的赤塔市——也在為這舉國歡慶的大事興奮著。即使在潮濕而陰冷的冬季，人們也是喜氣洋洋，就像迎來多日未見的晴朗天氣，他們迫不及待地在陽光下晾曬自己的喜悅。

索布恰克家境貧寒，父親是一名普通的火車司機，終年奔波於貧瘠的土地上。如果不是因為考上了著名的列寧格勒大學法律系，他的人生必然是另一番光景，而普京是否能那樣順利地跨入政壇，也難以預料。大學畢業後，索布恰克當起了律師。他在安德羅波夫和戈巴契夫的故鄉——斯塔夫羅波爾邊區工作了很長時間。後來，他以函授方式繼續學習，拿到了列寧格勒大學法律研究生的學位，之後回到母校教書。

普京從大學三年級開始跟隨索布恰克學習《經濟法》，後來又跟隨他學了《民法學》，他的畢業論文《論國際法中的最惠國原則》也是在索布恰克的指導下完成並得了「優」。普京與索布恰克的關係也就止於此了。此後，普京進入KGB，一心一意追求他的間諜夢；索布恰克在法學領域造詣越來越深，在列寧格勒大學佔據了一席之地。在很長一段時間，索布恰克只是在列寧格勒大學專心執教，甚至連自己的政治才能都一併埋沒起來。

到了20世紀80年代末，整個國家都處於翻覆式的巨大變革中，人人如履薄冰，步步驚心，而這對本來多年未曾聯繫的師生也被命運的波瀾搖盪到一起，碰撞出耀眼而持久的火光。先是索布恰克的生活發生了改變。這位長期滿足於三尺講臺的大學教授，在1988年年初加入了蘇共。事實上，他一直對蘇共的執政方式持批判態度，這次入黨的目的恰是為了幫助推進「改革」。索布恰克先以絕對優勢贏得了列寧格勒大學推薦的人民代表候選人資格。參會的400名代表中，超過80％的人投了他的票。之後，在列寧格勒市瓦西里島第47選區的選舉中，索布恰克大勝而歸，成為蘇維埃社會主義共和國聯盟人民代表大會第一屆代表。他像一顆璀璨無比的星辰，在人們詫異而欣喜的目光中出現在政壇。

在1989年5月開幕的蘇聯第一次人民代表大會上，索布恰克的發言贏得了熱烈的掌聲，也為他的仕途鋪就了更為寬廣的道路。這位名副其實的政壇新人，卻呈現出老練而圓滑的面孔，他以八面玲瓏的交際手段，不僅保持著自己在政治立場上的獨立性，還鞏固了和多方政治勢力的關係。那些存在矛盾甚至尖銳衝突的政治家們，都不約而同地認為索布恰克是個不錯的人。

普京那時候在做什麼呢？當民主德國整個情報系統幾近崩塌後，普京開始默默思考退路。最初有人在莫斯科總部為他找了一份工作，但他拒絕了。他清楚地意識到，這個系統沒有前途，就連國家的前途都同樣讓人擔憂。假如繼續留在這個系統，或許他就會不得不親眼看著周圍的一切慢慢垮塌。對任何人來說，這都是一件殘忍得令人難以承受的事情。

1990年1月，普京告別工作多年的民主德國，從德勒斯登回到列寧格勒。在德國的潛伏歲月中，他不止一次遙望東方，思念他的列寧格勒、他的伏爾加河、他的西伯利亞叢林，當然，還有那裡的親人、朋友、伏特加和魚子醬。他關心發生在故鄉的一切，尤其關心正在展開的改革。他常常和柳德米拉一起看電視，從螢幕上關注從1986年到1988年發生的一切，在螢幕上，每個蘇聯人看起來都是那麼愉快、那麼滿足。回國後，他卻發現並沒有發生那樣令人愉悅的變化。老百姓不滿地抱怨：「爐子上的鍋是冷的，國家印鈔廠的機器才是滾燙的；銀行裡的存摺是空的，副食品商店裡等待的隊伍永遠是滿的。」人們在商店前排著長隊，拿著配給卡和購物券，但貨架子是空的。

有一段時間，普京的妻子柳德米拉甚至不敢去商店。那長長的隊伍讓她感到恐懼和不安，而且她沒有勇氣與人討價還價，除非迫不得已，她更願意待在家裡。他們沒有多少積蓄，甚至不得不把德國鄰居送給他們的洗衣機帶回國，否則柳德米拉就只能手洗所有衣物，於是，那臺生產於20年前的老古董又陪伴他們過了5年。普京不得不重新計畫自己的生活。最初他仍然在情報部門，但時刻計畫著從這一組織退出。他不再是十幾年前風華正茂的少年，能夠無所畏懼地一直朝前快跑，他是兩個孩子的父親，顯然，他不能把一切都拋棄。

落實工作費了很大一番周折，前3個月普京沒有領到一分錢的工資，一家人的生活陷入尷尬之中，柳德米拉甚至有些心慌了——她無法想像如果接下來普京還拿不到工資，他們將如何繼續生活下去。幸好不久之後，有關部門補發了全部工資，因為缺少盧布生出的驚惶就這樣平息下來。

普京終於在母校謀得了一個職位，擔任校長助理，負責對外聯絡。當時列寧格勒大學的校長是斯坦尼斯拉夫．彼得洛維奇．莫庫裡約夫。普京一邊工作，一邊著手準備論文，他希望自己能完成博士論文。這便是普京歸國初期的日子，他似乎並沒有走向政壇的打算。他曾動過從事商業或者法律相關職業的念頭，但是他進入大學成了校長的外事助理。他以為可以就此安定下來，但是，命運做出了另外的安排。

20世紀80、90年代之交的幾年，這個龐大的國家被架上一輛無形的雲霄飛車，所有身處其中的人都隨之跌宕，眼前是起伏的政局，耳邊是呼嘯的風聲。人們忍不住大叫出聲，有些是因為驚恐，有些則是因為看到了機遇。

1990年的某天，普京的辦公室裡迎來了一位客人。他是普京大學時同系的朋友，兩個人一陣寒暄，彼此詢問對方的近況。短暫沉默之後，朋友突然開口道：「你要不要到索布恰克身邊去呢？他現在缺少一個能幹的幫手，和官僚們打交道有點困難，你可以去協助他的工作。」

當時，索布恰克剛剛當選為列寧格勒市蘇維埃主席，普京早已從當年的同學和朋友口中得知了這件事。告別過去，轉身從政，普京之前並沒有這樣的打算，但他突然之間有了興趣。「索布恰克現在很需要像你這樣出色的人。現在他的班底裡都是些既滑頭又沒本事的傢伙！」朋友接著說。「你說的是哪種形式的幫助呢？」普京問。「離開大學，到他身邊工作。」一個巨大的誘惑就這樣落在普京面前。普京只花了不到一分鐘的時間來考慮，說：「這並不是很容易的事情。」朋友以為他要拒絕，正要開口相勸，不料普京說：「你知道，我是一名KGB軍官，這也許會影響索布恰克先生的聲譽。對他來說，這是一個風險很大的選擇。」「我想，你最好和他談談。」

普京與索布恰克的會面約在3天之後，地點在列寧格勒市蘇維埃。在秘書的引領下，普京進入索布恰克那寬敞的辦公室。對方從巨大的辦公桌後起身，走過來與普京親切地握手，而後兩個人就坐在會客區的沙發上開始了交談。交談是從普京的自我介紹開始的，然後兩人回憶起了當年在何處上課，有哪些課程，有哪些同學，等等。寒暄過後，普京表示他對政府工作有興趣。

講臺上的索布恰克與演講臺上的索布恰克一樣激情澎湃，似乎總是充滿了熱情。就連平時，他也有些衝動。這次同樣，一聽到普京願意來自己身邊工作，索布恰克立刻說：「這太好辦了。我馬上就給斯坦尼斯拉夫打個電話，星期一你就來上班吧。」他的右手搭在面前的高腳茶几上，此刻正用食指和中指交替敲打著桌面，好在聲音微不可聞。「那麼，弗拉基米爾，你想具體做什麼工作呢？這是一個嚴肅的問題，讓我們來商量一下吧。」

普京幾乎肯定了3天前找到自己的朋友就是索布恰克的信使，但他誠實地打斷了對方熱烈的憧憬：「索布恰克先生，我對您的提議非常感興趣。但我還是不得不先說明，除了斯坦尼斯拉夫先生的助理，我還有另外一個身分。」

「哦？」索布恰克看起來非常好奇。

「我還是一名KGB軍官，並且從大學畢業後就加入了KGB，至今仍然是其中的一員。」

「是這樣嗎？」索布恰克沉默了，似乎有些震驚，又有些為難。看起來索布恰克剛知道這個情況，不過普京並不相信。

「如果是這樣，我想我還需要和他們談談。」「我需要一位助手。說實話，我有些害怕去接待室。我不知道見的都是一些什麼人。」當時，索布恰克除了要接手政務，還要處理一些給他造成困擾的醜聞。他十分誠懇地道出了自己內心的想法，這倒是讓普京有點意外。

普京知道索布恰克口中的「他們」應該是指自己也很少見到的神秘的KGB高層。他不知道這位剛上任的列寧格勒蘇維埃主席會用什麼樣的方式和他們「談談」，但這句話幾乎等同於一張聘書，就在此刻，他的一隻腳已經跨入了政壇。從這一刻開始，普京與索布恰克之間就結成了某種親密的聯繫。昔日本沒有什麼交情的人，在特殊的時代背景下，因為共同的利益，成了最親密的戰友。

從1990年6月到1991年5月，普京擔任索布恰克的外事顧問。索布恰克一路攀上仕途的頂峰，而普京的從政之路也越來越清晰了。從KGB軍官到政府官員的轉身，或許只需要幾秒鐘的時間。

普京是一個受過嚴格訓練的軍人，迷戀紀律與忠誠，他忠誠於自己的信仰，忠誠於自己的上級，忠誠於國家的利益。索布恰克似乎毫無顧忌地向普京展現了自己的缺點：當他不知道長廊的另一端是些什麼人時，他連走過去的勇氣也沒有。

索布恰克算不上一個稱職的行政長官。和坐在辦公室審批公文相比，他更願意站在演講臺上，發揮出眾的演說才能，讓臺下的人因他振奮，為他瘋狂；如果讓他在接待各部門負責人與出國訪問兩種工作中擇其一，他一定會毫不猶豫地選擇後者，當然，若能盡情參加上流社會的派對，一邊握著高腳紅酒杯品嘗美酒，一邊談論些民主話題，那真是再好不過了。難怪有人稱，索布恰克的政治聲望是建立在舌頭上的。這並不意味著索布恰克是一個道貌岸然、口是心非的政治家，若政治家只能分為務虛與務實兩種類型，他只是剛好屬於前者罷了。在這種情況下，務實的普京漸漸成了索布恰克不可缺少的助手。普京承擔著十分繁重的工作，列寧格勒地區的外事活動大都由他負責，有時索布恰克還會交給他一些職責之外的工作。

像索布恰克這樣性格鮮明、愛恨分明且熱情洋溢的人，極容易贏得普京的好感。更何況，這樣一個人是信任自己的，一種類似於回報知遇之恩的情感，立刻在普京心裡扎了根，並且越到後來，被信任的感覺越強烈。索布恰克除了給予普京充分的信任之外，還將自己從政的經驗與教訓傾囊相授，而普京總是能出色地完成索布恰克交給他的任務。索布恰克是普京的政壇引路人和「政治教父」，普京則是索布恰克忠實的戰友與守護者。

雖然普京為人低調，但列寧格勒權力圈子的人還是逐漸意識到他是索布恰克極為看重的人，也將是個前途無限的人。關注的人越來越多，他一直隱瞞的KGB身分也漸漸曝光了。他自己從來沒有因為這段間諜生涯感到羞恥，也從不後悔將人生中最好的年華奉獻給了國家的情報事業，但為了儘量減少不必要的麻煩，避免給索布恰克造成困擾，他一直有意隱瞞這段過去。

當有人針對普京之前的身分時，索布恰克及時出面，維護普京的地位和工作，普京非常感激索布恰克，不僅因為他幫助自己化解了尷尬的局面，更重要的是他的認可與尊重讓自己非常感動。普京沒有把這一腔感激之情告訴索布恰克，甚至沒有表現出來。但從那時候起，普京就更加堅定地把自己和索布恰克綁在一起，不管發生什麼事，他都要儘量為索布恰克著想，站在索布恰克一邊。

1990年前後是一段充滿挑戰的歲月，龐大的蘇聯日漸孱弱，似乎隨時都會崩潰，各方勢力秣馬厲兵，蠢蠢欲動，都想分得一杯最鮮美的羹湯。只要行動起來，就能改變生活，就能打開新的局面，就能邁入天堂——幾乎所有人都這樣認為。就連KGB也漸漸成了政治家們瓜分勢力的爪牙。普京在KGB工作了15年，這個曾經讓他引以為傲的機構也發生了根本性的變化。而普京對KGB的感情也逐漸變得微妙起來。普京和KGB同事格列布．諾沃謝羅夫交流過彼此的想法，他們都發現，情報員們費盡千難萬險才獲得的情報，似乎並不能對決策者構成影響——情報與最終決策之間嚴重脫節，就像那些擁有決策大權的領導從來沒有看見過那些情報一樣。有時候，普京會覺得存在兩個世界，領導們高高在上，民眾則生活在另一個世界，他們彼此互不關心，互不瞭解。這實在太可怕了。但又能譴責誰呢？這個時候，就連國家都快要不存在了。為自己的國家做一些有益的事情——這是普京加入KGB的初衷，他一直沒有忘記，所以，當現在的狀況有違初衷時，他必須做出取捨。

另外，普京還遭遇了匪夷所思的勒索。勒索者並不是窮凶極惡的匪徒，反倒是些看起來文明有禮的商人。當時一些商業機構的事務也在普京的職權範圍內，一些人自以為掌握了普京的「污點」——他居然是一名KGB軍官，便撕扯掉偽善的面具，直接向他索取商業機密和利益。在這一連串事件的刺激下，普京被推到了一個十字路口，要麼徹底離開KGB，從此全心從政；要麼離開列寧格勒蘇維埃，離開索布恰克，從此免受勒索煩惱。不久之後，普京接受了列寧格勒市電視臺的特別訪談，公開承認自己的KGB身分。與此同時，他向KGB「機關」遞交了辭職申請，雖然他的申請並未立刻獲得批准，但他終於還是邁出了這一步。朋友們都知道這一步對於普京來說是多麼困難——他徹底告別了為之奮鬥半生的理想，轉身投入全新的生活。「他最後選擇的一定是能夠讓自己充滿信心的地方。」他的朋友根納季·謝爾蓋耶維奇·別利克這樣說。

1991年春天，全國的政治形勢日趨嚴峻。蘇共中央不得不在孱弱的病體上展開試驗性的自救，他們決定在莫斯科和列寧格勒取消蘇維埃，由人民投票選舉市政府。6月12日，索布恰克贏得選舉，當選為列寧格勒的首任市長；16天後，新市長下令成立對外關係委員會，由普京擔任該委員會的主席。對民眾來說，「市長」這個稱呼是新奇而陌生的。「蘇維埃主席」被取消了，「市長」取而代之，這一切似乎意味著狂風暴雨馬上就要來了。過了沒多久，市民們開始自稱聖彼得堡人，因為「列寧格勒」這個名字沾染的布爾什維克色彩太過濃烈，必須被取代。

普京越來越頻繁地出現在電視新聞中，昔日的一些朋友開始互相打聽他的情況。這段時間，鮑里先科接到好多老朋友詢問的電話，甚至連童年時大雜院裡的夥伴也輾轉找到他：「維克托，電視上的弗拉基米爾·普京先生，是我們的瓦洛佳嗎？」鮑里先科立即回答：「當然是他！那樣堅定、積極、聰明、實幹，還能有誰呢？不管出現在哪裡，他總是能夠適時前進。他一定會走得更遠、更高，瞧著吧！」

驚天政變，脫離KGB

蘇聯這個立國69年的龐大政權並不是在瞬間就畫上了句號。不論是和平演變說，還是體制僵化說，或者領導棄船說，一切對蘇東劇變的研究學說相加，也不能將其崩塌的原因解釋清楚。

蘇聯的諸多病症在赫魯雪夫時期或者更早就已經凸顯，戈巴契夫執政後，大有一股「死馬當作活馬醫」的勢頭。但是，再翻天覆地的改革也難以阻擋大廈將傾的趨勢。從1990年年初開始，「這位虛弱的病人」已然病入膏肓。在莫斯科街頭，一座鐮刀錘子雕塑倒在地上，四周一片狼藉，一位婦女經過這裡，順手把裝著蔬菜的袋子放在上面，站在路邊休息。蘇聯的部隊正駛向亞塞拜然蘇維埃社會主義共和國，他們的目的是平息當地的「種族騷亂」，但是，作為前鋒的坦克部隊一籌莫展，因為憤怒的亞塞拜然民眾集結起來，用身體築起圍牆，擋在冰冷的坦克前，一步也不肯後退。

在塔吉克斯坦首都杜桑貝的共產黨總部前，蘇聯內務部的軍人們緊鎖眉頭。雖然幾天前蘇聯就宣佈這座城市因「種族騷亂」進入緊急狀態，但杜桑貝市民不肯買帳，他們怒吼著與持槍的蘇聯軍官對峙。當蘇聯派部隊鎮壓了立陶宛獨立運動後，數萬人湧上街頭，在莫斯科克里姆林宮外呼籲戈巴契夫和他的同事共產黨人趕快放棄權力。支持葉爾欽的呼籲不脛而走，一場聲勢浩大的集會遊行將要舉行，蘇聯當局不得不提前封鎖了紅場。昔日熱鬧的廣場變得空蕩而冷清，只有巡邏士兵留下的香菸味道和腳步聲。在克里姆林宮宮牆之外的無名戰士墓前，表達敬意與懷思的火焰映亮了戈巴契夫的側臉。和他站在一起的都是他的朋友，臉上都是同樣的嚴肅和莊重。他們都將在幾週之後的政變中反對他，其中的副總統納季亞納耶夫會成為政變中最活躍的一員。

一夜之間，盧布貶值，物價飛漲。原來可以買一輛伏爾加轎車的錢，轉眼間只能換到一瓶伏特加酒；普通市民原來用以養活一家人的工資，突然變得還不夠買兩公斤牛肉。在手中的盧布變成白紙之前，人們想盡辦法購買能夠買到的商品，副食品店裡的鹽、糖、米、火柴被一掃而空，貨架上空蕩蕩的，但商店外面還排著長龍。店員想關上店門，馬上被擁擠的顧客推到了一邊。街道上遊蕩著的撿拾菸頭的流浪漢，再也得不到人們的憐憫，因為每個人都像他一樣可憐。巡邏的員警隨處可見，但還是無法阻止騷亂的發生。所有的一切，都說明狂風暴雨已經到來，一切將變得更加糟糕。蘇聯成了一艘在驚濤巨浪中顛簸的大船，有人苦苦支撐，有人主張棄船，有人無動於衷，而不管持什麼意見，所有人看起來都失去了希望。當麵包都變得短缺，希望在哪裡呢？

選擇這個時間上船，無疑是充滿風險的。這個不幸的國家在呼籲英雄，但並非所有應聲而來的人最後都能安全返航。民眾憤怒的情緒即將到崩潰的邊緣，有人或許會成為英雄，但更多人將成為炮灰。普京就是在這時登上這艘「大船」，成了一名「水手」。普京擔任對外關係委員會主席之後不久，工作尚未展開，震驚世界的「8·19」事件爆發，徹底把蘇聯推進了漩渦裡。1991年8月19日零點05分，塔斯社播放了蘇聯領導人的聲明：戈巴契夫由於健康狀況不能履行蘇聯總統職責，副總統納季亞納耶夫從1991年8月19日起履行蘇聯總統職責。以納季亞納耶夫為首的「國家緊急狀態委員會」隨即成立，並發佈《告蘇聯人民書》，宣佈接管國家全部權力，並宣佈國家已進入緊急狀態。戈巴契夫全家被扣留在克里米亞的別墅。與此同時，數百輛裝甲車開進了莫斯科市中心，城市的重要機關、廣場、交通要道都成了坦克縱隊的臨時陣地，連俄羅斯聯邦議會和政府大廈也被包圍起來。

對此，葉爾欽似乎是有準備的。在政變爆發前，那些有經驗的政治家已經嗅到了空氣中的硝煙味和血腥味。作為蘇聯最大加盟共和國俄羅斯的總統，葉爾欽在白宮舉行記者招待會，發佈《告俄羅斯公民書》，稱「國家緊急狀態委員會」的行為是一場反憲法的反動政變，其成員犯有國事罪，他們的一切決定和法令在俄羅斯領土無效，並號召公民對叛亂分子給予回擊。無論是政變當局還是反政變當局，都自稱是為了國家和人民的利益在戰鬥，而人民如何站隊，將直接決定這場鬥爭的勝敗所屬。

後來，葉爾欽登上一輛全副武裝的坦克，公開號召民眾推翻「國家緊急狀態委員會」。他的支持者們手持俄羅斯聯邦國旗環繞在他左右，仰著頭，像在凝視一位英雄。葉爾欽站在裝甲車頂部向群眾發表演說的鏡頭被世界各大電視臺播出，他因此聲望大增，成為反政變一派的精神堡壘。親民主示威者與蘇聯士兵在坦克上面打鬥，政府大廈成了這場肉搏的幕布。數千萬計的人對俄羅斯總統葉爾欽的號召做出回應，他們走上街頭，設立路障以阻礙坦克與軍隊的前進。這一場石破天驚的政變只進行了不到72個小時就接近了尾聲。21日清晨，在莫斯科中心的俄羅斯白宮前，居民們蹲在路障的一側，興致盎然地彈著木吉他，不一會兒，另一側的蘇聯士兵也湊過來聊天。戈巴契夫在當天晚上8點發表電視講話，稱其已完全控制了局勢，並於近日內重新完全行使總統職權。

但過了3天，戈巴契夫就不得不承認「完全控制局勢」只是一個自欺欺人的謊言。8月24日，戈巴契夫辭去蘇共中央總書記的職務，建議蘇共自動解散；8月25日，蘇共中央書記處發表聲明，宣佈接受自動解散蘇共的決定；8月29日，俄羅斯最高蘇維埃決定暫停蘇共在全國的活動。至此，蘇共土崩瓦解，告別了其執政74年的政壇。政變勢力的失敗並不等同於戈巴契夫的勝利，事實上，只有葉爾欽成為這場政變的大贏家。他適時地出現在公眾面前發表慷慨激昂的演講，只用語言就擊敗了對手的子彈。一時間，葉爾欽聲望大增，並在其後短短數月間徹底架空了戈巴契夫以及蘇共中央的權力。

政變發生時，索布恰克剛好在莫斯科。他幾乎在第一時間就表示站在葉爾欽一方。索布恰克的抉擇無疑是正確的——蘇聯分崩離析的局面已無法扭轉，但葉爾欽從1990年春開始精心經營的俄羅斯將繼續存在——在政治動盪的年代，只有土地和人民才是最堅實的靠山。「8．19」事件當晚，索布恰克就乘飛機返回聖彼得堡，準備組織發動對葉爾欽的聲援。當他乘坐的飛機飛離莫斯科機場時，聖彼得堡的KGB武裝人員已接到逮捕索布恰克的命令，潛伏在聖彼得堡機場。不過，他們最後空手而回。

普京本來正在外地度假，政變一發生便迅速趕回聖彼得堡。同時，透過KGB內部的關係，他得知索布恰克正一步步靠近對手設好的圈套。普京過去十幾年培養的戰鬥警覺立刻就被調動起來，他馬上進入了臨戰狀態。他挑選了最可靠的警衛人員，悄悄進入聖彼得堡機場，在索布恰克乘坐的飛機降落在跑道上的一瞬就駕駛轎車靠了過去，並隨著滑行中的飛機行駛，最後停在舷梯旁。索布恰克走下飛機舷梯時，一眼就看見了渾身緊繃、一臉凝重的普京，簡直像一頭對著獵人槍口的豹子。「請您上車！」普京帶著警衛人員迅速迎過來，把索布恰克護送上車。就這樣，普京搶先KGB人員一步，將索布恰克安全帶離了機場。

安全脫險後，普京第一時間公開聲明退出KGB，然後便開始了與緊急狀態委員會對聖彼得堡控制權的爭奪戰。當時，聖彼得堡軍方接到緊急狀態委員會的命令，準備出兵進駐市區，以「控制局勢」。普京一方面協助索布恰克穩定市政局勢，一方面反覆向軍隊力陳聖彼得堡的一切都在政府掌控之中，不需要軍隊進駐。索布恰克與普京都搬進了市政廳，與其他同事一起宿營。在當時，走出市政廳大院都是危險的，因為索布恰克還在KGB領導人克留奇科夫簽發的逮捕名單中，而營救他的普京顯然也是「戴罪之身」。但是，普京絕不肯執行政變者的命令，他希望能做些積極的事情。於是，他們冒險開車到基洛夫工廠和其他工廠，與工人交談，爭取民眾的支持。為了安全，他們甚至配發了手槍，不過普京最後也沒有隨身攜帶，而是把他的左輪槍鎖在了保險櫃裡。

在普京與索布恰克的極力斡旋下，聖彼得堡軍方沒有向市內派兵。當坦克縱隊在莫斯科街頭橫衝直撞時，聖彼得堡卻十分平靜，既沒有出現蘇軍坦克，也沒有發生流血事件。頂著緊急狀態委員會的壓力，控制住聖彼得堡的局勢，猶如給了政變者一個狠狠的耳光，同時也是對葉爾欽的有力聲援。在當時，普京還是個並不起眼的政壇新人，想必葉爾欽把這一功勞全部記在了索布恰克名下。

發生在8月份的這場政變，像一隻無形的手，快速地撥動了時鐘的指針。轉眼便到了冬天，也是蘇聯最後一個冬天。冬天是莫斯科一年中最富風情的季節。漫天大雪總會及時到來，被寒風裹挾著席捲大街小巷。莫斯科人早已習慣了刺入骨髓的寒冷，即使冰封雪舞，他們也不肯躲在家中緊靠著溫暖的壁爐發呆，而是戴上暖和的棉帽、手套，穿上厚實的皮靴，到街上去。這座披著白紗的城市，像位美麗而沉默的新娘。

1991年12月，風雪如期而至。但是，人們沒有用笑容迎接，茫茫天地間只有壓抑的騷動和無盡的悲傷。莫斯科紅場上的白雪鋪了厚厚一層，像冰冷的喪服。紅色的蘇聯國旗還在克里姆林宮的上空飄揚，紅白相映，分外好看。這是它最後的風情。到了25日，沒有多少人像往年一樣歡度聖誕。這幾年政壇的動盪讓普通的民眾也擁有了敏銳的政治洞察力，有的人全家守候在電視機前，有的人到小酒館裡寂寞地喝著啤酒，有的人在廣場上、大街上徘徊。街道上的員警走來走去，他們警惕地巡視，看起來非常疲憊。所有人都像在等待末日的審判。

19時25分，蘇聯最高蘇維埃主席團主席戈巴契夫出現在電視螢幕上，宣佈辭職。19時32分，鐮刀錘子紅旗從克里姆林宮屋頂的旗杆上緩緩降下。有人踮起腳尖，心中無限傷感，但那面旗幟還是消失在視線裡了。19時45分，白、藍、紅三色旗徐徐升起。廣場上的人群裡，有人在歡呼，有人在哭泣。地圖上再也沒有蘇聯。

斯莫爾尼宮的灰衣主教

在蘇聯解體這一20世紀最大的地緣政治災難面前，誰能做到內心平靜無波呢？「誰不為蘇聯解體而惋惜，誰就沒有良心；誰想恢復過去的蘇聯，誰就沒有頭腦。」這是普京心裡的「蘇聯情結」。經歷這一場變革，普京為之奉獻了青春的KGB聲名更加不堪，蘇聯共產黨不復存在。這段時間，普京的生活像被撕裂了一樣。他把關於KGB的記憶封存在心底，也把黨證放進了抽屜。

經歷這一切時承受的痛苦簡直難以想像。之前他把全部精力投入安全工作，現在他已做出了別的選擇。對於這樣的命運，普京並不是完全沒有心理準備。在1989年柏林圍牆倒塌之後，德國情報系統陷入崩潰，普京親眼目睹了眾多像他一樣的間諜被時代拋棄。朋友憂心忡忡地問他：「弗拉基米爾，你以後該怎麼辦呢？」「沒什麼，人們還會知道我的！」普京這樣回答。

1992年年初，在繼續擔任聖彼得堡市對外聯絡委員會主席的同時，普京被任命為聖彼得堡副市長。在40歲生日之前，普京漸漸開始熟悉整套市政管理。索布恰克仍然像以前一樣熱衷於各類出訪活動，由於普京在聖彼得堡機場「大營救」中表現出的果斷和忠誠，索布恰克更加信任和倚重他，賦予了他更大的權力。所以，雖然普京是在1994年3月才成為聖彼得堡市第一副市長，但實際上他在更早之前就成為聖彼得堡政壇中的二號人物。

普京與索布恰克的關係越來越密切，尤其在1993年「炮打白宮」事件中，他們又像「8．19」事件時一樣並肩作戰，成為更值得信任的戰友。「炮打白宮」也就是「十月事件」，是發生在俄羅斯總統與議會之間的奪權戰。這場政變從1992年年初已經埋下了引線，葉爾欽為穩定政局、發展經濟推行了一連串激進的改革，受到以議長哈斯布拉托夫、副總統魯茨科伊為首的勢力的激烈反對。由於在國家大政方針上存在嚴重分歧，雙方互相攻訐，以至於一度出現兩個政權各自為政的荒唐局面。到了1993年9月，雙方的鬥爭進入白熱化階段，武裝衝突一觸即發。10月3日，總統葉爾欽宣佈在莫斯科實行緊急狀態令。4日凌晨，政府軍進駐莫斯科，並在當天上午8點左右包圍了議會大廈，政府軍的數十輛坦克和裝甲車發起進攻，而忠於議會的軍隊進行了頑強的抵抗，雙方交火持續了近十個小時。最後，議會方的領導被逮捕，葉爾欽完勝。

這一事件雖然沒有直接波及聖彼得堡，但索布恰克與普京一起聲明支持葉爾欽的決定，並再次維持了聖彼得堡這座俄羅斯第二大城市的秩序。索布恰克與普京的配合是十分完美的：前者充滿激情，後者穩重幹練；前者經驗豐富，後者敢拚敢闖；前者樂於登上前臺，後者甘心幕後操作。這段時期，誰也說不清究竟是索布恰克更需要普京，還是普京更需要索布恰克，他們通力合作，共同謀劃聖彼得堡的未來。

索布恰克一年中大概有100天不在聖彼得堡，因為普京的存在，他對一切都非常放心。尤其在經濟管理方面，普京做得非常出色。事實上，出身KGB的普京對從政後面臨的一切都毫無經驗。這和做情報工作完全是兩回事。以前，他只需要收集情報，然後匯總起來交給上級決斷，最多只需要再對情報做一些無關大局的分析，但是，從他成為索布恰克的顧問開始，這一切就都發生了變化，他不得不對眼前的情況做出謹慎的判斷。他必須打起十二分的精神，要知道，他的任何一個決定都可能影響生活在聖彼得堡市的數百萬市民。尤其是當他成為第一副市長之後，他簡直不能再去向任何人徵求意見，因為他自己已經成為很多問題的最後一道關口，不管是恰當的決定還是愚蠢的決斷，都將透過他的簽字成為實際的措施，並最終影響這座城市。

在普京剛剛成為對外聯絡委員會主席時，聖彼得堡市的經濟和全國其他地方一樣，因政治的騷亂飽受創傷。對外貿易由一些龐大的政府授權公司壟斷，不見起色。在普京的聯絡和爭取下，一些新開發區興建起來，外資被逐漸引進，可口可樂公司來了，吉列公司也來了……對外貿易與合作漸漸走上軌道，普京卻絲毫不敢懈怠。在對外聯絡委員會的積極宣導下，城市的基礎設施建設也納入計畫。現在的聖彼得堡市能擁有世界水準的國際電話網絡，很大程度上歸功於普京當年對接通哥本哈根光纖電纜這一專案的支持。

相對於索布恰克的張揚，普京顯得非常低調。過去的情報生涯讓他養成了沉默與不動聲色的性格，他雖然也會出席聖彼得堡市的一些會見和會談，但常常只是佔據新聞報導中的一個角落，與他相關的詳細報導微乎其微，以至於媒體常常稱他是「簡訊人物」。不過，聖彼得堡權力圈的人都知道這個並不起眼的人物掌握著這座城市的實際權力，他們願意給他蒙上更神秘的光環，稱呼他是「斯莫爾尼宮的灰衣主教」。斯莫爾尼宮在涅瓦河轉彎的地方，是一座藍白相間、外觀典雅的建築，既有俄羅斯風情，又融合了巴洛克風格，精美華貴堪比葉卡捷琳娜宮。

這裡是十月革命的司令部，列寧在這裡發佈了對俄國公民的號召書，宣佈一切政權歸蘇維埃。

這位「主教」雖然手握大權，但他幾乎從來沒有利用手中的權力謀取過私利。艱難的日子裡，他的妻子從未得到任何特權可以不用去商店排隊，也沒有拿到過任何從特殊管道進入的熱門貨。除了有一次，正好趕上午飯時間，柳德米拉在市政府的食堂吃過午飯，順便給家人帶了些美味的餡餅。

時光彷彿倒流，回到了普京的祖父斯皮里多諾在療養院的歲月，他拿著菜窖的鑰匙，祖母繫著圍裙在廚房裡一邊忙碌一邊埋怨：「瞧那個固執的老頭，連一個馬鈴薯也不肯帶回家！」祖父就在狹窄的外屋，聽到老伴的埋怨，呵呵一笑。這是這個家族的固執，也是這個家族的光榮。

普京不苟言笑，經常一臉嚴肅。他把那些細膩的個人感情，全部藏在了寬大的袍服裡。普京喜歡忠誠的動物，家裡養著一隻叫做瑪利斯的高加索牧羊犬。不幸的是，有一天這隻牧羊犬鑽出別墅的圍欄，被一輛汽車撞到了。柳德米拉急忙將其抱到獸醫院，醫生卻表示無能為力。悲傷的柳德米拉打電話到普京的辦公室，請秘書瑪利娜小姐轉達。瑪利娜走進普京的辦公室，同情地說：「先生，很抱歉通知您。您的家中發生了令人難過的事情，瑪利斯被汽車撞死了。」她還沉浸在悲傷中，並且因不知如何安慰對方而煩惱，但普京臉上毫無表情。瑪利娜驚訝地說：「難道已經有人把這個消息告訴您了嗎？」「不，沒有。你是第一個通知我的。」普京依然十分平靜。普京對那隻牧羊犬投入了很多感情，但他並不認為辦公室是一個適合流露個人情感的地方。不過，在必要的場合，他會毫不猶豫地表達自己的觀點。

那是1994年4月，一場國際會議在德國漢堡召開，普京作為俄羅斯代表之一參加了會議。會議照排程進行，十分順利。到了第4天一場歐盟討論會時，卻發生了糾紛。在大理石鋪地的爵士大廳裡，愛沙尼亞總統倫納特·梅理用十分粗魯的言辭對俄羅斯進行了攻擊，並把俄羅斯人說成是「佔有者」，他的話音落下後，整個大廳陷入了沉默，其他與會者紛紛把目光轉向俄羅斯代表團的坐席，有人幸災樂禍，有人憂心忡忡。白皮膚的俄羅斯外交官們漲紅了臉，既尷尬又氣憤，卻一時不知該如何回擊。就在這時，普京突然站了起來。他沒有對無禮者做出任何回應，只是瀟灑地轉身，朝大廳門口大步走去，皮鞋踏在大理石地面上的聲音非常響亮，震顫著所有在場者的耳膜。當他走出大廳，高大的鐵門慢慢關閉，發出厚重而沉悶的回音。普京用退場的方式表達了立場，外交部為此事專門表彰了他。不過，普京當時沒想到廳門關閉時會發出那麼大的動靜，他本來是想敞開大門的，誰知道那扇門會那麼沉，推動時十分費力，只好隨它自行關閉了。

寧願因忠誠被絞死，也比背叛偷生好

教堂的金頂在陽光的輕撫下閃耀著光芒，成群的白鴿掠過城市廣場上的蔚藍天空。流浪藝人在巴洛克建築前演奏著手搖風琴，一隻鸚鵡站在他的肩頭，用紅色的喙從「吉利」匣裡啄出了一張紙帖，討好地把頭歪向旁邊的觀眾，一個棕黃頭髮的小夥子從牠嘴裡抽出紙帖，看到上面寫著的吉利話，開心地大笑起來。

索布恰克熱愛這樣的城市。在這位市長的設想中，聖彼得堡應該成為俄羅斯的經濟中心、科技中心、文化中心、國際旅遊中心。索布恰克盡情發揮著他那天馬行空的想像力，還有似乎永遠不會枯竭的熱情，為這座城市設計了一幅幅漂亮的藍圖。他或許是一位優秀的設計師，可惜他欠缺把設計變成現實的行動力——他不知道如何用瑣碎而枯燥的工作把一張張藍圖填充起來。即使有普京這樣得力的助手，索布恰克的「漂亮話」也不能換來一張張漂亮的政績單。那些曾經被激情澎湃的演講征服的市民，過去有多崇拜他，現在就有多厭倦他。

1990年11月，當激動的民主派人士湧向莫斯科紅場，舉行反布爾什維克的大規模示威遊行時，他們高舉著橫幅標語，有一條上面寫著：「葉爾欽、波波夫、索布恰克拯救俄國！」他曾經背負著這樣的期待。但是，6年之後，吶喊聲猶在耳邊，索布恰克的第一個市長任期結束，卻只有不到20%的聖彼得堡市民表示繼續支持他。這是他從政以來獲得的最低民意支持率。

這一切並非沒有原因。連作為他的得力幹將的普京，恐怕也已經意識到了前途的尷尬。索布恰克是聖彼得堡軍區軍事委員會委員，身處這樣的位置，即使多麼不情願，他還是必須丟掉手裡的高爾夫球杆或紅酒杯，去參加枯燥乏味的會議。大多數時候，索布恰克都會皺著眉頭去開會。這位情緒化嚴重的市長，似乎從不介意人們會因他緊皺的眉頭產生豐富的聯想。相反，他喜歡成為眾人關注的焦點，不論那些灼人的視線因何而來，不論是詛咒還是讚譽，他都表示歡迎。

可是有一次，卻發生了意外。有一場軍方早已安排好的會議馬上就要召開，索布恰克卻臨時決定不去了。他把普京叫到身邊，毫不在意地說道：「弗拉基米爾，請幫我跟將軍們打個電話吧，轉告他們我無法去參加會議。」普京非常吃驚，他很清楚軍方對這次會議的重視，他們已經籌備了很長時間。雖然他知道追問上級是一件既無禮又愚蠢的事情，但他還是開口說：「為什麼呢？」索布恰克並不介意他的冒昧，但也沒有回答問題，只是說：「去給軍區司令打個電話吧！」「你應當去！」普京堅持。其他參會者在軍中或政府裡都有重要的工作，如果因為索布恰克一個人缺席導致會議延期，實在太不合適了。「你就說我生病了。」索布恰克說完揮了揮手，普京只好退出了他的辦公室。雖然索布恰克沒有說明原因，但普京知道他缺席會議的理由：俄羅斯流行樂壇的常青樹——阿拉．鮑里索夫娜．普加喬娃要來聖彼得堡市開演唱會了。這樣的娛樂活動，對索布恰克的吸引力太大了，更何況他本來就不願意去參加軍方的會議。

索布恰克與軍區以及波羅的海艦隊的將軍們關係比較緊張，他不止一次向普京抱怨說那些「腦筋遲鈍、腦袋發熱」的傢伙實在令人討厭，事實上，那些強硬而耿直的將軍們也不喜歡這位誇誇其談卻不務實際的市長。普京多次勸說索布恰克處理好和軍方的關係，可是一點作用也沒有。

他不得不為索布恰克撒謊。普京給軍區司令打了電話，告訴對方索布恰克因病不能參加會議。事實上，索布恰克已經乘轎車去機場迎接普加喬娃了。遺憾的是，市長先生似乎沒有因自己的謊言感到一分一毫的心虛，他去機場迎接普加喬娃，並參加了她的演唱會，電視臺全程追蹤報導。謊言輕易就被拆穿了。幾週之後，當普京見到軍區司令時，對方不滿地問：「索布恰克生病了，是嗎？真的是這樣嗎？」普京非常尷尬，甚至因索布恰克不恰當的行為感到心虛，但他又無可奈何。如此看來，索布恰克會在新一輪的競選中落敗，似乎也在情理之中，但是，不得不說，缺少競選經費也是索布恰克落選的重要原因。

在第一次市長競選時，普京發揮了極為重要的作用。當時索布恰克與市政會大多數委員的關係並不融洽，但在民眾中聲望很高。普京一方面勸說市政委員，另一方面積極遊說市裡各區的領導對委員會施加壓力，最終才迫使列寧格勒市政會同意設立市長一職，而索布恰克也才有機會從蘇維埃主席成為市長。但幾年後，市政機關體系更加完善，工作程序也變得更加繁縟，僅憑個人遊說，幾乎毫無勝算。普京勸說索布恰克必須邀請優秀的競選專家，組織專業的團隊。雖然索布恰克認可他的建議，最後還是不得不親自出馬，自己指導自己的競選，因為他沒有足夠的資金。

在此之前，索布恰克曾被指控挪用公款，並因此受到了長達一年多的調查。有時候，普京雖然不贊成索布恰克的工作方式，但從未懷疑他的人格，索布恰克也的確沒有用納稅人的錢支付過任何私人帳單。最後，沒有籌集到資金的索布恰克只能自己組織並負責競選辦公室，他的妻子則擔任競選主管。普京沒有直接參與競選活動，因為索布恰克拜託他繼續主持市政府的工作，畢竟，這座龐大的城市不會因為競選而停止運轉。

與索布恰克那支寒酸的競選團隊較勁的，是負責市政管理的副市長雅科夫列夫。他從莫斯科一群反對索布恰克的人手中得到了資金支持，並請來專業的競選專家，組成了強大的競選團隊。一開始，雅科夫列夫並不是熱門的候選人，競選對手們甚至嘲笑他是「管道工」和「衛生技術設備專家」，雅科夫列夫卻坦然地回答：「市長就應當是總務主任，而不是像一隻蜈蚣那樣，從一場宴會到另一場宴會……」

在索布恰克完全處於劣勢的情況下，普京做出了一個驚人的決定。他與市長辦公室的所有工作人員共同簽署了一項聲明：如果索布恰克競選失敗，他們將集體辭職。普京在記者招待會上親自宣讀了這一聲明，他用這種不留退路的方式表示對索布恰克的支持。不過，索布恰克的境遇還是越來越艱難。為了贏得競選，索布恰克的對手們開始頻繁使用一些骯髒的手段，有人惡意散佈謠言，稱索布恰克悄無聲息地剝奪市民的財產，他擁有不計其數的錢財。

儘管索布恰克在普京的建議下對誹謗者提起了控訴，但僅憑能言善辯已無法挽回大局。在第一輪投票中，索布恰克只獲得了28%的選票，排在其後的雅科夫列夫得到了21%的選票；第二輪競選開始後，索布恰克竟然在選舉前夜的直播辯論會上緊張得語無倫次，多次被對手攻擊得啞口無言。這位天才的演說家彷彿瞬間喪失了語言功能，這讓他的朋友們目瞪口呆，甚至連他的對手也有點搞不清狀況。最後，索布恰克以2%的差距落選，雅科夫列夫成為聖彼得堡的新主人。雖然普京在競選中反對雅科夫列夫，這位新市長卻邀請他留任。普京最後還是拒絕了，因為他不想背叛對自己有知遇之恩的索布恰克。普京說：「寧願因忠誠被絞死，也比背叛偷生好。」不背叛也不拋棄自己人，是普京的原則。

不過，普京沒有做過任何釜底抽薪的勾當。當時，米沙．馬尼維奇曾向普京徵求建議，米沙並不是索布恰克競選團隊的成員，競選中也沒有簽署過辭職聲明，但他打算和普京一起辭職。然而，雅科夫列夫又邀請米沙留任副市長，這讓他陷入了矛盾中。「米沙，你應該接受他的邀請。」普京誠懇地說。「為什麼呢？你們都要離開了。」「聽著，米沙，我要離開是出於忠誠，而你同樣需要為了忠誠留下。這座城市需要像你一樣的專業人員來管理。」秘書瑪利娜小姐的辭呈是由普京親自簽字的，那天是普京在市政廳工作的最後一天。普京滿懷歉意地對她說：「你可以不離開的。我不知道自己將會去哪裡工作，更不能保證將來能給你提供一份工作。」瑪利娜卻說：「沒關係，我決定了和你們一起離開。」普京十分感動，卻依然沒有流露出太多感情。他在瑪利娜的辭呈上簽了字，與她握手，然後低下頭繼續處理需要交接的工作。那天，看著普京走出市政廳大樓，瑪利娜的眼睛濕潤了。愉快而有意義的工作最終還是結束了，這讓她感到非常遺憾。

1996年的夏天，聖彼得堡昔日的第一副市長失業了。對於普京來說，人生中沒有哪段時光比此刻更加艱難。忙碌的工作突然結束，彷彿有人按下了電影的暫停鍵，一切都停滯不前了。同事和朋友們都對他說：「弗拉基米爾，不要著急，人人都需要你！」此時，普京只能等待。

紅場黑馬，解救索布恰克贏得葉爾欽賞識

1996年8月的一天，在距離聖彼得堡市100千公尺外的郊區，一棟別墅正被熊熊大火吞噬。周圍聚集了很多人，他們都目不轉睛地望著隨時可能坍塌的建築火場裡不時傳出磚瓦落地和木料斷裂的巨大聲響，濃煙嗆得人睜不開眼睛。

「爸爸，爸爸！」流著淚的小女孩卡佳指向窗戶，興奮地叫了起來。一個裹著床單的男人出現在二樓陽臺，他把一條由床單和毛巾捆紮成的救生繩拴在圍欄上，拋了下來，然後翻過圍欄，抓著這條繩子向下爬去。郊區的風總是比城裡的更加熱情，這迫使他不得不一邊攀爬一邊防備著身上的床單被掀開。他漸漸接近地面，焦急等待的人終於放了心。此時，大家忽然覺得眼前這一幕「火場裸體逃生」實在有些滑稽。這大概是普京人生中最窘迫的一幕了。

索布恰克競選失敗之後，失業的普京就和家人搬到了郊區的新別墅。這棟別墅歷時6年才蓋起來，可是他們住了還不到6個星期，房子就失火了，而普京當時正在三溫暖室裡。小女兒卡佳和妻子已經逃了出去，普京先把大女兒瑪莎從陽臺放下去，交給接應的人，然後回到屋子尋找裝有全部積蓄的皮包，結果還是沒能找到。最後他只好放棄，並裹著一條床單從二樓陽臺逃生。用6年建成的別墅，轉瞬就成了一堆瓦礫，柳德米拉流著淚說：「感謝上帝，每個人都安然無恙。」這把火燒毀了普京在聖彼得堡的家，燒光了他的全部家當，也堅定了普京離開聖彼得堡的決心。

普京已經兩個月沒有工作了。索布恰克競選失敗後，立刻陷入了受賄案件的泥沼，牽扯到他的經濟案件像山一樣壓了過來。面對這有預謀有組織的陷害，索布恰克無力應付，更沒有精力去考慮普京的前程。此時，索布恰克已經自身難保。對這位良師益友，普京百分之百地相信他為人的正派。他們相交多年，普京知道索布恰克重視什麼，不重視什麼，也知道索布恰克會做什麼，不會做什麼。他相信索布恰克是無辜的，但是當索布恰克開始接受市檢察院和莫斯科調查組的審查時，普京對此毫無辦法。此時的索布恰克如置身火海，作為一個政治失業人員，普京一點忙也幫不上。

最初，有一位莫斯科官員邀請普京到莫斯科工作，但普京在聖彼得堡生活了太久，並且為這座城市的建設付出了無數心血，讓他迅速做出離開的決定，並不是一件容易的事情。柳德米拉和孩子們也不願意離開自己的家，並且兩個女兒還將面臨轉學的麻煩。在普京猶豫不決的時候，莫斯科的一些事務機構發生了調整，這件事便不了了之了。

再一次到莫斯科溝通工作安排時，普京得到了監察總局局長庫德林的幫助，準備去總統辦公廳工作。當天普京準備返回聖彼得堡，庫德林送他去機場。路上，兩個人聊起了當天發生的一些大事，政府剛剛發佈了一些重要職務的任命，而阿萊克塞·阿萊克塞耶維奇·鮑爾薩科夫在這天被任命為第一副總理，他也是從聖彼得堡政壇走出來的。庫德林立刻提議道：「給鮑爾薩科夫打個電話祝賀一下吧。」普京笑著說：「我這個普通人怎麼可能打得通副總理的電話呢？如果你能接通，請幫我轉達祝賀。」

庫德林立刻就撥通了電話，並請人轉接給鮑爾薩科夫，兩人寒暄了一會兒，庫德林突然說：「聖彼得堡的弗拉基米爾·普京也向你表達祝賀呢！」「哦？讓他接電話。」鮑爾薩科夫說。這是一次決定命運的通話，鮑爾薩科夫在聽說普京計畫到總統辦公廳工作時，陷入了短暫的沉默。他思考了一會兒，然後對普京說：「聽著，你還可以有另外一個選擇。」在鮑爾薩科夫的關照下，普京被任命為俄羅斯總統事務管理局副局長。至於鮑爾薩科夫為什麼會幫助自己，普京沒有問過。

鮑爾薩科夫曾經是列寧格勒市政會執行委員會副主任，幾乎成為整座城市的管理者。但是，在民主的浪潮中，他還是翻了船。鮑爾薩科夫換過很多工作，最狼狽的時候甚至差點流浪街頭。後來，他的前途逐漸有了轉機，偶爾會因工作來到市政廳。普京幾乎從來沒有讓他在接待室長時間等待，總是會把手裡的工作暫時放下，走到他身邊，熱情地招呼他：「嗨，阿萊克塞。」誰也沒想到鮑爾薩科夫還能東山再起，甚至成了第一副總理。普京更沒想到自己有朝一日會得到他的幫助。因為他對鮑爾薩科夫的態度幾乎出於本性，出於他的良好家教。不僅對政府官員，就連對學生時代的夥伴，普京也一直保持著應有的熱情和禮貌。

鮑里先科的哥哥遇到過這樣一件事。他正走在街上，一輛高級轎車突然超過他，並停了下來。鮑里先科的哥哥還在發愣，就見普京打開車門走了下來。普京熱情地詢問他們兄弟的近況，記下了他們的住址，還打聽了其他一些老友的情況，並拜託他轉達問候，之後才上車離開。那時候，普京是聖彼得堡市的第一副市長。不是每個人當了大官之後，都會在街上把車停下，只是為了和老朋友聊天。普京就是這樣的一個人，不管處於什麼職位，都不會把自己置於別人之上。「如果瓦洛佳想試著翹翹尾巴，他父親可能馬上就會教訓他一通。」鮑里先科這樣說。

所以，在普京離開市政廳後，沒有任何人落井下石。但他也明白，在以前營造的關係網中，他的地位已經喪失，一切都將重新開始，從零開始。就在這時發生了別墅失火事件，這似乎是某種難以違抗的旨意。普京夫婦沒有了房子，沒有了積蓄，瑪莎和卡佳的芭比娃娃和玩具全部化為灰燼，他們已經沒有退路了。就這樣，普京舉家遷往莫斯科，住在位於「阿爾漢格爾斯克」療養院的公房裡。普京重新開始了緊張的工作，他當時的職權範圍是這樣的：掌管司法機關，負責對外聯絡，並負責管理俄羅斯分佈在國外的不動產。

普京由此進入莫斯科權力場，平步青雲，成了闖入紅場的一匹耀眼黑馬。普京果斷、智慧、勤奮、嚴謹的優秀品質，很快在工作中凸顯出來。他在各種事務中都表現得從容不迫、遊刃有餘，即使很快接觸到像葉爾欽這樣的大人物，他也從未流露出怯場或緊張的情緒。

朋友們奇怪地揶揄他：「站在那些大人物面前，你的雙腿不會發抖嗎？」普京只是笑笑，並不介意他們的調侃。

沒有人從出生開始就懂得與人打交道，尤其對方已經在政壇摸爬滾打多年。在聖彼得堡的6年中，普京已漸漸習慣了這種場合，他和柴契爾夫人、季辛吉等政壇老將都有過多次會面，他知道該如何應對各種場合，如何應對各種人。聖彼得堡的2000多個日夜，普京沒有虛度過哪怕一分鐘。

來到莫斯科半年之後，也就是1997年3月，普京就得到了升遷，調任總統辦公廳副主任，同時兼任監察總局局長。普京與葉爾欽熟悉起來，便是從這時開始的。雖然普京與過去的上級索布恰克關係十分親密，但實際上普京並不是一個善於套近乎的人。總統辦公廳的職責就是服務於總統，因此，普京與葉爾欽不得不經常見面。他從未把個人因素帶入辦公室，每次彙報工作時，都儘量以清晰、明瞭的語言使葉爾欽儘快瞭解全部情況。普京那敏銳的反應能力和嚴肅的工作態度令葉爾欽驚奇不已，總統先生很快就發現了普京沉穩、幹練的品質。

起初，葉爾欽對普京的人品並不瞭解，甚至還保持著警惕。不過，接下來發生的一件事，讓葉爾欽一下子就確定普京是一個值得信賴的人。這件事與索布恰克有關。

普京離開聖彼得堡沒幾天，索布恰克就被傳喚到市檢察院接受調查。此後，莫斯科特別調查小組也介入索布恰克受賄貪污案件，他被指控「涉嫌大量侵吞國家財產」。索布恰克已經落馬，成為聖彼得堡新勢力的手下敗將，但他昔日政治聲望太盛，至今影響猶存。對很多人來說，這是不得不防的隱患。何況索布恰克從不害怕樹敵，他從政的幾年，也可以說是不斷樹敵的幾年。很多人心裡都在叫囂：不能給他翻盤的機會！事件愈演愈烈，反對派的指控與索布恰克的自我辯護頻繁見諸報端。在《消息報》、《真理報》上，與「索布恰克」排列在一起的，盡是「貪污」「受賄」「調查」「審判」等字眼，這位昔日耀眼的政治明星，突然就成了映照俄羅斯腐敗的一面鏡子。事實上，不論是指控者還是調查組，最終都沒有確鑿證據證明「大量侵吞國家財產」的真實性，他們最終找到的證據只是幾套小公寓。以俄羅斯第二大城市市長的身分而言，擁有幾間小公寓似乎不應該引起如此廣泛的熱議。和那些執意追究其罪行的政治家相比，索布恰克的公寓在他們的豪宅面前，實在是太寒酸了。

不過，民眾是不知道這些事實的。昔日的信任都被惡意的謠言擊毀，轉化成一腔怒火。聖彼得堡檢察院的傳票陸續寄到索布恰克手中，但他一概拒絕簽收。當第12張傳票寄來時，已是1997年10月，索布恰克再次拒簽，然後從他的辦公地點——聯合國教科文組織地區中心大樓走出來，向著柴可夫斯基大街走去，因為他的汽車停在那裡。就在手指觸摸到車門把手的一刻，一夥穿著便衣的人衝過來，逮捕了他。

這個來自內務部的行動小組把索布恰克帶到了俄羅斯總檢察院駐聖彼得堡代表處。不過，檢察人員並未如願展開工作，因為在索布恰克身上潛伏已久的疾病突然發作，他幾乎失去了知覺。在他的妻子以及醫生的堅持下，他被送往急救中心。索布恰克是被醫護人員用擔架抬出檢察院大樓的，幾乎所有人都認為他在裝病，但急救中心的醫生吃了一驚：他是突發心肌梗塞，病情嚴重，必須立刻轉院。接下來的日子，索布恰克住進軍事醫學科學院康復部。

「他簡直是最無恥的演員！」一時間，懷疑、指控、侮辱不斷，索布恰克一方面要接受痛苦的治療，一方面要消化惡毒的中傷，身心俱疲。好事的媒體也沒有放過他，記者與攝影機進入病房，虛弱的索布恰克躺在病床上接受採訪，反對他的人繼續忙碌地羅織罪名與尋找證據。普京就是在這時回到了聖彼得堡。

他沒有向任何人提過自己的計畫。在他進入總統辦公廳之後，葉爾欽也曾與他談起過索布恰克。葉爾欽與索布恰克的關係也非常複雜，在某些時刻，他們是並肩作戰的戰友；在某些利益面前，他們又是針鋒相對的敵人。索布恰克被捕之後，一些昔日的同僚曾向葉爾欽求助，希望他保護這位老朋友，但葉爾欽沒有明確表態，只是說對於聖彼得堡的糾紛，莫斯科不宜過多介入。

普京偶爾也會聽到葉爾欽對索布恰克的抱怨，他沒有替索布恰克辯解，也沒有附和葉爾欽。在權力場中，每一步都是危險的，普京卻不能原地不動，他必須幫助索布恰克，因為他比任何人都清楚索布恰克被套上了一個莫須有的罪名。

1997年11月3日，普京秘密從莫斯科回到聖彼得堡，他沒有去找任何人，而是直接去了索布恰克所在的醫院。在與索布恰克的主治醫生舍甫琴科進行一番溝通後，他們一致認為，索布恰克的心臟與血管都極其脆弱，需要轉到醫療水準更高的醫院。之後，普京來到索布恰克的病房。索布恰克臉色蒼白，精神狀態不是很好，他一看到普京，就笑著說：「弗拉基米爾，是你嗎？」「是的，索布恰克先生。」他們像一直並肩作戰的戰友，彷彿從來沒有離開過，愉快地交談起來。

3天之後的晚上，索布恰克突然要求見他的主治醫生。舍甫琴科來到病房，溫和地問：「先生，您是不是不舒服呢？」

「是的。我覺得我的病情一直在加重，我的家人建議我到巴黎的醫院接受治療。」

「這是個不錯的主意，而且換一個安靜的環境也有助於您康復。」回到辦公室沒多久，舍甫琴科就把索布恰克的病歷和診斷治療的資料全部整理出來。這天他沒有回家，因為第二天凌晨5點，索布恰克的妻子納盧梭娃會來醫院接走索布恰克。

晨霧還未散去，市檢察院和莫斯科調查組的工作人員或許還在沉睡，或許已經起床開始晨練。總之，在他們不知情的情況下，納盧梭娃帶走了她的丈夫，乘坐救護車直接去了普爾科沃機場。他們順利通過了海關和邊防員警的檢查，出示了一切必需的手續和證件，然後乘坐一架芬蘭醫用飛機，離開聖彼得堡，去了法國巴黎。

飛機是由一位匿名人士捐助的，至於所有合法的出境手續從何而來，索布恰克和他的妻子從未透露過。對索布恰克的調查持續了4年之久，但一切有關豪華公寓和巨額資產的傳聞，最後都不了了之。即使逃離了聖彼得堡，俄方檢察機關依然下令在整個歐洲緝拿索布恰克。假如他沒能在1997年離去，不知道會發生什麼可怕的事情。索布恰克虔誠地說：「感謝我的妻子，感謝上帝的幫助。」

索布恰克從沒有因此事對普京表達過感謝，但葉爾欽深信普京是索布恰克出逃案的關鍵人物。索布恰克從醫院趕往機場的那天是11月7日，恰逢十月革命節，整個國家都沉浸在歡慶的氣氛中，沒有人會去關注一個病人，這是經過精心策劃和周密安排才選出來的日子。趁著調查人員放鬆警惕，普京悄無聲息地把索布恰克「偷」走了，並且沒有留下任何會在法律上對自己構成威脅的把柄。直到11月10日，索布恰克離開聖彼得堡的消息才傳了出去。葉爾欽也迅速知道了這件事，並斷定只有普京才有這樣的行動力。不過，他沒有對普京提出任何指責，反而生出了一種敬意——幫助一個深陷受賄醜聞的前政府要員出逃，無異於玩火，但是普京甘願冒這樣的風險。

他不怕這樣的冒險會毀掉仕途，因為他從來不曾覬覦權力的巔峰。沒有對權力的強烈欲望，才不怕失去權力。他所做的一切，或許只出於一個原因：索布恰克是他的前上司和政治導師。「如果我也陷入險境，有人支持我嗎？誰會一直站在我的身後？」葉爾欽陷入了沉思。他希望這個人會是普京。

選擇好自己的政治團隊

自從到了莫斯科，普京的仕途變得格外順暢，幾乎每年都會得到晉升。1998年5月，普京出任總統辦公廳第一副主任，主管中央與地區關係問題。在工作中，普京與葉爾欽的接觸逐漸增多，他幹練而強硬的行事風格贏得了葉爾欽的賞識。所以，當葉爾欽考慮更換俄羅斯聯邦安全局的領導時，第一個就想到了普京。

聯邦安全局的前身正是普京曾效力多年的KGB，當時的局長是尼古拉·德米特里耶維奇·科瓦廖夫將軍。科瓦廖夫比普京早一年進入國家安全部門，到1998年時已為其服務了24個年頭，既有聲望又有威信。當然，也正是因為科瓦廖夫的威信太高，性格獨立，才引起了葉爾欽的不安。

普京曾在安全機關工作，又接受了系統的大學教育。更重要的是，葉爾欽認為普京非常值得信任，這個人可以忠於民主、市場經濟觀念，並且是一個堅定的愛國主義者。從這個念頭出現到在腦海中成形，不過是幾天的事情。葉爾欽迫不及待地要將其變為現實，他甚至有些坐立不安，一想到莫斯科的整個政壇可能會因這一個決定發生改變就興奮不已。

葉爾欽當時正在卡萊利亞度假，他一刻也等不下去了。他沒有徵求普京的意見，而是詢問當時的總理基里延科自己的決定是否合適。基里延科回答說：「總統先生，弗拉基米爾·普京是一個可信的人。」在普京沒有得到一點暗示的情況下，新的任命就下達了。那天普京正在辦公室裡忙碌，電話突然響了。「您能到機場接一下基里延科總理嗎？」對方這樣說。普京知道基里延科是從卡萊利亞度假歸來，既然讓自己去迎接，或許是帶著總統的命令而來。出了什麼事？普京心裡略有不安。

機場旁邊早已不是蘇聯時期的山毛櫸，而是大片的白樺林。普京在路上停留了一會兒，靠在轎車上，默默地仰望著莫斯科郊外的天空。普京到達機場後不久，基里延科乘坐的班機便抵達了。基里延科一見到普京，就熱情地與他握手：「祝賀你！弗拉基米爾。」

「發生了什麼事嗎？」普京問。

基里延科笑著說：「總統簽署了任命，你將出任聯邦安全局局長。」普京平靜地接受了對方的祝賀。7月25日，由總理基里延科主持，舉行了一個簡短的上任儀式。為了從政，普京離開KGB已近8年，如今，他又被政治推了回去。普京感慨道：「我回家了。」

8月底，葉爾欽邀請普京到克里姆林宮談話。此時距離普京赴任安全局局長才1個月有餘，政壇卻又發生了巨大的變化：基里延科擔任總理的100多天以來，俄羅斯經濟危機不僅沒有緩解，反而不斷加劇。政府採取了宣佈盧布貶值、延遲90天償還外債等緊急措施，但還是無法挽救涉臨崩潰的俄羅斯銀行系統，所以，葉爾欽決定解散基里延科政府，任命切爾諾梅爾金為臨時代總理。從政便如讀書，轉瞬間便翻過了一頁。

普京沒有心思感慨政治的無常，他必須以最清醒、最謹慎的狀態回答總統先生的問題。不過，葉爾欽並沒有跟他提起政府內領導的人事變動，閒聊了一會兒後突然問他：「你是否願意重新回到軍人編制呢？你完全具備獲得將軍軍銜的資格。」葉爾欽本以為普京一定會同意，哪一個曾在軍隊長期服役的軍官不會對「將軍」這個名譽充滿嚮往呢？但是，普京拒絕了：「總統先生，我離開國家安全機關已近8年。我現在已經習慣做一個平民，而且，我現在認為強力機關應當由文人來領導。」葉爾欽饒有興趣地盯著普京，似乎在判斷他說的到底是不是真心話。於是，普京只好接著說：「如果您允許，我還是保留預備役上校的軍銜為好。」葉爾欽同意了普京的提議。過去普京是以中校軍銜結束服役的，但現在聯邦安全局中有不少同事是將軍軍銜，讓一個中校去指揮將軍，畢竟有些不合適，雖然讓上校來指揮，仍然有些勉強。

對於這次任命，普京從沒有表示過喜悅。事實上他確實沒有多麼開心，作為安全部門的官員，接受審查和監視也是工作的一部分，他不能提出任何異議。那段KGB歲月，他就是在沉悶的、被控制的、被監視的環境中度過的。當他和科瓦廖夫在局長辦公室交接工作時，科瓦廖夫打開一個保險櫃，對普京說：「請你看一下，這是我的工作筆記本，這是我的彈藥。」那一刻，普京心情非常沉重。他回到了起點，卻不再有最初那樣虔誠的信仰。不過，這種複雜而微妙的心理並沒有影響普京的工作，他很快就在安全局進行了大刀闊斧的改革。他先任命了3位副局長，都是他以前在KGB或聖彼得堡時認識的，另一些軍官被強令退休。

切爾諾梅爾金的代總理只當了22天，9月11日，俄羅斯杜馬批准葉夫根尼·普里馬科夫為新一任總理。在不久之前，人們都認為這位69歲的外交部部長已經走到了仕途的終點，現在，他卻臨危受命，扛起拯救深陷經濟危機沼澤的俄羅斯的大旗。他對國家杜馬說：「不要期待很快就會見效，我可不是個魔術師。」普里馬科夫雖然不是魔術師，卻是個實幹家。可是，他在經濟改革與其他一連串重大問題上都與葉爾欽存在明顯分歧，包括對普京在安全局展開的人事調動，葉爾欽非常滿意，普里馬科夫卻非常不滿。對政治家們來說，站隊是一件非常危險的事情。儘管普京與普里馬科夫的私人關係很好，但他仍選擇繼續向國家毫無保留地奉獻他的忠誠，默默無聞地埋頭苦幹。

1998年的最後一天，普京撥通了好朋友列謝夫的電話，向他祝賀新年。兩人聊了一會兒，列謝夫問道：「為什麼不接受將軍軍銜呢？」「不需要。現在的狀況已經足夠好了。」隨後，普京又開玩笑說：「如果有一天我失業了，肯定還得出去找工作。剛從德國回來時，我還想過去開計程車呢。你知道，我當時有一輛伏爾加轎車，不管是軍銜還是行政職務，都沒有用。」普京從來不追求權力和地位，從來沒有為升官做出諂媚的事情，結果，他卻官運亨通。1999年3月29日，普京兼任俄羅斯聯邦安全會議秘書。要知道，俄羅斯聯邦安全會議的主席就是葉爾欽本人，其他成員都是國家強力部門的領導，如國防部部長、內務部部長、外交部部長等。普京成了整個國家最靠近葉爾欽的人之一。

從年初開始，葉爾欽的日子變得越發艱難。俄羅斯國家杜馬彈劾委員會從1998年開始就在徵集彈劾總統的簽名，葉爾欽雖然以連換總理的對策瓦解對方勢力，但彈劾事件依然不斷升級。1999年2月，俄羅斯國家杜馬通過了對葉爾欽的5項指控，並提交杜馬理事會審議。

第一，1991年，簽署解散蘇聯的《別洛韋日協定》，犯有叛國罪；
第二，1993年，炮打白宮，犯有政變罪；
第三，1994—1996年，發動車臣戰爭，犯有濫用職權造成重大人員傷亡罪；
第四，瓦解俄羅斯軍事力量和軍工企業，犯有濫用職權罪；
第五，自上臺以來，貫徹一種有意識的政策，造成俄羅斯人口急劇下降，百姓生活困苦，犯罪猖獗，醫療條件日益惡化等，總統應該對「俄羅斯人民種族滅絕」承擔責任。

無論其中哪一項指控成立，葉爾欽都會從總統變成囚犯。葉爾欽與總理普里馬科夫的矛盾愈演愈烈，普里馬科夫甚至要求葉爾欽簽署聲明，自願放棄憲法規定的部分總統權力。總檢察長尤裡·斯庫拉托夫與葉爾欽的不和也凸顯出來，爭執不斷。葉爾欽陷入了腹背受敵、內外交困的局面。普京就在這時選擇了站在葉爾欽一邊。他仍然行事低調，但手段強硬，堅決執行葉爾欽的任何一項決議，並處處維護葉爾欽的政治形象。在1999年4月的一次新聞發佈會上，普京甚至明確指責尤裡·斯庫拉托夫不能毫無私心地履行總檢察長的義務，以至於讓這一職務的誠信和尊嚴遭到玷污。

後來，一家雜誌社的編輯寫了一篇文章，提到在新聞發佈會召開的那天，總統先生剛好從電視上看到了這一幕，他把食指指向空中，「喔！弗拉基米爾·普京的命運就此改寫了。」

代理總統的背後

莫斯科政壇怪事？

葉爾欽是一個深謀遠慮的政治家，為了讓普京順利接下自己的接力棒，他做了很多努力，普京馬上要踏入最高處的舞臺了，他自己做好準備了嗎？

莫斯科勝利廣場前面的馬路中間，聳立著一座象徵勝利的「凱旋門」，這座凱旋門所紀念的不是二戰的勝利，而是當年俄國戰勝拿破崙軍隊時的輝煌戰績。凱旋門高28公尺，上面是手持月桂花環、背生雙翅、駕駛著6輛馬車的勝利女神像。任何民族都會崇拜勝利者，俄羅斯也不例外，失敗者在歷史中永遠只能作為勝利一方的一個注腳。

作為這個國家的總統，葉爾欽一直認為屬於自己的歷史標籤必定是勝利者的榮譽，然而如今的他覺得疲憊，各種政治困局讓他心力交瘁，健康狀況的惡化更是雪上加霜。從1999年4月底開始，力不從心的他突然感覺到了難得的輕鬆，甚至開始憧憬即將到來的漫長休假式生活。葉爾欽決定把政權移交出去，而普京是最好的人選。

普京對此一無所知，葉爾欽卻已經開始設計如何讓他的出場顯得更加精彩，如同所有的傳奇故事一樣，英雄人物總是在最關鍵的時候出現，然後力挽狂瀾，獲得無數人的景仰。因而，葉爾欽決定在下一任總統選舉前鬥爭最激烈的時刻公佈他的決定，到時候，普京的果斷性格和強硬作風定會給人們留下深刻的印象。

此時，普京還擔任著聯邦安全會議和聯邦安全總局中的職務，葉爾欽並不打算太早把所有的計畫開誠佈公地告訴普京，他不僅要給這個年輕人提供晉升的機會，還想親手將之推上總統寶座。在此之前，葉爾欽必須先為普京鋪好路。

第一步就是讓普里馬科夫下臺。這樣做不僅是為了現任總統的利益，也是為了給將來的總統掃清障礙，熱衷於和葉爾欽針鋒相對的普里馬科夫必須離去。這個具有左派色彩的政治家在打擊經濟犯罪時，甚至敢於觸動總統家族的利益；另一方面，他與俄羅斯杜馬的關係很好，聲望不斷高漲。這是個危險分子。

1999年5月12日上午，本來正在播放《動物世界》的俄羅斯國家電視臺突然宣佈：「10分鐘前，總統辦公廳新聞處發佈了一項葉爾欽總統的重要聲明。」過了幾分鐘，葉爾欽總統出現在螢幕上，語調低沉而凝重地宣讀了一份簡短聲明：「今天，我做出了一個非常困難的決定，我剛剛解除了普里馬科夫總理的職務！」「未能按期恢復正常的經濟運行」是普里馬科夫被迫下臺的原因。在之前的磋商中，普里馬科夫不同意辭職，於是葉爾欽只好解除他的職務。

還未到普京上場的最好時機，葉爾欽先提拔謝爾蓋・烏拉季莫維奇・斯捷帕申為總理，令其組閣。斯捷帕申同樣來自聖彼得堡，也是KGB系統出身，他與普京從政的經歷十分相似，兩個人私交甚好。「心太軟」「手過綿」「招過緩」，這是人們對總理斯捷帕申的評價。無論與前任普里馬科夫還是和後任普京相比，斯捷帕申都是一個在政治上比較軟弱的人，而「疾病纏身」的俄羅斯迫切需要強硬得像鋼鐵似的人物。

8月的一天，葉爾欽把普京請進自己的辦公室。葉爾欽說：「弗拉基米爾，我正在考慮讓你出任總理的職務。」普京看起來並沒有感到十分驚訝，事情正向他預想的方向發展，不過，他指的不是自己的任命，而是斯捷帕申的免職。普京回答：「是這樣嗎？」「你就是未來總理，我已經決定了。」葉爾欽沒有徵求普京的同意，或者說他從沒考慮過對方拒絕的可能性，「不過，在這之前，我必須和斯捷帕申打個招呼。」葉爾欽使用了「未來總理」這個說法，不過，不久之後，他會在電視臺對著全國人民高聲宣佈：普京是他的「繼承人」。

8月8日深夜，普京接到了一通電話，請他第二天前往葉爾欽別墅，葉爾欽將在那裡等他。普京知道，一個更寬廣的世界向他打開了大門。第二天一早，當普京到達別墅時，除了葉爾欽，斯捷帕申和阿克謝年科也在。所有人都心照不宣，知道馬上將要發生什麼。

但是，在葉爾欽當面要求斯捷帕申辭職時，普京尷尬到了極點。斯捷帕申是他的好友，也是他的同事，眼前的局面並非因他而起，但他又脫不了關係。從葉爾欽的別墅出來，斯捷帕申與普京互相道別，什麼話也沒說。

幾個小時之後，普京與斯捷帕申又見面了。新任代總理與前總理一起來到白宮，召開政府主席團會議。斯捷帕申親自宣佈了這個消息，向代總理的成功表示祝賀。接著，斯捷帕申又補充說：「因為目前除了『成功』二字外，他什麼都具備了。」會議即將結束時，斯捷帕申突然悲傷地說：「我過去、現在和將來都和葉爾欽總統在一起，我將跟隨他到底。我發自內心地感謝這位將我從一個涉世不深的孩子領進政壇的人……」這一天，成為代總理的普京沒有流露出喜悅，他表情嚴肅，甚至顯得心事重重。

這是葉爾欽安排的一場大戲，一切事情都在葉爾欽的預料之中。8月正好是休假季節，普京的任命像一場颶風襲來，讓所有人目瞪口呆，也讓民眾一片茫然。民眾確實曾在電視新聞裡的一群領導人中見過普京的身影，也在報紙上見過他的名字，但他們還是感到困惑：普京是誰？連普京的妻子柳德米拉都說：「多麼奇怪！我嫁給了這樣一個男人，他昨天還是聖彼得堡市默默無聞的副市長，如今卻當上了俄羅斯總理。」

所有人都緊張起來，互相打聽，互相試探。不過，葉爾欽絲毫不擔心人們的好奇會成為普京的壓力，因為他知道，幾個星期後人們就會逐漸淡忘政治，情緒也會平靜下來。然後，普京就可以站在克里姆林宮聚光燈下抓緊時間工作了。

民眾的情緒當然很快平復，但政治家和媒體仍不肯就此罷手。「這簡直就是政壇怪事！」莫斯科市長尤里•盧日科夫怎麼也想不明白，這個名不見經傳的年輕人為什麼能贏得葉爾欽的青睞。俄羅斯聯邦共產黨的根納季・久加諾夫更直接地表達了他的不滿：「葉爾欽應該去醫院！」「葉爾欽大概瘋了，要不怎麼會做出這麼怪誕的決斷！」幾乎所有的媒體都這樣評價。「伯里斯・葉爾欽從自己相當多的幹部『爛牌』中抽出了一張最不起眼又難看的聯邦安全局局長，宣佈他為自己的接班人。如此暗淡的、不顯山露水的人能做什麼事情呢？他不僅完全缺乏超凡性，而且沒有一點個人魅力。可以說，將普京作為賭注是葉爾欽班底完全絕望的表現。」

面對這樣毫無事實根據的嘲諷，葉爾欽沒有憤怒，他知道自己選中的這張最不起眼的「牌」，一定會以實際行動給那些刁難質疑的人一個狠狠的耳光。

這個總統在意料之外？

有一次葉爾欽曾「無意」地對新聞界說起，他已經有了接班人，但是現在不能公佈。當時誰也沒有注意到這句話。1999年8月，葉爾欽提名普京為俄羅斯政府總理，並宣佈他為自己的接班人。

普京的政治生涯運氣極好，與其說他升遷得快，倒不如說是時機恰當，因為此時距離葉爾欽卸任已不到10個月的時間。葉爾欽在任8年，身邊的謀士親信和高官重臣像走馬燈似的換了一批又一批，到普京這裡終於停住了，因為葉爾欽再沒有時間換下去了。葉爾欽對自己的接班人經過了一一篩選，像切爾諾梅爾金、涅姆佐夫、基里延科、斯捷帕申等都曾是候選人，但他們都沒能堅持到最後。直到最後一刻，普京被推上前臺，而命運就是這樣的殘酷，這位後來者成了唯一的成功者。

1999年12月31日，1999年的最後一天，也是20世紀的最後一天，這是一個非凡的日子，新千年即將開始。對於普京來說，這一天更是意義非凡。這一天，葉爾欽出人意料地宣佈提前辭去總統職務，任命總理普京為代總統。他以這一特殊方式結束了自己的政治生涯，退出克里姆林宮。宣佈辭職後，葉爾欽與普京進行了一次長談，他完全把俄羅斯的希望與未來寄託在了這個性格堅定、目光堅毅的小個子身上。

對於自己的這一選擇，葉爾欽無怨無悔。2006年，葉爾欽在接受採訪時表示，他很高興在1999年年底提前把國家權力以民主的方式順利、和平地交給了普京。他說：「我很高興我選擇了普京，沒有選錯。我知道，迅速發展的俄羅斯需要一位年輕的總統。」葉爾欽說：「我決定在大選前半年辭職，是為了給普京一段時間，讓人們有時間瞭解他，此前人們對他瞭解很少；他也可以利用這段時間來表現自己。」這說明，對於自己選擇的這個接班人，葉爾欽給予了大力的支持。

在送走自己的政治引路人葉爾欽之後，普京長長地舒了一口氣，他深感肩上責任重大，要想使這個內外交困的國家儘快從泥淖中走出來，他有一條漫長的道路要走。在簡單梳理自己的思路之後，普京首先約見了國防部部長謝爾蓋耶夫，隨後又分別召見了俄聯邦安全局局長派特魯舍夫、內務部部長魯沙伊洛、緊急情況部部長紹伊古，與他們舉行了會談，商討俄羅斯當前存在的一連串迫切問題及解決辦法。

之後，普京又緊急召開安全擴大會議，討論葉爾欽辭職後的俄羅斯局勢。他向與會所有人員表示，俄羅斯的對外政策將保持不變，政府和外交部近期制定的外交方針都將繼續貫徹。俄羅斯將一如既往地在平等、相互理解、友好和互利的基礎上和世界所有國家建立關係。他還特別指出，國家將在保證軍事實力的前提下，繼續進行武裝力量的改革，重點改善軍隊的裝備，調整軍隊結構，解決軍人的社會保障問題等。

散會之後，普京又馬不停蹄地趕到政府大廈，主持召開了5分鐘的政府緊急會議。他告訴與會的部級以上官員，由於首任總統提前辭職，總統競選將提前進行，大選必然會給政府增加額外的負擔，因而政府的工作會更加緊張。他告誡大家，政府不得捲入任何政治活動，所有政府工作人員應該更加積極地工作，以確保俄羅斯政府正常運轉。儘管是新官上任，但普京還是始終把穩定放在第一位的，確保經濟增長、人民生活富足是政府的首要任務。

新年的鐘聲還有10多分鐘就要敲響了，普京把自己關在總統辦公室裡小憩了一會兒，在這之前的10多個小時裡，他一刻也沒有閒過，一直是在緊張的會議中度過的。普京坐在總統椅上，將頭放在椅背上舒舒服服地靠著，用手輕輕地揉了揉自己的太陽穴，連續10幾個小時的高強度工作，已經讓他精疲力竭，此刻，高速運轉的大腦終於可以稍稍休息一下了。

但他畢竟曾是一名優秀的KGB，在克里姆林宮鐘樓上鐘聲敲響之前，俄羅斯的代總統弗拉基米爾．普京又神采奕奕地發表了電視講話，在電視上向全體俄羅斯人發表新年賀詞：

今天，在新年之夜，我和你們一樣，與親人和朋友聚在一起，準備聆聽俄羅斯總統伯里斯．葉爾欽先生的新年賀詞，但是今天下午情況突然發生了變化。今天，1999年12月31日，俄羅斯首任總統宣佈辭職。他請我向全國發表講話。

親愛的俄羅斯人，親愛的同胞們：

今天，我受任代理國家總統的職務，3個月後將透過總統競選選舉出新的俄羅斯總統。在這裡，我要告訴大家的是，國家將不會有一分鐘的權力真空，過去沒有，將來也不會有。我想告誡大家，任何超越俄羅斯法律、超越俄羅斯憲法的企圖都將被堅決制止。言論自由、信仰自由、輿論自由、個人權利——文明社會的這些基本因素都將得到國家的保護。武裝力量、聯邦邊防部隊、維持秩序的機關將按原來的正常狀態開展各自的工作。國家過去保衛了我們的安全，今後仍將保衛我們每個人的安全。

葉爾欽總統是完全根據國家憲法的規定做出了移交權力的決定，我們只能過一段時間以後才能恰如其分地評價這個人為俄羅斯所做的許多工作。我們現在已經很清楚地知道，俄羅斯走上了民主和改革的道路，沒有離開這條道路，可以宣佈自己是一個強大的獨立國家，這都是他的偉大功勞。我想祝願俄羅斯首任總統伯里斯．葉爾欽身體健康，生活幸福！

新年是俄羅斯最光明、最美好、最喜愛的節日。大家都知道，新年將實現許多願望，而在這個非同尋常的新一年裡，這種願望會更多一些。你們所有美好的願望一定會實現。親愛的朋友們，離2000年只剩下幾秒鐘的時間了。讓我們向親人和朋友露出笑臉，彼此發出熱烈、幸福、友愛的祝願；讓我們為了俄羅斯的新世紀，為了我們每個家庭的愛與和睦，為了我們父母和孩子的健康，乾杯！祝你們新年好，新世紀好！

在這篇新年賀詞中，代總統普京不僅高度評價了葉爾欽的歷史功績，並且送給葉爾欽一個新的稱號：俄羅斯的首任總統。

普京的講話剛剛結束，克里姆林宮鐘樓便響起了新年的鐘聲。新的一年到來了，21世紀到來了，俄羅斯也將翻開新的一頁。

等到勝利再舉杯

普京果然沒有讓葉爾欽失望。

1999年11月24日，在俄羅斯政府大樓，人們正在舉行慶祝活動，慶祝普京被正式任命為政府總理100天。不過，現場並沒有出現觥籌交錯、把酒言歡的景象，普京個人向來不喜歡各種形式的毫無意義的熱鬧場面。而且，普京當天還要在國家杜馬作國家經濟形勢報告，局面並不樂觀，不適宜的慶祝活動反而會把事情搞砸。

此時，再也沒有人驚訝地質疑：「他是誰？為什麼他當了總理？」因為普京已經成為家喻戶曉的政治家，連在街心花園和小狗玩耍的孩子都知道：普京是一個和壞蛋戰鬥的英雄！

對俄羅斯人民來說，最頑固最討厭的「壞蛋」，莫過於車臣。車臣問題由來已久，歷史積怨頗深。蘇聯局勢動盪時，別有居心的民族分離勢力在車臣、北奧塞提亞等高加索地區展開了連串分裂活動，野心不斷膨脹，手段也日趨狠辣，流血衝突事件時有發生。1991年蘇聯解體之後，車臣要求獨立的呼聲愈來愈高，反俄羅斯情緒日益高漲。從1994年開始，為了維護國家統一和領土完整，俄羅斯當局不斷派軍進攻車臣，但分裂武裝勢力負隅頑抗。

普京成為總理的兩個月前，車臣武裝部隊先偷襲了俄羅斯內務部隊哨所，隨後在車臣頭號恐怖分子巴薩耶夫的率領下又侵入達吉斯坦地區。除了大規模的軍事行動，車臣零散的武裝勢力也十分猖獗。他們採取游擊戰術，在車臣內外頻繁製造暗殺和恐怖活動，甚至在與克里姆林宮僅一牆之隔的馬涅什廣場地下商場也製造了恐怖爆炸事件。俄羅斯民眾驚恐不安，不管走在路上還是睡在家裡，都如驚弓之鳥。

普京就在北高加索地區的槍炮聲中上任了。他以極其強硬的態度駁斥了分離主義思潮，並決定對車臣展開軍事打擊，主動承擔起車臣問題的全部責任。他幾乎每天都要與國防部、總參謀部和內務部的高級官員見面，有時候甚至每天上午和晚上都要碰頭。他在第一時間看到政府高層之間的壁壘——他們互不瞭解，也互不相讓：軍隊不知道內務部在做什麼，內務部嘲笑總參謀部的人是一群只有腦子的傢伙，而一直挑剔其他部門毛病的聯邦安全局一點責任也不想承擔。為了軍事行動的順利展開，普京認為必須先解決一個問題：打破各部門之間的隔閡，把所有力量擰在一起，唯有一個不會彼此踩踏的團隊才能迎來勝利。

當這個問題協調好之後，普京出現在高加索空軍基地的一個軍用帳篷裡。與他相對而坐的，是15位俄羅斯高級軍官，有人剛剛從前線退下來，有人馬上就要出發。普京舉起一個酒杯，裡面是他極喜歡的伏特加酒。他說：「拜託你們了！」對面的將軍和上校也端起酒杯，準備一飲而盡。普京卻突然把酒杯放了下來，玻璃杯碰撞在石質桌面上，發出清脆的聲音。普京說：「將軍們，夥計們，當這一切徹底結束，這塊土地上不再有歹徒的時候，我再喝這杯酒。」

立刻有人濕了眼角。那些4年前參加過第一次車臣戰爭的人一直在抱怨，是那些搖擺不定、三心二意的政客使他們失去了全殲敵人的機會。現在他們知道，普京是和主戰的將軍們站在一起的，他們得到了一張真正的信任票。一週之前，這些將軍們還無奈地宣揚，如果政府下令停止進攻，他們將集體辭職。克里姆林宮裡，有人聽懂了他們的心聲。

很長一段時間，俄羅斯的政治家、軍方領導以及地方民族領袖，都把能否妥善解決車臣問題當作自己的政治籌碼，更將其作為攻擊對手、推諉責任的最佳藉口。這是俄羅斯政壇的「心病」，也是整個國家的毒瘤。現在，普京握著一把鋒利的手術刀，決定徹底將毒瘤清除乾淨。

事實上，普京也可以做出另一種更輕鬆的選擇，比如，將車臣劃分出去。早在第一次世界大戰後期，剛剛掌握政權的布爾什維克領導人就做出過類似的決定。那時候布爾什維克剛剛建立政權，高舉共產主義大旗，幾乎遭到所有資本主義國家的仇視，內部又有沙皇復辟勢力興風作浪，內外交困。以列寧為首的布爾什維克不得不放棄對部分沙俄勢力範圍的繼承權，如芬蘭、波蘭等地。但是，普京深知，一旦車臣獨立，那片土地就會成為分裂勢力繼續攻擊俄羅斯的碉堡。人們都知道，欲望是無窮的。他們一定會集結力量，蠶食周圍的城鎮，以保衛和鞏固獨立的勝利果實，毗鄰土地會相繼淪喪，其他地區會群起效仿……

「一旦這麼大的國家解體，絕不是一個國家的災難！歐洲與美國能容納多少難民呢？」每每想到籠罩在莫斯科上空的危險，普京都不寒而慄。儘管有人用「嚴厲」甚至「粗野」這樣令人不快的詞形容他，普京也從未改變打擊車臣勢力的決心：「我毫不懷疑我們的事業是正義的。」這個經歷過蘇聯解體的政治家，不想再次看到「一哄而散」的局面，他會堅定地把一切可能導致國家分裂的萌芽全部扼殺，斬草除根。

到11月17日，俄羅斯已經控制了車臣一半以上的領土。這固然得益於軍方指揮有力，戰士勇猛善戰，但政壇高層的強硬立場、果斷決策也發揮了重要作用。與車臣對陣期間，普京不再是從前的「簡訊人物」，他頻繁出現在電視、廣播、報紙等媒體上，每次亮相必談車臣問題，一再表示打擊恐怖活動的堅定決心。他還親赴前線，會晤指揮官與一線官兵。僅憑車臣一役，這位「鐵腕總理」就贏得了軍方和民眾的廣泛支持。

在11月21日一項題為《如果今天選舉總統，你會選誰》的民意調查中，普京的選票高達

42%。在莫斯科郊外「高爾基9號」總統官邸，葉爾欽得意地說：「普京總理是俄羅斯下屆總統的唯一最佳人選。」一些之前對普京持懷疑態度的政治家，也紛紛表示支持普京參加競選。

在普京專心與車臣作戰時，其他政治家正在為2000年總統大選積極籌備著。

從總理職位退下的普里馬科夫加盟「祖國——全俄羅斯」競選聯盟，該聯盟與普里馬科夫的民意支持率都不斷攀升；俄共領導人久加諾夫曾在1996年的總統大選中與葉爾欽展開決戰，聲望一直很高；獲得俄右翼反對派支持的「亞博盧」集團主席格裡高利·亞夫林斯基在上屆總統競選中排名第四。

如果這些強勁的對手是衝著葉爾欽而來，總統先生一定會像隻憤怒的獅子似的直撲過去。普京卻不願和他們對著幹，而是採取更加迂迴的策略——他只需要一心一意解決車臣危機，把總理應該處理的事情處理好——他做了哪些事情，他是否有能力管理這個國家，人民看得到。在12月19日的俄羅斯國家杜馬選舉中，支持普京的「團結」聯盟獲得74個席位，成為杜馬中第二大議會黨團。這使俄羅斯大選變得更加明朗。葉爾欽很開心，他一直想親手將普京推上總統寶座，而距離這一天的到來又近了許多。

一句諺語在俄羅斯百姓中流傳得越來越廣：「**不是職位使人榮耀，而是人使職位變得重要**。」普京之所以得到民眾廣泛的認可和支持，不是因為總理這個職務賦予他榮光，而是因為他在總理這個位置上做出的政績，讓人民願意相信他，願意把國家託付給他。

按照法律規定，總統大選將在2000年6月舉行。大多數人已經預見到普京將贏得大選的勝利，他將在新千年的夏天以總統身分入主克里姆林宮。但是，他們現任的總統先生總是喜歡做一些出人意料的事情。他利用手中最後的權力，將這一時刻提前了。

Part 5

崢嶸歲月裡的鐵血蛻變

踏著血火前進的新世紀總統

「照看好俄羅斯」——接過王者使命

1999年12月22日，葉爾欽坐在總統專駕裡，看著窗外景物飛速地掠過。這將是繁忙的一天，日程表上寫著他有一連串重要的會見。

總統的車隊在克里姆林宮前停下，葉爾欽像往常一樣走進了自己的辦公室。他做的第一件事情，是簽署關於俄羅斯聯邦明年預算的命令，以及俄羅斯聯邦總統選舉法的命令。然後，他叫來自己的秘書，讓他把總理普京叫來。「總理正在主持政府工作會議。」「去把他叫來。」普京不得不中斷政府工作會議前往克里姆林宮。秘書把他帶到了葉爾欽的辦公室，然後替他們關上了門。雖然普京知道葉爾欽肯定有極重要的事情要交代，但這件事情的重大程度還是超出了他的想像。「最近我一直在考慮國內的局勢，我決定提前辭職。」葉爾欽看著他「欽定」的接班人，目光沉靜。普京語塞。

「但是，即使您不像以往那樣積極參與各種事務，只要您在，對我、對國家都有利。國內目前已經形成了一種均衡局勢，您在位對繼續保持這一點非常重要。」普京的思路終於恢復了正常，「伯里斯．尼古拉耶維奇！俄羅斯非常需要您。我們和您一起工作，這很重要。要不，您到期再離職？」

「弗拉基米爾，我要你接替我。你同意嗎？」「這是一個重大的問題，請給我時間考慮。」普京回答。

1999年12月31日，離新年到來還有12個小時。住在莫斯科中央區的伊戈爾先生坐在火爐旁的沙發上看報紙，他的小兒子坐在地毯上看動畫片。伊戈爾先生不時聽到電視裡傳來變形誇張的聲音，小兒子隨著電視裡的對話發出咯咯的笑聲。突然，小兒子的笑聲低了，他開始抽泣起來。伊戈爾先生放下報紙轉過身，原來是動畫片被中斷了，電視上出現了葉爾欽的臉。這位年近古稀的老人坐在裝飾著新年樹與俄羅斯國旗的背景板前。伊戈爾先生發現，總統的臉色特別蒼白，他覺得那是因為背景板的顏色太過豐富了。伊戈爾先生走到電視前，抱起因動畫片被打斷而哭泣的小兒子，小聲地哄著他。伊戈爾先生覺得有些奇怪，總統的新年電視講話總是要在新年鐘聲響起的前幾分鐘才開始，為什麼今年這麼早？他抬頭看了看牆上的掛鐘，的確還只是中午。

不過，對於這個換總理像換襯衫一樣的總統來說，他提前發佈新年電視講話真的不是什麼特別的事。他總是出乎所有人的意料。伊戈爾先生以為，不管葉爾欽做什麼都不會再讓自己驚訝，但這次他還是感到了驚詫。他聽到總統說：「我決定在即將過去的世紀的最後一天辭去總統職務……」小兒子漸漸停止了抽泣，伊戈爾先生抱著他站在電視機前，聽著總統的去職講話。「……我多次聽人說，葉爾欽將採取一切措施維持權力，他不會把權力交給任何人。這是無稽之談。我一直強調我不會背離憲法一步，國家杜馬選舉應按期舉行。我也曾想過，總統選舉在2000年6月按期舉行。這對俄羅斯來說非常重要，我們開創一個文明和自願交接政權的先例，前任總統把權力交給新選出的總統……」

聽到這裡，伊戈爾先生腦子裡浮現出現任總理弗拉基米爾·弗拉基米羅維奇·普京的臉。那是葉爾欽親自指定的接班人。「……根據憲法，我在決定辭職時簽署了把俄羅斯總統職責交給政府總埋普京的命令。在未來3個月的時間裡，他將是國家元首，3個月之後將舉行總統選舉……我自始至終都對俄羅斯人的驚人智慧懷有最堅定的信心，因此我也相信你們在2000年3月底所做出的選擇。在離開總統職位的時候，我想對你們每一個人說，祝你們幸福！你們應該得到幸福，你們應該得到幸福與安寧。我親愛的同胞們，祝你們新年愉快！新世紀愉快！」

葉爾欽的講話結束了，電視裡重新開始播放動畫片。伊戈爾先生放下小兒子走到電話機前，他要對柳達表示祝賀。「柳達，恭喜你。」伊戈爾對普京的妻子說。「也恭喜你。」柳達回答。「恭喜我？柳達，你在說什麼？是瓦洛佳，你的丈夫被任命為代總統了。你沒有看電視嗎？」柳達的確沒有看電視，她以為伊戈爾的電話是向她祝賀新年的。這時她才知道，自己的丈夫接替了那個曾經影響世界歷史進程的強硬老人。

葉爾欽在發表完電視講話後，與普京一起走進了辦公室。葉爾欽手捧著憲法文本以及「祖國功勳」一級勳章——那象徵著總統權力——走到普京面前，鄭重地交給了他。接下來，葉爾欽交出了俄羅斯的最後一項權力——核密碼箱，他將它遞給了普京。就在這一刻，一個念頭劃過葉爾欽的腦際：或許今後我不會再失眠了。所有的儀式都結束了，葉爾欽舉行了一場小型的告別午宴，他在宴會上發表了簡短的講話，然後，一切結束。他即將離開。普京看著他，第一次覺得眼前的葉爾欽是一位老人。

葉爾欽，從一個建築工人幹起，一直做到蘇共中央政治局委員，莫斯科市市長，蘇聯俄羅斯聯邦最高蘇維埃主席。他在政壇上幾度浮沉，最終站在了俄羅斯首任民選總統的位置上。1991年的「8．19」事件是他政治生命最為奪目的時刻。那以後，他為俄羅斯聯邦取得了蘇聯的一切實權，他停止了蘇共的活動，撤銷了KGB，他一步一步地瓦解了聯盟。在那年的耶誕節，他從戈巴契夫手中接過他今生最珍貴的聖誕禮物——蘇聯的核按鈕控制權——從此，葉爾欽登上了俄羅斯之巔。

但此後，他所做的一切都充滿爭議，他似乎並不是一個稱職的總統。他為俄羅斯所做的儘管是出於好心，但他讓早已疲憊的俄羅斯陷入休克狀態，走向崩潰的邊緣。他的權力太大，他的作風太強硬，他在車臣問題上無所作為，他在政治改革上錯誤頻頻……這一切都大大傷了俄羅斯人民的心。葉爾欽做出過巨大的貢獻，也犯過許多錯誤，但毫無疑問，他為解放與自由所做的一切嘗試已經令他走進永恆的歷史中。

普京明顯地感受到這位老人今天的沉重心情。在發表電視講話時，很多人眼裡都噙著淚水。有將軍，有部長，這些人可都是俄羅斯最硬的漢子。他安慰大家：「今年的新年過得非常好，已經很久沒有這樣過年了。」在這個特殊的日子裡，這位強硬了一輩子的老人依然沉穩而堅強。但他此刻的眼神出賣了他，普京看到了老人眼中的惆悵。

葉爾欽站在克里姆林宮高大的穹窿下，環視著四周：院牆、窗戶、建築……一切都那麼熟悉。葉爾欽知道，在他的電視講話後，觀察家們的眼鏡會碎成一地，沒有人想到他會在這個時候辭職。在他們眼中，葉爾欽在任何時候都不會把權力移交給任何人。普京的前幾任總理一度想架空葉爾欽的權力，但沒有一個人得逞。沒有人能讓葉爾欽離開克里姆林宮，除非他自願。

這一次，肯定會有人認為他辭職是因為健康原因，但只有他自己清楚，這並不是決定性的因素。正如他在電視講話裡說的，他已經為俄羅斯做了他所能做的一切。無論結果是不是符合別人的期待，但他的確努力地為俄羅斯尋找出路。現在，他看到了新一代人，能做得更多更好的一代人。俄羅斯已有一個強有力的人物，一個準備做總統的強人。今天幾乎所有的俄羅斯人都把希望寄託在普京身上，自己為什麼要妨礙他呢？

葉爾欽看著一直陪著他的普京，他很喜歡普京的剛毅與強硬，可是當普京聽到自己要提前辭職的消息時，竟然一下子說不出話來。那是葉爾欽第一次從普京眼裡看到驚慌，但也只是一閃而過。原來，一向堅韌的普京也有頂不住的時候。那天普京說要給他時間考慮關於接任的事情，儘管如此，葉爾欽知道普京不會讓自己失望。葉爾欽還記得那次談話後，12月29日，當他在克里姆林宮的辦公室裡看到普京走進來時，他發現普京變得更加堅毅。普京終是沒有令他失望。

這時，葉爾欽好像突然想起了什麼，對普京說：「我差點忘了一件事，這是簽署總統令的鋼筆。」他邊說邊從口袋裡拿出一支派克金筆，普京接了過去。然後葉爾欽長出了一口氣，好了，一切都結束了，今天要辦的所有事情都辦完了。他雙手環著普京的肩膀，在他耳邊說：「你要照看好俄羅斯。」普京看著他，點了點頭。

終於，這位在俄羅斯總統位置上坐了將近10年的老人，邁著沉穩的步子走出了克里姆林宮。他退休了，他要回到「高爾基9號」與家人一起過新年。許多年來，葉爾欽第一次感受到了新年的氣息，他覺得自己給大家送了一份完美的新年禮物。

為什麼會是普京？

普京在俄羅斯政壇上演了一齣絕妙好戲：所有吵嚷著認為自己應接管總統權力的人最終都倒下了，而這個從不顯山露水的人最終接過了總統旗。普京甚至想都沒有想過自己會成為總統。

整個國家都迷惑了，普京沒有走過從政者應該走的「階梯」：經濟工作、政治事務，地區的、聯邦的……他在10年內由一個記者口中的「簡訊人物」——在各種政治場合出現，卻少有詳細報導他的內容——火箭般躥升至代總統，佔據各大媒體的頭條。這個從不顯山露水的人，演繹了一段政治傳奇。一路走來，普京與所有英雄史詩中的孤膽英雄一樣，隻身一人，沒有任何靠山，沒有所謂的「圈子」可以保證他在失敗後有最終歸屬。

儘管很多人說，他屬於索布恰克的圈子，但索布恰克說：「不，他不屬於任何人。他代表的是國家。」也有人說，他是葉爾欽「家族」裡的人，但葉爾欽說：「俄羅斯聯邦第一任總統與自己接班人之間的相識只是在1997年3月才開始的。那時，普京擔任克里姆林宮辦公廳副主任監察總局局長，不久普京成為瓦連京·尤馬舍夫領導的總統辦公廳的一位副主任。」

普京從來沒有想過走進索布恰克或是葉爾欽的圈子，他站在圈外，與所有人保持著不近不遠的距離。唯一指導他的行動原則是道義與俄羅斯的利益。因此，普京唯有自己可以依靠，他那清醒而冷靜的頭腦、果敢而堅韌的性格，正是與他相伴一路的幸運星。當然，個人的優秀總是在對比之後才能顯現。實際上，葉爾欽在最開始時並沒有注意到普京，他身邊的政治大腕多的是，比如：右翼領導人伯里斯·涅姆佐夫。

他與普京相比，顯然是政界最難相處的人。他腦子裡總是有想法，但這些想法從來不會傳達給別人。當你知道他在想什麼的時候，他或許已經將其付諸行動了。比如有一次，他突然冒出一個想法，所有人都必須乘坐國產轎車。因此，葉爾欽總統的賓士變成了俄羅斯國產的伏爾加轄車。

再比如：前總理伊戈爾．蓋達爾。

這位總是與總統唱對臺戲的前總理顯然不能讓葉爾欽滿意。葉爾欽在退休後提到他時還不斷抱怨：「我真的無法忍受他，我們可以爭上幾個小時，哪怕爭上幾天都不奇怪。他對我橫加指責，可是我得尊重他。我必須心平氣和地說『謝謝』，但是，我的心理鬥爭就像黑海上的風暴。」

這些人都不合俄羅斯首任總統的胃口。不可否認，葉爾欽在普京的政治生涯中扮演了一個極重要的角色。他以自己獨有的方式，將這位優秀的人推進了克里姆林宮。葉爾欽在很多問題上犯了錯，但在普京的任命上，葉爾欽沒有出過任何一點差錯。

假如有人問葉爾欽對普京的看法，他會說：「我對他的研究可不僅僅停留在履歷上，事實上，我關注他很長一段時間了。他為索布恰克工作過，我不可能不注意到他。說實話，他工作得相當出色。他冷靜、機智、有見識，最重要的是他品行端正。還記得他把索布恰克送出俄羅斯嗎？這件事讓我看到他身上最閃光的一點——忠誠，還有什麼能比一個忠誠的人更值得信賴？我相信他就是那個能夠幫俄羅斯解決最棘手問題的人。就憑他那股勁，寧被忠誠絞死，也不願背叛偷生。他不會顧及自己的前途，他會犧牲一切向前。我就是要一個這樣的人。」

當然，普京的政治導師索布恰克的意見也不能錯過：「普京令我有種肅然起敬的感覺。我在政壇摸爬滾打了這麼多年，普京是我見到的少有的對權力巔峰沒有過分欲望的人。他說到的話一定會做到。他強硬，有時甚至過分強硬，但是他不會在俄羅斯人中激起那種狹隘的民族主義的本能。他讓人平靜，讓人信賴，讓人充滿希望。他從不會為了謀取職位而搞陰謀詭計，他沒有爭權奪利的野心。如果他注定當總統，那麼他就能夠肩負起責任。」

發佈競選總統的綱領

做好一切準備是普京的信條，為了打好總統選戰，普京和葉爾欽兩個人默契配合，為最終的勝利而努力著。

1999年8月10日，剛剛被葉爾欽任命為俄羅斯政府總理的普京在克里姆林宮對記者表示，他打算角逐即將於2000年舉行的總統競選，「我決定將參加選舉。」在說這句話時，普京眼中透著一份堅毅。同一天，葉爾欽發表電視講話，宣佈他已經簽署了關於國家杜馬選舉的命令，國家杜馬選舉將於12月19日舉行。因為俄羅斯杜馬的選舉在很大程度上被人們看作是總統競選的預演，葉爾欽的這番講話被人們看作是對普京表態的回應。

蘇聯解體、俄羅斯獨立後，各種政治和社會組織如雨後春筍般冒了出來，據統計，1999年在俄羅斯正式註冊為全聯邦性的政黨有150個、政治運動50個，另外還有許多社會集團（聯合組織）。其實，這些所謂的「政黨」、「運動」、「集團」並沒有什麼實質差別。當時在杜馬中最具有競爭實力且影響力較大的組織有3個：「祖國—全俄羅斯」聯盟，領導人是前總理普里馬科夫、莫斯科市長盧日科夫，該聯盟分佈廣泛，有近30萬成員；俄羅斯共產黨，有55萬名黨員，有眾多基層組織；「亞博盧」集團領導人為格里高利·亞夫林斯基、前政府總理斯捷帕申和前駐美大使弗拉基米爾·盧金。但是，這三個比較有實力的組織基本都是反對葉爾欽的。在杜馬中，也有一個叫做「我們的家園——俄羅斯」運動是親葉爾欽的，根據一項調查顯示，它只有2%的支持率，很難突破5%入圍杜馬所需的選票大關。如果照此情形發展下去，普京在總統大選中將處於十分不利的境地。但是好在杜馬的議員有一半是從地方選區選出的，這些人裡有很多人是親克里姆林宮的。

隨後，葉爾欽授意將親總統的地方勢力組織起來，組建一個新的政治聯盟，以便在杜馬和總統選舉中削弱其他政治勢力，確保實現輔助普京上臺的政治意圖。在葉爾欽的授意下，一個新的政治聯盟——「團結」聯盟於1999年9月27日成立。

1999年12月19日，是俄羅斯人舉國矚目的一天，這一天，俄羅斯聯邦第三屆杜馬大選如期舉行。經過三天的激烈角逐，最終有6個黨派獲得了5%以上選票，得以進入杜馬。其中，俄共得票率為24.29%；「團結」聯盟23.24%；「祖國—全俄羅斯」聯盟13.12%；「右翼力量」聯盟8.6%；「亞博盧」集團5.98%；「日里諾夫斯基」聯盟6.4%。其中，親葉爾欽和普京的「團結」聯盟和「右翼力量」聯盟總共獲得了超過31.84%的選票。無疑，這次杜馬選舉最大的贏家是葉爾欽和普京。普京的勁敵，領導「祖國—全俄羅斯」聯盟的普里馬科夫在這次選舉中嚴重受挫、一蹶不振。普京在競選總統的道路上邁出了第一步。

為了使普京的當選更為順利，在杜馬選舉的8天後，葉爾欽做出了一個驚人的決定。1999年12月31日，葉爾欽突然宣佈辭職，並下令由普京代理俄聯邦總統。葉爾欽這麼做，是想給其他候選人一個措手不及。按照原定計畫，俄羅斯的總統選舉應該在2000年6月，而按照俄羅斯的憲法，總統辭職後，應當在3個月內進行新總統選舉。如此一來，其他候選人就很難在短時間內做好充分的準備。另外，俄羅斯的憲法還規定，參選人必須獲得100萬名選民的支持簽名，才能正式註冊為候選人。由於選舉提前，所以徵集簽名的數量減半，最後期限是2月18日。但是即便如此，在不到3個月的時間內徵集50萬人的簽名也是相當困難的。這無疑又為普京的勝選增加了砝碼。

當時參加競選的，除普京之外還有11人，與這些人相比，普京具有幾方面的優勢：第一，葉爾欽辭職後，普京成為俄羅斯頭號實權人物。他不僅繼續領導政府，而且直接控制原來由葉爾欽把持的強力部門。第二，普京在車臣戰爭中態度強硬，得到了軍方的有力支持。第三，由於普京代總統的特殊職位，使得一些舉棋不定的某些地方領導人可能倒向普京，透過對普京的政治支持，換取地方經濟上的好處。第四，普京沒有歷史包袱，反對派幾乎難以找到對他下手的地方。第五，葉爾欽下臺後，原先支持克里姆林宮的一些「寡頭」也會轉而投到普京的麾下；原來攻擊葉爾欽的政黨派別中的部分人員也有可能因失去靶子轉而支持普京。第六，普京具有年齡和健康上的優勢。在上述優勢中，普京在打擊車臣恐怖主義行動中表現出的強硬態度，順應了民意，贏得了民心。俄羅斯人民更期望透過他與眾不同的才幹和魄力，為俄羅斯帶來東山再起的機會。

當然，僅僅具有優勢是不夠的，這並不能保證普京能夠勝利當選。為了制定出合適的競選策略，完善自己的政治形象，普京組建了自己的智囊團。這個智囊團的大多數人是由普京親自挑選的，來自許多領域。為了使普京的聲望在3月的大選時達到頂峰，智囊團的菁英們出謀劃策，展開了一連串的行動，如研究公眾的喜好，確保普京能夠對俄羅斯社會的主流意見做出迅速而積極的反應；運用愛國主義精神，向人們展示普京保衛祖國的決心……

2000年2月14日，按照俄羅斯憲法規定，普京向中央選舉委員會提交了50萬合法選民的支持簽名和本人及其家人財產收入情況的文件。至此，普京正式成為俄羅斯第三屆總統選舉候選人。

透過智囊團的努力，越來越多的民眾和政治力量紛靠普京，反對普京的只有俄共和「亞博盧」集團兩個政治力量。

2000年2月25日，普京發表了《致俄羅斯公民的公開信》，闡述了他競選總統的綱領，以回應此前咄咄逼人的久加諾夫。普京在信中寫道：

尊敬的朋友們，你們好！

我不闡述什麼全面的綱領，請允許我談談競選的一些關鍵問題。特殊的道德標準和實際上把整個民族聯繫在一起的統一目標一向是俄羅斯人的特點。這曾經使我國人民在最困難的年代站穩了腳跟並取得勝利——無論在戰前、戰後，還是在戰爭時期都是這樣。我們現在的問題不在於要重新尋找赫赫有名的民族思想，事實上，我認為這種思想已經存在，它已經在社會上相當明確地表現了出來。

我們應該明白，當各國在世界舞臺上競爭時，我們的對手非常強大，我們應該明確地給自己提出國家發展的有效途徑。

權力機關要有作為、負責任，而且要頑強地達到目的。國家機構應該是內行的、靈活的、守紀律的，不應該是臃腫的、懈怠的、對人民漠不關心的官僚圈子。

還有一個我們需要解決的重大問題，那就是我們大家——全體公民和國家機關應遵循的、複雜的卻是公認的遊戲規則：遵守法律和憲法，即國家的法律秩序。我認為，無論是在政治上，還是在經濟上，這都是今天俄羅斯面臨的最大、最嚴重的問題之一。整頓法律結構與打擊貪污腐化同樣具有頭等重要的意義，這不單單是法律領域的事。

富裕的俄羅斯不能容忍任何人因為她貧窮了而來侮辱她。我要再重複一次我在《致選民的公開信》中所闡述的觀點——應當直截了當地說，我們國家富裕，但居民貧窮，所以我們的重點是要使人民過上好日子。普通公民最關心的是什麼，對這一問題每做一次社會調查都會顯示，人們有權、也希望過上好日子。我認為，為達到這一目標，每一個政權都應承擔起道德責任和政治責任，無論它所依靠的是什麼。造福於人民，為普通公民謀利益，這才是每一個政權的最終目標。

讓市場的所有主體都能和政權保持同等距離是所有權的保障，也是政治經濟領域的一塊基石。顯然，如果國家不能履行我所提到的那些職能，就不能提出有保障的遊戲規則，這一領域就會被影子經濟所佔領，這是國力衰弱的表現。問題的另一方面是不對市場進行內行的和耐心細緻的調節也不會有國家的強大。但調節不是市場脖子上的索套，而是對市場的支持，是為各經營主體創造平等的條件。

對一個強大的國家來說，公民不能沒有尊嚴感，整個國家不能沒有民族自豪感。這些基礎原則是看待我們對內對外政策的基礎。我覺得，我們有能力調動國家的一切資源，有能力調動社會的一切力量和俄羅斯全體公民的勞動熱情。我認為，歸根結底，這既是我的根本目的所在，也是今天所有在場人的根本目的所在。

這封公開信中提到的諸多問題，如消滅貧窮、打擊貪腐等，都說到了俄羅斯民眾的心坎上，因為這些問題正是民眾所關心的。這封公開信得到了選民的熱烈回應。後來的一項民意調查顯示，普京在2月份的支持率超過了50%，而排名第二的久加諾夫只有15.6%的支持率。如果不出意外，普京在第一輪投票中就能獲勝。

在血火中前進的新總統

「新世紀！新總統！」俄羅斯代總統普京一個人坐在辦公室裡，耳邊迴響著尤馬舍夫對葉爾欽辭職一事所發表的評論。這個評論聽起來的確很妙，可是俄羅斯的新總統在新世紀裡依然要面對20世紀的舊問題。

從葉爾欽離開克里姆林宮開始，從午後到現在，普京一直在會議與會談中度過。他約見了國防部部長、安全局局長、內務部部長，此後，還召開了安全擴大會議、政府緊急會議……在一連串的會談與約見中，這些領導俄羅斯的人達成了共識。葉爾欽時代的對外政策將不會改變，他們會繼續進行武裝力量改革，而穩定是他們在大選到來前所要面對的頭等大事。然後，他舉行了晚宴，在燈火輝煌的克里姆林宮裡，他與上千名政界菁英共進晚餐，氣氛熱烈……

敲門聲打斷了普京的思緒，秘書走進來告訴他，再過5分鐘就要開始錄電視新年致辭了。普京點點頭，吞下最後一口咖啡，揉了揉太陽穴，走出了辦公室。

念完新年致辭的最後一個字，普京與在場的工作人員互道了新年祝福後，便匆匆趕往機場，他要到車臣去。早在3個星期以前，他就動了去那裡看望俄軍官兵的念頭。當時，他問柳達：「我要去車臣過新年，你一起來嗎？」柳達當時沒有答應，但後來她同意了。就在幾個小時前，他授意俄軍最高軍部向車臣非法武裝採取大規模軍事行動。現在，應該有數百枚炮彈在那些匪徒的陣地上炸開，俄軍的戰機應該壓得他們抬不起頭來。

普京坐上直升機，準備前往車臣古傑爾梅斯。那天陪著普京的除了工作人員外，還有他的妻子柳達。柳達坐在普京身邊，握著他的手。她原先並不打算來，因為她不想把孩子們留下，而且萬一他們在那裡出了事……她不敢往下想，不過她後來改變了主意，無論如何她都不能失去瓦洛佳。既然一切都難以預料，那麼她就更應該陪在他身邊。

那天的能見度很低，大霧阻擋了飛行員的視線，也妨礙了他們的行程。飛行員無法在古傑爾梅斯著陸，視野太差。無奈之下，只得調頭回去。普京看了看手錶，23點40分，離新年還有20分鐘，他說：「來點香檳吧，新年要來了，總得慶祝一下。」就這樣，普京和柳達一起在飛機上迎來了新世紀。

所有人都認為普京無法在新年那天趕到古傑爾梅斯去，除了柳達。她瞭解自己的丈夫，對普京而言，什麼時候、怎麼去不重要，最重要的是要到哪裡去。果然，普京想到了辦法，只是他對她說的那句話令她有些不滿：「我們開車去，你留下吧。」

「那怎麼行！」柳達立刻反駁，「誰願意在飛了這麼長時間後留在這裡乾等？」於是，她和普京一起擠進了汽車。這時是凌晨2點。柳達一上車就睡了，她睡了一路。兩個半小時後，他們到達了目的地。

普京知道自己必須來，他必須讓俄羅斯的士兵與車臣的人民知道，俄羅斯的軍隊不會離開這裡，俄羅斯的最高領導人將和他們站在一起，整個俄羅斯都會支持他們的行動。

應該用什麼詞來形容士兵們看到弗拉基米爾·弗拉基米羅維奇·普京時的表情呢？驚歎？迷惑？興奮？全是，也全不是。當這些感情表現在因戰爭而顯得無比疲憊的臉上時，真的無法用任何合適的形容詞來描述。普京來了，站在他們面前。那個從來只在電視上看到的人現在從電視上走了出來，在新年的第一天，在這個硝煙瀰漫隨時可能喪命的地方，帶著他的妻子。小夥子們非得掐自己一把，才能相信這一切都是真的。一個小時後，他往回趕，然後飛回了莫斯科。天亮了，2000年1月1日，新年新世紀。

普京在新年帶來的慰問，無疑為戰場上的疲憊靈魂注入了活力。那天晚上，俄羅斯的士兵擊斃了車臣非法武裝的7名戰地指揮官。

上一屆領導人在車臣問題上的搖擺態度與錯誤決策，讓車臣問題與俄羅斯的其他痼疾一起，結成了影響這個龐大國家命運走向的死結。而普京在1999年11月以來做出的針對車臣武裝力量的強硬決定，成功地撬動了車臣問題這塊頑固的巨石。沒有人會懷疑他為了恢復中央權威與樹立個人威信在車臣問題上將要採取的強硬態度。普京無論出於哪方面考慮，都必須緊緊抓住「解決車臣問題」這個槓桿，扭轉俄羅斯的形勢。儘管最後的結果令人滿意，但只有普京自己知道，他在做出決定的時候，處境有多麼艱難。除非成功，否則他將一敗塗地。

最終，新聞媒體從代總統普京那裡聽到的是：「俄羅斯絕不會與恐怖分子做什麼交易，也絕不會屈服於任何敲詐勒索。」這是典型的普京式作風。還有4000多名非法武裝人員在作困獸之鬥，普京不會給他們任何機會。他頂住了巨大壓力，在克里姆林宮裡推著俄羅斯的軍隊步步向前，帶著他用火與血書寫的關於和平的訊息。

2000年1月2日，俄軍佔領了車臣南部的戰略要塞韋傑諾，車臣非法武裝的咽喉被扼住了。1月13日，80多架次的俄軍轟炸機對車臣南部山區非法武裝分子的基地進行了轟炸。很快，普京在克里姆林宮收到消息，俄羅斯的國旗插上了諾札伊尤爾特區中心的土地。1月17日，5點30分，俄軍打響了解放車臣首府格羅茲尼的戰鬥。21日，普京向那裡派去了特種部隊。2月4日，格羅茲尼解放。

鮮血與戰火鑄就了普京進入克里姆林宮後的第一個光環。他的強硬與鐵血作風給了俄羅斯人信心，人們似乎從這個目光堅毅的男人身上看到千瘡百孔的俄羅斯正在以它獨有的方式慢慢恢復。

洗好牌後再開局

普京成為代總統的第一天就簽署了一份關於葉爾欽的命令——《關於對停止行使全權的俄聯邦總統及其家人提供法律保障的命令》。在這份命令裡，普京給了葉爾欽及其家人最大限度的保護與照顧，葉爾欽此後在出訪其他國家時，仍然享受總統待遇，他依然可以與外國領導人通話，和他們商討時政大事。

普京能夠理解這位政治強人在退居到莫斯科郊外的私人住宅後將會面臨怎樣強烈的失落感，因此，他的這份命令是對這位老人最後的善意關照。但在關照葉爾欽的同時，普京還必須關照他給自己留下的「處於歷史上最艱難時期的俄羅斯」，普京不得不為葉爾欽在執政時期所犯的錯誤埋單。

車臣是普京在克里姆林宮之外理清的第一團亂麻，在克里姆林宮之內，他將閃亮的刀鋒對準了政府班底，行動之快令人驚歎。政府辦公室的洗牌就發生在1999年12月31日，葉爾欽辭職的那一天。

德米特里·阿納托利耶維奇·梅德韋傑夫是列寧格勒大學法律系1987年的畢業生，和普京是校友，1999年，他追隨普京走進了俄羅斯政府辦公廳。

「我的兄弟，坐下，我有重要的事情跟你談。」普京對剛剛走進辦公室的梅德韋傑夫說。梅德韋傑夫一向很對普京的胃口，普京覺得，他具有典型的文人氣質。今天，他穿著藍色西服套裝，一貫的得體，西裝上衣裡面是白色的寬領襯衫。普京注意到，他今天打的領帶是現在流行的最新款式。梅德韋傑夫衝普京笑笑，然後坐了下來。他笑起來很憨厚，不像一名政客。「我決定讓你當我的辦公廳副主任。還有伊戈爾·謝欽，我打算也把他調來當副主任。」普京沒有在梅德韋傑夫臉上看到太多表情，當然，他印象中的季馬一向平和低調。「出於穩定考慮，我決定保留沃洛申的職位，他還是總統辦公廳主任。」普京繼續說，「我現在想聽聽你的意見。」

梅德韋傑夫目光深邃地看著普京——他的同鄉、校友、一路走來的親密戰友，說：「那您打算如何安排他們，其他辦公廳副主任？」「我當然有安排。」「好的，那我沒有意見。」梅德韋傑夫說。普京的動作很大，他除了留下沃洛申之外，其他葉爾欽時代的人都被解除了職務。然後，普京的親信與得力幹將進入克里姆林宮。

普京的第一次出手並沒有引起多大的波動，因為沒有哪一個國家的領導在新上任之後會保留前任的政府班底，人事上的大動作再正常不過，這是新領導人與舊領導班底劃清界線的標誌。對普京而言，第一次換血並不能明顯地體現他與葉爾欽時代的分割，真正標誌這一點的，是他在2000年1月10日對博羅金的調任。

博羅金是財政總管，前總統身邊的紅人，但他一直以來都是俄羅斯官場貪腐的代名詞。普京必須對博羅金開刀，否則他一定會因為博羅金的錯誤而耽誤自己的政治前途。但是，他剛剛接替葉爾欽，他的頭銜畢竟只是「代總統」，他不能這麼快就給自己找對手，因此，他做出了一個決定。

「博羅金，俄白聯盟國務秘書。」博羅金看著委任狀，心頭堵著一口氣卻只能咽下。他現在不得不佩服葉爾欽挑人的眼光，普京果然是心思縝密的人物。「聯盟國務秘書」，看起來不錯，從財政大臣變成國務秘書，真是給他留足了面子，但是除了面子之外，普京並沒有給他留下任何實質性的東西，聯盟國務秘書手上並沒有實權。博羅金最後一次坐在克里姆林宮的辦公室裡，看到巨大玻璃窗外的夕陽正透出壯麗的血紅色。

普京在重組內閣中的另一個引人注目的人事安排，是關於總統辦公廳第一副主任阿克肖年科的。這位葉爾欽的親信、俄羅斯經濟寡頭在內閣的最大靠山，如今離開內閣，成了交通部部長。對這樣一位人物毫不留情地降級，是普京在向寡頭政治發出警告：「我不喜歡你們。」這也意味著，普京一旦執政，寡頭政治將會面對他黑森森的槍口。

博羅金調離，阿克肖年科降級，葉爾欽的影子在克里姆林宮裡漸漸退去。但事情並沒有就此結束，與葉爾欽路線割裂只是表面，普京真正的目的在於為3月的競選造勢。普京很清楚競選是怎麼回事：讓自己人更有信心，讓中間派偏向自己。為了爭取更多支持，他必須在自己身邊建構一個穩定的人員體系，讓自己信賴的人幫自己在競選中爭取選票。而他在自己身邊安放的每一顆棋子都在傳達一個資訊：普京的治國政策偏向。

「他的治國政策將偏向金融與經濟。」觀察家們幾乎得出了一致的結論，否則他不會讓談判高手凱西亞諾夫擔任新的財政部部長。普京必須借著凱西亞諾夫的口才幫他從國際上「勸」回新的國際貸款，否則一旦贏得大選，他的第一季度將會很難過——有30億美元的國際債務等著俄羅斯償還。

普京信奉「強國」理念，他對俄羅斯形勢的認識與判斷要比葉爾欽清楚得多，他必須在保持穩定的同時讓疲憊的俄羅斯重新回到世界一流強國的行列裡。

無法打敗的獨一無二

天空有些陰沉，陽光從烏雲的間隙透下，形成一道道光柱，打在莫斯科總統飯店富麗的拱形玻璃屋頂上。街上的行人在冰冷的空氣中腳步匆匆，莫斯科總統飯店的大廳裡卻溫暖而明亮，綠蘿和龜背竹在燈光的點染下顯得生機勃勃。

大廳裡一共有197個人，政界名流、商界菁英、文藝名人……人們在香水與香檳混合的空氣裡，三五成群地聚在一起議論著今天的主角。

「除了他還有誰，你知道，他可是葉爾欽『欽定』的人。」

「是的，葉爾欽讓他當總理，是為他鋪路，無論如何他這一步走得很高妙。」

「他的能力有目共睹。俄羅斯需要新的精神。」

「他的擔子可不輕，車臣、經濟、美國人、北約……幸好他是個精力充沛的人。」

……

「各位，請安靜一下。我們今天聚在這裡的目的很明確。我們以公民倡議小組的名義，推舉俄羅斯代總統，弗拉基米爾．弗拉基米羅維奇．普京為總統候選人。」主持人的話音剛落，掌聲潮水般響起。普京從人群中走出來，向大家揮手致意，「感謝大家對我的信任。我將會擔起我的責任，擔起你們對我的信任與期待。我一定會盡最大的努力贏得這次大選。」

窗外下著小雨，這是進入春天後的第一場雨，它滋潤著土地，催生枝上的新芽。普京看著台下的人群，不知為何想起他曾對葉爾欽說：「我不喜歡競選。」這句話是發自內心的，不可否認，索布恰克競選的失敗在他心裡多少留下了些負面影響。普京不喜歡競選，但命運將他推向了更高的位置，他只能接受。

「先生，您看過今天的電視新聞了嗎？」米哈伊爾·凱西亞諾夫走進普京的辦公室，打開了牆上的衛星電視。畫面上，普里馬科夫正在發表電視聲明，他決定退出總統競選。凱西亞諾夫說：「先生，他的退出對我們來說是一件好事，他本來是我們最大的競爭對手。」「他是個人才。」普京發表了對他的評論，「只是運氣不好。」普京並沒有對普里馬科夫的退出表現出驚訝，一切都在意料之中。這位昔日的俄羅斯聯邦總理、葉爾欽曾經忌憚的人物在杜馬選舉以後失去了他的選民，他的支持率連連下降，而這一切只是他霉運的開始。前總統也讓普里馬科夫措手不及，選舉的時間因為葉爾欽的提前離職而提前了3個月，普里馬科夫沒有足夠的時間在選舉到來之前恢復自己在選民心中的地位。

在失去選民之後，他失去了中間力量的支持，「全俄羅斯」運動領導人決定支持他的對手——普京。至此，普里馬科夫手上還有最後一張牌——競選杜馬主席，但是，普里馬科夫被「團結」聯盟擺了一道，他們支持當時的杜馬主席，出身俄共的謝列茲尼奧夫連任，這是「團結」聯盟與俄共達成的秘密協定。而「團結」聯盟支持的是普京，這一切的目的再明顯不過。普里馬科夫在走向克里姆林宮的路上，失去了所有的政治保障，所以，他的名字沒有出現在總統候選人名單上便再自然不過了。

「名單上還有誰？」普京問凱西亞諾夫。「除了您，先生，還有10個人。」「我需要名字。我們需要在一起討論一下。把他們都叫來，我想聽聽你們的計畫和安排。」普京坐在辦公桌前看著凱西亞諾夫，他的智囊團中的一號人物。「好的，先生。」

方形的辦公室，橢圓形的長桌，嵌著單面玻璃的落地窗。這是一間再普通不過的政府辦公室，但是辦公室裡的人可都不是泛泛之輩。俄羅斯聯邦代總統普京坐在長桌的一端。他的右手邊坐著凱西亞諾夫和丘拜斯，左手邊是謝爾蓋·伊萬諾夫和格爾曼·格雷夫。

丘拜斯低沉的嗓音在高大的天花板上迴響：「弗拉基米爾，你的對手很多，但是能上我們名單的人只有兩個人。現在，普里馬科夫退出了競選，因此只有一個，久加諾夫。他可是重量級的人物，當年他幾乎打敗了葉爾欽。」「現在有一些很不利於弗拉基米爾的消息。當然這些人也順便把您扯上了，丘拜斯。」凱西亞諾夫攤開一份《蘇維埃俄羅斯報》，上面寫著：

「普京的頭腦和意志脫胎於葉爾欽，是丘拜斯從自己袖子裡將普京拽出來，再把他推出去的……對於普京來說，丘拜斯今天仍然是他的兄長、導師和經濟權威，他們一起想把俄羅斯變成美國和資本主義國家的附庸……」「嗯，的確是他們的典型論調。」丘拜斯說，「不過，就算我們跟他們的步調一致，他們也不會放過我們。他們是怎麼說的來著？哦，『利用別人的口號來欺騙民眾』。弗拉基米爾，你還記得前陣子的那些言論嗎？不管如何捏造事實，他們的目的只有一個：破壞你的形象。」

普京在聽丘拜斯說話時顯得異常認真，雖然對手的報紙在關於他的事情上編造了一連串謊言，但至少有一點他們說對了，丘拜斯在他的政治生涯中的確是他的「導師」。說這位曾經幫助葉爾欽問鼎克里姆林宮的人物是總統競選工作中的權威，也一點不為過。普京對丘拜斯精明的政治工作能力無不依賴，當年要不是他的極力推舉，初來乍到的普京不可能這麼快就在莫斯科站穩腳跟。

格爾曼．格雷夫是一名律師，他攤開兩手，聳聳肩說：「在我看來，久加諾夫的優勢已經沒有了，因為伯里斯．葉爾欽已經不是總統了。雖然俄共是最大的反對黨，但是要知道，這些年來他們之所以生龍活虎，完全是因為葉爾欽。」

格爾曼．格雷夫在分析這件事情的時候，雖然是以他多年的職業素養為依據，但不得不說，他的分析很有說服力。他說：「葉爾欽一直是他們主要的攻擊對象，當年因為葉爾欽強大，所以他們的存在顯得如此有必要。如果這次競選的人是葉爾欽，那麼他們的優勢就太明顯了。你看看他們的施政綱領。」格雷夫打開他面前的資料夾，用筆邊畫邊說：「社會公正、取消總統專橫的權力，提高政府作用。這些是用來打擊葉爾欽的，但是對你，弗拉基米爾，他們的殺傷力顯然沒有那麼大。所以我認為，他們的優勢顯然已經變成了弱勢。」

「但是久加諾夫的施政綱領，說實話，挺有吸引力。」一直沒有說話的謝爾蓋．伊萬諾夫發話了。他曾經是普京在KGB的同事，是普京最忠誠的戰友之一，他對普京的政治路線一向採取堅決的擁護態度。他的話讓熱烈討論中的人安靜了下來，但是伊萬諾夫並沒有在意，他繼續說：「不過，老百姓可不會明白他說的這些。他們要的是實惠與明顯的成效，他們要知道的是自己究竟能得到什麼，俄羅斯會有什麼不同，而不是空頭的許諾。」伊萬諾夫看著手中的文件，那是久加諾夫競選綱領的影本，「『每一個俄羅斯人都能得到國家的一份財產』，兩年以後『人人有工作做』，相當吸引人，可是一點也不實在。誰不會說呢？住在我隔壁的小夥子也會說。」

「我想我們應該讓民眾看見一個『活生生』的弗拉基米爾。」丘拜斯緩緩說道。「活生生？」眾人看著丘拜斯，然後又看看普京。「是的，活生生的。」丘拜斯說，「所以我們現在有活幹了，動起來吧，朋友們。」智囊團開始行動了，他們就像明星的經紀人一樣打理著未來總統在競選過程中的一切事務，他們高效而務實。

2000年2月9日中午12點，《真理報》編輯部的氣氛與平日不太一樣，門口有警衛把守，編輯部的走廊裡也聚了一大群人，有記者，有好奇的報社工作人員。穿著黑西裝的安保人員把報社的裡裡外外、上上下下都檢查一遍，然後對著對講機說：「一切正常。」接著，走廊上的人便看到總統候選人普京在兩名安保人員的護送下走進了編輯部。

在安東尼娜的印象裡，那一天的普京看起來特別放鬆。她很幸運地站在了人群的最前排，當總統候選人普京走過她身邊時，她看見年輕的代總統微微欠了欠身，對她微笑示意。庫茲明娜還記得代總統來的那天，有人在安保人員進來例行檢查以前搞了一個惡作劇。不知是哪個傢伙把洗手間鎖上了，然後在門上貼了張紙條，上面寫著：「裡面有恐怖分子。」庫茲明娜不知道來檢查的那些人是如何處理的，但他們當時的確在洗手間那裡耽誤了好一會兒。那天，哈娃對一個記者的印象特別深刻。那個記者是個外國人，不知道他是因為沒有取得採訪資格還是其他什麼原因，總之他被人架了出去。事後聽說，這個記者是歐洲一家大報社的記者，但是他沒有獲准採訪代總統，所以躲在了廁所裡。

《真理報》是俄羅斯銷量最好的報紙之一，它一度批評普京在擔任總理時的種種政策，雖然並不尖銳，但作為一份嚴肅的報紙，它上面刊登的任何一行文字都有可能對未來總統的命運產生不可逆轉的影響。普京來這裡當然不是為了查抄，而是想與選民們進行溝通。智囊團成員認為，沒有什麼比拉近與選民的距離更為重要。普京懷著這樣的目的而來，但顯然，有些人並不買他的帳，他接到的第一通電話就火藥味十足。

「因為您一個人的到來，員警封鎖了街道，給附近居民的生活造成很多不便。您對此有什麼想說的嗎？」開門見山，毫無遮掩。

「我感到抱歉，我知道他們因為我不得不等候，我感到很不安。可能他們也很反感，會罵人。解決的辦法也有：儘量少在市內行動，或是更合理地安排行程。這樣做當然是出於安全考慮，您也知道。我再一次表示歉意。」普京的回答也十分直白。

當然，普京遇到的問題不會這麼簡單，有一位記者打電話進來問：「如果是摧毀蘇聯並且不受人民信任的葉爾欽推薦的您，您是否認為自己是一個稱職的總統呢？」

普京沉穩地說：「如果我在3月26日的總統選舉中成為贏家，就說明我稱職；如果多數人不同意我當總統，就說明我不稱職。談到蘇聯解體，我想到一句俄羅斯人常說的話：誰不為蘇聯解體而惋惜，誰就沒有良心；誰想恢復過去的蘇聯，誰就沒有頭腦。如您所見，俄羅斯政府正致力於建立一個新的聯邦國家，如果選民支持我們為此所做的一切，那他們就會做出自己相應的選擇。」

民眾提的許多問題都很有針對性，比如有一位軍官問：「政府是否有具體的軍事改革方案，使軍隊變得更有戰鬥力？」「這是我們在近期會著手解決的主要問題，您準確地提出了問題所在。新的軍事改革構想已經通過，我們將根據國家的經濟情況，逐步向職業化過渡。」

在大多數時候，提問與回答都是在嚴肅而認真的氣氛中進行，不過也有有趣的時候：「是我嗎？到我了嗎？我是亞歷山大，真不敢相信，我竟是在和總統講話。」「亞歷山大，您不相信是對的，因為跟您講話的人是代總統。」亞歷山大繼續說：「不過，我不得不說我並不贊同您在車臣做的事。您打算怎麼與犯罪抗爭呢？」「亞歷山大，您怎麼會這樣呢？您一方面不同意我在車臣的行動，另一方面又要求我和犯罪抗爭。我認為，這兩者其實是相互關聯的，因為車臣已成為俄聯邦境內一塊滋生和擴散犯罪的土地，如果不徹底解決車臣的犯罪集團，就不可能在全俄羅斯境內有效地打擊犯罪。」

普京在熱線電話前守了大約90分鐘，回答了將近40個問題。透過電話線與電波，所有支持他與反對他的人都看到了一個「活生生」的普京。在那次電話互動後，普京的支持率又上升了一些，而他的對手們在普京支持者的歡呼聲中顯得有些手忙腳亂。現在，一切都不再是普京的錯，而是普京支持者的錯了，原本攻擊普京的論調幾乎驚人的巧合，轉向了對普京支持者的攻擊。在反對派的描述中，支持者對普京的期待既盲目又相互矛盾。他們發出呼聲：醒醒吧，你們對普京的幻想越不切合實際，大選結束後你們的失望就會越大。但這些呼聲聽起來更像是反對派們最後的掙扎之聲。

總統就職儀式

「總統應該具備哪些素質？我想……誠實，是的，那很重要。」「當然是誠實。你得對老百姓說實話不是嗎？當然，想當總統的話腦子得好。這很重要。」「聰明、直率。我想想，對，他必須對我們說實話，我不想被蒙在鼓裡，他是總統就更應該對我們說實話。」「總統必須有堅強的意志，他的工作壓力可不小，軟弱的人幹不了這個。」「得頂得住壓力。要知道，他的對手可都不一般。」「不管是誰當總統，我都希望他能快點把車臣的事解決了。」「他應該儘快解決車臣戰爭。」「他得讓俄羅斯強大起來。」「尊重法律，加強法制。社會分配公正，人民的利益必須得到保障。」

梅德韋傑夫讀著大選民意調查的結果，格雷夫在一旁邊聽邊說：「我想我知道要怎樣寫你的競選綱領了，弗拉基米爾。」「瓦洛佳，我們必須慎重，久加諾夫最近可是咄咄逼人。」梅德韋傑夫一向沉穩。「是的，格雷夫。我相信你在文章方面的能力，但是這一次你必須慎重。」普京贊同梅德韋傑夫的話。「放心，弗拉基米爾，我知道該怎麼辦。」

幾個小時以後，普京的辦公桌上便有了他的競選綱領。普京仔細地看著，然後拿起筆，修改，添加，刪除，並圈出了其中的關鍵字：打贏車臣戰爭、加強國家地位、打擊犯罪、消滅貧窮。這是他施政的優先方面，是他競選綱領中的關鍵字，當然也是選民們對政府的迫切要求。普京放下筆，抬頭看了看窗外，夜色已經降臨在廣袤的大地上，新月懸在西方的天空上，四周一片寂靜。

2000年5月7日是星期五，莫斯科的氣溫不高，但是陽光明媚。按照俄羅斯聯邦憲法的規定，今天俄羅斯總統辦公廳和俄聯邦政府全體應該辭職，因為新總統將在這一天宣誓就職。在3月26日舉行的選舉中，普京以壓倒性的優勢勝出。今天，他將在克里姆林宮的安德列大廳裡舉行總統就職儀式。為了這次儀式，安德列大廳裡的沙皇御座被移走，這樣做是為了避免讓人產生封建帝王加冕的錯覺。

這是俄羅斯聯邦歷史上第二次總統就職儀式，曾經參加過第一次總統就職儀式——葉爾欽就職儀式的人會知道，這一次的儀式無論是規模還是程序都超過了第一次。儘管新總統主張儀式應該儉樸，但是反對派的報紙在報導今天的儀式時還是大肆渲染了它的「集權」意味和「沙皇」特徵，比如儀仗隊和士兵的服裝都帶有當年沙皇俄國的特徵。但不可否認的是，所謂的

「隆重」也不過是相對而言，因為葉爾欽的就職儀式也根本稱不上有規格。葉爾欽第一次就任俄羅斯聯邦總統時，是在當時的人民代表大會上宣誓就職的。他連任那一次，由於身體原因，一切從簡。而這次克里姆林宮的新主人的就職儀式也並沒有反對派報紙上所說的那樣奢華。

這次儀式的規模的確不算大，人數不超過1500人，沒有外國元首，外賓也僅是當年駐俄羅斯的大使，其他賓客有俄羅斯聯邦政府成員、議會兩院議員、憲法法院成員，以及其他來自各方面的賓客。當然，普京的德語老師薇拉、柔道教練拉赫林以及他的妻子柳德米拉也出席了。

在所有的賓客中，有一個人比較特殊，他是俄羅斯東正教大牧首阿列克謝二世。他曾在1996年葉爾欽的就職典禮上與葉爾欽握手，並表達了他對俄羅斯首位民選總統的祝福，儘管他當時並沒有像沙皇時期那樣向葉爾欽賜福，但當時阿列克謝二世的出席仍然引起法學家們的不滿。他們說：「不，這是不被允許的。聯邦憲法對參加總統就職典禮的人員有明確的規定，其中並不包括宗教代表。還有一點，阿列克謝二世的出席是過分渲染某一教會。這會讓人們覺得我們在歧視其他教會。事實證明，他的出席並沒有給聯邦帶來任何有利的影響。」

也許是當年葉爾欽的舉動鼓勵了教會，因此在新總統就職典禮籌備過程中，普京收到了神職人員的聯名上書。他們對這位出身KGB的總統提出了以下要求：請對著《聖經》宣誓，而不是對著憲法。法學家們當然不會同意，他們同樣上書建議總統，不要再邀請東正教大牧首阿列克謝二世參加就職典禮。

普京的立場一向很明確，他對籌備就職儀式的工作人員說：「我只對憲法宣誓。」但事實是，1000多名參加就職典禮的嘉賓和全俄羅斯聯邦的人都看到阿列克謝二世作為觀禮嘉賓出現在儀式上。不過很明顯，這一次他只是作為一般賓客出席。顯然，這是一個雙方都退讓後的結果。

莫斯科時間11點50分，克里姆林宮衛隊護送著俄羅斯聯邦總統普京的汽車朝克里姆林宮駛來。12點，車隊準時到達克里姆林宮，總統普京走下了汽車。身著深色西裝的普京，以他特有的軍人似的步伐踏著紅毯走向喬治大廳，穿過亞歷山大大廳，最後來到了安德列大廳。總統這天的精神很好，他的步子穩健，目光沉靜，不時向身邊前來祝賀的嘉賓致意。不過，靠總統比較近的人，堅定地認為他們在總統臉上看到了一絲靦腆。

在金色的安德列大廳裡，兩名士兵將俄羅斯國旗和寫著普京名字的總統旗交給了新總統。典禮臺的正中央，放著俄羅斯聯邦憲法和總統徽章。在憲法法院院長的主持下，普京將右手放在憲法上，在俄聯邦會議上下兩院和憲法法院成員面前宣誓。那部憲法，與當年葉爾欽宣誓時用的憲法是同一部。隨著總統宣誓的完成，總統官邸升起了總統旗。從這一刻開始，普京就要正式履行俄羅斯聯邦總統的職務了。

葉爾欽在就職典禮上向他的接班人正式轉交了「祖國功勳」一級勳章。此前，人們一直擔心前總統的身體情況能否讓他完成這一儀式，工作人員甚至準備了兩套方案以應對。幸運的是，葉爾欽當天表現得相當出色，他順利地將勳章交給了普京，還發表了簡短的演講，再一次囑咐普京，一定要照看好俄羅斯。完成這一儀式後，葉爾欽走下講臺，退出了歷史舞臺。

克里姆林宮新主人為自己的就職儀式注入了軍人般的樸實品質，在接下來的演講中，普京以最簡單最樸實的方式向人民傳達了他的政治理念。他說，他將保持和發揚民主，使人民選出的權力能夠為人民的利益服務；他不會辜負選民的希望，為俄羅斯物質和精神上的復興而工作，使俄羅斯成為富裕、繁榮和強大的國家，成為讓國民感到自豪並得到世界尊重的國家。

就職典禮在30響禮炮中結束，普京成為俄羅斯聯邦國家元首兼武裝力量最高統帥，任期為4年。在這場權力交接中，沒有值得坊間議論的事情傳出，一切都按著預先設定的程序進行。媒體睜大了眼睛，終於發現了兩處讓他們值得花費版面來描述的細節：

第一處：蘇聯KGB最後一任主席，弗拉基米爾·克留奇科夫在國歌奏響的時候，從座位上站了起來，他以軍人的姿態筆直地挺立著。在所有的來賓中，只有他在那一時刻站了起來。第二處：普京在晚宴上向客人們敬酒時，向蘇聯總統米哈伊爾·戈巴契夫走去。普京當著所有來賓的面，對戈巴契夫的到來表示了熱烈的歡迎。那一幕，真是讓人印象深刻。

連任總統，我只是公民雇來打工的

如果不是普京，還能是誰？

「雖然蘇聯時期經常排隊，但冰箱總可以裝滿食品。蓋達爾政府實施休克療法到普京出任總統之前的這段時間是最艱難的一段時間。那時物價飛漲，一個月的工資買不回幾件物品，人們幾乎喪失了對未來的希望。」想起那段艱難的歲月，小學校長納捷日塔女士仍是心有餘悸。但凡經歷過那段困難時期的人，都曾多多少少地對整個國家喪失過信心。

普京的出現使這種情況發生了改變。當然，他只是一個政治家，而非魔術師，不可能頃刻間摧毀阻擋國家發展的一切阻礙，也不可能在4年裡解決10年巨變留下的所有問題。但是，國家的整個形勢確實因為他的政策發生了改變，老百姓從他身上看到了希望。

在第一個總統任期內，這位政治強人的社會支持率長期保持在70％以上，民眾為什麼會心甘情願地支持他？和在葉爾欽統治下的1999年相比，2004年年初，俄羅斯國內生產總值增長了近

30％，失業率下降1/3，居民實際收入增長了一半。國庫裡囤有餘糧的同時，俄羅斯還償還外債近500億美元，中央銀行黃金外匯儲備達到840億美元。

如果說冰冷的數字不能帶給俄羅斯人民可觸碰的幸福感，那麼，超市里和餐桌上的變化則是最直接地反映了人民生活品質的改善。在莫斯科，幾乎每個街區都有大型超市，貨架上擺滿了食品和日用品，數量充盈，類別豐富；有時候甚至同一條街道兩側各有一家超市，它們不怕會因缺少客流而倒閉，因為這個城市裡的居民已經徹底告別了錢包乾癟的狀態。蔬菜市場只有馬鈴薯、胡蘿蔔、高麗菜的年代也已過去，即使到了寒冷的冬天，俄羅斯人也可以在數十種蔬菜中隨意挑選。不過，昔日備受青睞的伏特加等烈性酒漸漸失寵，因為人們不需要再因囊中羞澀而選擇購買這些廉價商品，優質的啤酒和紅酒成了市民的新寵。

在特色商店裡，一個四五歲的小女孩興致勃勃地盯著一套玩偶，對媽媽說：「啊，是總統先生！」這套玩偶名為「四季」，包括春天植樹的園林工普京、夏天釣魚的漁夫普京、秋天採蘑菇的農民普京和冬天滑雪的運動員普京。「媽媽，你看，他玩得可真高興！」小女孩手舞足蹈。媽媽揉揉女兒的頭髮，溫柔地說：「我們也很高興。」

普京不止一次地告訴商人們，希望他們能從2004年1月份開始降價。這樣，在3月份總統大選之前，俄羅斯人民將會有足夠的時間意識到，他們因為降價而得到的幸福應該歸功於誰。然後，他們會把帶著虔誠謝意和由衷信任的選票，放進普京的選票箱。儘管普京以及他的支持者都對連任充滿信心，但在2003年12月7日舉行的國家杜馬選舉中贏得勝利仍是極關鍵的一步。

第四屆俄羅斯杜馬選舉是從上午8點開始的。眾多投票點散佈各處，但在柯西金大街的物理化學大學的2039號投票所，卻格外擁擠。熙熙攘攘的人群裡，除了選民，還有各大媒體派出的記者。在相機鎂光燈的閃爍以及攝影機鏡頭的追蹤下，第一夫人柳德米拉鄭重地填寫好選票，投進了選票箱裡。普京卻是在片刻的猶豫後才開始填寫選票，並花了很長時間才填好。

記者追問：「總統先生，請問您把選票投給了誰呢？」並沒有多少人真正好奇普京的答案，因為他們相信，在本次參加杜馬選舉的10個政治團體中，普京一定會把票投給「統一俄羅斯」，因為這個團體參加選舉的口號只有一個：我們擁護普京！普京的回答卻讓眾人略感意外：「因為我的回答可能會被視作選舉前的宣傳，所以，我投棄權票。」

即便如此，普京的傾向眾人皆知。在當時的選舉中，「統一俄羅斯」黨獲得了2280萬張選票，得票率為37.57％，佔據了120個杜馬席位。而在上屆議會中奪取桂冠的俄羅斯共產黨僅僅獲得了40個席位。這個以祖國為名的政治集團由此成為俄羅斯政治舞臺上不可忽視的力量，高呼愛國主義、溫和民族主義和民主社會主義，堅定地站在普京背後。

俄羅斯總統與議會的對抗局面就此結束，親總統的政黨控制了議會。這對即將參加競選的普京來說，實在值得開香檳酒慶祝一番，普京連任幾乎成了板上釘釘的事情。贏得杜馬選舉半個月後，「統一俄羅斯」黨主席盧日科夫表示，該黨派不會推選候選人參加總統選舉，而是繼續全力支持現任總統普京。「由於總統普京的支持，我們在杜馬選舉中取得勝利，如果普京不支持『統一俄羅斯』，那麼任何事情都很難預測。」盧日科夫表示，支援普京是一件非常自然的事情，因為不論國家處於何種時期，總統都應該代表國家的利益，代表社會的利益，代表人民的利益，而不是某一個黨派的利益，現任總統普京已經做到了這一點。總統就是一塊黑板，每個人都可以在黑板上寫下自己對生活的期望，真正能把這些期待變成現實的人，就會贏得人民的支持。

75歲的葉夫根尼婭參加過二戰，她的丈夫在戰鬥中為了保衛國家失去了一條腿。她用顫抖的聲音說：「我們支持普京！」因為在他的領導下，他們的生活得到了改善，退休金一直在增加，這讓他們不必為了生活太過奔波。並且，如果普京成功連任，到4月1日，他們的退休金還將增加130盧布。「你知道，這對於失去工作能力的人來說，簡直是上帝的福音。」葉夫根尼婭的丈夫異常激動。

來自烏拉爾地區的烏斯季諾夫是莫斯科大學的三年級學生，他打算把選票投給總統普京。他的理由非常簡單：「小時候我經歷過非常貧窮的生活，在20世紀90年代，我的家鄉僅有幾家小小的企業，開工和就業率都非常低。人們沒有工作，四處遊蕩，實在閒得發慌就會打架滋事。現在，人們的生活正在趨於正常。」他還有一個更直接的理由：「現在我每個月的助學金增加了一倍！我可以坐在圖書館裡專心地學習，暫時不必去打工了。」

在封建時代，俄羅斯平民中有一個傳統，如果他們受了委屈，可以給沙皇寫信以尋求幫助。在2004年總統大選之前，人們又重拾這一傳統，向普京吐露心聲——普京連任似乎已無疑問，俄羅斯人民盼著普京在第二任期內幫他們實現更多心願。

有一對老夫妻在第一次車臣戰爭中失去了兒子，他們的兒子在隨部隊從車臣返回的途中遭襲，一邊撤退一邊回擊敵人，打光最後一顆子彈後又手持軍刀與敵人搏鬥，最終英勇犧牲。遭受重創的母親病了很久，父親為了照顧她也失去了工作，一家人的生活陷入困境。他們還有一個23歲的女兒，全家只有一間狹小的公寓。「弗拉基米爾．弗拉基米羅維奇，我們真想請你給我們的女兒在一棟公寓樓裡找一間住房。對我和我妻子來說，你是我們唯一的希望。」這對老夫妻在2004年2月19日寫下了這封求助信，他們希望並相信普京能夠連任，期待他能在第二任期內幫自己擺脫困境。克里姆林宮的工作人員說：「每週會有一萬多封類似的信從全國各地飛到總統的信箱，因為他們都相信總統先生能夠解決問題。」

是的，俄羅斯人民更希望總統來幫他們解決問題，而不是由自己衝鋒陷陣。托爾斯泰稱俄羅斯人有一種像蜂群一樣緊貼在一起的需求。在人際交往中，很多西方國家遵循理性的、冷靜的、個性的騎士風格的生活，而俄羅斯人卻無法遏制與他人親近的願望。這種對祖國、集體和家庭溫暖氛圍的看重，使他們對個性生活喪失了好奇。杜斯妥也夫斯基則更進一步指出，俄羅斯人的內心深處具有拒絕個性自由和責任，把權力推給某個人，然後信任他、服從他的需要。如果說俄羅斯人民在2000年選擇普京時還存有疑慮和不安，那麼，當他在4年任期內成功塑造了強硬派「實幹家」的形象後，人民幾乎是出於本能地選擇由他繼續領導國家。

總統大選已經進入倒數計時，一場競賽明明已經到了白熱化階段，卻沒有出現臨戰前緊張的氣氛。即使在莫斯科街頭，也很少見到遊行集會的人群，就連本應遍佈全市各個角落的競選海報也不多見。因為毫無疑問，這場本該轟轟烈烈的競選大戲顯得太過平靜。當其他候選人依然在為競選做最後的準備時，普京卻已經下令解散凱西亞諾夫政府，組建了新政府。一旦競選塵埃落定，他馬上就能帶領新班底展開第二個任期的工作。

2004年2月24日，星期二，總理凱西亞諾夫正準備出訪哈薩克斯坦，兩天之後那裡將舉行歐亞經濟合作政府首腦會議。但是，他突然接到總統辦公廳的邀請，請他到克里姆林宮與普京會面。在克里姆林宮的會議廳裡，普京坐在凱西亞諾夫的對面，告訴他自己關於讓總理和政府全體成員辭職的決定。凱西亞諾夫非常意外，此前毫無預兆，就連26日他將出席歐亞經濟合作政府首腦會議一事也已提前知會總統辦公廳，現在卻突然發生了這麼大的變化。

早在2003年霍多爾科夫斯基被捕之後，凱西亞諾夫就向普京遞交了辭呈，普京當時並未給予答覆。在第二天的例會中，凱西亞諾夫沒有準時出現，普京便將會議延遲，和其他強力部門的部長一起等候了兩個多小時，直到工作人員將總理從別墅裡請到克里姆林宮。隨後，普京挽留凱西亞諾夫，請他至少留任到總統選舉後。

此時距離總統大選還有3週，普京卻突然下令解散政府。凱西亞諾夫並沒有流露出任何不滿的情緒。他與普京一起來到白宮，宣佈內閣臨時緊急會議開始，然後不無遺憾地將本屆政府已被解散的消息告知了大家。在葉爾欽時代，政府解散就像用餐時換餐廳那樣平常，而凱西亞諾夫政府則陪伴普京走過了將近4年。

「在俄羅斯還沒有總統為總理辭職而蒞臨白宮的先例。」凱西亞諾夫平靜地說，聽不出他語氣中究竟蘊藏著怎樣的感情。「是的，之前確實沒有先例，不過以往會出現類似的情況，都是因為當時有困難或衝突的發生，這次我做出這樣的決定卻是按計畫行事。」普京解釋道，「我必須這麼做，因為我要提前向人民和輿論介紹新的政府首腦，讓他們清楚我對未來工作重點的把握，以及我將以怎樣的決心推進所有政策的貫徹實施，這是我的義務。」當會議結束，凱西亞諾夫政府已經成了普京第一任期裡的回憶，而開會時一直坐在普京左側的赫里斯堅科成了代總理。

可以說，普京並不是在倉促之間做出的決定，一切如他所說，是「按照計畫行事」。他對自己將參加競選毫不遲疑，也對競選結果充滿信心。同時，他還聽到了選民的心聲，大家迫切地想知道在2004年3月14日之後國家的發展方針。於是，普京就把「發展方針」最直接的執行者請到了臺前，這將是致力於改革的高效能的新政府，自然能順利通過人民的檢閱。普京表示自己將不會參加電視辯論或者使用免費電視廣告宣傳，事實上他也不需要這些手段，與他「強勢領導人」的個人形象相比，其他宣傳策略無疑都像泡沫一樣。

與普京的強大優勢相比，他的對手們卻乏善可陳。曾在國家杜馬佔據多數席位的俄羅斯共產黨更令人跌破眼鏡，因派系內訌竟然在黨內選不出一位各方勢力都接受的候選人。無奈之餘，俄共只好向農工聯盟求助，請他們的主席哈里托諾夫作為本黨派的總統候選人。聯邦委員會主席米羅諾夫是「生活黨」領導人，作為獲准參選的七名候選人之一，他本來應該是普京暫時的對手，但是，他是抱著成為普京幫手的信念站在賽場中的。「事實真相是，我也會投普京總統的票。我參選的原因是，如果只有普京總統孤零零一個總統候選人的話，那選舉就不可能成立了。」這是米羅諾夫參加競選的理由，這是一位明知會落選但依然興高采烈的陪選者。

而事實就是，普京確實需要他的陪伴。2004年只有包括普京在內的7人成為總統候選人，這是俄羅斯開始總統選舉以來參選人數最少的一次。最初普京的競選團隊一直非常擔心，甚至害怕出現普京一人參選的尷尬局面。而一些反對普京的人士確實也在號召抵制總統選舉，呼籲其他候選人退出競選，把普京一個人晾在臺上。

不論整個競選格局如何，普京依然按部就班地推進著自己的工作。他到楚瓦什地區進行訪問，到一戶剛搬進新公寓的家庭作客，和主人一起在寬敞的客廳裡喝茶；他前往遠東哈巴羅夫斯克市視察，那裡正在修建一條從赤塔到哈巴羅夫斯克的公路幹線，這條幹線在蘇聯時期已列入計畫，但一直沒有落實，現在，普京要去參加其重要通道的竣工剪綵；冒著極地的刺骨嚴寒，普京親臨北方艦隊，並登上在巴倫支海參加軍事演習的潛艇，和艦隊官兵共進晚餐。反對派大聲斥責這一切都是收買民心的政治作秀，但是，人民卻心甘情願地被總統的親民溫情所蠱惑。民眾談起普京，總是會說：「我們的總統，大概又在路上了吧。」

普京在1999年說過：「有著強大權力的國家對於俄羅斯來說不是什麼不正常的事，不是一件要去反對的事，恰恰相反，它是秩序的源頭和保障，是任何變革的宣導者和主要推動力。」他在任期內成為這一理念的堅決貫徹者，讓自己成了這個國家「強大權力」的代言人。不過，人民很少因為國家權力被個人掌控而有怨言，普京的個人魅力在此也發揮了不小的作用。

大選之日很快到來，71.31%的俄羅斯人願意將自己的命運再次託付給普京，這次選舉中普京獲得了4960多萬票，比4年前第一次當選總統時多出1000萬票。儘管西方媒體對這場克里姆林宮寶座爭奪戰充滿偏見，稱「普京開展了一場一手遮天的選戰」，甚至嘲諷他「大概只害怕自己的影子」，可是俄羅斯人民對這個結果非常滿意，因為他們覺得自己把一位值得信任的領導人留在了他應在的位置上。這對整個國家來說，是一件好事。

2004年5月7日，這是一個星期五，莫斯科氣溫宜人，晴空萬里，俄羅斯的大片土地都被溫暖的陽光照耀著。在克里姆林宮內，普京總統的就職典禮即將舉行。4年前他已經歷過一次，這次的腳本與之前並無太大不同，1700多位貴賓沿著喬治大廳、亞歷山大大廳和安德列大廳兩側的紅地毯靜靜站立。

莫斯科時間正午11點50分，主持人宣佈典禮開始。安德列大廳的金色大門徐徐開啟，威嚴而莊重的儀仗隊將俄羅斯國旗和聯邦總統旗幟護送入場，隨後儀仗兵護送俄羅斯聯邦憲法和總統勳章入場。與此同時，由5輛摩托車呈箭頭狀開路，普京的車隊從克里姆林宮西南方向的波羅維茨基大門駛入，左轉至莫斯科河北岸的克里姆林宮濱河街。普京坐在一輛豪華型賓士轎車裡，他從車窗中望著不斷向後退去的風景，對身邊的衛隊長說：「夥計，我們又重新出發了！」很快，車隊從斯巴斯基大門駛入克里姆林宮，這座大門向來緊閉，只在總統就職典禮時開啟。在俄語中，斯巴斯基大門的意思是「救世大門」。

莫斯科時間正午12點，穿著黑色西裝的普京出現在大廳門口，走過紅地毯，踏上宣誓臺，把右手放在由蛇皮製作的紅底金字的憲法法典上，宣誓就職。「我宣誓，在行使俄羅斯聯邦的總統職權時，我將尊重和維護公民和個人的自由及權利，將依據和維護俄羅斯聯邦憲法，維護國家主權、獨立、安全和統一，將忠實為人民服務。」洪亮的聲音在金碧輝煌的大廳內響起。普京的妻子柳德米拉穿著一件黑色長裙，站在人群裡優雅地笑著。

「我們的後代將為偉大俄羅斯故事中的新篇章而驕傲，那些篇章將是我們共同寫就的。」普京以這句話作為就職演說的結束語，言罷，克里姆林宮紅牆外的18門禮炮齊鳴，聲音響徹天際。後來，普京來到教堂廣場，像一棵樹那樣站在那裡，像俄羅斯詩人弗拉基米爾．卡斯楚夫筆下的一棵樹：

我站著，如同森林中的一棵樹，
灰白地沉浸於一片蔚藍裡，
古老的斯拉夫的花體字鐫刻在我的葉子上，
我不能找到比這再好的地方。

很大部分的俄羅斯人都在慶祝，人們為他歡呼，向他頂禮。整個國家籠罩在強人統治的權威氛圍中，這是普京的時代。

顏色革命面前，強勢維護本國利益

顏色革命，也被叫做花朵革命，發生於21世紀初期，已有六、七年的歷史，它是蘇聯解體後，美國趁俄羅斯國家失敗、國內虛弱的機會，繼肢解南斯拉夫聯邦之後，想要進一步瓦解前蘇聯舊勢力範圍以民主為名的群眾運動方式。參與運動的成員一般都會採用一種特別的顏色或者是花朵來作為自己的標誌，透過非暴力手段去抵制他們所認為的獨裁政府，來擁護民主、自由還有國家的獨立。這場革命又以俄羅斯的軟下腹地區包括黑海、裡海、內外高加索還有中亞地區為中心，革命的意圖被認為是希望藉此對俄羅斯進行進一步的圍堵。

「911」事件發生之後，美國利用反恐戰爭的「正義」旗號，在中亞國家租用或建立了大量的軍事基地，同時還推翻了阿富汗的塔利班政權，得以在原本無法涉足的俄羅斯傳統勢力範圍當中駐紮了美軍。借反恐的勢頭，利用俄羅斯在獨聯體國家當中日趨縮小的影響離，美國先後在獨聯體內的國家當中發動了一場規模不小的「顏色革命」，主要包括：喬治亞的「玫瑰革命」、烏克蘭的「橙色革命」、吉爾吉斯斯坦的「鬱金香革命」。從喬治亞的「玫瑰革命」到烏克蘭的「橙色革命」，再到吉爾吉斯坦的「鬱金香革命」，聲勢浩大的顏色革命所產生的效應波及到了白俄羅斯以及巴基斯坦。

在「顏色革命」的鼓舞下，反對派對普京政府的攻勢愈演愈烈，西方媒體也及時給以相應的配合，加大力度攻擊俄政治體制聲稱其已經出現嚴重「倒退」。俄羅斯的處境比起以前越來越嚴峻。

面對顏色革命的浪潮，形勢嚴峻，普京及時做出了反應。2005年後，國際油氣價格上漲，俄國的經濟得到了很大的改善，普京的地位也逐漸的趨於穩固，對顏色革命也懂得了如何反制。2005年，普京在與到訪的亞美尼亞總統科恰良舉行會談後的聯合記者招待會上，在回答記者提出的有關「顏色革命」的問題時，他講到，他與科恰良在會談中沒有涉及到這個問題，同時還表示他對這個問題「不感興趣」。鑑於烏克蘭以及喬治亞顏色革命的教訓，防止外資流入干涉本國政治，當年11月23日，俄羅斯國家杜馬全體會議初審通過了一項頗具爭議的名為《對俄羅斯幾項法律進行修改》的法律草案，草案中的主要內容是加強對非政府、非營利性組織的控制。新法律明確規定，所有非政府組織、非營利性組織必須在國家登記；國家有關機構有權對其活動以及財務進行隨機審查；只要是發現存在違法的行為，就立即註銷；這些組織一旦從事和註冊章程不相符合的活動，那麼就會在第一時間內取締。同時，對這些組織超過50萬美元的現金流入要進行監控。這項政策是為了防止外國向俄羅斯「輸出『顏色革命』的技術」。

2005年的6月份，普京還特別指出，要禁止西方的各類組織干涉俄羅斯的政治，或者透過其他手段資助俄羅斯的政黨。而在獨聯體國家發起「顏色革命」，其實只是美國進行的一連串「預演」，他們真正的目標，其實是俄羅斯。美國可能計畫在2007年到2008年間在俄羅斯發動「顏色革命」，而普京領導俄羅斯及時做出了反應，立法遏止「顏色革命」就是防範措施中一個非常重要的內容。而新的法案，遭到了俄羅斯以及國外的一些非政府組織負責人的強烈反對。

2007年11月21日，普京在演講時警告一些外國政府，切莫試圖利用俄國的反對派來干涉俄羅斯的政治，同時還斥責有些反對派是「走狗」。他在演講過程中提醒俄羅斯民眾警惕所謂的「顏色革命」。他嚴肅的提出警告，「顏色革命」帶來的將是「一個貧弱的國家」，將使俄羅斯重新陷入1991年蘇聯解體前後的混亂以及動盪的局面。而那些出現過「顏色革命」的國家如喬治亞、烏克蘭等國近期的政治混亂局面，很好的證明了普京警告的重要性。

2014年俄羅斯總統普京在和俄羅斯聯邦委員會議員舉行會見時明確的表示，必須對烏克蘭形勢以及所有發生在前蘇聯地區的顏色革命進行慎重分析，來防止俄羅斯公民受到恐怖主義以及極端分子的威脅。同時，他也建議議會機構不要採取嚴格限制公民權利以及公民自由的決定。此外他還建議立法機構要隨時保持謹慎，不可以提出有悖於建設俄羅斯公民社會的條件。而俄羅斯的公民也需要清楚，假如他們的意願透過集會、遊行和示威不能夠合理的表達，那麼他們還有多種向國家權力部門表達不滿的合法途徑和方式。同時他指出，希望俄羅斯議會能夠儘快完善立法，為克里米亞以及塞瓦斯托波爾經濟社會的發展創造有利的條件，以保障兩個地區的法律體系順利的和俄羅斯的法律體系接軌。

新彼得大帝，演繹自己的「普京時代」

那裡，在寥廓的海波之旁，
他站著，充滿了偉大的思想，
向遠方凝視。
在他前面河水廣闊地奔流；
獨木船在波濤上搖盪，淒涼而孤單。
在鋪滿青苔的潮濕的岸沿，
黝黑的茅屋東一處，西一處，
貧苦的芬蘭人在那裡棲身。
太陽躲進了一片濃霧。
從沒有見過陽光的森林
在四周喧譁。
而他想到：
我們就要從這裡威脅瑞典。
在這裡就要建立起城堡，

使傲慢的鄰邦感到難堪。
大自然在這裡設好了視窗，
我們打開它便通向歐洲。
就在海邊，我們要站穩腳步。
各國的船帆將要來彙集，
在這新的海程上遊歷，
而我們將在海空裡歡舞。

《青銅騎士》是詩人普希金獻給彼得大帝的讚歌。彼得大帝的青銅像位於聖彼得堡涅瓦河南岸，彼得大帝騎在一匹騰躍的駿馬上，雙目炯炯有神，遠望前方，自信而嚴厲；駿馬象徵著俄羅斯，馬的後蹄踩著一條象徵邪惡勢力的毒蛇，喻示著當時阻止彼得大帝改革維新的勢力全部被踩於腳下。1782年，為了向世人表明自己是彼得大帝的正統繼承人，葉卡捷林娜二世下令建造了這尊青銅騎士像，並在花崗岩底座上刻下：「葉卡捷林娜二世紀念彼得大帝一世於1782年8月。」

就像這座雕像展示的那樣，昔日的彼得大帝衝破了重重阻力，將各種阻礙踩於腳下，才在沼澤裡建設了這座城市，並以近乎神祇的力量改變了這個國家。

300多年前，彼得大帝到了荷蘭的首都阿姆斯特丹。他從來沒有見過這樣的城市，繁榮而興盛，擁有歐洲人需要的所有商品，生活在這裡的人民勤勞、富有、幸福。他幾乎是在一瞬間就決定了：我要把俄國建設成這樣。他說：「設若天假我以年，聖彼得堡將變成另一個阿姆斯特丹。」

相似的許諾在300年後再現，普京說：「**給我20年，還你一個奇蹟般的俄羅斯。**」這是一種相似的信念，亦是俄羅斯人民共同的大國夢想。

俄羅斯人的強國夢古來有之，15世紀末，俄羅斯僅僅是一個面積43萬平方公里，偏安於歐洲東北一角的一個公國；16世紀統一的俄羅斯剛剛出現時，版圖也不到300萬平方公里；從16世紀下半葉「伊凡雷帝」擴張到沙俄末期，其面積已擴張至2000餘萬平方公里；到史達林時期，蘇聯已成為唯一可與美國爭霸的世界強國。

這個土地廣袤、人口稀少的國家能獲得迅猛的發展，離不開強有力的中央集權。這個國家的人民崇尚強勢，在其歷史上留下濃重一筆的，無不是強權人物。從彼得大帝、葉卡捷琳娜二世到列寧、史達林，俄羅斯人被一種特殊的愛國主義和中央凝聚力團結在一起。很多時候，相對於制度而言，俄羅斯人民更加關注人本身，他們無時無刻不在期待英雄的出現。這種依賴於強權的性格使他們對政治相對淡漠，但對偶像一樣的政治家卻充滿好奇。在蘇聯解體，社會分崩離析、動盪不安之際，普京出現了，他將險些被支解的俄羅斯戰車重新組裝，並著力恢復昔日的榮光。

在第一個任期過去4個月的時候，普京曾在國情咨文中直言：「俄羅斯唯一現實的選擇是做強國，做強大而自信的國家。」俄羅斯人民回答：「好！」於是，總統便帶著他的支持者們起航了。

置之死地而後生，彼得大帝抱著這樣的信念將聖彼得堡從一片沼澤建成了「東方威尼斯」；普京抱著同樣的信念，決心重拾俄羅斯的大國雄風。

2003年5月，紀念聖彼得堡建市300周年的活動熱熱鬧鬧地進行著。5月27日是紀念聖彼得堡建市的正式紀念日，全城市民放假一週，每天都有幾十項慶祝活動。聖彼得堡的白夜通常在夏至左右到來，但今年的「白夜」卻提前到來了，因為每天的狂歡都會持續到深夜。30日，45位國家元首和政府首腦來到了莫斯科，參加當晚在康斯坦丁宮舉行的慶典活動，普京總統則作為慶典委員會主席，熱情招待遠方來客。說來有趣，出生於莫斯科的彼得大帝做了聖彼得堡的奠基者，而出生在聖彼得堡的普京成了莫斯科的領導人。

普京像全世界的領袖們展示著這座城市、這個國家的變化，從10年巨變後的百廢待興到2003年的初見起色。為了這場慶典，俄羅斯人用了5年時間籌備，投入了15億美元，這種近乎奢侈的慶祝方式，顯然與普京一貫的務實作風相悖，他似乎在向世界宣告：他將像彼得大帝一樣，帶領俄羅斯重新回歸世界強國的行列。

第一任期結束後，普京得到了民眾的認可，一切繼續朝著好的方向發展。他總是能從城市的廣場上或者鄉間的公路上，聽到陌生人最簡單的話語，他們說：「我們相信您，我們依賴您，您一定不要辜負我們。」帶著這樣期待，普京開始了第二任期的工作。

過去4年裡，普京在政治上對反對派採取懷柔政策，但在打擊寡頭與腐敗方面則不遺餘力。「政權黨」在國家杜馬控制了一半以上的席位，議會成了「隸屬於總統」的立法工具，普京的任何法律文件幾乎都能在議會中順利通過，昔日執行機關和立法權力針鋒相對的局面結束。以弗拉德科夫為首的新政府像普京的影子一樣，普京邁出左腿，他們不會用右腿邁步，這是一個完全聽命於總統的技術型內閣。「強總統、弱議會、小政府」的局面逐漸形成，普京的絕對強勢地位已經形成，但這並不意味著他未來的治國之路就能一帆風順。

俄羅斯的經濟逐步好轉，居民收入在穩步增長，但是在偏遠地區，一些民眾的收入還是很低，甚至仍然生活在貧困線以下；寡頭集團仍然控制著經濟命脈，雖然向中央權力機關滲透的道路受阻，他們卻將勢力向地方轉移，搖身一變成了地方州長；腐敗這一政壇痼疾還未治癒，雖然總統親自掛帥向腐敗宣戰，但反撲勢頭之猛烈讓人難以樂觀對待；車臣威脅依然存在，分裂勢力拒不承認車臣的新憲法和地方政權，恐怖破壞活動時有發生，防不勝防，他們甚至威脅說將不擇手段隨時發動新一輪恐怖襲擊，甚至可能使用化學武器。

若想實現全體國民的大國夢，道路何其艱難。作為一個開明的中央集權論者，普京必然繼續靠著強權大勢將困難一個個踩於腳下。經濟發展仍然是重中之重。普京在新任期內的規劃是實現經濟從單純增長到合理發展的過渡，同時改變依賴能源出口的現狀，並開啟新的增長點。此外，減少政府對市場的控制，擴大經濟活動的自由空間也是普京的工作重點。

弗拉德科夫是前聯邦稅務警察局局長，被譽為「反腐鬥士」，由他出任新一屆總理，一方面能保證國家決議得到高效執行，另一方面反腐工作也能有力展開。普京還簽署了一項新的命令，他說，克里姆林宮的權力應該得到進一步加強，決定廢除地方政府一把手的選舉，由總統直接提名，然後由當地立法機構確認。這樣，寡頭對地方權力的控制權也將被剝奪。不過，俄羅斯也不得不承擔總統個人權力過大可能導致的專制風險。

1991年以前，很多政府官員辦公室裡都會懸掛兩幅畫像，一幅是列寧，一幅是基洛夫。當葉爾欽成為俄羅斯的領導者時，官員們紛紛換上了葉爾欽的畫像。然而，剛剛踏入政壇的普京沒有效仿，而是選擇懸掛彼得大帝的畫像。在當選總統之後，彼得大帝的畫像依然掛在克里姆林宮的總統辦公室裡。

普京的強人風格和強國理念得到越來越多俄羅斯人的認同。數年之前，當有人發起「你是誰」之類的問卷調查時，多數受訪者會回答自己屬於某個城市或某個民族，但在普京的第二任期內，「我是俄羅斯人」成了更常見的回答。公民意識的增長與愛國情緒的迸發，都與俄羅斯的逐漸強大分不開。

俄羅斯人應該感謝普京，普京時代領導俄羅斯走向輝煌。

真正屬於俄羅斯人民的總統

10歲的小男孩季姆卡．羅加喬夫正在俄羅斯臨床兒童醫院的學習室裡玩得興高采烈，突然聽到走廊裡一陣喧譁，似乎有幾十種聲音在一起喊他的名字：「季姆卡，有人來看你了！」季姆卡撇了撇嘴，心想：總統先生終於來了嗎？

幾個月前季姆卡被確診患了白血病，需要從家鄉醫院轉到莫斯科的大醫院接受骨髓移植手術。他非常害怕，掙扎著不肯上路。爸爸安慰他說：「親愛的季姆卡，等到了莫斯科就能見到普京了，總統先生會請你吃餡餅的！」懷著和總統先生一起吃餡餅的心願，季姆卡來到了莫斯科。安頓下來後，他開始每天盼著總統先生的到來。6月12日是一年一度的俄羅斯日，為了慶祝國慶日，醫院裡掛滿了國旗，季姆卡興奮地以為普京要來了，結果直到晚上查房的醫生來了又走，總統先生也沒有出現。

第二天，季姆卡給克里姆林宮寄了一封信，邀請普京到自己的病房「作客」。一段時間過去了，他沒有收到回信。每當他向小病友們炫耀總統會請自己吃餡餅時，都會遭到嘲笑，可季姆卡還是握著拳說：「他一定會來的。」信寄出去後一個月，季姆卡的嘴巴嘟得越來越高，在幾乎要對這個「不講信譽」的總統失望時，他卻意外地收到了來自克里姆林宮的禮物——一輛遙控汽車玩具，還有一張賀卡，上面寫著：「我們回頭見！」落款是「弗拉基米爾．普京」。

2005年8月7日，普京總統終於來了。他穿著藍色襯衫，灰色西服，打著深藍色條紋的領帶，拎著一個裝滿餡餅的提箱。「嗨，季姆卡，來品嘗一下莫斯科的餡餅吧！」總統笑著跟他打招呼。由於化療，季姆卡不得不理了光頭，他摸了摸自己的額頭，興奮之餘竟羞澀起來。幸好，總統先生非常溫和，和季姆卡聊了很多有意思的話題，季姆卡只緊張了一會兒，就恢復了平時的活潑。

後來，普京還換上消過毒的防護服，去了季姆卡的病房，與其他小病人打了招呼。季姆卡把自己在醫院比賽中獲獎的照片送給了普京，普京則送了他一架小相機作為禮物。總統先生告別時，季姆卡非常不捨，但他還是像個大人似的說：「您要離開了嗎？是啊，您還有那麼多事情要忙呢，克里姆林宮更需要您。」普京笑著對他說：「小夥子，讓我們握握手吧！」季姆卡立刻走過去，像個男子漢一樣和總統握了握手。「總統先生的手很大，很有力量，像爸爸的手。」季姆卡很多次談起這段經歷，他說，「莫斯科的餡餅是世界上最美味的。」

去醫院探望過季姆卡後沒幾天，普京又趕往阿勒泰邊疆區首府巴爾瑙爾市的一家醫院，「笑星州長」米哈伊爾·葉夫多基莫夫因車禍去世，他的葬禮將在那裡舉行。

這天，一位普通婦女正好去醫院探視朋友，巧遇總統。機會難得，她非常想邀請普京來參加兒子的婚禮，於是將一份請柬交給了總統的助手。事實上，她並不認為總統先生會應邀而來，甚至覺得普京或許根本看不到那封請柬。普京確實沒能參加婚禮，但是在婚禮這天，這對新人卻收到了一份意外的賀禮。禮盒內是一套精美的茶具，還有一張寫著「弗拉基米爾·普京」的名字的賀卡。

「上帝太高，克里姆林宮太遠。」人們常常這樣說，以諷刺那些高高在上的領導者。但是，很快他們就發現總統先生不僅每天出現在電視新聞裡，也會不時出現在民眾中間，於是不由得驚歎道：「雖然克里姆林宮很遠，但總統先生很近。」

總統很忙，這是毋庸置疑的。他每年有近200次空中飛行，在空中度過的時間超過一個半月，人稱「飛行總統」。他每天像上了發條的機器，上午還在克里姆林宮辦公，下午就要飛往歐洲其他國家參加會議，晚上又要到俄羅斯其他城市處理一些緊急事務。一天之中，普京不知要穿過幾個時區，但是，在他的手錶上，始終是莫斯科時間。他說自己將像一個冰球運動員那樣，在總統崗位上戰鬥到最後一秒鐘。即便如此，他總是能抽出時間，給這個國家的人民帶來一些驚喜。

住在俄羅斯西部城市沃羅涅日的瓦西里·尼基京已年逾80，他曾在衛國戰爭中獲得「蘇聯英雄」的稱號，在戰鬥中強渡第聶伯河，參加過解放羅馬尼亞和波蘭的戰鬥，攻打過德國的心臟柏林。他在戰爭年代拿著刀槍與敵人戰鬥，沒想到在和平年代，卻要為了拿到退休金與自己國家的官僚鬥爭。按照政府規定，從2006年1月1日開始，老兵們的退休補助得到了提高，其他老兵已經領到了這筆錢，瓦西里卻沒有拿到。

80歲的老人找到了州退休基金會，卻被告知：「是您自己拒絕領取這筆款項的。」沒有人向他具體解釋到底是哪個環節出現了問題，瓦西里上訪未果，最後只好給總統辦公室寫了一封信。「已經瞭解此事，並責成州退休基金會解決。」收到這一回覆時，瓦西里一點也不滿意，一旦問題陷入官僚主義的怪圈，就不知何年何月才能解決。

但是，幾天之後，他意外地接到了一通電話：「您好，尊敬的瓦西里．尼基京！」這個熟悉的聲音讓老人一下子呆住了，他雖然從未見過對方，卻無數次從電視、廣播中聽到過他的聲音。果然，對方自我介紹道：「您好，我是弗拉基米爾．弗拉基米羅維奇！」聊天進行了15分鐘，普京傾聽了老人當年的戰鬥經歷，又瞭解了他現在遇到的困難。「別著急，我幫您！」電話另一端傳來這樣的許諾。「請您再接受我的一個請求吧，總統先生！」「當然可以，請您講吧。」「您能繼續參加下一任總統競選嗎？」老人忍不住請求道。普京笑了起來，他耐心地解釋：「您知道，還有很多更合適的人選。不過，能得到您的信任，我感到非常榮幸。」「他的聲音那麼親切，就像戰友一樣。」退休金問題很快解決了，但瓦西里卻時常回味那通電話。

同一年，俄羅斯聯邦北奧塞提亞－阿蘭共和國的居民戈薩達．察拉耶娃度過了一個難忘的生日。這一年她整整120歲，成為全俄羅斯最長壽的人，除了家人親朋的祝福，她還收到了普京總統的賀電。後來，總統辦公廳的工作人員又來信詢問她有什麼心願，老人回答：「我一生都盼望著能擁有一輛汽車。」沒幾天，一輛嶄新的奧卡汽車停在了老人家門前。

在普京看來，能夠為人民解決一些實際的困難是幸福的事情，即使人們並不需要他做什麼具體的事情，他也願意和他們在一起。他會到露天煤礦裡和雙手沾滿黑糊糊煤炭的礦工握手，甚至想下到礦井裡體驗礦工的工作環境，他由衷讚嘆道：「你們是怎麼把生產率提得這麼高的！」在外地考察期間，他會應邀到一位農村老太太家品嘗她做的醋漬蘑菇，為了避免隨行人員吃光老太太的食品，他只開了一輛小小的麵包車去。

一位西方記者曾向普京提問：「歐洲媒體稱您是歐洲最富有的人，是這樣嗎？」普京回答：「是的，確實是這樣。不過，他們顯然還不夠瞭解我到底多麼富有。我不僅是歐洲還是世界上最富有的人，我的財富就是俄羅斯人民兩次選擇讓我領導這個偉大的國家。」

世界上有很多富有個人魅力的國家元首，可是他們國家的女人幾乎不會公開給領導人寫情書。但是，面對那雙像有藍色海水深藏其中的眼睛，俄羅斯的女人們卻為普京寫下了情詩：

我的男友打了一場架
打得遍體鱗傷
喝得酩酊大醉又沉淪毒海
他令我忍無可忍
我把他從我身旁趕走
如今我想要一個像普京的人
昨天我在新聞上看到了他的身影
他說，這個世界正處於十字路口
他是那麼具有說服力

使我下定決心想要
一個像普京的人
一個像普京強而有力的人
一個像普京不酗酒的人
一個像普京不使我傷心的人
一個像普京不會捨我而去的人

這是一首在俄羅斯流傳很廣的歌曲。一個女孩抱怨著自己男友的種種不是，然後大大方方地唱出了自己的心願——嫁人就要嫁普京這樣的人。這種大膽的告白就像一封熱情洋溢的情書。

俄羅斯人民熱愛他們的總統，不僅體現在民意支持率上，置身俄羅斯，隨處都能感受到他們對總統的喜愛。中學裡的女孩子們把普京的照片擺在書桌上，婦女們隨身帶著鑲有普京照片的鑰匙鏈，小夥子的手機蓋上貼著普京圖案的貼膜，玩具店裡擺放著普京造型的玩偶，以「普京」命名的酒吧座無虛席，用普京照片為封面的雜誌很快就會銷售一空，撲克牌上印著普京和其他俄羅斯政要的圖像，連甜品店裡都擺著用巧克力做成的普京總統頭像。

在政府機關，牆上懸掛的領導人標準像，從列寧、史達林、布里茲涅夫換成戈巴契夫、葉爾欽，後來換成了普京。即使普京從總統改任總理之後，聯邦政府的一些職能部門也沒有把懸掛的普京畫像撤下來，而其他俄羅斯總理卻從未享受過這種待遇。

沃羅比約娃是一位普通女教師，她帶領普京的其他支持者創辦了一份特殊的報紙——《第三個千年的總統》，報紙上用大號字體刊登了俄羅斯自由詩人涅斯捷羅夫為普京創作的詩歌：

弗拉基米爾．普京，他將俄羅斯復興，
他善於聯合各民族人民。
他是大自然天才政治家，
他對一切的一切都力有所能。
弗拉基米爾．普京，最耀眼的天才啊，
星球上最傑出的人物。

這首詩名為《天才政治家》，是一種張揚的讚美和誇張的膜拜。這種直白而強烈的熱情，與俄羅斯的民族性格似乎是相悖的。

在前總理切爾諾梅爾金眼中，「苦難使俄羅斯人民變得悲觀，並富於幻想。俄羅斯人覺得事情只會越變越壞，已經習慣了與不幸為伴。俄羅斯人總是表情莊嚴、肅穆，凝重多於微笑；心情憂鬱、傷感，沉重多於輕鬆。在俄羅斯人的生活中，總是伴隨著沉重和憂傷，而喜悅似乎與俄羅斯人無緣。」

在這種文化氛圍下長大的普京，成長於自然氣候與政治氣候同樣嚴峻的地球北部，他是內斂的、深沉的、不動聲色的。人們常說：「俄羅斯人是憂鬱的，看看普京的眼睛就知道了；美國人是樂觀的，看看歐巴馬的笑容就知道了。」即便如此，俄羅斯人民也從來不會吝嗇於對普京總統的讚美，他們確實因為這個強勢人物的出現感到了由衷的喜悅和幸福。

民眾為什麼喜悅？普京給他們帶來了什麼？GDP逐年遞增，民眾收入不斷增加，股市市值大幅度增長，物質生活極大豐富，社會治安日益穩定，分裂勢力得到削弱，國際地位不斷攀升。普京說：「俄羅斯回來了，而我主管這一切。」

俄羅斯新一代的年輕人愛穿西裝，愛吃生魚片，他們拎著手提電腦出入於高級的咖啡館或西餐廳；而十幾年前，他們的父親連吃黑麵包或買包食鹽都要排隊。年輕的女孩子會花去大半天的時間美甲或美髮；而十幾年前，她們的母親無時無刻不在算著怎樣才能多完成一些工作。他們大學畢業就開始獨立創業，不再像父輩那樣想方設法擠進一家工廠或政府機構。他們最大的夢想是成為比爾．蓋茲或普京。

信任危機，糟糕事不只一次

「庫爾斯克」號悲劇，「超級總統」也會犯錯

北冰洋的巴倫支海上，狂風肆虐，水面戰艦、救援船隻和潛艇正在緊張地工作中。從聖彼得堡趕來的專家和海軍上將波波夫都在急切地等待著，對於搜救工作來說，每一秒鐘都可能決定遇險人員的生命。三名潛水夫操作著水下裝置「普里茲」號慢慢向「庫爾斯克」號核潛艇消失的方向下潛。「普里茲」號的任務是找到「庫爾斯克」號的緊急救生艙，並與其對接，可是狂暴的北冰洋海水扼殺了所有人的希望——對接任務失敗了。

隨後到來的挪威和英國援助隊也沒有為俄羅斯帶來奇蹟。21日，幾經周折後，「庫爾斯克」號核潛艇的應急艙艙門被挪威潛水夫打開了，眼前的景象是人們最不願看到，也不願相信的：隔離艙裡已經注滿了海水。毫無疑問，包括9位軍銜至將軍的艦隊高級軍官在內，共118名艇員全部遇難。

天不遂人願，這是常有的事。1912年4月14日，豪華客輪鐵達尼號在行駛中與北冰洋的冰山相撞，北冰洋曾經無情地吞噬了這艘號稱「永不沉沒」的巨輪，鐵達尼號的處女航就此擱淺。88年後，也就是2000年8月12日，號稱「航母終結者」的俄羅斯核潛艇「庫爾斯克」號在北冰洋巴倫支海域消失了。

「庫爾斯克」號從此成為俄羅斯人民心中永遠的傷痛，而之前它作為攻擊航母的戰略核潛艇，一直是俄羅斯的驕傲，也是普京實現俄羅斯軍事大國夢想的重要籌碼。

得知「庫爾斯克」號在軍事演習中失蹤的消息時，新任總統普京正在黑海度假。時年48歲的普京經歷過失敗，也經歷過失業，然而面對「庫爾斯克」號的失蹤，他的反應卻有些失策了——普京雖然表示要不惜一切代價進行搜救，但並沒有結束在黑海的休假。在俄羅斯民眾以及媒體看來，普京的表現無疑是置公民安危於不顧，他們甚至「合理想像」普京在黑海沐浴陽光、出海踏浪的愜意、安適。反對與質疑接踵而來，普京面臨的除了搜救行動的舉步維艱外，還有信任危機。北冰洋曾給驕傲的英國人一記沉重的耳光，現在，它也給新上任的俄羅斯「新官」潑了一盆冷水。

事實上，給普京潑冷水的主要角色是他政治生涯中最有實力的反對者——俄羅斯金融寡頭。金融寡頭產生於葉爾欽時代經濟私有化的轉型期間，隨著經濟實力的增強，他們對權力的欲望也愈加強烈。對於金融寡頭操控經濟命脈、攫取國家職能的行為，普京的態度非常明確，那就是嚴厲打擊。

以向古辛斯基出擊為起點，普京向七大金融寡頭正式宣戰；接下來他連出一記組合重拳：金融家、媒體大亨、克里姆林宮曾經的「常客」別列佐夫斯基，石油大亨尤科斯……普京憎恨他們竊取國家財產，導致貧富差距越來越大，而金融寡頭們也與普京勢不兩立。其實，早在2000年年初競選開始前，具有俄羅斯多家報紙、電視臺等媒體操控權的「傳媒大亨」古辛斯基就花費大量金錢在總統競選中支持馬科夫上位，試圖以此實現在其背後操控國家的夢想。

如今，普京對「庫爾斯克」號事件的冷漠態度自然給了這些金融寡頭可乘之機。他們利用所操控的電視臺、報紙等媒體向普京潑冷水、髒水，言語犀利，並直斥搜救行動的緩慢和普京的冷酷無情。《真理報》宣稱，是巡洋艦「彼得大帝」號發射的超級導彈擊沉了「庫爾斯克」號。《商人報》也說，「庫爾斯克」號的沉沒是海軍司令部早就計畫好了的，並試圖以此解釋普京在聽聞「航母終結者」沉沒後並沒有停止度假的冷漠表現。

面對重大事件，普京沉著、冷漠的表現或許是性格使然，當然，這是KGB特工必備的素質之一。而在政治觀點上，普京一直宣揚和宣導平等、公平，這正是他重拳打擊金融寡頭的理由之一。在普京看來，他和普通俄羅斯公民一樣，為國家工作，獲得相應的薪酬，自然也有享受帶薪假期的權利。

普京我行我素，連前任總統葉爾欽也不否認這一點。葉爾欽說：「我認為我們的新總統（普京）應該在一段時間內接受他的前任的意見，但據我所知，普京很喜歡我行我素。」「庫爾斯克」號事件後，將普京扶上總統之位的葉爾欽也在採訪中批評了他的遲鈍反應。

葉爾欽語重心長地對普京說：「你犯了個錯誤，應該馬上回來對人們說些什麼，那些水兵的親人需要你的支援和安慰。」葉爾欽一番開誠佈公的話使普京如醍醐灌頂，接下來他用實際行動打破了鋪天蓋地的謠言。

很難說，葉爾欽選擇平民出身的年輕人作為接班人對於正處在轉型時期的、混亂的俄羅斯來說，是幸還是不幸，但可以確定的是，「庫爾斯克」號事件發生在普京上任不到一年，對這位年輕的總統來說，確實是個不小的危機和考驗。之前他已經走錯了一步，接下來，如何安撫遇難者的家屬將是關鍵的、決定成敗的一步棋。

穿過柯拉灣上的橋樑一路向北，就能看到巴倫支海邊的小城鎮維佳耶沃了。維佳耶沃背靠著山坳，白樺樹和針葉林交雜地在山中生長，夜幕降臨後，只有生活區的點點燈光與遠處山峰上殘留的積雪相互作伴。幾條公路孤單地蜿蜒在起伏的山巒之間，高聳的鐵絲網向森林深處延伸，標誌著維佳耶沃的特殊身分——它是俄羅斯北方艦隊最重要的軍事基地之一，「庫爾斯克」號沉沒之前就停泊在這裡的秘密港灣中。

8月，寧靜的小城迎來了一群特殊的客人，200多名「庫爾斯克」號遇難者的家屬來到了維佳耶沃的潛艇基地。幾個遇難者家屬在直升機停機坪上抽菸，冰冷的海風吹打在臉上，他們卻彷彿感覺不到，怎樣的疼痛能夠與失去親人的心痛相比呢！夜已經深了，他們卻毫無睡意，從得知「庫爾斯克」號失蹤的消息以來，這已經是第幾個無眠之夜了，沒有人記得。

這時，臨時流動醫院「斯維里」號的船長正在和一些親屬討論「庫爾斯克」號事件發生的原因和救援情況。

「大概是與什麼相撞了，發生了爆炸吧！」船長說。

「我們的孩子都犧牲了，沒有一個生還。」一位母親說，她的語氣是絕望的，眼神卻充滿了期望——她希望有人出來，言辭鑿鑿地反對她的說法。

「不，我不相信，他還活著！一定活著！」奧爾加激動地說。4月份她剛與科列斯尼科夫在聖彼得堡舉行了浪漫的婚禮。出海之前，丈夫還給奧爾加留下一首詩：「我不去想即將來臨的死亡，只願還有時間對你說一聲——我愛你，不會被時光掩埋。」

奧爾加不知道為什麼丈夫會留下一首預兆死亡的詩歌，她甚至懷疑「庫爾斯克」號事件是俄軍的計畫，而科列斯尼科夫也只是暫時失蹤，從噩耗傳來到媒體報導，挪威潛水夫和攝影機均未發現生還跡象，但她依舊無法接受，並拒絕為丈夫戴孝。

事實上，許多家屬和她一樣，堅信親人尚有存活的希望。當然，也有人比較悲觀，一位老婦人飲泣哀歎：「讓我的孩子像一個『人』一樣好好地被埋葬吧！」對於大多數遇難者親屬來說，「活要見人，死要見屍」是他們共同的心聲。這一夜的爭論沒有任何結果，畢竟沒有任何關鍵人物能夠給出可信的說法。

次日清晨，大家再次聚集在維佳耶沃生活區的「軍官之家」。指揮過救援行動的波波夫一行人走進大廳後，立刻被遇難者親屬包圍了，一個個尖銳的問題像炸彈一樣投向他們。

「為什麼不立即向國外提出援助要求？」「鋸開潛艇，把孩子們拖出來！」「你相信孩子們還活著嗎？」「孩子們還活著，怎麼能舉行追悼會呢！」……大廳裡安靜了一秒鐘。追悼會？這個敏感的詞觸動了每一個艇員親屬的神經，幾位母親和妻子忍不住大聲哭泣，大廳裡哭聲一片。不知過了多久，或者一分鐘，或者幾十秒，卻又彷彿一個世紀那麼長。人們聽到了一個冰冷得幾近絕望的聲音，低沉而有力：「你們打算什麼時候把孩子們『救』出來？」每個人都聽出了話裡的意味：與其說是「救」，不如說是「撈」。親屬們漸漸安靜下來，等待答覆，但更像是在等待末日的審判。

「幾個月吧，或者是一年後，具體的日期誰都不知道。」站在波波夫旁邊的克列巴諾夫冷靜地對著麥克風給出了這個答案。人群再一次由於內心的痛苦煎熬咆哮起來，一位身著毛皮上衣的中年女人衝上來，抓住他的衣領，使出渾身力量拚命搖晃起來，她瘋狂地叫喊著：「你這個敗類，為什麼你不在潛艇上？你這個畜生，你這個畜生……」事實上，只要一個稍微準確一些的答案，哪怕是三個月或者更長，只要讓他們知道，他們在未來仍會得到自己的孩子，他們一定會原諒所有的痛苦和等待。

兩個小時後，一身黑衣的普京緩緩走入「軍官之家」的大廳，所有人都將目光投射到遲到的總統身上。普京感覺到他們的目光裡有絕望、期待、憤怒，還有請求。他登上臨時搭建的主席臺，抬起手，正了正麥克風：「按照原來的計畫，我們本來應該……」他並沒有對遲到做出解釋，而是習慣性地用了「我們」一詞，試圖緩和當時的氣氛，但人群遠處一個極度憤怒的喊聲打斷了他的講話：「取消該死的悼念活動！」「殺人犯，把他撕成碎片！」……此起彼伏的喊叫聲再一次使場面陷入混亂。

普京提高了聲音，「我將會如實回答你們的問題，告訴你們我所知道的一切。」接下來，他神情憂鬱地說：「我和你們一樣，無法接受這個悲劇，不敢相信這件事情真的發生了，更不敢相信一切就這樣結束了。這些天來，我們所經歷的悲痛無法用言語表達，更無法用言語來勸慰。我已經心碎了，而我也知道你們承受了更大的痛苦。你們的孩子、你們的丈夫永遠是俄羅斯民族的英雄！」

大廳裡從未這樣安靜過，普京深情的開場，在一定程度上發揮了穩定人心的作用。遇難者親屬並沒有完全消氣，他們接二連三地向總統發問，但很少有人再咆哮、吶喊了。偶爾有人要打斷普京的講話，他都會抬高聲調「回擊」，並用堅定深邃的目光望向那個人。普京平靜、耐心地回答著遇難者家屬的每一個問題，時而聲音放低，時而流露出一絲抱歉。突然有人發問：「如果立即請求外國援助，會不會有奇蹟發生？」沒等普京回答，另一個聲音絕望地響起：「偉大的俄羅斯連可以實施海底救援的潛水夫都沒有嗎？」「沒有，在俄羅斯這樣貧窮的國家，沒有。」總統似乎有些生氣，整個講話過程中，他有時嚴厲、斬釘截鐵，有時會用幽默的語言化解尖刻的問題。最後，普京承諾向遇難者家屬發放撫恤金，並在幾個星期之後將遇難艇員打撈上岸；同時，也應要求取消了之前計畫的追悼會，還主動提出為親屬們準備回家的車票。

幾個小時前，200多位遇難者家屬幾乎要將他碎屍萬段、千刀萬剮；但幾個小時後，普京昂首挺胸，以總統的身分離開了「軍官之家」，所有遇難者親屬也將回到自己的家鄉。這個白天，悲劇在維佳耶沃小城上演，並一度發展到最高潮，而普京離開的那個夜晚，人們的情緒平靜了許多。維佳耶沃不再難以入睡，它又恢復了從前的寧靜。

普京對遇難者家屬的撫慰工作使他重新贏得了人民的信任。雖然他親人般的話語不能減輕遇難者家屬的心痛，撫恤金也不能換回任何犧牲的艇員的生命，但他們感受到了普京的真誠，而撫恤金也是最實際的補償。普京的維佳耶沃之行清洗了之前媒體潑到他身上的「髒水」，使那些謠言不攻自破。事實證明，他不僅是個不錯的總統，還是一位優秀的心理治療師。

「真正的光明絕不是永沒有黑暗的時間，只是永不被黑暗所掩蔽罷了。真正的英雄絕不是永沒有卑下的情操，只是永不被卑下的情操所屈服罷了。所以在你要戰勝外來的敵人之前，先得戰勝你內在的敵人。你不必害怕沉淪墮落，只要你能不斷自拔與更新。」羅曼．羅蘭在《約翰．克里斯朵夫》中這樣為英雄下了定義。「庫爾斯克」號事件後，普京將所有犧牲的潛艇員視為俄羅斯的民族英雄，而從他在化解危機過程中的轉變看來，他本人也符合這個英雄的標準。

在彼得大帝的主持下，當時還是內陸國的俄羅斯開始組建海軍。普京上臺後，也想透過重振海軍雄風實現俄羅斯軍事大國的夢想，他相信「沒有強大的海軍，就沒有俄羅斯」。而「庫爾斯克」號的沉沒無疑暴露了俄羅斯海軍存在的一連串問題，也給他敲了一記警鐘，普京開始重新思考建設強大海軍的這條路應該怎樣走下去。

要是在廁所抓到，就將他溺死在馬桶裡

2002年8月19日，豔陽高照，晴朗無風。坎卡拉軍事基地沉浸在一片寧靜之中，值勤士兵抬頭看了看鳴叫著飛過的鳥兒。對於鳥兒來說，天空就是天堂；而對於俄羅斯駐軍來說，位於車臣境內的坎卡拉軍事基地也是他們的天堂。基地由灌木叢和蒿草包圍，其中被俄羅斯工兵們佈設了餌雷、絆雷等近萬枚地雷，車臣恐怖分子敢越雷池一步，便很可能會粉身碎骨，如墮入萬劫不復的地獄。所以，這裡是俄軍士兵的天堂。

時近黃昏，值勤的機場士兵仍然手端長槍，目視前方，紋絲不動，在這寧靜無人的荒野，彷彿塑像一般。今天的基地格外平靜，連樹葉也一動不動。

嗡嗡嗡……直升機的轟鳴聲越來越大，士兵下意識地抬起頭，循聲望向遠處，只見一架重型直升機朝機場飛來。他知道，這是一架米格26重型運輸直升機。它是當今世界上最重的直升機，被稱為「巨無霸」，而北大西洋公約組織給它的綽號為「光環」。天堂中的天使才有光環，這是否意味著美國和西歐等軍事大國也要因此高看俄羅斯一眼呢！正想著，米格26碩大的機身在值勤士兵的視野中越來越清晰，「看來它打算在機場降落」，士兵想，「不錯，這樣晴朗無風的天氣最適合飛行和降落。」果然，米格26開始調整飛行姿勢，同時逐步下降，準備降落。忽然，它像喝多了伏特加的俄羅斯醉漢一樣，左右搖晃起來。緊接著，直升機搖擺得越來越劇烈，就像強大地震中搖搖欲墜的房子，瞬間失去了平衡，栽向地面！伴隨著「轟隆」一聲巨響，米格26直升機頭向下墜落。一秒鐘後，墜機處又響起了震天動地的爆炸聲——糟了！那正是群雷密佈的雷區！

正在站崗值勤的士兵目睹了這悲劇的一幕，他張大了嘴巴，呆愣了幾秒鐘，才回過神來，立即與基地救援人員聯繫：「請……請求救援，直升機墜入雷……雷區……」

坎卡拉軍事基地救援隊趕到事故現場，但營救工作無法開展——除了工兵和彈藥專家，沒有人敢進入雷區。正在他們束手無策之時，佈置地雷的工兵和專家趕到現場，經過排雷，打開了一條通道，救援隊進入雷區，以最快的速度穿過滾滾濃煙，從飛機殘骸中救出了倖存的戰友。不幸的是，直升機上共有147人，只有33人生還。

此時的普京，正在克里姆林宮的辦公室裡批閱文件。「咚咚……」一陣焦急的敲門聲打斷了普京的思路，工作人員告訴他有緊急電話。毫無疑問，電話是向總統報告米格26直升機墜落的消息。「隨時報告事件進展情況，另外，儘快向車臣方面派遣一個專門的調查委員會，對這件事情進行徹底的調查，不可掉以輕心。」放下電話，普京露出一絲倦容。自擔任俄羅斯總統以來，他似乎走了「危機運」，國內改革舉步維艱，國家安全也是「按下葫蘆起來瓢」。

2000年，美國著名脫口秀主持人賴瑞．金問普京：「你喜歡當總統嗎？」普京的回答瀟灑自然、斬釘截鐵：「是的，我喜歡。」是的，他喜歡當總統，這之中必然包括喜歡總統的權力和榮耀，也包括紛繁、危機、複雜的局面。和「庫爾斯克」號事件一樣，普京要再次面對死亡，他真希望這是最後一次讓俄羅斯軍人或者公民受到死亡的威脅。當天晚上，普京簽署總統令，將8月22日定為全國哀悼日，降半旗並停止一切文娛活動，哀悼這次事件中的遇難者，同時竭盡全力向遇難者家屬提供幫助。

關於這次雷區墜機事件的原因有很多猜測。有人說米格26墜機是由於超載或者技術故障，另有目擊者稱米格26是被可攜式導彈擊中的……而事實上，普京派出的專案調查小組也證實了米格26的右側發動機被導彈擊中。事故發生時，除了機場值勤士兵外，還有一位直升機飛行員目睹了事件的發生過程：一個身著迷彩服、頭戴面罩的男子，出現在機場不遠處。墜機後，他才從容不迫地扛著火箭筒離開。

雖然沒有任何證據可以證明這名男子就是導致米格26墜毀的罪魁禍首，也沒有任何證據可以證明他的身分。但是，車臣非法武裝分子緊緊地抓住了這次機會：他們宣稱米格26的墜機正是拜他們的「針-S」防空導彈所賜。車臣！又是車臣！這個恐怖的魔咒何時才能解除呢？普京頭疼不已。8月31日，普京警告相關部門和人員一定要提高警惕，防止類似事件再次發生。但就在當天，一架米-24「鱷魚」式武裝直升機再次於車臣地區墜毀，原因是被地面炮火擊中。普京怒不可遏。

事實上，早在1999年第二次車臣戰爭期間，時任俄羅斯聯邦政府總理的普京就曾親臨前線鼓勵士兵，他激情澎湃地說：「俄羅斯戰鬥機現在和將來就是要專門打擊車臣恐怖分子的營地，不管恐怖分子跑到哪裡，都要繼續下去……我們要到處跟著恐怖分子，在機場，那就在機場，那麼，很對不起。如果在廁所裡遇到恐怖分子，就把他溺死在馬桶裡。就這樣了，這個問題就這麼定了。」

「溺死在馬桶裡？」車臣恐怖分子也被激怒了：你要用戰鬥機對付我，那我就要摧毀你的戰鬥機。一句話，要你好看！於是，他們先是摘掉了米格26的「光環」，又擊中了「鱷魚」米-24。車臣恐怖分子有力的反擊再一次激怒了普京，他暗下決心：一定要堅決將車臣恐怖分子一網打盡！

之後的對決中，為了避免自身傷亡慘重，俄軍針對車臣武裝力量的特點，採用了一套新的戰鬥方案：先用轟炸機和遠程大炮將車臣非法武裝分子驅趕到狹小的範圍內，再由特種部隊進行圍剿。不久，俄軍便在一次特別行動中取得了勝利。米格26墜機事件及其影響算是告一段落了，普京的眉頭略微舒展了一些，他做了一次深呼吸：「這下可以消停一陣子了吧！」

「寡婦軍」，莫斯科不相信眼淚

在很多俄羅斯人的眼裡，莫斯科不僅僅是一座城市，它還是紅色夢想的代名詞。從前，多少熱血少年曾經為之奮鬥、奉獻；而今的莫斯科，蓬勃中透露著些許寂寥、滄桑和疲憊。夕陽輕撫下，克里姆林宮華燈初上。總統普京像一匹服役的戰馬，時刻處於戰備狀態。這個夜晚，他正在為出訪德國和葡萄牙做準備，即將召開的墨西哥亞太經合會議也使他馬不停蹄地忙碌起來。

紅場一側，列寧靜靜地躺在墓中，守護著這座幾經洗禮的城市。這位偉大的人物真的可以平靜安詳地長眠於此嗎？

2002年10月23日，距離克里姆林宮45公里的莫斯科軸承廠文化宮異常熱鬧，美國音樂喜劇《東南風》正在這裡熱烈上演，千餘名莫斯科市民盛裝前來觀賞。不論在戰爭年代還是和平年代，俄羅斯人從未停止過對藝術的追求，到大劇院參加活動之前必須經過一番精心打扮。今天，這裡的觀眾也不例外，他們提前幾天就訂好了票，滿心歡喜地前來觀看。這是一齣喜劇，不少父母也帶著孩子來欣賞精彩有趣的演出。剛剛經過改造的莫斯科軸承廠文化宮一脫舊態，儼然一座現代化大劇院，它的外形像一架振翅欲飛的戰鬥機，在蕭瑟的秋風中，凜然翱翔。與涼爽的秋風形成鮮明對比的是劇院內熱烈的氣氛，演員們的傾力演出感染了劇院內的1000多名觀眾，他們沉醉在劇情中，恍若無物。

第二幕即將結束。突然，一名身穿迷彩服、手持AK-47機槍的年輕男子帶領幾十個身著黑色長袍、頭裹黑色面紗的穆斯林女子佔領了舞臺。他們身上掛著鼓鼓的子彈帶，腰間別著手榴彈，表情冷峻，彷彿暗夜幽靈一般。觀眾們還沒有回過神來，一聲槍鳴便將所有人拉回了現實中：這些人不是音樂劇中的演員！他們是荷槍實彈的恐怖分子！他們用槍聲告訴無辜的觀眾：

他們已經佔領了這座劇院！一時間，女人惶恐的尖叫聲、孩子撕心裂肺的呼喊聲充斥著整個劇場。為首的男子揚言：「我們已經在這裡佈置了炸藥，俄軍必須在一週內從車臣撤軍，同時釋放所有被俘車臣人員，否則這裡將被夷為平地！」

言辭狂妄的男人不是別人，正是俄軍黑名單上的恐怖頭目之一——莫夫薩爾．巴拉耶夫。莫夫薩爾．巴拉耶夫時年24歲，身材高大，長著一張可愛的娃娃臉。如果不是持槍出現在莫斯科大劇院，將槍口對準無辜的莫斯科市民，而是在街上散步，那麼誰也不會將這個小夥子與恐怖活動聯繫在一起。實際上，在莫夫薩爾．巴拉耶夫的母親眼中，他只不過是一個普通的車臣孩子。

按照母親的理解，兩位叔叔相繼死在俄羅斯軍隊手上，讓這個車臣孩子變成了恐怖頭目。莫夫薩爾．巴拉耶夫的叔叔阿爾比．巴拉耶夫是車臣軍閥，號稱「車臣第三號頭目」。他心狠手辣、殺人無數，多次組織大規模恐怖活動。1998年他組織恐怖分子綁架了4名在車臣工作的電信工程師，並在收到贖金後，將人質全部斬首，還將人頭扔在荒野。2001年6月，惡名昭著的阿爾比被俄軍炸死。

莫夫薩爾的另一位叔叔薩姆蘇丁也因俄軍而死。2000年，俄軍對車臣叛軍進行圍剿，他們把薩姆蘇丁綁起來毒打，並將他拖在裝甲車後遊行示眾。家人把薩姆蘇丁贖回不久，他便含恨而死。薩姆蘇丁的屈辱之死，對莫夫薩爾打擊很大，再加上阿爾比也被俄軍炸死，莫夫薩爾覺得應當為車臣人民做一些事情。所以，他精心策劃了這次恐怖行動。

據莫夫薩爾的母親說，她從2002年4月就沒見過自己的兒子，直到在電視上看到新聞畫面，她才知道莫夫薩爾這些日子都在做什麼。顯然，莫夫薩爾這次是有備而來，他做了充分的保密工作——連一向無話不談的母親都毫不知情。另外，他還招攬和培養了一支特殊的敢死隊——「寡婦軍」。

「寡婦軍」就是與莫夫薩爾同時出現在劇院舞臺上的穆斯林婦女，她們的丈夫都是被俄軍擊斃的車臣非法武裝分子。正常來說，一個棄世而遺留妻子的穆斯林男人應當為妻室立下遺囑，供給她們一年的衣食。但是，她們的丈夫本就是不顧生死的亡命之徒，丈夫死後這些寡婦們便失去了基本的生活保障，因而她們的內心充滿了對俄軍的仇恨。莫夫薩爾抓住了她們的心理特點，他的招募在寡婦群體中達到了一呼百應的效果。

事發後，警方迅速趕赴現場，俄羅斯阿爾法特種部隊也前往進行援救。莫斯科防暴員警和內務部隊封鎖了通往現場的路口……大劇院被層層包圍，所有人都在密切關注事件的發展態勢。軸承廠劇院中，被劫持的人質心急如焚，莫夫薩爾不時朝屋頂和牆壁開槍，警告試圖逃離劇院的觀眾。在確定了所有人質的身分後，莫夫薩爾釋放了150名兒童、穆斯林和外國觀眾。

在警方的安撫下，一名死裡逃生的女演員仍然渾身發抖，「他們渾身綁著手榴彈和其他爆裂物，正……正在往大樓的角落裡佈置炸……炸彈……」她目光有些呆滯，眼神裡充滿恐懼，幾乎帶著哭腔，斷斷續續地描述著剛剛在劇院裡看到的恐怖畫面。與此同時，莫夫薩爾明確要求：俄方必須立即從車臣撤軍，停止戰爭。他還警告當局不要採取強硬手段，否則，他們每犧牲1個人就要10個人質償命。

26日3時30分是他給出的最後期限，如果無法按時兌現以上要求，莫夫薩爾將槍殺所有人質。劇院內的觀眾命懸一線。時間一分一秒地流逝，這無疑是一場生死拉鋸戰，俄羅斯總統普京又要頭疼了。獲知消息後，普京立即取消了出訪活動，連夜通知相關部門召開緊急會議，商討解救人質的辦法。

對於一位曾經的KGB特工來說，這樣驚心動魄的場面也許並不陌生。可是，身處其中的時候，目標只是安全地完成任務，而身為營救工作的決策者，普京面臨的情勢則要複雜得多——他不僅要考慮怎樣有效地完成解救人質的工作，還要兼顧媒體和輿論的導向。

如果是別人也許會為了博取民心，公開承諾將保證人質的安全放在第一位，但那不是普京。「鐵腕總統」當即表示，堅決徹底打擊恐怖分子，絕不妥協！

普京明白，妥協讓步不能解決問題，反而會引發更多的恐怖事件。普京不排斥透過談判來解決問題，但莫夫薩爾的要求只有一個，即讓俄軍立即從車臣撤軍，這是普京萬萬不能答應的。儘管，在俄羅斯國內也有很多民眾遊行示威，反對戰爭，要求和平，但普京始終沒有動搖打擊車臣恐怖分子的決心。劫持人質、威脅俄方從車臣撤軍，是莫夫薩爾的絕地反擊。與這樣瘋狂的恐怖分子對戰，即使訓練有素、技藝高超的特種部隊也難以保證人質的安全，更何況莫夫薩爾給出的時間不到3天！

23日當晚，普京坐鎮克里姆林宮，親自指揮、協調救援工作，他決定由特種部隊完成營救任務。25日深夜，經過兩天模擬演習的特種部隊開始行動了。他們趁著俄羅斯著名女記者與莫夫薩爾當面會談的時候，從劇院後側、兩翼偷偷靠近劇院大樓，並成功潛入內部，在多處安放了催淚瓦斯。10月26日3點30分，莫夫薩爾給出的最後期限已經到了。劇院內爆發出混亂的尖叫聲——恐怖分子開始槍殺人質了！無辜的人質一個接著一個倒下。俄羅斯人民最不願看到的情況發生了，他們默默祈禱著，但在死神面前，上帝也無能為力。時間一點一點流逝，特種部隊還在等待有利的時機。5點30分，已經過去兩個小時了，不能再等了！

隨著指揮部一聲令下，特種部隊開始行動。他們先是從通風管道向劇場內釋放大量化學催眠藥物，接著用炸彈在劇院大樓上打開了一個入口，然後衝進了劇場，與莫夫薩爾帶領的「寡婦軍」展開了激烈的槍戰。幾分鐘後，劇院內恢復了午夜應有的沉靜。700多名人質被成功解救，莫夫薩爾被當場擊斃，震驚世界的莫斯科劇院人質事件終於結束了，俄羅斯人民鬆了一口氣。普京卻不能有絲毫的懈怠，在當晚的電視講話中，他雙拳緊握，堅定地說：「俄羅斯人民是永遠不會屈服的！」

普京又一次成功地化解了俄羅斯人民的危機，這也是他出任總統以來，所面對的十分嚴重的一次人質危機。普京親自帶領、指揮，完成了這個不可能完成的任務，同時，他也意識到，車臣問題不解決，俄羅斯還將受到不同程度的安全威脅，對待恐怖分子不能手軟。

俄羅斯不會屈服，莫斯科不相信眼淚。於是，在普京的指令下，新一輪圍剿活動再次在車臣地區展開。

別斯蘭，屈服只會造成更為慘烈的襲擊事件

9月是收穫的季節，也是幸福的季節。孩子們經歷了一個暑假的分別，重新相聚在校園裡，歡樂的氣氛將假期裡的孤單一掃而空。

2004年9月1日是俄羅斯學校開學的日子，居住在俄羅斯北奧塞提亞-阿蘭共和國小城別斯蘭的茲戈埃娃是兩個女孩克里斯季娜和捷拉莎的母親。新的學年開始了，她與其他家長一樣，陪同兩個孩子來到學校參加開學典禮。沒想到，這卻是她最後一次陪孩子參加開學典禮。俄羅斯學校對於開學典禮一向很重視，別斯蘭第一中學又是這一地區教學品質首屈一指的學校。這一天，聚集在校園裡參加開學典禮的師生和學生家長多達1000餘人。

典禮正在進行時，一夥身穿黑衣、頭戴面罩的武裝人員突然闖進學校，為首的男子說道：「都到體育館去，現在演習開始了！」天真的孩子們以為這真的是一次反恐演習，很多人一邊指點，一邊說笑。

但是，包括茲戈埃娃在內的許多家長和老師都明白，這些不速之客是不折不扣的恐怖分子，而在場的學生、家長和老師已經被劫持為人質了，他們預感到接下來將要發生什麼。果然，恐怖分子開始行動了，他們衝著人群一通掃射，師生和家長們驚慌失措地奔跑、尖叫。一陣混亂後，大部分人質都被趕進了體育館，操場上只剩下橫陳的屍體，一些被打傷的人也被恐

怖分子開槍殺害了。

「交出手機！」為首的恐怖分子大聲吼叫著。驚恐萬狀的人質紛紛將手機交了出來，恐怖分子將手機一一砸毀，破碎的手機零件四處飛迸。有的孩子被嚇得大聲哭鬧起來，一個腰上別滿手榴彈的恐怖分子氣急敗壞地拉過身邊一個人質，一槍打死了他，將屍體拖到孩子們面前：「誰再哭鬧，就槍斃誰！」

茲戈埃娃緊緊地摟住兩個孩子，低下頭不敢看恐怖分子噴射著怒火和仇恨的雙眼。孩子們被嚇得縮成一團，再不敢發出一點聲音。接下來的幾天裡，近千名人質擠在不大的體育館裡，被恐怖分子死死監管，幾乎水米未進。因悶熱、口渴很多人質脫水、昏迷，不等恐怖分子開槍，人質的生命已經危在旦夕，再繼續下去，後果不堪設想……

事件發生時，普京正在黑海沿岸的度假勝地——索契休假。得知消息後，普京不敢怠慢，一刻不停地趕回了莫斯科，著手指揮營救，解決危機。9月3日上午，恐怖分子拒絕了政府和平解決的提議，甚至不讓政府向人質提供食品和飲用水。他們喪心病狂，持續殘害無辜的人質，包括天真無邪的孩子。特種部隊只能在學校周圍靜觀事態變化，隨時準備行動。

時間接近正午，學校裡突然發生了爆炸！天花板上大火蔓延，體育館內濃煙滾滾，茲戈埃娃被爆炸的衝擊波推倒在地，回身望去，一直依偎在她身邊的兩個女兒已經不見蹤影，擁擠的體育館一下子血流成河，茲戈埃娃被濃煙嗆得無法呼吸，漸漸地失去了知覺……聽到爆炸聲後，特種部隊立即衝進學校，開始營救行動。但恐怖分子並沒有就此放棄，除了少數人衝出包圍亡命天涯外，其他的人仍死守體育館，向特種部隊開火。特種部隊的隊員一邊掩護工兵拆除爆炸裝置，一邊和負隅頑抗的恐怖分子激烈交戰。近兩個小時過去了，學校裡的恐怖分子全部被特種部隊擊斃，而俄羅斯特種部隊也遭遇了前所未有的重創——10多位隊員及軍官或在激烈的槍戰中犧牲，或在解救人質的過程中喪命。

3個白天、兩個黑夜，恐怖的53個小時；891人生還，330人罹難……別斯蘭人質事件成為整個俄羅斯人心中難以癒合的傷口。與此前的恐怖事件不同，這一次恐怖分子將罪惡的槍口對準了無辜的孩子，給遇難家庭造成了一生的傷痛。

4日凌晨，普京來到別斯蘭探望所有受傷的人，看到一個個天真無辜的孩子受到傷痛的折磨，一向以硬漢形象示人的普京幾欲落淚。他們本該享受無憂無慮的童年生活，卻經歷了這樣一場災難。這一次恐怖事件帶給他們的不僅僅是失去親人的痛苦、身體上的傷痛，還有心靈上永久的傷害。

當日晚間6點，普京著一襲黑衣出現在電視講話中，他悲痛地說：「今天，全俄羅斯都在悲痛。從前，俄羅斯經歷了多次恐怖襲擊，而這一次無疑是最特殊、最令人髮指的。他們屠殺弱小、無辜的孩子，製造了史無前例的慘案。這是對俄羅斯整個國家和俄羅斯全體公民的公開挑釁，我們絕不能屈服，屈服只會造成更為慘烈的襲擊事件。」

在普京看來，這是車臣恐怖分子的又一次挑釁。而事實上，調查證明，別斯蘭人質事件的幕後操縱者和指揮者正是車臣非法武裝頭目馬斯哈多夫和巴薩耶夫，其目的就是在高加索各民族之間種下仇恨的種子，引發大規模戰爭。普京對車臣非法武裝分子的態度仍然堅決如初，別斯蘭事件後更加緊了反對恐怖活動的腳步：不僅重金懸賞捉拿馬斯哈多夫和巴薩耶夫，還在高加索地區成立了專門的反恐部隊，積極建立高效的反恐指揮系統，避免類似事件再次發生。

在一般營救行動中，正常的死亡人數應控制在20％以下，但別斯蘭人質事件中，死亡人數到達330人，超過了總人數的1/3。因此別斯蘭事件後，人們對解救過程產生諸多質疑，更有遇難者家屬強烈要求解密官方調查結果。在整個營救過程中，第一聲爆炸被看作事態轉變的關鍵點。爆炸發生之前，恐怖分子曾同意救援人員進入學校抬走部分人質的屍體，但爆炸聲正是在工作人員進入學校時傳來。關於第一顆炸彈的引爆，雖然官方提出的說法是服用了大量嗎啡和海洛因的恐怖分子偶然引爆了爆炸裝置，但很多人懷疑炸彈是由特種部隊的狙擊手透過打死腳踩引爆按鈕的恐怖分子引爆的。毫無疑問，這種質疑將矛頭對準了指揮這次營救行動的「鐵腕總統」普京——如果炸彈是普京下令狙擊手引爆的，則說明普京不顧人質安危，強行採取行動。

儘管普京指揮的營救行動，特別是營救過程中所使用的手段已經不止一次遭到各界的質疑，但在一項民意調查中仍有80％以上的民眾贊成總統的做法。而普京本人也始終堅信：與恐怖分子決戰到底才能保障更多俄羅斯公民的安全。

Part 6

蟄伏，雙人馬車的駕馭智慧

當總理也是很幸福的事情

只要是為國家工作，換個身分也幸福

普京最後一次以俄羅斯總統身分和外國元首通電話是在2008年5月4日，他打電話給當時的埃及總統穆巴拉克，祝賀其80歲生日。兩天之後便是他在總統任上的最後一個工作日，他像以往一樣早早來到克里姆林宮，認真閱讀辦公桌上的文件，在每份文件上細緻地寫下自己的意見，然後交給工作人員，由他們下發到具體的職能部門。下午，他接聽了一通私人電話，是妻子柳德米拉打來的，詢問他明天要穿哪件外套參加新總統的就職典禮。

他已經把需要交接的工作安排妥當，這一天不需要召開會議，不需要接見外賓，不需要到外地視察，普京度過了8年來最悠閒的一天。8年前，他從葉爾欽手中接過一支用來簽署總統令的派克金筆，還有一個經濟凋敝、社會混亂的俄羅斯；8年後，他從總統職務卸任，帶走了那支鋼筆，而走出克里姆林宮的總統辦公室時，留在身後的，是一個正在復興的俄羅斯。

5月7日，梅德韋傑夫的總統就任儀式在克里姆林宮舉行。普京的到場成為整個儀式的一段高潮——普京走下掛著總統旗的汽車，踏上紅地毯，邊走邊穿上外套。此前，他不止一次走上這條紅毯，是來接受權力和祝福的，但這一次，他要做的是移交權力。普京仍然保持著平均每分鐘80步的頻率，表情專注，就像他每天到克里姆林宮上班時一樣。

「這是一個處於工作狀態的人才有的神情。」參加儀式的人們都這樣說。普京先登臺，然後總統樂隊奏樂，梅德韋傑夫穿過大廳，登臺後與普京握手，兩人並排站在一起。普京先發表了卸任講話，他說：「我衷心感謝你們的理解和支持。擔任總統8年來，我每時每刻都能感覺到你們的理解和支持，這給我力量，促使我相信我們進行的是正義的事業。我感謝你們，我們一起克服困難實現了既定目標；我們一起遭遇了悲劇，但並沒有在不可克服的障礙前停下來。」

隨後，憲法法院院長佐爾金請梅德韋傑夫宣誓，宣誓之後樂隊奏響了俄羅斯國歌。總統就職儀式後，梅德韋傑夫和普京一起來到克里姆林宮教堂廣場，全俄羅斯和莫斯科大牧首阿列克謝二世將在這裡為新總統祝福。檢閱完總統團之後，普京坐上車悄悄離去。此時，他的專車上已經沒有了總統標誌。但是，所有人都知道，普京不會就此離去。

就職典禮結束後不到兩個小時，梅德韋傑夫接受了政府集體辭職，並向國家杜馬主席格雷茲洛夫提交信函，提名普京為新一屆總理候選人。這項提名在第二天中午就順利通過了。有人驚歎於權力機構的辦事效率之快，格雷茲洛夫則笑著說：「有什麼理由拖延呢？」普京作為俄羅斯總理出席的首場公開活動是5月9日的紅場閱兵，這一天是俄羅斯慶祝衛國戰爭勝利的「勝利日」。蘇聯解體17年後，一些重型裝備首次重返紅場閱兵式，為了讓這些大型裝備順利通過紅場，政府此前花了10億盧布對廣場路面以及地下管道進行改造。

梅德韋傑夫在前，普京在後，一起接見衛國老兵代表，共同檢閱部隊。總統職務卸任後不到48小時，普京就重新回到了俄羅斯政治中樞。一個華麗轉身，前天的總統成為今日的總理，依然是俄羅斯政壇最受人矚目的人物。

位於莫斯科克拉斯諾普列斯年斯卡婭沿河大街的俄羅斯政府大樓總理辦公區迎來了新主人，普京走進大樓時，一個工作人員剛好走過，普京朝他露出了愉快的笑容，對方趕緊打招呼：「早安，總統先生！」

「早安。不過，從今天開始，請叫我普京總理。」普京回答。

為了迎接新總理的到來，從兩個月前開始，政府大樓內就緊鑼密鼓地進行了重新裝修，他們還為總理先生在辦公區內修建了體育館。進行體育鍛鍊是普京長期保持的習慣，但是，在他擔任總統期間，繁忙的工作奪走了他很多鍛鍊的時間，他不止一次在記者招待會上表露出無法進行體育鍛鍊的遺憾。現在，他轉到總理任上，希望自己能有更多時間鍛鍊身體。

在2004年大選獲勝後，曾有記者問普京：「您是否想過再過4年卸任之後做什麼？」當時普京開玩笑說：「我還沒有開始下個4年的工作，而您已經在攆我退休了。」那時候他或許也設想過退休後的輕鬆生活，畢竟8年異常勞碌的生活多少會讓人感到有些厭倦。但是，對俄羅斯、對俄羅斯人民的使命感和責任感讓他無法停下，何況他本身也不是一個能徹底閒下來的人。

「我還沒到退休年齡，光待在家裡無所事事是可笑的。」顯然，普京不是一個能接受無所事事的退休生活的人。不管在什麼時候，普京的生活態度都特別積極，而且是個實幹家。對他來說，花兩個小時坐在火爐旁純粹是浪費時間，就連發呆也是對生命的浪費，每一分每一秒都可以用來做一些更有意義的事情。

在他還沒有成為總統時，他和同事們一起到森林郊遊，柳德米拉和兩個女兒也隨他們一起去了。他們一共去了20多個人，絕大多數人都分散到森林的各個角落，或者去採蘑菇，或者去尋找泉水，柳德米拉也帶著大女兒瑪莎去尋找藏在白樺樹裡的夜鶯。只有普京坐在林中空地處，小女兒卡佳在他旁邊採野果，他專心致志地讀著當天的報紙。等大家回到集合地，每個人都特別疲憊，顯然沒有人願意談工作。普京卻很快放下報紙，走到一個人身邊，悄聲和對方談論著什麼，然後又去找下一個人。最後他回到柳德米拉身邊，開心地說：「上週遺留的工作都解決了！」他就是這樣一個人，連休息時都要儘量處理些工作。他並不是不喜歡休息，而是希望能以更積極的方式釋放壓力，比如摔角、柔道、游泳，一直都是這樣。

由於俄羅斯憲法對總統任期的限制，普京必須從繁忙的工作中抽身，雖然很多人竭力挽留，請求他繼續擔任總統，但普京絕對不肯做違背憲法的事情。一切發生得這樣自然，他已經成為這個龐大國家的總理。對於政府的忙碌工作，普京顯然也做好了充分準備。如果讓他用一個詞來形容當總理的感受，普京一定會說：「幸福。」他說：「毋庸置疑，這份工作需要付出很多，在現代條件下更是如此。可是有什麼辦法？命運給你機會為國家服務，擔任這一職務，這是件幸福的事情。」

世界上有的人對菸上癮，有的人對毒品上癮，有的人對錢上癮，而對於置身政治的人來說，最大的癮莫過於對權力的癡迷。普京從不抽菸，偶爾喝酒也極有節制，他甚至在酒會上偷偷把杯子裡的伏特加倒在花盆裡。官位和權力都不是他最終的追求，他看重的，是這樣或那樣的職務所賦予的責任。

「如果上帝給我機會為自己的國家和人民工作，那就是對我最大的獎賞。」能夠換一個身分繼續服務於國家，這讓普京覺得無比幸福。

新的權力組合：梅普組合

俄羅斯在2008年總統選舉後，形成一種新的執政模式，那便是「梅普組合」。「梅普組合」實際上是俄政權高層精心設計的執政模式，是梅德韋傑夫總統和普京總理的聯合執政。這個組合形成以來，「梅普組合」一直運作良好，配合默契，得到多數民眾的讚揚。

「梅普」組合從2008年誕生以後，不止一次傳出了各種不和諧的傳聞，而且愈演愈烈，但是，在公眾面前，二人之間始終表現得非常和睦。

在非正式場合高調秀親密，一直以來都是這對政治夥伴反擊不和傳言的最佳行動。多年來，他們的聚會的照片多次傳出，不管是有意還是巧合，每次「梅普」組合出鏡的著裝都有異曲同工之妙。2007年的冬天，時任俄羅斯總統的普京和總統候選人梅德韋傑夫一起步行於莫斯科郊外的森林當中，在白雪的映襯下，二人身上的黑色毛領夾克分十分的顯眼。後來，這張照片被統一俄羅斯黨用於競選海報。「我們正想去測試一下，看我們的血型是不是相同。」梅德韋傑夫曾這樣對媒體說。普京與梅德韋傑夫有一個相同的愛好，就是滑雪，二人還拍過一張都戴著紅色滑雪帽的合影。一起滑雪、一起看球賽、戴著同款黑超墨鏡一起在索契海邊聊天、品茶等等……無不在高調的告訴大家二人之間的關係，好得不能再好。

2010年12月3日，在瑞士蘇黎世贏得2018年世界盃主辦權的俄羅斯總理普京飛到索契，和在當地會見義大利總理貝魯斯柯尼的梅德韋傑夫會合。正好是一個週五，梅德韋傑夫與普京的聚會充滿了週末的閒適氣息。從克里姆林宮發言人娜特莉婭．蒂瑪科娃那裡得到的消息是，兩位國家領導人一同圍著住所散步，還一起觀看了反映二戰歷史的電影《布列斯特要塞》，並且還一起打了撞球，不過她並沒有透露誰是贏家。從傳出的視頻能夠看出來，梅德韋傑夫與普京均穿著米色毛衣，在觀影期間不時的進行交流。

這一次，梅普二人的熱絡出境，很自然的便使人們聯想到了近來外界對兩人關係的各種猜測。隨著2012年俄羅斯總統大選的臨近，梅普關係再次被西方媒體大肆渲染。美國國務卿希拉蕊甚至還公然指稱，梅德韋傑夫是普京的「提線木偶」。維基解密網站洩露出的美國國務院外交電報則把普京描繪成發號施令的「領頭狗」，稱普京是「蝙蝠俠」，梅德韋傑夫是「羅賓」。而有人提出，「梅普」這一次的聚會，正是意在舒緩外界所謂二人關係緊張的猜測，重申俄羅斯的政治穩定。

一些報導指出推崇自由主義的梅德韋傑夫和走強硬路線的普京隨著時間的流逝，在治國理念方面的差異越來越明顯，不過，就像他們一次次成功向外界所昭示的那樣，俄羅斯的政治穩定一直都未曾出現過動搖。看看那些色調一致但是細節方面存在區別的衣服，是否可以被理解為梅普關係的一種象徵？也許也只有當事人自己才最是明白吧！

一直以來，「梅普組合」運作良好，配合默契，獲得的讚揚數不勝數。雖然說梅普二人的個性和風格並不相同，有些時候也難免會發生一些矛盾，不過梅普二人在大方向和大問題上卻從來沒有分歧。因此人們說，梅普之間實際上是「大配合，小矛盾」。

不過，西方媒體總是很喜歡對梅普之間的「小矛盾」進行大肆的渲染，惡意的對之進行炒作。2009年1月和2月，梅德韋傑夫兩次發表講話，批評俄政府在解決金融危機方面進展「緩慢」，「動作遲鈍」。西方媒體趁機大肆渲染和挑撥，說梅德韋傑夫公開向普京「發難」，梅普矛盾已經公開化，二人之間已經形成「對立」，即將「分道揚鑣」。而事實上，梅德韋傑夫作為總統，對政府工作提出批評是再正常不過的事情，他的批評並不是單純的針對普京個人，而主要是針對政府的具體部門。「梅普組合」一直團結合作，他們之間的合作模式不可能輕易的發生改變。

大家都知道，梅德韋傑夫是普京的聖彼得堡同鄉以及「列寧格勒大學」法律系的學弟，是普京一手培養起來的政治家。梅普二人共事這麼多年，關係一直都非常良好。梅德韋傑夫當選總統，也主要得力於普京的全力支持。他當上總統以後，知恩圖報，很快提名普京出任政府總理，二人之間的合作十分的密切，在治國外交等很多重大問題方面，實際上都是二人共同協商來決定的。

而且，梅普二人的政見高度一致。均主張推行「強國」戰略，都指出要儘快復興俄羅斯。未上任以前，梅德韋傑夫就一直堅決擁護普京總統的治國方略，他就任總統之後，所實行的方針政策，事實上就是普京路線的繼續。另外，梅普二人之間互有借重。強勢的總理普京，他的地位以及權力，比以往的政府總理要強出很多。而與此同時，梅德韋傑夫總統也是十分強勢的，其憲法規定的地位以及權力並沒有削弱，他是名副其實的國家元首。不過呢，他也要依靠普京來執掌政權以及更好的治理國家。尤其是普京兼任統一俄羅斯黨的主席，掌控了國家杜馬三分之二以上的議席。根據俄羅斯憲法的規定，總統有權力罷免總理，不過必須獲得國家杜馬多數的投票批准才可以；如果說，國家杜馬有三分之二多數通過決定的話，還能夠啟動彈劾總統的程序。

因此，能夠看出來，事實上，普京是一位總統無法罷免的總理，他甚至還能夠反制總統，這也就是說，梅普二人實際上互有借重，無形中，形成了一種相互制約的關係，並且，兩人之問曾經定下了一個「君子協定」，對於這個俄羅斯的新權力組合，外人是無法找到機會攻入的。

俄氏「史塔西」

普京有一個綽號「史塔西」，是俄羅斯前總理斯捷帕申送給他的。「史塔西」是德意志民主共和國國家安全部的簡稱。普京作為KGB人員在德國工作時，曾與很多史塔西軍官有過合作，他們總是說：「瞧瞧那個不愛笑的蘇聯人！他那雙藍眼睛裡到底藏著什麼秘密？」斯捷帕申之所以這麼稱呼普京，是因為普京完全具備了史塔西高效且勤奮的特點。

8年總統任期內，普京稱自己忙得就像木帆船上的划槳奴隸，從早到晚，而且是殫精竭慮地幹，因為他不想辜負兩次投票給他，選他當俄羅斯聯邦總統的公民們。作為總理的普京，不僅要求自己以同樣的狀態工作，還對其他政府工作人員提出了更高的要求。

不過，他不得不承認，想讓莫斯科的政府、地方政府和俄聯邦境內的聯邦行政機關都像瑞士錶一樣不停運轉，並不是一件容易的事情。俄羅斯政府和地方政府存在一些慢性疾病，比如官僚作風、貪污受賄、獨斷專行，這些問題早在蘇聯時代甚至沙皇時期就已經出現，根深蒂固，難以徹底解決。普京不止一次在公開場合批評這些弊端，偶爾還會講一些有嘲諷意味的笑話。

蘇聯時期，一個美國間諜到KGB總部所在地盧比揚卡投案自首。這棟大樓裡有無數間辦公室，每扇門上都有一個數字編號，看著已經超過3位數的門牌號，美國間諜有點頭疼。最後，他隨手敲開了距離自己最近的一扇門。

「你好，我是一名間諜，我是來自首的，因為我已經厭倦了現在的生活。」KGB人員抬起頭，看了他一眼，慢悠悠地說：「你是哪個國家的間諜？」「美國。」「那你去5號辦公室吧。」美國間諜在大樓裡轉了很久，終於找到了5號辦公室。他推門進去，說明了來意。

「你身上帶武器了嗎？」KGB人員問。美國間諜點點頭：「是的，有一把手槍。」

「那請去7號辦公室。」「為什麼這麼麻煩呢？」來自首的人忍不住抱怨。

「請尊重我們的制度。」KGB人員很不客氣地說。美國間諜忍著一腔不滿，來到7號辦公室。

「你有沒有通訊設備？」「有。」

「那請你去20號辦公室。」

「我一定是喝醉了犯糊塗才會來到這麼奇怪的地方自首。」美國間諜默默地在心裡發著牢騷。20號辦公室的KGB人員問：「你有任務嗎？」「有。」間諜回答。「那還不趕緊去執行任務，請不要在這裡妨礙我們工作。」

在奧倫堡市主持召開總統直屬地方自治委員會主席團會議時，普京講了這個笑話。在座的官員中，有的人滿臉嚴肅，有的人十分羞赧，還有人輕笑出聲。普京並沒有嚴厲批評笑出聲的人，他只是說：「今天的俄羅斯有很多機會改變這種惡習，如果這些壞的作風有朝一日真能消失，我不介意和大家一起大笑。

「每個到超市、咖啡館、餐廳、酒吧的人都會挑剔服務品質，就連想法最簡單的小孩子也會把幼稚園裡的老師分成天使和魔鬼。國家機關的服務品質影響著成千上萬人的社會感受，消除弊端並不需要英雄主義，不需要捨生忘死，只需要一顆為國家服務的心，並且持之以恆。」

整個會議過程中，普京的聲調一直非常平緩，沒有拔高也沒有怒吼，但幾乎所有人都感受到了他的憤怒：「當公民來到你們的辦公室，就應該得到高質的、具體的、確切的服務。你們以為他們來政府做什麼？是來跑腿的嗎？」

普京在一些公開場合的話也時常體現出「特工」色彩。曾有記者向他提問：「總理先生，您計畫過什麼時候離開政治嗎？」「塞進牆縫後，就可以倒頭大睡了。」普京回答。當普京還是KGB特工時，執行過交換情報的任務。如果交換地點在街頭，他們通常會提前選好地點，然後在指定時間把情報偷偷塞進牆壁的縫隙，等待對方來取。一旦這些程序都完成，工作也算順利結束了。

退居幕後，但不曾離開

俄羅斯人民喜歡「有普京的日子」

卸任總統一職後，很多人會問普京打算什麼時候離開政壇，自然，是「事情都做完後才可以放鬆休息」。特工們在把情報塞進牆縫之前，必須謹慎觀察地形，觀察周圍的人群，快速地行動，及時撤離，任何一步出了問題，都可能影響全域。從政也是一樣，在「倒頭大睡」之前，普京不得不打起十二分的精神，謹慎對待每一項工作，因為即使只有兩到三個不正確的步驟，甚至只有一個環節出了問題，都足以令計畫全盤崩潰，一切努力也會付諸東流。有人勸他：「何必這麼悲觀，情況不會更差。」

但是，普京總是難以忘記他親身經歷過的那個時代。在20世紀80年代末，政治力量已經將國家引向深淵。當時所有人都說：「不會更差了。」事實上呢？到了90年代，砰的一聲，社會全面崩潰，不是個別企業，而是整個生產領域都停工了，不要期待能拿到退休金或補貼，因為那時候連工資都停發了。

「我們正在朝著最好的方向前進，但是要記得，草地下可能是沼澤，樹叢裡會藏著荊棘。」在一切嚴峻的形勢下，普京常常會想起俄國作家果戈理的戰鬥宣言：「我們被召喚到世界上來絕不是為了節日和宴飲，我們被召喚到這裡來是為了參加戰鬥。因此我們一刻也不應忘記，既然來參加戰鬥，就不能挑選哪兒更安全一點。人人都應像英勇善戰的戰士那樣，投身到戰鬥更為激烈的地方去。」普京的半生，就在各種各樣激烈的戰鬥中度過了。

2009年8月9日是星期日，對於俄羅斯人民來說，這一天和以往的週末並沒有太大區別，即使在首都莫斯科，似乎也只是一個再平常不過的日子：人們穿梭於紅場附近的商業區，挑選著自己喜歡的商品；青年男女在酒吧裡或舉著酒杯低頭耳語，或隨著音樂盡情扭動身體；一個中年婦女拎著購物袋站在地鐵月臺上，不時朝著列車駛來的方向張望；車身貼滿廣告的公共汽車行駛在街頭，把懷揣各自心事的乘客送回家……一切都沒有什麼不同，只有幾個記著這個日子特殊性的媒體人和政治學家會拿起筆或打開電腦，鄭重地寫下：10年前的今天，普京首次以俄羅斯代總理的身分接掌政權。

從普京走上俄羅斯核心政治圈，10年很快就過去了。普京沒有給自己舉辦過一場紀念性質的酒會，俄羅斯官方也沒有組織任何所謂的慶祝活動。普京像往常一樣前往位於莫斯科河畔的政府大樓上班，像鐘錶的秒針一樣度過繁忙的一天，很晚才回到家中休息。妻子柳德米拉也沒有特地向他說什麼慶祝或祝福的話語，他們早已習慣了這樣的生活。

政治已經是普京生活中最習以為常的因素，就像普京早已成為俄羅斯政治中最自然而然的部分。不知不覺中，俄羅斯百姓已經習慣了「有普京的生活」，不論他是總統，還是總理，他們在每一個「有普京的日子」，認真工作，安然入睡。

相識17年，新總統離不開普京支持

「為了2012年重返總統寶座，您是否會推出一個弱勢『接班人』？」美國卡內基基金會的學者卡欽斯曾向普京提問。

普京並沒有介意對方提到「重返總統寶座」時表現出的無禮，只是非常嚴肅地回答：「我不希望下屆總統是個弱勢總統。未來的總統應當是一個健康、有強烈工作願望、能獨立履行職責的人。總統不強，俄羅斯難強。我任職期間盡了最大努力使俄羅斯擺脫疲弱狀態，難道我會親手毀掉我努力促成的強國？」普京很嚴肅地回答了這個問題，幾個月之後，他的好搭檔梅德韋傑夫以70%的得票率當選新的總統，而普京則成為新總統的搭檔總理。

梅德韋傑夫能夠高票當選新一任總統，離不開普京的支持。這個只有42歲的少壯派，同樣來自普京生活多年的聖彼得堡，從普京求學的列寧格勒大學法律系走出。1989年，梅德韋傑夫受到索布恰克的邀請，擔任索布恰克競選蘇聯人大代表的顧問，自此跨入政壇。

普京在2008年說他與梅德韋傑夫「相知17年」，這17年的起點便是1991年梅德韋傑夫到普京領導下的聖彼得堡外事委員會工作。那時候，索布恰克已是聖彼得堡市市長，他辦公室裡的天花板很高，透過寬大窗戶上的明亮玻璃，整個聖以撒廣場盡收眼底，連廣場雕像上輕微的損壞痕跡都能看清楚。有一段時間，普京與梅德韋傑夫共同坐在一張辦公桌旁。年長些的普京不苟言笑，總是一副公事公辦的樣子；年輕些的梅德韋傑夫談論工作時會像名律師一樣嚴肅，其餘時候則比較隨和，他常常穿凡塞斯名牌的外套，西裝口袋裡別著一支派克鋼筆。

因為工作關係，蘭科夫經常到市政府拜訪索布恰克，他說：「梅德韋傑夫幾乎經常被人忽視，就像一隻灰色的老鼠，沒人真正注意到他。普京做出所有決策，梅德韋傑夫則負責跑腿，搜集情況。」

這是無論在出身、性格還是愛好方面都存在很大差異的兩個男人。不同的成長環境決定了兩個人不同的性格，人們總是用「鐵腕」、「強勢」、「強人」來評價普京；而朋友們總是說梅德韋傑夫是個謙遜有禮、溫文爾雅的人。

很多人的命運都在1999年最後一天發生了改變：葉爾欽揮手告別由他統治多年的俄羅斯政壇，普京一夕之間成了這個龐大國家的統治者，本來在母校任教的梅德韋傑夫被普京任命為總統辦公廳副主任。

當梅德韋傑夫離開聖彼得堡大學起程前往莫斯科時，平日裡常常抱怨他「不夠幽默」的學生卻在法律系門口的告示牌上貼了「尋人啟事」：「法律系的一位老師失蹤了。他的特徵是年輕、聰明、英俊。快快回來吧！我們都愛你！」

梅德韋傑夫從2000年6月開始擔任總統辦公廳第一副主任，3年多以後取代沃洛申成為總統辦公室主任。在普京的第二任期中，梅德韋傑夫成為普京「欽定」的第一副總理，逐漸從一個總管型人物成長為具有一定決策權和執行權的政治人物。

華麗轉身，蓄勢待發

梅普組合？還是普梅組合？

距議會選舉還有10周的時間，距總統大選還剩下5個多月的時間，對於很多的國家來說，這個時間段都是非常的敏感並且十分緊張的，因為所有政治派別以及政治人物都將抓緊選舉前的有限時間秀場、拉票、提高自己的支持率。

可是俄羅斯卻完全不是這樣的，因為9月24日的「統一俄羅斯黨」代表大會，讓俄羅斯的政局一下子「塵埃落定」了。就是在這次全俄羅斯矚目的會議上，梅德韋傑夫主動提議請普京參加2012年總統的大選，隨後，普京欣然同意。而普京也提出，如果自己當選了總統，那麼，希望梅德韋傑夫能夠擔任下屆政府的總理，接著梅德韋傑夫表示願意「從事具體工作」。二人之間如此默契的達成協議，並未出現爭鬥與不和，於是，困擾俄羅斯政局多時的「2012」疑問，就這樣在梅普二人三言兩語的言談之下明朗化了，「梅普組合」變成了「普梅組合」換位不換人、輪崗不輪休。

2011年9月25日，俄羅斯總統梅德韋傑夫在自己的微博上留下這樣一段話：「我饒有興趣地閱讀著你們關於國家未來發展的各種觀點。這對我十分重要。我正在繼續工作。」這段微博引來了大量粉絲的關注以及評論，不過，更多的網友將這段微博和一天前所發生的事情很自然的聯繫了起來。

在統一俄羅斯黨9月24日的黨代會上，梅德韋傑夫發言，「我想向大家闡明一個讓統一俄羅斯黨和全體民眾都十分牽掛的問題，就是總統選舉候選人問題。我已接受建議，準備擔任統一俄羅斯黨參加今年12月份杜馬選舉領軍人物，並將在選舉後的政府中從事具體工作。在這種情況下，我認為，如果這次黨代會支持本黨領導人弗拉基米爾·普京作為總統候選人，那將是一個正確的決定……」梅德韋傑夫的話音還沒有散去，全場就已響起了經久不衰的掌聲。掌聲終於停息之後，梅德韋傑夫又接著說：「這掌聲說明，我無須再解釋弗拉基米爾·弗拉基米羅維奇·普京所擁有的經驗和威望！不過，我還想就此事多說幾句。大家總是問我：『你們何時做決定』。還有人直接問我和弗拉基米爾·弗拉基米羅維奇『你們是不是吵架了？』……我想說，我的建議是深思熟慮的，也是明智的。我還想再多說一些，就是早在我們確立同志聯盟式關係之時，我們就已經討論過今天這個方案。」面對大家的猜測以及疑問，普京更是直言不諱地回答，「我想直接說，關於應該做什麼，以及我們應該怎麼做，我們很早以前就達成了協定，好幾年前。」

「梅普組合」正在轉變為「普梅組合」，他們在2012年總統大選這個直接關係到俄羅斯未來十幾年甚至幾十年發展的關鍵問題上，並沒有如大家猜測或者是西方媒體報導的一樣，使出奇怪的招數，相反，他們一直按照幾年前就已經制定的方案，按部就班地一步步實施著。如果非要說有哪裡出乎意料之外的話，那麼，在這一決定的宣佈時間方面，似乎有些提前。在這之前，有很多的觀察家一直認為，普京很有可能在2011年底的俄羅斯杜馬選舉結果出爐後，才會正式的接受參加2012年總統大選的建議。話說回來，既然普梅二人的「紳士協定」早已經定好，那麼，二人提前公佈這一消息，也對俄羅斯保持國內政局穩定有一定的好處。

普梅二人「換位不換人」的方案出爐後，俄羅斯國內的各派政治勢力再也不用費盡心機地在兩人之間搖擺、觀望、猜測揣度了，大家終於能夠全身心的投入去準備毫無疑問的杜馬以及總統大選，而這一點對於確保統一俄羅斯黨以及普京打造的「人民陣線」的得票率來說有極大地益處。而梅普率領下的統一俄羅斯黨也「必須」在2011年底的杜馬選舉中獲得最大的勝利。而俄羅斯，將依照普京在此次統俄黨黨代會上講話確定的「準施政綱領」繼續發展下去。

雖然絕大多數的人都相信普京在2012年的選舉當中肯定會上演「王者歸來」，不過人們好像總是可以不時地發現梅德韋傑夫的「躍躍欲試」。這又讓人們對俄羅斯的政局產生了似是而非的飄忽不定之感。而梅德韋傑夫和普京的這次「投桃報李」讓俄羅斯民眾吃了「定心丸」，俄羅斯未來的政局突然間明朗化了。根據俄政治學家尼科諾夫的分析，普京如果再次當選總統後，很有可能謀求連任，而梅德韋傑夫，很有可能會在2024年替換他的工作。尼科諾夫坦言，

「這也就意味著，或許，我們已經知道2036年前俄羅斯政權的格局了。」俄社會學家查普林說，「在俄羅斯歷史上如此和平、體面、誠實、友好地實現權力交接，這還是第一次。這是政治道德的典範，這會讓我們前幾任領導人和其他國家百姓嫉妒的……」

事實上，西方國家比俄羅斯老百姓更加關心普梅「誰進誰退」的問題，梅德韋傑夫與普京的「車王易位」讓美歐分析家顯得很無奈。美聯社駐莫斯科記者說：「如果普京再次贏得連任，那麼他將統治俄羅斯近四分之一個世紀。」更多的西方媒體都表示擔憂「普京的回歸」讓俄羅斯與美歐的「關係重啟」半途而廢，甚至導致俄與美歐關係出現「大倒退」。對於梅普之間的「二人轉」，西方國家的領導人曾經不止一次的懷疑過、試探過，甚至還進行過挑撥、詆毀等等，不過，這一連串的手法都沒能夠打亂梅普二人幾年前就早已譜好的曲子。也正是因為這樣，美歐領導人對「新的普梅組合」好像已經無奈的選擇了接受和面對。

當然，不管是梅普組合還是普梅組合，對於這種始終毫不「離普」的政權運行模式，俄羅斯國內其實也一直存在著一些閒言碎語。對「梅普組合」變為「普梅組合」的決定，一直鼓動梅德韋傑夫參加2012年總統大選的俄羅斯現代發展研究所所長尤爾根斯表示非常失望，他預測「梅普組合」的結構隨著時間的流逝一定會出現發展變化，原因在於「一個人不能同時踏進兩條河流」。他說，「梅普組合」在過去四年沒有能夠完全解決現代化問題，也沒有徹底的解決俄羅斯國家發展的全部問題。「新普梅組合」在將來的路上，是不是能夠保持足夠的穩定，主要還是取決於梅德韋傑夫，如果他沒辦法為自己找到足夠堅定的力量，那麼他永遠都只是「第二人」。不過，梅德韋傑夫在俄羅斯社會中依然還是有不少支持者的。而俄羅斯效率政治基金會主席帕夫洛夫斯基則認為，「當普京堵死了梅德韋傑夫謀求總統連任之路時，二人的這個組合就已停止了運轉。」

而從本質方面來說，「新普梅組合」和「老梅普組合」之間，並不存在什麼太大的區別。相比之下，在經過了四年的考驗以及磨合之後，普梅之間還有俄羅斯執政集團內部，對這一新機制的熟悉程度以及熟練程度將得到進一步的提升，而俄羅斯民眾對「新普梅組合」的穩定性將更為放心。不過，在同一時間裡，俄民眾對這個新組合所寄予的希望就會進一步的提高，這也就意味著在「新普梅組合」解決了政權穩定問題的同時，還必須要面對如何發展國家的問題。「新普梅組合」怎樣才能夠在繼續實施既定方針的前提下，又不讓本國民眾陷入「從習慣到麻木再到厭倦」的怪圈當中去，這將是對「新普梅組合」的一個巨大的新考驗。

博弈還是默契？競選背後的謎團

在普京擔任總統期間，梅德韋傑夫是他忠實的左右手。最初，他幫助普京接聽重要電話，安排普京的日程表，親自起草重要文件，在有重大事件或緊急事務時，梅德韋傑夫甚至不需要預約，只要敲敲門就可以直接進入普京的辦公室。

2008年總統大選，梅德韋傑夫高票獲勝，在普京表示支持梅德韋傑夫競選總統兩天後，梅德韋傑夫熱情邀請普京出任其內閣總理，普京愉快地接受了老夥計的邀請。這一切設想在2008年總統大選之後變成了現實。當年11月，梅德韋傑夫提出修憲建議，建議將總統任期延長至6年，這個建議在國家杜馬一路綠燈，從梅德韋傑夫口頭提出到杜馬最終通過，僅用了16天。

事實上，總統梅德韋傑夫和總理普京在某些政治觀點上是存在分歧的。普京年輕時見證過蘇聯的輝煌，在那最愛幻想、充滿激情的年紀，他對祖國的未來充滿光明的憧憬。但是，轉瞬之間，所有光榮在他眼前化作碎片。普京見過憤怒的群眾包圍了政府大樓，他們用充血的眼睛盯著政府官員，像看著敵人一樣；普京也見過坦克開上了街頭，市民們扛著各種可笑的「武器」站在冰冷的炮口和槍口下，與本該保護他們的士兵對峙。有過這樣的經歷，普京幾乎是出於本能地希望用強大的政治和軍事力量來維護國家利益。

梅德韋傑夫是在知識分子圈子中成長起來的，那個「逝去的帝國」留給他的印象大概只有貧窮和混亂。他或許也曾因大國衰落的事實感到遺憾，但很難湧起諸如「熱愛」或「迷戀」之類的感情。他並沒有強烈的「政體崩潰」的恐懼感，他更關心如何透過改革把國家經濟的發展引入正軌。在他看來，「經濟崩潰」才是最可能發生也最可怕的事情。

所以，當一身軍裝的普京毫不客氣地對敵人說刻薄話時，梅德韋傑夫更願意穿著西裝打著領帶，像一名紳士那樣與最優秀的經濟學家商討大計。儘管存在這樣那樣的不同，但普京和梅德韋傑夫在最根本的利益上是一致的：他們毫無私心地希望俄羅斯變得強大。所以，他們一起從聖彼得堡到莫斯科，從冬宮到紅場，從白宮到克里姆林宮，為了同一個心願奮鬥。

普京曾說：「我有很多朋友，但離我真正近的人並不多。他們從未離開我，從未背叛我，我也沒有背叛他們。在我看來，這是十分難能可貴的。」梅德韋傑夫就是其中之一。2010年1月1日，俄羅斯國家電視臺第一頻道播出了一檔特別的動畫視頻節目。電視畫面的背景是克里姆林宮和絢爛的煙花，總統梅德韋傑夫拉著手風琴，總理普京搖動著鈴鼓，兩個人跳著俄羅斯傳統雙人舞。總統最先起舞，普京馬上讚美道：「跳得好！」梅德韋傑夫接著說：「該你了。」普京把鈴鼓探到背後，拍了幾下，開始跳舞。「真不錯！」梅德韋傑夫同樣報以讚嘆。

過去一年中發生的大事被他們以說唱形式娓娓道來，像放電影一樣在觀眾的腦海中一一閃過。「這是我第二次向民眾祝賀新年。」梅德韋傑夫說。「是的。」普京回應道，「在這裡，還有一個人已經向他們祝福了9次『新年快樂』了！」「對，我記得。」梅德韋傑夫點頭。最後，兩人合唱：「我們想為你們多唱一會兒，但我們不能忘記我們的職責。朋友們，新年快樂！」他們擔負著共同的職責——一個振興俄羅斯的強國夢，所有俄羅斯民眾都盼著早日夢想成真。

有人認為彼得大帝是個瘋子，他葬送了俄羅斯四分之一的人口，長期的戰爭帶來的除了荒蕪沒有別的。但是在另一些人眼中，他是俄羅斯的英雄，是歷史上最值得尊重和書寫的沙皇。兩種看法或許都沒有錯，但你要選擇對你更有意義的一方面來看問題，普京與梅德韋傑夫之間徹底有怎樣的「交易」或「陰謀」？他們希望從俄羅斯獲得什麼？大概每個人都會有自己的理解，你不可能得到一致的觀點。

魅力總統的人氣秘密

普京的適應能力總是很超群，比如在KGB的時候，他是一名出色的特工，而成為葉爾欽時期的政府總理後，他又能馬上適應完全不同的政治環境。2000年成為葉爾欽之後的第二任總統時，他以雷厲風行的速度改組新政府，對葉爾欽時代的要員和財閥毫不手軟。等到2008年梅德韋傑夫成為新一任總統，普京擔任總理，他又開始享受略微輕鬆一點的生活。當蟄伏四年之後，他再次問鼎總統寶座，人們都期待他在政治上有所作為，把俄羅斯建設成一個繁榮強大的國家。

這時候的俄羅斯人是幸福的，因為他們有一個可以期待和信賴的英雄出現，很多人將普京稱為「在最需要的時刻出現的最有用的人」一點也不誇張。為什麼普京可以如此「收放自如」、「能上能下？」儘管他的老師認為這是因為他對於權力沒有什麼欲望，但最重要的原因，普京自己在接受一次採訪的時候說得很明白。記者往往知道大眾渴望瞭解什麼消息，越是不為人知的越是希望爆料。一次，一名記者問曾經在情報機關KGB的普京如何看待自己那段特工歲月，「特工永遠都會是特工，對嗎？」。

普京一直對自己的特工生涯諱莫如深，不過那是出於工作需要。他說：「我們都是普通人。過去的經驗有一些今天仍在產生作用，但有一些已經消失。無論是大學還是大學畢業後被分配進去的KGB，都教會了我獨立思考、搜集資訊、分析情報，在客觀資訊的基礎上做出獨立的判斷。這個積極的影響，不管現在還是未來都使我受用不盡。」

普京冷靜的頭腦，與這種思考問題的方式和節奏有關，特工特有的冷靜、鎮定，在他身上體現得淋漓盡致。普京說過去的工作對他的另一個積極的影響，就是在情報機關的工作讓他學會了與人打交道，最重要的是學會尊重與自己共事的人。當年與普京一起參選的候選人中，有能力不錯的人因為別的原因退選，普京為失去這樣的競爭者感到惋惜——他的胸懷和眼界總是異於常人。尊重與自己共事的人，也是他今天得以在權力的最高峰穩中求進的法寶。

「我向您透露一個情報工作的秘密：獲得情報的管道有很多種，其中一種是透過協助特工機構的人——這些人在不同的國家稱呼不盡相同，他們常常被叫做間諜。合作的基礎是多樣的：有的人被特工機構控制；有的人為物質要求與之合作；有的人則是出於共同的政治觀點，但對夥伴的信任和尊重是最牢固的基礎，否則將一事無成。最起碼的要求是要永遠平等地對待和你共事的人，認識到他有比自己強的地方。我總是認為那些與蘇聯情報機構合作的人至少有一點比我強——我不敢像他們那樣冒險，這使我始終尊敬他們。我想他們一定感受到了我對他們的態度，因此和我共事的那些人對我非常好。在我看來，這種平等與尊重的態度在政治上也至關重要。」

就像普京所說的，你尊重別人，別人才會對你報以尊重和好感。當年，葉爾欽總統派他去紐西蘭參加亞太經合組織峰會，那時柯林頓已是公認的世界級領袖，在國內和國際上都受人尊重，而普京還名不見經傳。柯林頓總統主動稱呼普京為「瓦洛佳」，並邀請他一起出去走走，這一舉動贏得了在場的掌聲，也讓普京終生難忘。

後來，普京宣誓就職總統時，他在一千多位來賓中，特別熱烈的歡迎了自己老師的「宿敵」戈巴契夫，也同樣獲得了熱烈的掌聲。

Part 7 綜述：雷霆治國，強勢外交

鐵腕強人背後的四大「秘密武器」

來自情報系統的權力核心：西羅維琪

當普京的勢力集團越來越成熟，西方媒體紛紛感慨「KGB又殺回來了！」這個讓眾人頭疼，神秘的組織，它忠於普京，是維護普京權力與地位的政治團體。西羅維琪的核心成員是前KGB特工、目前的安全機構官員以及司法部門和軍方官員。這個集團的成員組成性質單一，團結緊密，絕對忠誠於普京。

在葉爾欽執政時期，俄羅斯政壇的主要活躍分子是「大家庭」。這個政治集團以葉爾欽為名義領袖，成員大多數是寡頭，或者是親寡頭的高層人員。早期，「大家庭」的核心人物為大寡頭別列佐夫斯基，他流亡國外後，沃洛申成為「大家庭」的核心人物。「大家庭」的權勢曾一度影響俄羅斯，七八個成員就可以推行任何一項他們所想要的政策。普京上臺後，2003年，沃洛申離開了克里姆林宮，葉爾欽時期留下的「大家庭」暫時退出了俄羅斯政壇，而取代它的，主要便是普京自己的西羅維琪，而西羅維琪也正是普京清除「大家庭」勢力的主要力量。

現在，西羅維琪已經在默默中建立好了一個自上而下、遍及整個俄羅斯的龐大權力體系，這些曾經的「KGB」們，彷彿正在一步一步地恢復他們曾有過的地位和權勢。

從1988年到2003年間，「西羅維琪」在俄羅斯政壇的權勢增長了12倍，而最重要的增長主要發生於普京執政期間。普京出身於KGB，自然，人們不免猜想他對KGB的感情，導致了他用人中喜歡選擇KGB的人。普京由24人組成的聯邦安全委員會，大部分成員都是前KGB官員，而全俄羅斯7個總統特使當中就有4個來自前KGB以及軍方，內閣12個部當中，有4名部長屬於「西羅維琪」。有研究稱，俄羅斯四分之一的「政府菁英」均出身諜門，超過2000個最有影響力的政府以及行業機構都控制在前間諜以及特工們的手中。

「西羅維琪」的成員因其身分與經歷及使命的原因，都十分低調而內斂，比如普京總統辦公廳副主任伊戈爾．謝欽為，如果你留意一下，就會驚奇地發現，這位KGB翻譯出身的權勢人物，居然連照片都很難看得到。上個世紀80年代曾與普京還有謝欽在聖彼得堡市長辦公室共過事的帕夫羅夫說：「謝欽這個人接受過非常優良的教育，他的溝通技巧也是超一流的，但是，他最難得而重要的一點，是對普京的絕對忠誠。他從來不允許自己對普京已經做出的決定說半個不字。」

隨著「西羅維琪」這個強大的權力集團勢力越來越大，那些昔日裡為所欲為的金融寡頭們終於屈膝投降，而成天「口無遮攔」的媒體，也在西羅維琪的強勢之下，有所收斂。強大的西羅維琪可以將國際資本商務集團對俄羅斯的控制降低到最小的程度。很多專家分析認為，「西羅維琪」或許就是俄羅斯首富被捕入獄最強大的幕後動力。俄羅斯社會科學院學者奧列加曾對記者說：「這些人精通權術，他們不理解也不喜歡民主，他們認為普京總統現在最應該做的就是恢復他們KGB時代的地位，找回他們當年擁有的特權。」

而西羅維琪如此強大，雖然說是普京穩固自己權力的核心助手，但是，也不得不注意好掌控力量，雖然說西羅維琪的成員是忠誠於普京的，但是，如何控制好西羅維琪，為我所用，也是普京的一大學問。

首富入獄後，「西羅維琪」又趁熱打鐵趕走了克里姆林宮辦公廳主任博羅金。按照常理來說，這樣的情勢之下，克里姆林宮就完全在謝欽以及伊萬諾夫的勢力範圍之內了。可是，聰明的普京打亂了「西羅維琪」的算盤，他任命38歲的聖彼得堡律師梅德韋傑夫為辦公廳主任，這個人一走馬上任，就開始質疑逮捕霍氏一案。而這一切充分說明，普京非常注意平衡「西羅維琪」的勢力。與博羅金關係十分密切的俄羅斯政治分析家帕洛夫斯基道出了其中的玄機，他講道：「普京是一個下棋高手，他可以同時下幾盤棋，統觀全域，平衡力量。」

國家穩定的守護神：聯邦安全局

當普京從名不見經傳轉眼成為俄羅斯家喻戶曉的大總統時，同一時間裡，俄羅斯聯邦安全局也順利的避免了KGB一樣的沒落，隨著普京政權的逐步穩定，聯邦安全局成了普京普京權力體系裡的重要成分，協助普京一起影響到了俄羅斯整個國家的政治以及經濟等諸多重要的領域。如今，除了普京，沒有人能夠有勇氣和能力對聯邦安全局說一聲反對。

蘇聯解體後，KGB改制成了俄羅斯聯邦安全局，是國家反間諜與情報偵察的主力機構，俄總統根據俄羅斯聯邦憲法、聯邦憲法法律以及聯邦法律，直接領導聯邦安全總局的活動，任免局長還有副局長。俄羅斯聯邦安全局被外界與美國中央情報局、英國軍情六處以及以色列摩薩德一起，並稱為「世界四大情報組織」。

俄羅斯聯邦安全局的主要職責是負責俄羅斯國內的安全事務，負責俄羅斯國外諜報工作的則是俄羅斯對外情報局。從東歐劇變、蘇聯解體之後，俄羅斯繼承了KGB的相關機構。隨著全國經濟實力的逐漸復甦，為了應對北約東擴、喬治亞等傳統勢力範圍的不斷被蠶食以及國內分裂勢力抬頭的新局面，俄羅斯的情報機構開始重新納入國家安全的重點領域當中，情報活動也重新活躍了起來。聯邦安全局是克里姆林宮的直屬機構，繼承了前蘇聯時期所設計的總統保護制，由總統安全局、克里姆林宮的衛隊以及總統警衛團等共同組成。而想要加入安0全局的首要條件，是絕對的忠誠、正直、沒有刑事紀錄，而且還必須是斯拉夫人，身高要達到180公分以上，年齡在20歲至35歲之間，必須熟練掌握多種格鬥術，可以在異常環境之中駕車，最好要能夠識別各種毒藥。

暗殺行動總是在進行著，而普京一次又一次的成功躲開暗殺，與他的超級保鏢有著很大的關係。只要出現了暗殺的情報，負責保衛他人身安全的俄羅斯聯邦安全局都肩負重任。通常情況下，普京在公眾場合露面時，最少會有4層「保護圈」。第一層為貼身保鏢，一般都是彪形大漢，他們用身體掩護總統，靠人數還有外形來威懾殺手。第二層為便衣人員，他們在暗中行事，確定可疑人物有沒有暗藏武器。第三層則是站在人群四周的警衛，阻止嫌疑人物靠近總統。最後一層是埋伏的狙擊手，隨時消滅威脅總統安全的人。一般這些保鏢會攜帶兩件東西：一件是9毫米的手槍，還有一件則為外形像「公事包」的折疊式防彈護板。特工甚至會配備火箭炮等武器來防範車臣恐怖分子。

法律賦予聯邦安全局的權力範圍非常之大，比如能夠查閱任何人的檔案，使用任何部門的房屋以及交通工具，可以暢通無阻進入任何地方，以及徵用組織和個人的車輛。聯邦安全局的組織情況，活動策略、手段等都不屬於檢察院監察的範圍。

對於神秘而權力強大的安全局，普京提出要求全域高提高反間諜行動效率，繼續嚴厲打擊恐怖主義、極端主義還有貪污等威脅國家安全的重大犯罪活動。普京提醒，俄羅斯日趨強大並日益融入到世界經濟當中，所以需要謹防政治以及經濟方面的情報洩露，他強調，俄聯邦安全局要有效的保護具有發展前景的科研成果以及技術，因為這對俄外交地位以及在國際市場中的競爭力影響十分重大。他還強調聯邦安全局要繼續做好反恐工作，堵住國際恐怖分子進入俄羅斯境內的通道，重點加強對北高加索地區一些邊境地段的監控。同時，普京還要求聯邦安全局要加大打擊貪污以及經濟領域犯罪活動的力度，他指出，貪污還有經濟犯罪不僅給國家造成巨的大經濟損失，而且關係到國家形象還有經濟環境。

權力在握的最大籌碼：統一俄羅斯黨

它從誕生起便一直效忠於普京，如今，它已成為全俄羅斯國家杜馬第一大黨，而普京依然對它有更高的要求，試圖將它發展為俄羅斯單一的執政黨，它就是統一俄羅斯黨。

統一俄羅斯黨，是普京背後倚重的政治力量，成立於2001年12月1日，由「統一」黨、「祖國」運動以及「全俄羅斯」運動合併而成，又稱做全俄羅斯「統一和祖國」黨。統一俄羅斯黨的創建人伯里斯．格雷茲洛夫，1950年出生於符拉迪沃斯托克，畢業於列寧格勒物理數學中學，之後在列寧格勒邦奇布魯耶維奇電工技術學院學習。2001年3月28日出任內務部長。2002年到2008年期間，伯里斯．格雷茲洛夫任「統一俄羅斯黨」的最高委員會主席，現任主席為普京。

2001年4月，「團結」黨與「祖國」運動決定聯合成統一政黨，建立協調委員會，由「祖國」運動領導人、莫斯科市長盧日科夫負責聯合事宜。同年的7月11日，召開了「團結和祖國」聯盟協調委員會會議，會上通過了黨章、確定了大會日期和聯盟機構。12日，在聯盟大樓的十月大廳成立了「團結和祖國」聯盟，兩主席分別是盧日科夫還有紹伊古。10月13日，在莫斯科聯盟大樓召開「祖國」社會政治運動第三次代表大會，會上將該運動改變為政黨，以便進一步與紹伊古領導的「團結」黨聯合。27日，「團結」黨在莫斯科召開第三次代表大會，其目的是把「團結」黨、「祖國」以及「全俄羅斯」運動聯合成一個統一的政黨。

就在2001年的12月1日，三大親總統的中派組織成功地合併成了「全俄羅斯統一和祖國黨」，也就是今天得「統一俄羅斯黨」。全黨大會上通過了黨綱。12月18日「統一俄羅斯黨」在俄司法部登記註冊。「統一俄羅斯」政黨除了包括「團結—統一俄羅斯黨」、「祖國—統一俄羅斯黨」以及「俄羅斯地區」議員團3個同盟之外，在89個聯邦主體中也有約40萬名黨員。另外還有與之合作的戈巴契夫領導的俄羅斯社會民主黨，米羅諾夫領導候選名單由俄聯邦內務部長兼「統一俄羅斯」黨領導人格雷茲洛夫，緊急狀態部長紹伊古，莫斯科市長盧日科夫和韃靼共和國總統沙伊米耶夫組成。其中在地方單席位選區候選名單中有28位地方行政長官。2003年12月，統一俄羅斯黨在第四屆國家杜馬選舉當中獲得了最大的勝利，成了影響議會的主要力量。

一直到2006年5月，統一俄羅斯黨共有黨員104餘萬人，在全國各級立法機構中擁有2千多名議員，其中主要包括了146名國家杜馬議員，87名俄羅斯聯邦委員會議員，40多名黨員擔任聯邦主體的行政長官，有500多名黨員擔任市政機構領導人。正是因為這樣，統一俄羅斯黨又被大家叫做是「政權黨」。統一俄羅斯黨在普京競選以及執政方面都做出了很大的貢獻，具有極大的影響力。

普京認為，俄羅斯政府的可靠性以及取得的絕大部分成就，都是在統一俄羅斯黨的參與以及支持下做到的，他支持統一俄羅斯黨，而統一俄羅斯黨也成了他控制議會的主要工具，是普京掌控國家大局，穩坐總統席位的最大籌碼。

穩對世界格局演變：能源博弈

全球政治浪潮暗湧，各國之間能源博弈正在明裡暗裡激烈的展開，可以說，誰掌控了能源，誰就是贏家。而普京，在這方面顯然做得很好。俄羅斯是世界上國土面積最大的國家，礦產資源種類齊全、蘊藏量非常可觀，是世界上少有的幾個資源能夠自給的國家之一。俄羅斯擁有世界37％的礦產資源．資源潛在總價值28萬億美元，而在其礦產基地結構當中，黑色還有有色金屬佔到13％、非金屬礦原料佔15％、金剛石以及貴金屬佔1％。俄礦產儲量多數居世界前列：金剛石、鐵礦以及銻礦、錫礦目前探明儲量居世界第一位，鋁礦儲量居世界第二位，金礦儲量居世界第四位，鉀鹽儲量則佔了世界的31％，鑽礦儲量佔21％，其他的一些礦產儲量也在世界礦產儲量中佔不可小覷的份額。

而俄羅斯的石油以及天然氣儲量，更是普京睥睨天下的王牌之一，預計在2030年前，俄羅斯的石油年出口量將達到3.7億噸，而天然氣年出口約3700億立方米。與此同時，俄羅斯的石油天然氣年產量相應的要超過5億噸和9千億立方米。這些數字都出現在了俄羅斯《2030年前能源戰略規劃》（下面簡稱為《能源戰略》）當中。俄羅斯聯邦政府已經審核通過了《能源戰略》。普京認為：「依靠《能源戰略》的實施，俄羅斯應完全保證今後自身對能源資源的需要，以及強化自身在全球市場的地位……」所以，俄羅斯《能源戰略》的戰略目標是，最有效地利用自身的能源資源潛力，強化俄羅斯在世界能源市場當中的地位，並為國家經濟獲得最大的實惠。普京提出：「油氣探明儲量完全不是無止境的，今後每年油氣儲量的增長應超過產量。」所以，《能源戰略》當中還規定，今後石油和天然氣的產量以及探明儲量要有明顯的增長，出口將有兩三次的增長，要提高能源使用效益以及能源保護，並計畫在標定時期內為此吸引60萬億盧布的投資。

「能源超級大國」的名號，非常有助於俄羅斯能源的開發維護以及市場資源的建設還有國際資源的領導。正是基於恢復大國影響、重振大國地位的需求，普京才大刀闊斧地決定為確立「能源超級大國」的地位而做出重大的努力。日前，俄羅斯能源部發佈了俄羅斯2035年前能源戰略草案，預測俄羅斯在2035年前能源出口中的23%將出口至亞太地區。俄羅斯能源部表示，最重要的任務是加快進入亞太市場。根據草案，俄羅斯計畫在2035年前將本土生產的32%原油以及31%的天然氣出口到亞太地區。

俄羅斯確定了對先進的能源秩序保持「趨利避害」的基本政策，提出了「俄對外能源政策的主要方針之一是加強俄在國際能源市場上的地位，改善能源出口環境」的戰略目標。而且，在普京強勢的領導之下，俄羅斯廣泛的參與了各種國際能源組織的活動以及對話，向全世界展現出了自己投身國際能源秩序的積極態度。與此同時，俄羅斯還以能源作為地緣戰略的武器，影響獨聯體國家的國內政局以及對外政策的走向，以期望形成對俄羅斯有利的周邊環境，來保證地區能源秩序以及政治秩序能夠在最大程度上符合俄羅斯的國家利益。

俄羅斯作為能源大國的崛起，是國際能源安全格局當中的一個非常重要的變化，歷任總統及普京所引導下的外交戰略將會對世界貿易以及經濟格局產生深遠的影響。如今，普京手握大量能源，早已制定好了適合俄羅斯的能源外交政策，審時度勢，因地制宜，適時利用資源牽制其他國家，在如今的大國之爭中，俄羅斯理直氣壯地站穩了自己的腳步。

大刀闊斧破除舊制

如果說戈巴契夫是紅色蘇聯的掘墓人，那麼正是葉爾欽把最後一鍬土蓋在了蘇聯的棺木上。葉爾欽最大的貢獻就是帶領俄羅斯衝出集權專制的茂密荊棘，儘管遍體鱗傷，最終還是朝著自由和民主奔去了。自由的言論、自由的市場、自由的選舉和自由的市民社會，這是葉爾欽送給俄羅斯人民最好的禮物。但是葉爾欽留下的龐大政治遺產中既有精華也有糟粕，而這些「糟粕」幾乎和他留下的精華一樣多。普京總統就像一位外科醫生，開刀後發現病人肌體已經千瘡百孔，幾乎各個器官都有問題，這促使他不得不對國家進行大刀闊斧的改革。

處理民族矛盾

俄羅斯是一個人口眾多的多民族國家，民族問題比其他國家都要複雜——該國有130多個民族，其中俄羅斯人佔80％，其餘為烏克蘭、韃靼、楚瓦什、白俄羅斯等少數民族。沙皇俄國時期，統治者對少數民族的暴政就為民族穩定留下了種種隱患。

衛國戰爭期間，史達林對個別少數民族集團的投敵行為深惡痛絕，作為懲罰報復、也為了防止類似事件再次發生，史達林政府將部分少數民族以暴力手段遷移到偏遠的特殊移民區。史達林去世後，這些少數民族中有五個恢復了自治。沒有恢復自治的民族繼續在條件惡劣的偏遠地區生活，恢復自治的民族雖然遷回原籍，卻不能順利融入當地居民生活，與其他民族接連發生衝突。顯然，史達林的高壓民族政策使原本就存在的民族隔閡進一步加深了。

「蘇聯各族人民的友誼是十月革命最偉大的成果之一」，這是戈巴契夫在蘇共二十七大上的發言，言外之意是民族問題已經得到解決。但事實真的如此嗎？很快改革就將民族問題推到世人面前。戈巴契夫政府為了調動改革積極性，竟然走出了極不明智的一步棋——「渲染民族關係方面的缺點和不足」。結果，民族主義勢力迅速抬頭，利用這個機會大肆煽動民族主義情緒。當時出現了一種荒誕的局面：誰對政府、對執政黨攻擊得越多，誰就被認為是領導民族復興的英雄。與此同時，政府因為改革導致控制力下降，對糟糕的局勢愈發無法控制，民族問題最終成為蘇聯解體的重要因素之一。

蘇聯解體後，民族問題依然存在，並且依然複雜。俄羅斯由89個聯邦主體構成，其中有21個共和國依當地主要民族命名，擁有頒佈自己的憲法、規定自己的國語等獨特權利。這些權利對一個國家而言，無疑是安定的隱患。

史達林時期被強制遷往哈薩克的車臣族是民族問題中最大的一個。趁著蘇聯解體，車臣謀求獨立，被俄羅斯拒絕後，雙方展開了拉鋸戰。葉爾欽任內，處理民族問題再次發生失誤，導致車臣戰爭爆發，等到普京接任，車臣問題依然沒有得到妥善解決。

俄羅斯是一幅巨大的拼圖，不同板塊拼在一起，嚴絲合縫。但是，它禁不住折騰，拎起來抖一抖，就會散作一堆。有人對這種破壞遊戲異常狂熱，譬如車臣分子，譬如分裂勢力，譬如敵對國家。民族問題倘若處理不好，國家無法得到安寧，人民內部也會面臨分裂，車臣問題就是俄羅斯的一塊痛處，普京知道，必須慎重嚴肅地處理好車臣問題，不然貽害無窮。他該怎麼辦？

「高加索狼」巴薩耶夫是第一次車臣戰爭的勝利者，但他的野心不止於此，整個都被他視為囊中之物。為此，他組建敢死隊，帶領車臣武裝分子進行恐怖活動，偷襲俄內務部隊哨所。俄軍被這些分裂主義一再地挑釁，但這次普京不會容忍他們如此囂張。歷史上，任何企圖脫離主權獨立的地區都會經歷戰爭，而受害的總是當地的人民。普京希望建設一個強大的俄羅斯，就絕對不能允許有人在祖國的邊陲佔山為王，魚肉百姓。

「車臣是一個被匪徒和宗教極端分子佔領的地區，是從外部攻擊和內部顛覆（俄羅斯）的前哨陣地，我們今天不動手，明天損失會更大。不管車臣武裝分子藏在何處，俄軍都將把他們消滅。」這是當上總理不久的普京給「高加索狼」的信號。

得到葉爾欽的支持後，普京馬上開始為車臣地區的問題佈局。他每天召集相關部門領導人到自己辦公室，一次次地要求他們把所有資源聚集成一股力量來對付車臣武裝分子。車臣地區產生騷亂的禍根必須被乾淨地剷除，他向新聞界宣佈，俄政府要開始真正回應車臣分裂主義了。

盤踞在達吉斯坦共和國幾個村莊內的非法武裝分子很快收到了普京的「問候」，俄空軍採用北約打擊南聯盟的模式，即利用空中優勢和高科技武器對攻擊目標進行遠距離、高精度、無地面人員接觸、儘量避免人員傷亡的軍事打擊。俄軍對「車獨」活動基地和通訊、交通、經濟設施轟炸，使之癱瘓，大量軍隊前往邊境展開激戰，「高加索狼」的元氣大傷。

巴薩耶夫也不是等閒之輩，他派出大批車臣武裝分子潛入俄內地，把幾百噸炸藥混在白糖裡運往莫斯科，想要給普京送一份「回禮」。莫斯科等城市發生一連串惡性恐怖爆炸事件，無辜的婦女兒童被害，公共場所不再安全，高樓一夜之間可能成為一堆灰燼，人心惶惶。普京也備受煎熬，但他的字典裡沒有妥協二字。

在1999年9月14日召開的杜馬會議上，普京首次提出了調整車臣局勢的一套計畫：

第一，在與車臣交界的所有地區實行嚴格的臨時隔離辦法。但車臣仍為俄羅斯聯邦的組成部分，任何損害俄羅斯領土完整的行為將被認為是非法行為。

第二，必須對《哈薩維尤爾特協定》的執行情況重新進行公正的分析。單方面利用1996年達成的這一協議試圖解決車臣地位問題，實行國家分裂。

第三，徹底消滅達吉斯坦境內的車臣武裝分子，車臣領導人應該將在車臣境內的武裝分子移交俄羅斯方面，否則，俄羅斯將被迫越過車臣邊境消滅這些武裝。

第四，建議由被迫生活在車臣之外的更有威信的車臣人組成車臣共和國在俄羅斯的合法代表機構。

第五，只有這一連串措施實施後，才能討論車臣未來的政治經濟地位問題。

透過這次會議普京向世人表明了他在車臣問題上的強硬態度。普京非常清楚妥協的代價：俄羅斯會被分裂，並且會面對更多強大的敵人。但是不妥協，就要承擔起不妥協的後果：分裂主義不會善罷甘休，他們會在國際上宣稱自己被「侵略」，不顧無辜平民的生命隨意製造爆炸等恐怖活動，與恐怖分子無異。前線那些年輕的士兵會因此喪命，而普京實在不想面對那些心碎的家屬。但有什麼辦法呢？如果不早下決心，興許還有更多的人要平白無故地犧牲。

對付車臣分裂主義的過程是普京人生中一段灰暗的回憶。俄軍曾在三天內逮捕逃犯2200多人，嫌疑犯9千多人，沒收武器2千多件，發現私藏武器的黑窩點1萬多個，找到炸藥300公斤，爆炸裝置774個……值得欣慰的是，俄方的收穫很大，17萬起恐怖事件被殲滅在搖籃裡，515噸炸藥和4千個爆炸裝置沒有成功爆炸，7千件槍枝沒有機會對準平民。

在電視上，普京說：「回憶一下蘇聯解體和隨後發生的一些事件。蘇聯解體後分離主義情緒高漲，特別是在車臣共和國，這種勢力具有極強的進攻性。俄羅斯與車臣就相互關係進行了長時間的談判，但沒有取得積極成果。俄羅斯軍隊一度進入車臣，對此各方反應強烈。在車臣，在全世界，最主要是在俄羅斯的許多地區，人們都把這看作是俄羅斯領導人的帝國野心大發作。

「這樣做是對還是錯，且不對此作評價，我們現在也不去討論這一決定的動機是什麼。我認為，當時一切和平手段並不是都用盡了。我再說一遍，誰對誰錯我們暫且不去下結論。我只想提請你們注意，所有這一切都是在軍事失利、缺乏周密的軍事行動計畫和造成重大人員傷亡的情況下發生的。」

面對普京的強大進攻，為避免大規模戰爭，車臣總統馬斯哈多夫表示願意和俄羅斯領導人對話。「車臣人民和俄羅斯人民都不希望再發生一場戰爭。」但是，這不能由車臣總統說了算，普京在克里姆林宮會見葉爾欽後對記者說，就算對話也只能是「在俄羅斯總統認為必須進行會見和會見對俄羅斯有利的情況下」才能進行。在遙遠的戰場上，戰爭還在繼續，每天都有新的戰況從車臣傳來。

眼見大勢已去，車臣總統馬斯哈多夫呼籲停戰，但這個呼籲來得太晚了，普京對此的回答則是，不僅要消滅非法武裝，更要「消除他們（車臣武裝分子）有可能在那裡東山再起的條件」。

普京說：「我們將努力使在車臣的每一起傷亡對我們來說都是一次非常事件。現在戰事正在進行，而且既然是戰爭就會有傷亡。當然，非常遺憾的是，今後還會有傷亡。但我重複一遍，不管我們採取什麼行動，我們都會努力把傷亡降到最低。真正的車臣人要求幫助他們把格羅茲尼從車臣武裝分子手裡解放出來，我們將幫助他們。車臣既有土匪，也有真正的車臣人。「我們將在車臣共和國使學校復課，醫院恢復工作，開始發放工資、退休金和補貼。」在過去三年半到四年中，俄羅斯政府每個月都向車臣共和國政府劃撥資金，用於發放退休金和工資。「但是，車臣老百姓連一戈比都沒得到。」只有在車臣建立正常化的政府，才能改變這種局面。大部分的車臣武裝分子在半年的戰爭中被消滅了，但是還有一小部分人在街頭巷尾製造事端，還有一些被派到危險戰場的士兵在進行收尾的清剿行動。

2000年凌晨，普京和夫人出現在車臣前線，俄軍的隊伍驚呆了，他們無論如何也想不到普京和夫人會冒著生命危險給戰士們送來新年的祝福。「我祝願你們新年快樂，祝你們幸福、健康、家庭美滿。同時，希望我們的祖國更加強大。你們現在所做的工作，不只是一個恢復俄國榮譽和尊嚴的問題，更重要的是，它事關遏制、結束分裂俄聯邦的企圖，這才是主要任務。俄國感謝你們。」這番鼓勵讓前線的士兵更加充滿信心地去面對不可預測的戰爭。

普京走後第二天，俄軍一鼓作氣佔領了車臣南部戰略要塞韋傑諾附近的制高點，並在那裡部署了大炮，韋傑諾是車臣武裝分子通向國外的重要武器供應線和逃跑的退路。兩個月之後，普京親自駕駛殲擊機到車臣首府，與車臣當地的領導班底討論新的臨時政府建立的問題。

2000年6月8日，在普京總統的簽署批准下，車臣臨時政府成立，俄軍除留下一部分部隊守衛外，其餘的開始撤出車臣。第二次車臣戰爭俄軍的代價是2091人陣亡，5962人受傷，相較於第一次車臣戰爭而言，算是較輕的付出。因為第一次車臣戰爭是在缺乏指導和部署的情況下展開的，當時武裝力量也不夠先進，造成了更多人的喪生。大量使用高科技、高精度的武器，摧毀了車臣許多軍用、民用日標，大量地殺傷其兵員，加強對資訊、情報的收集，迫使車臣非法武裝連電臺也不敢使用，大大地削弱了其戰鬥力，加速了第二次戰爭的結束。

2001年1月22日，俄總統普京宣佈俄軍全面從車臣撤軍。由15萬人組成的第四十二師和內務部的一個由六七千人組成的旅將長期駐守車臣。從此，困擾俄羅斯政府多年的車臣問題終於得到了緩解。

面對車臣問題，普京自始至終都持強硬態度，他清醒地認識到，其他民族都在瞪大眼睛關注車臣問題，一旦車臣獨立，就會引發俄羅斯其他地區分裂。事實證明，在普京的努力下，俄羅斯在車臣問題中逐漸佔據了優勢。

任人唯信強化政權

2000年雖然是普京的當選之年，但這並不是一個可以享受榮耀和交際的年份。終於結束了車臣主要戰場戰爭的俄羅斯還沒到鬆一口氣的地步——國內的情況並不樂觀，或者說，莫斯科並不安寧。普京還面臨著一個棘手的難題，解決不好，俄羅斯能否成為一個完整的國家都不一定。這個問題就是國家體制問題。

蘇聯分裂成了15個國家的故事還不遙遠。葉爾欽時期，車臣戰亂也與民族問題有關，普京用了將近兩年的時間才解決，而且仍不是徹底解決，未來會走向何方，也是對普京的考驗。不同的民族有自己的語言、宗教，這讓政府難以管理，何況是一個低效的、無作為的政府。

遠東濱海邊疆區行政長官納茲德拉克在轄區內設立象徵自己權力的雕塑，給地方分佈發動章，儼然一個副皇帝的樣子。為了加強對自己管轄區域的控制，他還派人暗殺政治家。這種做法不僅不合法，也等於完全藐視莫斯科中央的權威，但過去的莫斯科對此睜一隻眼閉一隻眼，無可奈何。

車臣問題雖然在軍事上取得了勝利，但是還有很多善後工作需要處理，解決得不好，又會引發一連串其他問題。有人說車臣像一個毒瘤一樣寄生在俄羅斯聯邦體內，它有可能「轉移」和「擴散」到俄羅斯聯邦的其他民族地區，威脅國家統一與領土完整。所以普京上任之後首要解決的就是車臣問題。

但另一邊，一些州的州長提出「各聯邦主體權利、義務、責任平等」，希望得到類似共和國的特權。以俄羅斯人為主要居民的49個州，與聯邦中央的關係更多表現為地方與中央的關係，但這些州的州長們自認為對聯邦的貢獻比那21個共和國要大得多，卻沒有得到同樣的授權，這不公平。但普京不會忘記，當年正是由於俄羅斯的獨立，才導致蘇聯最終解體。俄羅斯聯邦各州要權的情緒，與蘇聯解體前夕俄羅斯的情緒又有什麼不同，俄羅斯還不是也認為自己是蘇聯的第一功臣。

在和26位最有影響力的地方領導人會晤後，普京政府選擇了另外一個最激進但也見效最快的策略。2000年5月13日，普京發佈了關於成立7個聯邦區的總統令，中央區，西北區，北高加索區，伏爾加沿岸區，烏拉爾區，以新西伯利亞城為中心的西伯利亞區和以哈巴羅夫斯克為中心的遠東區等七個聯邦區。普京親自任命了駐7個聯邦區的總統全權代表，其中有5人是來自軍隊或國家安全局的將軍，他們都是普京最信任的人。

普京給他們安排了4項任務：在聯邦區內組織執行總統確定的國家內外政策基本方針；監督俄聯邦憲法和聯邦最高權力機關決議的執行情況；確保總統在聯邦區幹部政策的實施；定期向總統報告聯邦區內國家安全問題、社會經濟和政治局勢情況。

普京的這一做法等於將中央政府的視線和聽力延伸到了俄羅斯的每個角落，這樣一來，每個行政區可以更好地加強地方和中央政府的聯繫。這對於橫跨歐亞大陸、涉及11個時區、由89個地區組成的俄羅斯聯邦來說尤其必要。

地方上的官僚當然不會輕易接受這樣的調整，心懷不滿的聯邦委員用拳頭敲打著桌子，晃動著俄聯邦憲法大喊：「這是我的位置，我是根據憲法賦予的權利佔據這個位置的。」即使如此，也不能阻擋普京結束國家四分五裂局面的腳步。

因為普京明白，要加強中央政府的權威，讓全國的力量能夠擰成一股繩，就必須要進行「削藩」。無論國家還是組織，一旦機構臃腫，就很容易出現「政令出不了辦公室」的情況，這是極其危險和令人擔憂的。要確保自身的執行力，要嘛親自去做，要嘛交給信任的人去做，否則，就是在浪費自己的時間，也會錯失良機，後患無窮。那麼，如何保證執行政策的是自己信任的人呢？這又是個新的問題。

在任何國家，對政府內部的改革都是困難重重，政府作為職能部門，如果自己都無法完全控制，國家又怎麼可能按照自己的思路發展呢？

葉爾欽在執政過程中，總要面臨強大的反對派，他的想法之所以很難徹底實現，也在於杜馬中強有力的抵制。普京執政後，知道自己要想真正領導俄羅斯，就要首先從反對黨那裡得到認可，而最有效的辦法，就是削弱反對黨在杜馬中的影響力。

鑑於反對黨在群眾中的影響力，普京在執政初期對其採取了懷柔政策，設法改善關係，找到共識。儘管兩者「相安無事」，但這種平衡關係正在普京的謀劃中被一點點打破。

簡單說來，普京的策略是光明正大地透過合法手段培養反對黨的競爭對手——比如「團結」黨，鼓勵「團結」黨成為將來的執政黨；然後，普京推動新的政黨法誕生，根據新的政黨法，很多長期盤踞俄政壇、勢單力薄的政治組織被清理出杜馬。

培植起來的新黨在杜馬中擁有132個席位，再加上一些議員團，杜馬中的中間派議員的總數達到235人；而兩大反對團體的議員總數分別為128人和61人，普京獲得了杜馬大多數的支持。

但這個結果還不夠令人安心，隨後，反對黨在議會中失去了一連串重要陣地，自身內部也發生了分化。這個時候，普京挽留了被「拋棄」的反對黨核心成員謝列茲尼奧夫。內部鬥爭讓反對黨在人民心目中的地位大大降低。

透過這一連串的活動，國家杜馬的組成已大大有利於普京，反對黨已經難以阻止克里姆林宮提出的法案在杜馬中獲得通過了。

但這並不意味著大功告成。葉爾欽時代的惡果不僅是政府機構效率低下，向心力也嚴重不足，很多優秀的專家和人才都流失到國外，大財閥的巨額財產也轉移到國外。蘇聯解體後，公務員制度遲遲沒有出爐，蘇聯時期的過時體制還在運行，貪污腐敗十分普遍。如果政府本身成為國家發展的制約，那麼就要從政府入手進行改革，哪怕這相當於「自裁」，會得罪既得利益者。

葉爾欽時代的政權被一些企業和家族瓜分是眾所周知的事情，他們也不好對付。由於他們已深入經濟的主要領域，整頓這些人很可能引起國內動盪。預見到了可能的阻力，普京決定悄悄地分步進行改革。

普京提名政治色彩較淡的凱西亞諾夫做總理，隨後政府組閣很快完成。原內閣的大部分成員基本留任。凱西亞諾夫是典型的務實派官僚，適合執行普京的決議。

不同於「政治型」的普京總理政府，凱西亞諾夫總理時代的政府明顯有「技術型」傾向。葉爾欽執政時期，普京總理在國家政治生活中的地位十分突出。而普京執政時期，總理的主要任務是要將普京總統的治國藍圖逐步變為現實——總統及總統辦公廳制定大的方針策略，總理政府負責落實到位。

值得注意的是，總理凱西亞諾夫被任命的時候只有43歲，普京也才48歲，在政界算是年輕的力量。普京和凱西亞諾夫後來任命的官員中，還有30多歲的優秀人才，俄羅斯媒體把這些人稱為「血氣方剛的內行人」。這一代人的青年時代正好處於蘇聯探索宇宙、繁榮電影、創造紀錄的時代，「為祖國而自豪」的氣氛影響著這些人，他們雄心勃勃，又不會對過去的陳規陋習唯命是從，敢於冒險，支持創新而有益的政策，不害怕得罪權貴。這些新人會成為普京得力的助手，也會成為將來俄羅斯的中堅力量。

一年之後，普京透過很多管道吹出風，要對政府進行大動作改革。「官員們不熟悉管理體制，因此，必須實行與時代要求和目標相符合的行政改革。國家機關應該成為國家政策小巧的執行工具。」

執政以來第一次國家權力機構的大規模人事調整在2001年的春天開始了，普京更換了聯邦安全會議、國防部、內務部、稅警局等四個強力部門和原子能源部等部門的重要官員——一般情況下，只有在發生未遂政變時，才可能對四個強力部門負責人進行調整，而普京在上任的頭一年就做出了這樣的人事變動。

不過，被調整的官員們雖然忠於普京，彼此之間卻並不是高度一致的。比如對於俄羅斯的軍事改革，有人主張擴大預算，加強軍隊武器戰鬥力，而有人則主張正常化。普京手下的文職人員去軍事部門任職，還是俄羅斯史上的頭一次，但他並不擔心大家的質疑，他相信自己選中的人。普京總統做出的人事變動決定得到了國內各主要黨派的贊同和支持，他帶領「俄社會生活向非軍事化邁出了重要一步」。

凱西亞諾夫總理的提議，也得到普京的大力支持。比如解除克列巴諾夫的副總理職務，普京就鼎力協助，此前克列巴諾夫主管的交通部、核能部、通訊與資訊部改由總理直接負責。這抉擇讓民眾更加相信俄羅斯政府正在邁向高效的道路。

具有過渡性質的《國家公務員公務行為準則》也終於開始實施，蘇聯遺留下來的種種不合理的制度被替代，公務員系統變得更加透明和公開。

解決人口問題

人的問題中，人口問題是另一個普京政府需要解決的大難題。

少有人想到，普京上任後會首先把人口問題列入首要大事的名單。「俄人口一年比一年少，如果這種趨勢繼續下去，我們民族的生存將受到威脅，我們有可能成為一個日漸衰落的民族。」上任之初，普京就在國情咨文中表達了這樣的擔憂。

俄羅斯國土面積全球排名第一，人口數量卻不多，人口密度極小。從20世紀90年代初開始，俄羅斯的人口出生率一直呈下跌態勢，當發展中國家為控制人口數量撓破頭皮的時候，已開發國家卻在為如何增加人口犯愁。依照俄羅斯的國情，每個處於生育年齡的婦女需要生2.4個孩子才能保持人口數量穩定，但實際情況是，從20世紀70年代以來，每個婦女只生育了1.1個小孩，比「最低標準」差一半還要多，還有700多萬個家庭選擇不要孩子。

出生率這麼低，死亡率卻居高不下。每一分鐘，俄羅斯只有3個嬰兒出生，卻有4個人死亡。讓人感到訝異的是，英年早逝竟然是造成俄羅斯人口問題的一個重要原因。俄羅斯女性平均壽命為72歲，男性卻只有59歲。俄羅斯的社會轉型特別激烈，很多人都感覺難以適應，男性在這方面表現得更為敏感。隨著社會變化，生活水準急速下降、失業增多、心理壓力太大，使得不少男性選擇了酗酒、吸毒等不健康的生活方式，最終導致早亡。死亡率高於出生率使俄羅斯出現了前所未有的「非戰爭性人口危機」。

俄羅斯人口減少速度在全球名列前茅，平均每年都會失去100萬人。僅20世紀最後一個10年，該國人口總數就減少了1千萬。俄羅斯人口學家們預測，如果人口問題得不到解決，俄羅斯民族會變成世界上的「少數民族」。「俄羅斯民族正在慢慢消失，到2075年，在這片佔世界陸地面積1/6的遼闊國土上，將只有5千萬到6千萬人居住。」《真理報》做出了悲觀的預測。俄聯邦安全會議要樂觀一些，認為2050年國家人口會縮減到1億。但對一個巨大的國家而言，這仍然是一個悲劇性的預言。

人口危機給社會帶來的直接影響就是勞動力資源短缺，而俄羅斯男性「英年早逝」現象為勞動力短缺雪上加霜。國際上通常將15－64歲有勞動能力的人劃入勞動力人口，俄羅斯男性平均年齡為59歲，遠低於勞動力人口年齡上限。而俄羅斯的勞動適齡人口，不過為國民總數的61％。每年俄羅斯有50萬勞動適齡人口去世，在18－50歲的壯年死亡者中，男性人口高達

80%。俄羅斯的人口危機引發了勞動力危機，成為制約俄羅斯經濟發展的重要因素。民眾雖然意識到了這種危機，卻不想藉由多生育來解決問題。因為在普京走上政壇之前，俄羅斯經濟持續低迷，民眾普遍生活都成問題，養育孩子的花銷對普通家庭來講更是巨大的負擔。政府雖屢次提出刺激人口增長的建議，但效果並不明顯。

普京政府對人口問題做了清醒分析，認為低出生率、高死亡率並非人口危機的唯一原因，引發人口危機的另一個重要原因是國民向境外流失。俄國革命時期、一戰和二戰爆發前，俄羅斯爆發過三次移民潮。從1989年開始，第四次移民潮興起。以德意志、希臘、猶太為代表的俄羅斯少數民族在經濟低落、政治混亂的時期選擇移民西方或返回祖國。

1993年葉爾欽政府出爐《公民自由出入境法》使移民限制放寬，更多人選擇了離開。據統計，移民潮開始後的15年間，俄羅斯透過移民途徑流失了約500萬人口。這一途徑流失的人口不僅多為勞動適齡人口，而且大多受過良好的教育。西方國家在接收移民時，對人員素質有著較高要求。俄羅斯每年流失的人口幾乎有10萬為高級專業人員，這對俄羅斯經濟恢復可謂是釜底抽薪。

西方國家對俄羅斯人有巨大的吸引力，因為那裡有更好的生活環境。俄羅斯政府雖然會為民眾提供一些生活補貼，但與飛漲的物價比起來顯得杯水車薪。西方國家低廉的食品價格和房價、優越的醫療條件和教育條件，吸引著越來越多的俄羅斯人走出國門。反觀俄羅斯國內，經濟環境糟糕，工資水準也相對較低。以科學家薪資為例，科學家們本來擁有不錯的收入，但是隨著蘇聯解體，政府對科研領域投入的資金越來越少，一般科學家月收入僅為1千美元，到了國外做同樣的工作他們能得到7倍的工資。

俄羅斯的人口問題從根源上講是一個經濟問題。短期內提高經濟水準、改善國民生活環境顯然是件困難的事情，作為權宜之計，國家只好大量吸收外國移民。俄羅斯移民之多，已經使它成為繼美國、德國之後，世界第三大移民國。蘇聯解體後，俄羅斯於1992－1994年、1995－1999年發生了兩次外來移民潮。第一次移民潮俄羅斯增加外來人口140多萬，移民基本上屬於俄羅斯人的回歸，人員多來自蘇聯原加盟共和國；第二次移民潮帶來了136萬多移民，這次人員主要來自白俄羅斯和烏克蘭等獨聯體國家，以及中亞、波羅的海沿岸和亞洲。

增加移民數量解決國內用人荒畢竟只是應急措施，降低死亡率、提高出生率才是人口問題的解決正道。普京掌權後對人口政策進行了一連串調整，包括獎勵生育、增加各項補貼等，在挽留人才方面也投入頗多。讓俄羅斯廣袤的國土上再次遍佈幸福生活的人們，普京政府任重而道遠。

復興之路去腐革新

葉爾欽治下的俄羅斯，貌似強大，其實外強中乾，經濟問題更是千瘡百孔，普京坐上了總統這個位置，就必須為前任收拾殘局；另一方面，經濟與民生問題息息相關，只有老百姓生活水準提升了，國家才能長治久安。

擔當責任解決遺留問題

所謂命運，一環扣一環，一個事件的結束亦是下一個事件的開始。2000年俄羅斯總統選舉塵埃落定，普京取得了勝利卻沒有時間享受勝利的喜悅，更大的考驗在等待著他：讓一個疲憊的、危機四伏的國家恢復生機。

在剛剛過去的20世紀，整個世界發生了天翻地覆的變化，幾乎每一件震驚世界的大事，俄羅斯都不可避免地被捲入其中。這個龐大的國家沮喪過，也驕傲過，它戰慄著，振奮著，拖著疲憊的身體，和它貧窮的人民一起，跨過千年之界，經受著成長的陣痛。葉爾欽政府為普京留下了一個巨大的爛攤子，問題繁多，而種種問題中最複雜的是經濟問題。俄羅斯正處於尷尬的貧窮中。在美蘇爭霸的年代，不管是在經濟上還是在軍事上，美國都不得不承認蘇聯已成為超級大國的事實。但是，坍塌總是比建設容易，就像所有事物都能被毀滅，而能重生的卻是少數。蘇聯的解體並非一朝造成，俄羅斯的經濟也不是在一夕間下滑的。

談及當時俄羅斯經濟，「休克療法」不可避免。休克療法如其名所示，最早是一種醫學上的治療手段，於20世紀80年代被美國經濟學家薩克斯引入經濟學領域，解決了玻利維亞的經濟問題。

玻利維亞是一個經濟落後的南美小國，當時薩克斯是該國政府經濟顧問。該國政局動盪多年，使得經濟政策受到影響，累積了大量經濟問題。這些問題最終引發了一場災難性的經濟危機，1985年，玻利維亞政府的預算赤字達到485.9萬億披索，通貨膨脹率更是達到了令人震驚的24000%。經濟狀況已到極限，經濟學家們不敢輕易「施藥」，生怕一不留神成了壓垮這頭駱駝的最後一根稻草。

薩克斯非常大膽，拋出了整套犀利的整改方案：實行緊縮經濟政策，縮減政府開支，開放物價，加快私有步伐，實現貿易自由化。針對原有經濟政策而言，新政策猶如一劑虎狼之藥給玻利維亞的經濟帶來強烈震盪。如同病人受到了強烈刺激突發休克，玻利維亞經濟一度陷入混亂。然而這種「休克」沒有持續多久，隨著新政策效力顯現，其經濟恢復了應有的平衡，僅用了兩年時間，通貨膨脹率就縮減到了15％。

休克療法獲得了巨大成功，一時間成為各國解決經濟問題的熱門手段。葉爾欽政府也是這種療法的擁護者，然而，休克療法非但沒有拯救俄羅斯的經濟，更將俄羅斯經濟推入了一個更險峻的境地。

蘇聯解體，俄羅斯繼承了原蘇聯大部分「遺產」，不過葉爾欽政府並沒有高興多久，他們與普京遇到的情況差不多，接手的是一個問題比財富還要多的「爛攤子」。蘇聯從20世紀50年代開始似乎進入了一個改革的時代——接連不斷地推出改革政策，卻沒有什麼實際收益，反而使經濟變得千瘡百孔。葉爾欽政府幾經衡量，決定延續改革的思路，加大改革力度，最終選擇使用休克療法。

當時的政府總理蓋達爾聽取薩克斯的意見，制訂了激進的經濟改革方案，希望透過緊縮財政政策、開放物價與私有化將俄羅斯從經濟泥潭中拯救出來。所謂「甲之蜜糖乙之砒霜」，在玻利維亞大顯神威的休克療法並不適用於俄羅斯，僅一年就讓俄羅斯的GDP縮減了一半。1992年12月蓋達爾政府解散，標誌著休克療法結束。之後俄羅斯迎來了1993年至1998年長達五年的經濟低迷。1999年，普京上任前一年，經濟出現了復甦，但是面對一個複雜的歷史遺留問題，普京政府面臨的壓力可想而知。

要想解決問題，首先要對面臨的形勢有清醒的認知。普京曾經受派到德意志民主共和國工作，有機會與西方政府、企業進行較為深入的接觸，這使得他對經濟問題的看法與大多數俄羅斯官員不同。他的眼光更開闊，對市場經濟持支持態度。普京認為，俄羅斯應該制定適合自己的經濟政策，既不能照搬西方政治經濟模式，也不能延續蘇聯的政策思路，他提出了所謂的「第三條道路」。1999年年底，還在擔任總理一職的普京在網際網路上發表了《千年之交的俄羅斯》；2000年2月，普京發表了《致選民的公開信》，二者集中闡述了第三條道路的含義，即「走將人類社會經濟發展的共同方向與本國的具體國情相結合的改革道路」。

葉爾欽政府為普京留下了一個好的開端：已經開始了市場經濟改革。普京認為應該保持私有化政策的連續性，並修正其中的某些錯誤，比如以極低的價格成批出售國有企業，一些有國民經濟戰略意義的企業應該由國家操控。刺激生產增長也是政府的重要任務之一，高科技產業將是重點關注對象。影子經濟會逐步被取締，金融信貸領域與經營領域的違規行為將受到規範。事實證明，普京為俄羅斯規劃的發展之路是正確的，他成為總統之後俄羅斯經濟很快走出陰影，而後出現了恢復性增長，最終走向了振興。

打擊寡頭毫不留情（上）

在蘇聯解體後，體制的巨變也讓很多人變成了富可敵國的大富翁，更加令人擔憂的是，這些「寡頭」也在參與政治，干預法律。面對這樣的情況，普京也以強硬為回應，他決定給這些既得利益者一點顏色看看。

2000年3月26日，普京當選總統。僅僅3個月後，他就開始著手打擊寡頭。究竟是什麼原因，讓普京對寡頭如此痛恨，必先除之而後快？

首先，我們來解讀寡頭這個名詞。

寡頭，指實力特別雄厚的大壟斷資本家，他們掌控著龐大的金融資本，能夠影響乃至控制國民經濟命脈和國家政權。對一個國家的總統而言，寡頭無疑是站在他的對立面的。雖然世界上很多國家都有寡頭，卻鮮有國家總統著力打擊寡頭的，這是因為在絕大多數情況下，寡頭們與總統之間是共生共贏的關係。

以俄羅斯的寡頭們與前總統葉爾欽的關係為例。20世紀90年代，俄羅斯進行了經濟改革，這是一個私有化過程，很多人一夜之間暴富，其中就包括寡頭。1996年，葉爾欽尋求連任，他與7位金融寡頭密會，承諾維護他們的經濟利益，代價是由他們為自己連任提供經濟支援。

普京顯然對寡頭與總統之間的這種微妙關係不屑一顧，他更關注的是寡頭與民眾的關係。

即使不是一個需關心民生的政治家，也能看到寡頭們給民眾帶來的苦厄。三分之一的俄羅斯人在貧困線下掙扎，貧苦的人們穿著破舊的大衣站在寒風中售賣罐頭，只為換取幾個活命的錢，寡頭們卻可能正在歐洲舒適豪華的私人別墅裡度週末。

20世紀90年代的私有化使財富逐漸集中到少數人手中，俄羅斯國內年生產總值大幅縮水，俄羅斯的寡頭們依然能在富比士財富排行榜上穩居高位。根據當年的民調顯示，90％的俄羅斯人認為寡頭們的財富來自非法途徑。打擊寡頭5年後，普京接受以色列電視臺採訪時發表過這樣一段談話：

「絕大多數俄羅斯人認為，20世紀90年代進行的私有化有許多可疑的地方……當我訪問以色列並會見了一些從俄羅斯移民到這裡多年的定居者後，瞭解到他們的生活也很辛苦。我肯定，任何國家的普通公民都會問自己一個問題『在一個正常的經濟體系中，有什麼人可以在不違法的情況下5—6年就積聚60—70億美元的巨額財富』，人們做生意賺錢並沒有什麼不對，但當商人們違反法律時，國家就必須做出反應。」

這段話明確表達了普京對寡頭們巨額財富來源的質疑。當年，普京多次在不同場合表達過類似觀點——這並非是多麼高明的觀點，但是作為一名與寡頭集團有千絲萬縷利益關聯的總統，普京能夠將這些觀點呈於人前，無疑是其政治生涯的一次重大抉擇。

人的一生，總會遇到各種各樣的抉擇，天平的兩端，都有足夠的理由維護或放棄。一些無足輕重的小事，可以選擇視而不見，但是一個有責任心的人永遠不會選擇走在中庸之線上。一方是大量貧窮甚至赤貧的普通公民，一方是少數窮奢極欲的特權寡頭，普京沒有如他的前任葉爾欽一般左右為難，而是毫不猶豫地選擇了站在民眾一邊，宣稱「將寡頭作為一個階層消滅掉」。

2000年6月12日，普京出訪西班牙，一切看起來風平浪靜，沒有什麼不同。然而第二天俄聯邦總檢察院就展開了一項突擊行動：逮捕弗拉基米爾•古辛斯基。

古辛斯基的名字在俄羅斯家喻戶曉。他是俄羅斯猶太人，猶太民族以善於經商和重視教育聞名於世，古辛斯基年輕時先後在古布金石油學院和國立盧那察爾斯基戲劇藝術學院學習，知識素養與藝術修養都頗為傲人。他走入社會後更是將猶太人的經商才能發揮得淋漓盡致，1989年，37歲的古辛斯基與美國的阿爾諾爾德·波特爾法律公司聯手成立了大橋公司，自己握有一半股份。這對常人而言，已經是巨大的成功，古辛斯基卻並不滿足。3年之後，他對公司進行改組，投入大量精力將公司打造成為傳媒帝國。

野心和才華將古辛斯基推上一個又一個事業巔峰，世人能領略他的才華，卻無法窺透他的野心。他僅僅是一個商人，卻不甘心只做一個商人，他讓公司轉型的目的並非只想打造一個傳媒帝國，而是想利用媒體的巨大影響力控制俄羅斯的輿論，成為一個能左右政府的「布衣總統」。

這樣的野心，在大多數人看來何止誇張，簡直是一個笑話，可是古辛斯基真的將這個笑話變成了現實。

1996年，俄羅斯舉行總統選舉，葉爾欽試圖連任，也站入了候選人隊伍。幾乎所有人都認為這是一次無意義的嘗試，車臣戰爭、俄共的優勢、不斷下滑的各項經濟指標以及葉爾欽本人糟糕的身體狀況，使他僅得到6%的支持率。在關鍵時刻，葉爾欽啟用了古辛斯基。似乎一夜之間，古辛斯基麾下的《今日報》、《總結》週刊、TNT地方電視公司網、獨立電視臺和莫斯科回聲電臺都開始大張旗鼓為葉爾欽造勢，葉爾欽的公眾形象急速回升。

最終，他擊敗了俄羅斯共產黨候選人久加諾夫取得連任。選舉勝利後，葉爾欽特地為鼎力支持他的寡頭們舉行了答謝宴。席間葉爾欽告誡這些盟友「錢多不要緊，但不要從政」。可惜野心勃勃的古辛斯基很快將這個忠告拋諸腦後，反而利用手中的媒體資源加緊干政步伐。這種近乎魯莽的行為，使他成為了普京的打擊行動鎖定的第一號人物。

普京政府以涉嫌侵吞巨額國家資財罪羈押了古辛斯基。4天之後，由於輿論壓力過大，普京不得不放人。然而4個月後普京再次發難：俄總檢察院指控古辛斯基「非法獲取3億美元貸款和50億盧布借款」。審理案件時古辛斯基沒有到庭，事件升級，俄羅斯透過國際刑警機構發出了紅色國際通緝令。

普京在追擊古辛斯基的問題上鍥而不捨，幾經周折，古辛斯基最終選擇離開俄羅斯定居以色列。

古辛斯基事件讓每個俄羅斯寡頭如坐針氈，他們嗅出了俄羅斯政壇久違的肅殺氣息。之前不是沒有人試圖結束寡頭政治，譬如俄羅斯前總理普里馬科夫，在葉爾欽和寡頭們的聯合狙殺下，普里馬科夫非但沒有成功還被搞下了臺。俄羅斯的寡頭們以為他們掌握了整個俄羅斯，因此普京的出手讓他們大感意外。

首先普京與葉爾欽關係非常密切，可以說沒有葉爾欽的鼎力推舉，僅靠KGB背景和並不豐富的政治經驗，他是沒有機會站到俄羅斯的政治中心的。而且普京對葉爾欽非常忠誠，出於這些原因，寡頭們甚至一度認為普京是葉爾欽的「接班人」，在普京的選舉中他們慷慨地提供財力物力方面的支援。

從某種程度上講，普京其實是寡頭們自己物色的總統。「幾乎所有的政治家都有自己的身價，他們差不多都被我收買了」，這是大寡頭別列佐夫斯基誇下的海口。言出有因，連總統人選都可以決定，寡頭集團還有何畏懼？

一貫狂傲的別列佐夫斯基沒有想到，有朝一日他會成為一個段子的主角：

別列佐夫斯基在英國倫敦的辦公室伏案工作，突然聽到一陣急促的腳步聲，助手急匆匆地推門而入：

「普京來了，已經到走廊了！」

別列佐夫斯基臉色大變：「哪個走廊？」

「前門的走廊！」

別列佐夫斯基渾身冒汗：「就他自己？」

「還有他的特工們！」

別列佐夫斯基尖叫著跳起來：「你們為什麼不攔住他！趕緊銷毀文件！立刻！馬上！」說著他衝向窗戶想跳窗逃跑。

助手趕緊拽住他：「先生別緊張，這只是一個玩笑！今天是愚人節呀！」

從一個口放狂言的豪客，到笑話裡的驚弓之鳥，別列佐夫斯基在俄羅斯民眾心中形象的轉變，正是普京對寡頭們接連打擊的結果。年輕的總統出人意料地與這些最初的、也最有力的支持者劃清界線，做出了最有勇氣的抉擇。

古辛斯基事件僅僅是打擊寡頭的序曲。2000年6月20日，莫斯科檢察院提出對俄國際集團公司收購諾里爾斯克鎳公司股份一事進行重新審查。

這次打擊的對象是波塔寧。1997年，波塔寧僅用1.7億美元就收購了實際價值高達3.1億美元的諾里爾斯克鎳公司38%的股份。有足夠證據證明是時任政府副總理的波塔寧利用職權實現了這筆「不可思議」的交易。

6月27日，哈伊爾·弗里德曼進入公眾視線，他的「阿爾法」集團旗下秋明石油公司受到調查。

7月11日，霍多爾科夫斯基的石油天然氣公司的文件被俄羅斯總檢察院強行調閱。

7月12日，別列佐夫斯基的伏爾加汽車公司因逃稅案被俄羅斯稅務總局調查。1999年，該公司生產了65萬輛「拉達」轎車，卻只上報了20萬輛，逃稅量大得驚人。

普京用行動證明了，不論是誰阻礙了普京帶領國家前進的步伐，都要為此付出代價。剛開始的對峙是很艱難的，但一旦你贏得了一個勝利，其他障礙自會消除。擒賊先擒王，普京從最難啃的硬骨頭啃起，打老虎，不打蚊子，向社會和世界昭顯了自己的決心。

打擊寡頭毫不留情（下）

對於不合作的寡頭，普京毫不留情，而在鐵血政策實施的同時，普京的個人威望也達到了頂峰。而對於他的對手們來說，接踵而至的調查讓他們惶惶不可終日，他們在等待機會對普京進行反擊，命運很快為他們送來了這個機會，8月份俄羅斯發生了一件大事：「庫爾斯克」號沉沒。

「庫爾斯克」號沉沒震驚了整個俄羅斯，俄羅斯某個調查機構針對此事進行了一項調查，得出的結果是：「『庫爾斯克』號核潛艇沉沒事件是20年來最令俄羅斯人痛苦的歷史事件。」

處理這樣的悲劇對一個不到半年的新政府來說是巨大考驗，而且「庫爾斯克」號沉沒原因撲朔迷離，6天後普京政府才做出回應，且回應遲遲不來，寡頭們認為這是一個打擊普京的良好機會。於是寡頭集團利用手中強大的媒體資源向普京政府發動了一輪又一輪的攻擊，希望藉此機會將普京趕下臺。

別列佐夫斯基是眾寡頭中最高調的一位，他宣稱要為遇難者家屬捐款，這張慈善牌打得非常成功，讓普京政府陷於被動。普京很快回應：「對這種慈善行為，我們贊成，最好賣掉地中海岸邊的別墅。但接下來的問題是：他們是從哪裡得到這麼多錢的？」普京的言論將公眾視線引向了寡頭的軟肋，解除了別列佐夫斯基帶來的壓力。不過，大誇海口的別列佐夫斯基最後並沒有真的向遇難者家屬敞開錢袋。

「庫爾斯克」號從一場國民悲劇演化成了寡頭集團與普京政府的對抗。事後有媒體這樣報導：俄國寡頭與庫爾斯克號一起浮出水面面對的是政府。在這次事件中大張旗鼓與普京對抗的別列佐夫斯基，3個月後全面被調查。

俄羅斯航空公司在境外有幾億美元資金，別列佐夫斯基在瑞士的兩家公司將這筆鉅款洗錢過後佔為私有。顯而易見，這是一起必定有航空公司內部人士參與的重大經濟犯罪。

俄羅斯航空公司的總裁奧古廖夫是葉爾欽的女婿，如果東窗事發，葉爾欽利益集團不會坐視不管。更重要的是，這筆錢中的一部分被用來進行了政治投資：贊助普京選舉並組建俄羅斯重要政黨「團結」聯盟（該聯盟在選舉中支持普京）。顯然，這是別列佐夫斯基與普京繼「庫爾斯克」號沉沒事件後的又一次博弈，不過這次他手中握有兩張王牌，有恃無恐。

別列佐夫斯基一貫的風格是張揚高調，這次也不例外，他拒不回國接受傳訊，並向媒體拋出了贓款使用內幕。

雖然時間僅僅過去3個月，普京政府的影響力已經不可同日而語，民眾面對這條爆炸性新聞保持了對普京的信任。亟待普京解決的最大問題不是民眾的反應，而是別列佐夫斯基背後的葉爾欽利益集團。

現任總統與前總統進行了密談，普京成功取得了雖已卸任、政治影響力猶在的葉爾欽的支持。葉爾欽公開在媒體表示支持普京：「普京目前對別列佐夫斯基和其他寡頭採取強硬立場是正確的，我支持他。」

最大的阻礙清除，政府在別列佐夫斯基缺席的情況下執行司法程序，查封了他在國內的部分財產。2007年，別列佐夫斯基被缺席判處6年監禁，2009年，又被缺席判處15年監禁。「這是政治迫害！」多年來別列佐夫斯基在國際上堅持呼喊，不過他的聲音與當年在俄羅斯國土上做寡頭時相比，顯得那麼渺小又無奈。

別列佐夫斯基被打擊後，寡頭集團相對低調，與普京政府相安無事地度過了3年。2003年10月底，俄羅斯已是寒風蕭瑟，一隊武裝人員突然衝進了諾瓦斯別克機場。霍多爾科夫斯基從舒適的私人飛機機艙被丟進了馬托斯卡亞．梯史納監獄八人間牢房，5天後，他名下的尤科斯公司44%的股份被凍結。

英國《金融時報》莫斯科特派員克利斯蒂婭．弗里蘭這樣描述霍多爾科夫斯基：「霍多爾科夫斯基長著棕色頭髮，大大的、棕色的、目光天真的眼睛，英俊的臉，戴著一副超大號的眼鏡。他講話的聲音極其柔軟，帶著一種謙和得接近於軟弱的微笑。」這位英俊的寡頭當時僅40歲，柔弱的外表下有鷹隼般的膽識，「像搖滾明星一樣受歡迎」。

霍多爾科夫斯基出身平民，在20世紀90年代中期靠投機發家。他早期最大的成功是用3億美元得到了俄羅斯最大的石油公司尤科斯。霍多爾科夫斯基的成功得益於貸換股計畫，貸換股計畫簡單來說就是承諾用一定量的貸款來換取對企業的管理權——這種方法是另一位大寡頭波塔寧的發明。一位參與競拍的銀行家一語道破其中奧妙：「霍多爾科夫斯基是在用尤科斯的錢來購買尤科斯。」

兩年後尤科斯公司上市，市值為驚人的70億美元。其實在尤科斯公司被拍賣時，估價已經高達7億美元。霍多爾科夫斯基能用3億美元購入價值7億美元的公司，其中緣由耐人尋味。

霍多爾科夫斯基即將受到四項指控：商業詐騙、偷稅漏稅、侵佔國家資產以及謀殺。他會吃到這一記重拳，歸根結底還是因為干政。自始至終，普京對寡頭們的處理思路都是雙線的：財富的回收和權力的收攏，前者是主要目的，後者卻往往是選擇目標的重要參考。其實在普京決定「把寡頭作為一個階層消滅掉」之初，霍多爾科夫斯基算是一個合作的人物，較為積極地配合政策轉變形象。

2003年是霍多爾科夫斯基命運轉折的一年，他開始越來越多地選擇以一個政治家的姿態出現在世人面前。他評論國政，對反對黨表示支持，甚至有傳言他牽涉會改變俄羅斯政治體系的秘密計畫。

如上文所言，霍多爾科夫斯基政治上的高調僅是他被選為打擊對象的催化劑，普京選擇打擊霍多爾科夫斯基的深層原因是：石油。

俄羅斯是石油大國，其石油儲量位列世界第六，日產量也不容小覷，與沙烏地阿拉伯不分伯仲。大量的石油產出意味著政府收入的增加，可實際並非如此，20世紀90年代的私有化使九成多的石油工業落入私人手中。霍多爾科夫斯基的石油公司每年能輕鬆賺入幾十億美元，政府卻未能分得一杯半盞。國家資源只豐盛了富豪的餐桌，貧民依然在街頭挨餓，這不是普京政府所能容忍的。

法院與霍多爾科夫斯基的律師團展開了拉鋸戰，其間尤科斯公司的全部資產被凍結。一時間全世界的目光都聚焦到了尤科斯事件，國際油價甚至因此發生了波動。法院裁定尤科斯公司繳納34億美元稅款，之後數額幾經變更，最終尤科斯需要補繳稅款130億美元。事情發展到這一地步，尤科斯公司要麼選擇破產，要麼選擇解體，沒有第三種選擇。

2004年年底，普京政府頂住來自國際社會的壓力，將尤科斯最大的子公司尤甘斯克石油天然氣公司拍賣。尤甘斯克公司所掌握的原油儲量佔全俄羅斯的17%，原油開採量佔尤科斯公司的60%。

政府的這一舉動意味著尤科斯事件進入尾聲。尤科斯公司經此一劫，市值從400億美元縮減到20億美元。尤科斯的靈魂人物霍多爾科夫斯基一直被羈押審判，2010年12月被判處14年監禁，隨後刑期縮減為13年。

尤科斯事件是打擊寡頭行動中的標誌性一役，其重要性不言而喻。普京的鐵腕作風引發了國際社會的指責，在政府內部也有反對的聲音。逮捕霍多爾科夫斯基時，總統辦公廳主任沃洛申就表示強烈反對。他是寡頭集團的支持者，在霍多爾科夫斯基被捕前三個月，尤科斯大股東列別傑夫就已涉案被捕，沃洛申曾以辭職相威脅。霍多爾科夫斯基被捕後沃洛申再次提出辭職。

沃洛申是兩朝元老，有「鐵血宰相」之稱，被認為是普京的頭號幕僚。政權能從葉爾欽手中和平移交到普京手中，沃洛申是大功臣。這位老政治家看到了普京在打擊寡頭問題上的決心，普京寧可接受他的辭職，也要調查霍多爾科夫斯基。抉擇是勇氣，堅持同樣是勇氣，普京為了自己的抉擇，與亦師亦友的沃洛申走上陌路。

普京的目標是「把寡頭作為一個階層消滅掉」，這是一條艱難曲折的道路，是他為了民眾利益所選擇的道路。普京的打擊行動不會完結，寡頭集團的反擊也不會結束，這個過程漫長而枯燥。對這個不苟言笑的鐵腕總統來講，最大的安慰，也許就是站在他身後的俄羅斯民眾。

重拳出擊嚴查腐敗

普京繼任之初，與經濟問題一樣讓他頭疼的是貪腐問題。貪腐是世界各國都為之犯愁的難題，在經濟情況糟糕的俄羅斯，貪腐依然「蓬勃發展」，成為危害國家經濟的毒瘤。

貪腐是葉爾欽政府沒能解決的市場經濟的附帶品。當年俄羅斯經濟迅猛轉型，速度快得令人眩暈。這類轉型並沒有經驗可以借鑑，可以說政府是蒙著雙眼在改革的路上奔跑，其過程自然漏洞百出，從而被一些有頭腦、有能力的人爭先恐後地鑽空子。大量政府機關單位一夜之間改頭換面成為公司，原先的領導者迅速為自己掛上公司經理、董事長的頭銜。這些公司領導者利用手中的權力明目張膽地斂財，他們利用國有財產私有化的機遇用低價收購平民手中的股票賺取巨額財富。當普通民眾還在為三餐發愁的時候，他們已經在街頭開著名車呼嘯來去。

為了尋求高層庇護，貪腐者會用賺得的財富向更高級別的領導者行賄，依此類推，形成了一個行賄受賄的金字塔。那些處於金字塔頂端的商業巨頭在大斂橫財的同時，還與政府官員相勾結，以非常低廉的價格從國家手中「購買」國有資產——其競標價格與資產實際價值相比差異過於巨大，與其說是交易，不如說是掠奪。

錢權交易在當時發展到何種地步？有錢能解決一切問題，沒有錢會迎來大堆刁難。無論是司法還是工商，無論是銀行還是稅務，甚至司法部門、警務人員也無法「免俗」，彷彿不那麼做就是異類——貪腐成為常態，清廉倒成為稀罕。

丘拜斯是最大的電力公司「統一電力」公司總裁，曾擔任俄羅斯政府第一副總理兼財政部長，被稱為「俄羅斯私有化之父」。他位高權重，是著名的公眾人物，這樣一位人物在自己推動的私有化進程中也沒能把持住自己，爆出了「高稿酬醜聞」。

俄羅斯《人物》雜誌主編、《新報》評論員亞歷山大·明金以揭露性報導著稱，1997年11月

11日，他在「莫斯科回聲」電臺直播中爆料，以丘拜斯為首的一個五人寫作班底合寫了《俄羅斯私有化史》一書，收取了45萬美元稿費，平均每人收入9萬美元，而這本書加起來不過三百頁。

為什麼一本書能賣出如此高價？又是什麼人肯為一本書出這樣的高價？稿酬的支付者是金融大亨波塔寧。波塔寧旗下奧涅科西姆銀行想購買俄羅斯國有電信公司、諾利裡斯克鎳業公司股份，他透過丘拜斯的關係購入成功，作為回報支付了這筆天價稿酬。

「高稿酬醜聞」震驚全國，當時政府副總理博伊科、總統辦公廳第一副主任卡札科夫、聯邦破產局局長莫斯托沃伊三位高官都被葉爾欽下令解除了職務——他們同樣是天價稿酬的獲益者。此舉被視為葉爾欽政府對腐敗宣戰，可這從內而外、遍佈各個機構的腐敗又豈是輕易能清除的，葉爾欽直到卸任也沒能根治腐敗，於是把問題丟給了普京。

普京對貪腐有清醒而深刻的認知，他在公開場合表示，貪腐並不是俄羅斯的發明，但在俄羅斯獲得了「新特徵」，即透過私有化暴富的寡頭們與政府官員勾結侵吞國家財產。貪腐是俄羅斯的普遍問題，其中以寡頭集團的貪腐危害最大。20世紀末，俄羅斯洗錢案頻發，涉案金額巨大，最大一筆高達100億美元。寡頭們透過金錢權交易攫取大量財富，並影響俄羅斯政治，普京上任僅3個月就開始打擊寡頭，是經濟整頓的必要，也是對貪腐問題由上而下的整治。

更為難得的是，普京認為貪腐橫行並非懲罰打擊的力度不夠，而是制度本身出了問題。對經濟自由的限制是改革發展的阻礙，使得權力凌駕於經濟自由之上，給了貪腐可乘之機。司法體系不能依法辦事，也造成了對貪污腐敗的縱容。普京政府的工作方向即是從根源上治理腐敗並配合各種政治行動。

反貪腐工作非一朝一夕所能完成，普京從上任第一天就下了狠心整治貪腐，並堅持不變。「貪官受賄就砍掉他們的手」，即使成為總統多年後提及貪腐問題，普京依然會給出這種典型的「普京式」強硬回應。

毫無疑問，無論對於非法的寡頭還是心虛的政客，普京的到來都是一個糟糕透頂的消息。但對於民眾來說，沒有什麼比擁有這樣一位總統更幸運的了。

光榮之路俄羅斯行進在路上

軍事強國恢復昔日榮光

2000年3月的一天，離俄羅斯總統選舉還有十幾天，車臣的戰火還沒有最後熄滅，一架蘇愷27戰鬥機在車臣首府格羅茲尼的軍用機場降落。代總統普京從機上走下來，他不是乘客，而是飛行員，他來這裡是為了給俄羅斯傘兵頒發獎章。

這位出身KGB的俄羅斯領導人今天依然帶著他的軍人氣質，開飛機只是他在擔任總統期間的「軍事才能秀」的其中一項而已。

2005年8月16日，莫斯科近郊的軍用機場內，普京正在接受醫生對他進行的身體檢查。血壓指示器上數字顯示：高壓120毫米汞柱，低壓80毫米汞柱。

「先生，您的血壓情況幾乎可以和太空人相媲美。」

「可惜我這次不準備到太空去。」普京幽默地說。當他向飛機走去時，隨行採訪的俄羅斯記者對普京身邊的圖160戰略轟炸機總設計師問了一個問題：「請問，去年圖160墜毀事故的原因查明了嗎？」

普京沒有看設計師，也沒有聽他的回答，他只是把黑色頭盔戴上，然後登上了圖160。圖160是戰略轟炸機，一架圖-160可以不經過空中加油而對美國本土進行轟炸。普京駕駛著它從機場起飛，一路向北。

「先生，右側控制器發生了故障。」就在飛行途中，普京收到了同行機組人員的報告。陪同的飛行員十分緊張，他們不知道將會發生什麼事，然而，轉頭一看，他們的總統表情平靜。幸運的是，控制器不知為什麼突然又再次運作了。

那天，普京的飛行時間是5小時，飛行距離大約有5千公里。他從莫斯科一直飛到了北極的柯爾斯基半島。途中發生的意外他沒有告訴任何人，我們之所以知道，是因為當時同行的飛行員在落地後悄悄告訴了記者。

普京下了飛機除了興奮外沒有表現出其他情緒，他說：「這次飛行並不是十分冒險的行動……它非常有趣也非常有益。我是第一次經歷這種飛行，超音速、發射巡航導彈，真是不錯。」

除了飛機，普京對潛艇也相當有興趣。

2000年4月，普京身著水兵服，參加了俄羅斯北方艦隊在巴倫支海海域舉行的演習。是的，的確是「參加」，因為他像一個真正的潛艇兵一樣在一艘滿載彈藥的核潛艇上過了一夜。然後，他得到了「榮譽艇員」的稱號。

2001年12月，普京登上了「獵豹」號核潛艇；

2004年2月，普京登上「阿爾漢格爾斯克」號戰略核潛艇；

……

人們並不難理解普京的軍人情結。那繼承自父親的軍人基因以及他所受的教育，令他從小就是個硬漢，後來KGB的經歷更加深了他的「強軍」意識。

普京曾經許諾：「給我20年，我將還你一個奇蹟般的俄羅斯。」無論這「奇蹟」是什麼，普京都需要有一支強大軍隊作為保障。軍事強國是普京的願望，也是俄羅斯的傳統。

因此，普京從葉爾欽手上接過俄羅斯後，首先把軍事強國提上了議事日程。與之相應的，2000年8月北海艦隊在巴倫支海進行了演習。開始時，普京的眼中燃燒著「俄羅斯重新崛起」的希望之火，但隨著「庫爾斯克」號帶著118條生命在巴倫支海底永遠沉睡，普京眼中的希望之火變成了憤怒的烈焰。他這才意識到，軍隊留給他的是怎樣一個爛攤子。

「我發現了一個好地方。那天晚上我開著車在莫斯科郊外兜風，我並沒有明確的目的地，開到哪兒算哪兒。當我意識過來的時候，我已經在那裡了。我指的就是這個軍事基地，我一點也沒費勁就進去了。它周圍有鐵絲網，但是大多數都損毀嚴重。我以為上面會有鐵蒺藜，但是沒有。」

這是一個名叫「Zhigane」的俄羅斯線民發在個人微博上的資訊，旁邊配發了幾張他在「軍事基地」裡拍的照片。所有人都看到了，普京也看到了。

那的確是軍事禁區，普京握緊了拳頭。

「你們看看吧，看看吧。鐵門上沒有任何標誌，而且這是生鏽的鐵門。我沒有看到鎖，鎖在哪裡？為什麼這裡會有民用公路？那邊顯示的是別墅區嗎？開玩笑嗎？為什麼一個平民能進去？他拍到的是什麼？S-300 PMU2，『驕子』地空導彈架！還有雷達！」

普京看著俄空軍司令澤林．亞歷山大上將，然後說：「查清楚。」他已經無法想像他的士兵已經鬆懈到什麼程度，他實在無法想像。

「大概部隊值勤人員當時正在睡大覺，或者跑去喝小酒了。那些無人看管的導彈系統，任何一個有文化的人都可以發射。」

普京又看了一眼「zhigane」寫的消息，然後把自己陷進了辦公椅。他彷彿已經聽見杜馬議員們發出的怒號了，同時他也想起《莫斯科保衛戰》裡的一句話：「我們已背貼莫斯科，無路可退。」普京覺得，俄羅斯現在的處境就是這樣。

工作人員辦事的效率很高，沒多久普京就得到了調查報告。「zhigane」進入的基地歸俄空軍第五航空航太防禦旅管轄。當天，旅長愛德華．西加洛夫上校、俄空軍航太兵戰役戰略司令部參謀長亞歷山大．沙別金中將和俄空軍地空導彈部隊司令謝爾蓋．波波夫中將，正在基地開會。

「現在呢？基地現在的情況怎麼樣？」普京問澤林。

「已經追究了相關人員的責任，基地正在整改。」

「不夠，這樣做不夠，澤林。」

事情發生以後，俄羅斯的士兵們發現了兩件事。第一件事情是，飛行員的飛行時數由每年平均40小時提高到了120小時，航母編隊和戰略轟炸機也恢復了戰鬥值勤。這意味著俄軍的整體訓練水準要提升。第二件事情是，新上任的國防部長謝爾久科夫是文職。總統先生要提高軍隊的管理效率，讓軍人從行政瑣事中出來，這樣才能有精力做訓練。還有一件事情是士兵們無法直接看到的，那就是普京在軍事領域建立了國家管理體系，立法機關能對軍隊實行監督。

但是令普京頭疼的事情還沒有完全解決。從1994年開始，俄羅斯軍隊再也沒有完成過徵兵任務，俄羅斯民眾中甚至流傳著這樣一句話：聰明人不當兵，傻瓜才進兵營。

為了完成徵兵指標，兵役委員會想盡各種辦法。如果你是適齡青年，但你不願意當兵，你最好不要在徵兵期找工作、投簡歷。因為你的簡歷很可能會莫名其妙地被轉到兵役委員會。或許某一天會有一個聲音迷人的自稱是人力管理專員的女士打電話給你，讓你去面試。別高興太早，當你按照電話指示邁進某座辦公大樓時，你會發現自己被兵役委員會「誘捕」了，等著你的將是軍隊生活。

為了徵到足夠的人，兵役委員會已經顧不得審查他們拉來的人到底素質如何。因此，當普京下令對24.2萬名應徵入伍的人進行全面審查時，結果令他大吃一驚：有犯罪前科和不良生活習慣者佔總數的30％－40％。這不是軍隊，這是流氓武裝。

「請研究一下改變住房建築標準的問題，首先是民居，給軍隊的住房，從遠東開始。我想提醒你們注意，我想讓這件事快點辦好，要和俄羅斯軍官尊嚴相稱，不要讓我們的人繼續住在那些令人噁心的赫魯雪夫樓裡。」普京總統在2007年的一次會議上對軍隊高級將領說。

在這以前，普京把義務兵役期從兩年逐步縮短至一年，同時推行合約兵役制，合約軍只需要進行訓練就行。他還許諾會改善軍人的物質生活條件。普京的辦法讓俄羅斯的徵兵工作恢復到了較高的滿員率。

強硬回擊在看不見的戰場上

一個人在行走江湖的過程中，難免會受到非議，同樣，一個國家在處理自己的內政時，也不免和其他國家發生理念上的爭執。面對西方的詰難，普京以強硬來回應。

戰爭，無論以怎樣的名義發生，都是人民的災難。回顧人類歷史的進程，兩次世界大戰讓那個時代的人們付出了極高的代價，這不禁讓我們對「文明」產生了懷疑：我們在科技等方面的進步是人類的進步還是倒退？但有時候，為了避免更大的災難，不得不借助於戰爭。

車臣戰爭在葉爾欽時代就已經成為俄羅斯的難題。雖是俄國內政，但由於其還涉及民族宗教等問題，必然會在國際上引起不小的爭論。車臣武裝分子騷擾平民百姓、襲擊俄羅斯軍警、製造爆炸事件和綁架劫持的活動頻繁，西方卻把批評的矛頭指向俄羅斯軍隊，認為俄國在車臣是「濫殺無辜、踐踏人權」。

第二次車臣戰爭時，普京的戰略智慧開始大顯神威。隨著俄軍頻頻告捷，西方開始變得越發敏感——強大統一的俄國意味著一定的危險。有的媒體稱車臣境內出現了「人道主義災難」，這種說法正如車臣武裝分子之願：高加索問題得到國際關注，就可以牽制俄軍的行動。

美國國務院發言人魯賓首先出來批評俄的行動違反了1990年《歐洲常規裁軍條約》，「俄羅斯所部署的武器已經遠遠超出了裝甲車和戰鬥武器範疇所限制的數量」。言下之意，是俄不應該鎮壓車臣武裝分子。他指責俄軍違反了日內瓦國際公約，要求俄停止戰爭，與車臣武裝分子對話。普京的耳畔充斥著各種呼籲停戰的喊聲，「侵略」、「人道主義災難」、「和平居民傷亡」、「種族戰爭」等詞彙不斷見諸西方媒體的報端。

同時，世界各地惟恐天下不亂的那些人開始湧入車臣，還有人帶來專業的武器和更成熟的恐怖活動計畫，得到國外聲援的分裂分子一段時間內連連得手，綁架人質，製造假鈔，恐怖爆炸等事情高密度出現。

一邊是國外輿論強壓，一邊是內亂不斷升級。普京的回應就是：採取更有力的行動回擊車臣分裂主義，他們一邊著手戰爭，一邊和西方較量。

西方的抗議當然不僅僅是嘴上的，國際貨幣基金組織總裁康得蘇警告，「假如世界各國不滿車臣戰事而反對俄羅斯的話，國際貨幣基金組織就不能繼續向俄羅斯提供經濟援助」。

儘管面臨著被停止援助的威脅，普京仍是毫不讓步，「我們要什麼？是要微不足道的西方貸款，還是要保住大片領土？」隨後，普京說出了那段經典的話：

「哪裡有匪徒，我們就打到哪兒。如果在廁所裡抓到了匪徒，就直接把他塞進馬桶裡。」一遍遍地在輿論戰場上做出解釋讓普京感到疲憊，「我現在已經厭倦了一遍一遍地向西方輿論解釋我們的車臣政策。」他更加專注於解決問題，而不是在國際會議上逞口舌之快。再說，說那些有什麼用？就算西方理解他們的行動，問題也還是要俄羅斯政府自己來解決。

「只要車臣武裝分子承認並遵守俄羅斯憲法，無條件交出武器和主要匪徒，俄政府可以與他們接觸和談判，但時間最多不得超過三個月，因為拖延時間已經沒有意義了。」誰知道，普京說完不到4天，就發生了「9·11」恐怖襲擊事件，美國也成了國際恐怖主義的受害者。

在莫斯科炸毀大樓的是爭取自由的戰士，而在其他國家搞這種活動則是恐怖分子。這是什麼邏輯？這回美國也嘗到了恐怖主義的苦頭，藉著「9·11」之痛，普京提醒那些曾經支持車臣分裂主義的人明白，那些謀劃炸毀雙子星的人，曾經也在車臣待過，並在那裡演習。現在，還有誰想支持他們，還有誰想和他們談人權、談和平？

美國宣佈車臣武裝分子為恐怖分子，西方媒體也開始譴責車臣的武裝分子在莫斯科製造的恐怖活動。丹麥政府迫於壓力，拘捕了正在哥本哈根出席「世界車臣大會」的札卡耶夫。俄羅斯在處理車臣問題上，逐步邁向自主，普京在看不見的戰場上，又一次贏得了勝利。

大國外交實力的博弈

作為政治家，博弈是他們必備的手腕之一。

其實，所謂的博弈論就是研究對策。現在說的博弈論，以前叫對策論。我們都知道孫臏指導田忌賽馬的故事，孫臏的主意其實就是一種對策，採用孫臏的策略就贏了賽馬，這就是博弈論的功用。

我們可以把博弈看作一種遊戲。在這個遊戲裡，遊戲的主體，可以是個人、團隊或其他組織，他們面對一定的限制條件，要遵守一定的遊戲規則，調動自己的資源，依靠所掌握的資訊，同時或先後，一次或多次，在多種選擇面前，選擇一定的策略並付諸實施，從而取得遊戲的勝利。

普京上臺之後，面臨著嚴峻的考驗——國內經濟蕭條、車臣武裝分子不斷挑釁、恐怖襲擊時時籠罩在俄羅斯的上空；國際上，也需要與其他國家建立良好的合作關係。在這種情形下，普京對內進行了大刀闊斧地改革，對國家政治、經濟體制做出調整，同時加緊鎮壓車臣武裝勢力，打擊恐怖主義，維護國家統一；對外，他在葉爾欽「雙頭鷹」外交的基礎上進行了調整、發展和創新，制定了鞏固獨聯體、平衡東西方的全方位外交政策。在這一外交政策中，東西方宛如俄羅斯外交的兩翼，只有雙翼齊飛，才能自由翱翔在國際舞臺上。

普京的「雙翼外交」是對葉爾欽「雙頭鷹外交」的繼承和發展。蘇聯解體後，俄羅斯曾推行了「一邊倒」的外交政策，全面向西方靠攏，期望能夠以妥協和讓步換來西方世界的接納。但是這一外交政策沒有達到預想的效果，反而讓俄羅斯付出了沉重的代價。儘管冷戰已經結束了，但是西方各國對俄羅斯仍然有戒心，因而俄羅斯不僅沒能融入西方世界，反而喪失了在東方世界的影響，陷入了「孤立無援」的境地。

面對這慘痛的教訓，葉爾欽決定調整外交戰略，推行「雙頭鷹外交」，即東西方同時展開。後來，透過改善和發展和中國等東方國家的關係，俄羅斯逐步擺脫了外交困境。

普京就任總統後，繼承和發展了這一外交政策。因為俄羅斯橫跨歐亞大陸，必須建立良好的周邊環境，才有利於俄羅斯的復興。特別是面對北約的繼續東擴和美國國家導彈防禦系統的發展，面對全方位的擠壓，俄羅斯必須從軍事安全的深遠戰略考慮，積極發展和西歐的合作，同時抓緊和東方發展關係，以圖建立穩定的戰略大後方，並努力推動經濟合作，開發潛力巨大的市場。

除了制定整體的外交政策，對美國的外交也是一個對普京的考驗。一直以來，俄美就是一對「冤家」。俄美雙方為了爭取在國際事務中更大的話語權，一直在角力。回顧俄美之間的關係可以看出，在兩國關係的發展上，走出了一條對抗—蜜月—摩擦的軌跡。

普京上臺後，一直把俄美關係放在一個重要的位置。普京時代的俄美關係既有發展與合作的機遇，又有停滯和對抗的挑戰，但總的來說是向著對話與合作的方向發展。

第一，俄羅斯立國之初就決定要吸收西方的價值觀念，效仿西方的社會制度和發展模式，而美國作為西方世界的領頭羊，是西方思想的集大成者，必然有許多可取之處。

第二，俄羅斯已經負債累累，普京上臺前的十多年，俄羅斯欠下了西方國家千億美元的巨額債務，其所進行的經濟改革，需要美國等西方國家的財政援助和技術指導。

第三，俄羅斯急需回歸歐洲並躋身西方強國集團，重塑大國形象，這需要美國的支援和配合。

第四，目前俄羅斯根本無力在東歐和蘇聯地區組織軍事集團與美國和整個西方世界相抗衡。

第五，俄羅斯在軍事方面已遠遠落後於美國，無論是兵員人數、軍事技術裝備、戰備訓練水準等方面，都無法與美國及西方國家的軍隊相抗衡。

基於以上幾方面的原因，與美國保持合作關係是普京不得不考慮的一種策略。因此，「9．11」事件之後，普京大幅度地調整了對美國的政策：積極配合美國的反恐行動；在戰略穩定問題上表現出靈活態度；加大地緣戰略方面的退卻等。

2003年9月下旬，普京趕赴布希總統的大衛營度假地，與其進行會晤。這次會晤，兩人在反恐問題上達成一致看法，認為在反恐戰爭中，俄美甚至已不僅僅是戰略夥伴，而是真正的盟友。布希首次明確承認，俄羅斯打擊車臣極端勢力的行動也是世界反恐戰爭的一部分。普京也投桃報李，在伊拉克重建問題上明顯緩和了態度。

儘管俄美關係近年來也曾出現過摩擦，但總體來說是趨於緩和的，這完全是兩國政治利益所驅動的，同時也是雙方在權力交接過程中的正常選擇。

領土問題有本事來搶

在領土問題上，沒有任何可以多談的，主權和領土完整不僅代表著國家尊嚴，也標榜著一個國家的底線長短。面對領土紛爭，普京毫不退讓，表現得甚至咄咄逼人。

每年從10月底開始，鄂霍次克海域便開始封凍，一直到第二年的6月，這裡都是一片冰雪的世界。海失去了波濤，浪花不再翻滾，只有成群的浮冰如集會般從這裡經過。6月以後，海水漸漸從冰封中掙脫，帶著來自亞洲大陸的淡水由東北開始南下，與來自東南部千島群島的海峽之水相交，又迎接來自白令海的海水，形成千島寒流，繼續向東。

千島群島海域附近是一片「霧海」，尤其是春秋季節，海霧蒸騰，島嶼在霧中隱現，如仙境縹緲。儘管這裡長年大霧瀰漫，不利航行，但是日本的漁民大多願意來這裡捕魚。因為正是在這裡，南下的千島寒流與沿著日本島東側長驅而上的日本暖流相交匯，帶來了終年不散的霧氣，也帶來了豐富的魚類資源。這裡是西北太平洋漁區的核心區域，因此每年的捕魚季節裡，可以見到千島群島附近千帆競過。

在群島南部有4個島嶼，分別為擇捉、國後、齒舞與色丹。它們正處於寒暖流交匯處，魚類資源尤其豐富；它們扼守俄羅斯人向東進入太平洋的黃金水道，擁有令人羨慕的天然良港，且受暖流影響，海港終年不凍，可長年停泊大型輪船。

南千島群島是自然的寵兒，漁民在這裡通常能滿載而歸，但在日俄兩國的政治家眼中，與這裡有關的事情鮮有一帆風順的時候。

從1855年日俄簽署《日俄和親通好條約》開始，直到1905年《日俄停戰協約》中的規定，日本一直都是南千島群島（日方稱北方四島）的所有者，這一局面直到第二次世界大戰後才有所變化。

1945年2月雅爾達會議上，英、美、蘇三巨頭簽訂了《雅爾達協定》。蘇聯在那次會議上得到了南庫頁島以及千島群島的全部主權。8月，第二次世界大戰結束，根據同盟國對日本領土的安排，南千島群島不再屬於日本，由蘇聯佔領。

1951年，日本與美國簽署《日美安全保障條約》。其中第二章「領土」第二條丙款中規定：「日本放棄對千島群島及由於1905年9月5日《樸資茅斯條約》所獲得主權之庫頁島一部分及其附近島嶼之一切權利與請求權。」

有意思的是，這款條約中並沒有明確規定千島群島的範圍，當時的蘇聯並沒有簽署這份條約，與日媾和。

事情在1955年出現了轉機。當年6月1日，蘇日雙方在倫敦舉行了「關係正常化談判」。松本俊一朗是這次談判的日方代表，他坐在蘇方代表馬立克對面，正襟危坐。松本一開始就在南千島群島的問題上表現了強烈的意願：「我們強烈要求蘇方歸還庫頁島和南千島群島。」松本幾乎是一字一頓地說。

馬立克的回應倒是簡單，他說：「我們還沒有建交，『歸還』二字從何談起呢？」他兩手一攤搖了搖頭，對於松本的一本正經顯得毫不在意。

松本吸了一口氣，馬立克把手放到胸前，兩人對視了片刻。很顯然，馬立克主導了談話的方向，因為此後雙方在「先建交再談領土」這一原則上纏鬥起來。

6月7日，松本顯然意識到問題所在，於是打定主意把話題引回「北方四島」上來。他捧出了厚厚一摞歷史檔案，說：「先生，我必須請您注意，無論從哪一方面看千島群島都是日本的領土。根據我國的史料記載，日本最初的居民愛奴人就是北方四島的最初居民。請看……」松本在桌上攤開了一張地圖。馬立克一看，那是1644年的日本地圖，上面明顯包含松本口中的「北方四島」。

馬立克看完後，把地圖重新疊好，並交還給日方代表。松本的眼中透出精明的神色，他看起來比昨天更加胸有成竹，厚厚的歷史檔案彷彿給了他無限的勇氣與信心。

不過馬立克也是有備而來，「松本先生，我很佩服您對南千島群島的堅持。不過我也想提醒您注意，蘇聯對那片地區擁有無可爭議的主權。」馬立克將重音放在了「無可爭議」上，他不是沒有證據，蘇聯社會主義學院對這一問題進行了大量研究。

馬立克說：「松本先生，1691年這些島嶼叫『庫里爾群島』，給它們命名的是一位俄國探險家。在他以後有數名俄國探險家陸續來到那裡並登陸。作為掌握大量歷史資料並對歷史有深刻瞭解的您，松本先生，我相信您手中一定也有一份史料，上面一定記載著1779年沙俄政府就已經正式把千島群島中所有沒有明確領土歸屬的島嶼，全部劃歸沙俄政府了。」

就這樣，雙方僵持不下。松本知道自己將有很長一段路要走，馬立克不是個好對付的人。首相鳩山一郎在日本國內受到的壓力太大，他必須在任期內把北方四島的問題解決。因此，松本已經做好了打持久戰的準備。

這已經是談判進行的第二個月了。松本仍然保持著一貫的姿態與態度坐在談判桌前，他不能讓對手看出他有任何鬆懈或動搖的跡象，事實上他也沒有動搖。就在松本準備再次與馬立克的強硬態度相碰時，他卻聽到了對方鬆動的聲音：「松本先生，我們不如在齒舞和色丹上交換一下意見吧。」

除了驚訝之外，松本沒有其他感覺。但他並沒有在臉上表現出來，他說：「我想敝國的首相會希望聽到我對談判進程的彙報，請允許我請示國內。」很快，倫敦的談判桌上傳來了日本內閣的意見：「除非北方四島一併歸還，否則不可接受。」

這一結果不論是對松本還是對馬立克而言都不算意外，因為齒舞和色丹僅佔爭議領土面積的6％。這6％的意義對於日本而言或許並不足以動搖他們在千島群島問題上的態度，但對於當時的蘇聯不同，這也正是馬立克會突然改變態度的原因之一。

在這次談判前，馬立克接到了蘇聯領導人赫魯雪夫的指示：不用再堅持對齒舞和色丹的主權，因為這兩個小島相對於其他兩個而言距離日本北海道比較近。赫魯雪夫經過考慮後認為，如果將它們歸入蘇聯領土，其弊端或許會比好處要多。但是擇捉與國後萬萬不能放棄，得到這兩個島雖然在經濟上並不會給蘇聯帶來多大好處，但放棄這兩個島將會給蘇聯帶來沉重的預算負擔。不過，經濟上的因素並不是赫魯雪夫做出選擇的決定性因素，在他看來，國家威信以及國家戰略部署才是他要考慮的根本問題。

日本見事情有轉圜的餘地，便想發一發力。1956年10月，日本首相鳩山一郎親自率團來到了蘇聯。但是健康狀況不佳的首相剛踏上蘇聯的領土便立刻病倒了，於是，他把談判的任務交給了農林大臣河野一郎。河野的表現積極而主動，他說：「如果這次無法達成協議，那麼日蘇關係的正常化就要延遲好幾年。」

但是他的直率沒有打動赫魯雪夫，這位蘇聯領導人對擇捉和國後二島的立場堅定無比。不僅如此，在交出齒舞和色丹二島上赫魯雪夫還附加了條件，他說，蘇聯同意歸還齒舞和色丹，但是必須在美國將沖繩和其他歷來就是日本的領土歸還給日本後。除此以外，在《蘇日和平條約》之後蘇聯才能正式兌現承諾。

「是的。」赫魯雪夫看著河野漲紅的臉說，「為什麼你們允許美國佔領並控制日本的領土，允許他們在日本建造反對蘇聯的軍事基地，卻要求我們把本屬於我們的領土交出來呢？」

雖然在領土問題上雙方並沒有達成統一，但蘇聯與日本恢復邦交正常化的意向是統一的。於是經過一番妥協，1956年，蘇聯和日本簽署了《日蘇共同宣言》。這一宣言的簽署，標誌著兩國在二戰後由敵對狀態走向了邦交正常化。這一宣言是兩國在南千島群島問題上最有成效的一次溝通，但是，「走得近」與「達成共識」之間隔著巨大的鴻溝。

糟糕的事情發生了，日本在1960年與美國簽訂了《日美共同合作和安全條約》。於是，蘇聯決定再也不會在這一問題上與日本糾纏下去。當時的蘇聯外長葛羅米柯對日本大使說：「鑑於日本已經喪失了獨立性，那麼蘇聯已經不可能再向日本交還齒舞和色丹。」葛羅米柯的態度堅定無比，他握著拳頭說：「蘇聯和日本之間根本不存在所謂的領土問題。」

蘇聯與日本的關係發展走進了死胡同。

當這一切發生的時候，普京還只是個靦腆的、剛剛上小學的孩子，南千島群島在他的印象裡或許只是報紙上一個陌生的地理名詞而已。我們不知道當年的普京對於這個問題的看法，但是我們知道，現在的普京對於南千島群島問題的態度與他的前輩們一樣：南千島群島的主權沒有任何疑問。

日本當然不會因為俄羅斯總統的一句話就放棄北方四島，他們為了讓俄羅斯歸還領土絞盡了腦汁。

還有什麼比經濟威脅更有力的呢？2004年，日本官方曾表示，如果俄羅斯不歸還北方四島，日本就不會與俄羅斯簽署和平條約，也不會向俄羅斯提供大規模經濟援助。對此，普京的回答幾乎掐滅了日本人的希望：「如果和平條約不簽署，那麼就不可能解決任何領土問題。俄羅斯什麼也不準備討論，領土問題沒有談判，只有戰爭。」於是人們發現，2005年7月的一天，南千島群島上空飛過一架飛機，上面坐著俄羅斯國防部長伊萬諾夫，他來這裡視察。很明顯，普京不會在領土問題上做出任何讓步。

當時俄羅斯國內甚至有人提出，為了解決經濟問題可以將南千島群島出售。聽到這一言論的普京大為惱火，但他只說了一句話：「俄羅斯國土雖大，卻沒有一寸是多餘的。」

似乎是對這樣的言論做出回應，普京在2005年10月召開了政府會議，討論對南千島群島進行開發的計畫。最後，克里姆林宮的主人決定：用5億多美元，花10年時間來開發這4個島嶼。

2006年8月，日本一艘捕魚船進入了兩國爭議的海域，俄羅斯邊防巡警在追趕中開槍示警，一名日本船員中槍身亡。針對這一事件，俄羅斯發表聲明，對日本漁民在俄羅斯水域所遭受的不幸表示遺憾，但同時，克里姆林宮認為這一事件完全是日方的錯誤。日本領導人不應該允許自己的國民偷偷進入俄羅斯的海域。因此，這艘漁船的船長被俄羅斯薩哈林州南千島群島區法院判了偷捕罪和非法穿越俄羅斯國境罪，並被處以約25萬盧布的罰金，用以彌補他對俄羅斯國家生態資源造成的損失。

這起事件後，俄羅斯加強了對該片海域的監控，盯緊了南千島群島海面上經過的每一艘船。

2008年八國集團峰會在日本北海道舉行，日本又看到了解決問題的好時機。他們打算在八國集團峰會上討論俄日北方領土問題。但是很明顯，普京對於在八國峰會上談這個問題並沒有興趣。因為俄羅斯外交部的網站上發表了一個聲明，上面寫著：「將解決俄日劃界問題『捆綁』到像八國集團峰會這樣的活動中極為不合適。眾所周知，八國峰會上討論的完全是另一種規格的問題。」

面對強勢的俄羅斯，日本政府一再表示「遺憾」，卻無可奈何。日本人甚至說：「我們不可能在這個強硬的男人身上得到任何東西。」

附錄一：普京歷年精彩演講

2014年就克里米亞獨立並加入俄羅斯演講

時間：2014年3月18日

地點：克里姆林宮

午安，尊敬的聯邦委員會成員們，杜馬議員們：

午安，克里米亞共和國和塞瓦斯托波爾的代表們：

是的，他們在這裡，和我們的俄羅斯公民們在一起。（掌聲）

尊敬的朋友們，我們今天聚在這裡，為的是解決一個性命攸關的問題，一個對我們來說有歷史意義的問題。3月16日，在克里米亞舉行了全民公決，此次公決完全符合民主程序和國際法規則。

參與公決的有82%的居民，其中超過96%的選民支持克里米亞併入俄羅斯，這個數字非常具有說服力。

要想知道為什麼要進行公決，只需要瞭解一下克里米亞的歷史，要知道從過去到現在，克里米亞對俄羅斯意味著什麼，俄羅斯對克里米亞又意味著什麼。

克里米亞滲透著我們共同的歷史與驕傲。這裡坐落著古老的古希臘城市克森尼索，正是在這裡弗拉基米爾大公接受了洗禮，使得俄羅斯成為一個東正教國家。它的這一精神遺產奠定了俄羅斯、烏克蘭和白俄羅斯的共同文化、價值觀與文明基礎，注定使得我們三國的人民結合在一起。在克里米亞有俄羅斯士兵的墓地，憑藉這些士兵的英勇作戰，俄羅斯在1783年將克里米亞收入自己的領土。這裡有塞瓦斯托波爾，傳說之城，偉大的命運之城，堡壘之城，是俄羅斯黑海艦隊的故鄉。在克里米亞有巴拉克拉瓦和刻赤，馬拉霍夫古墓和薩布恩山。這裡的每一個地方對我們來說都是神聖的，是俄羅斯軍隊榮耀與勇氣的象徵。

克里米亞是獨一無二的多民族文化混合體。在這一點上，克里米亞與大俄羅斯非常相似，在幾個世紀中，這裡沒有一個民族徹底消失。俄羅斯人和烏克蘭人，克里米亞韃靼人與其他民族的代表在克里米亞的土地上生活、工作，都保持了自己的風格、傳統、語言和信仰。

順便說一下，在克里米亞半島今天的220萬居民中，有近150萬的俄羅斯人，35萬以俄語為母語的烏克蘭人，還有29至30萬克里米亞韃靼人，公投已經表明，這些人中相當一部分期望加入俄羅斯。

是的，曾經有過一段時間，克里米亞韃靼人受到了非常殘酷地對待，就像蘇聯的其他民族一樣。我只說一點：當時受到鎮壓的有成百萬的不同民族的人，當然其中也有俄羅斯人。克里米亞韃靼人已經回到了自己的土地。我認為，應當採取一切必要的政治與法律手段來恢復克里米亞韃靼人的權利與英名。

我們將會滿懷尊敬地對待居住在克里米亞的少數民族。這是他們共同的家園，他們的小小祖國。我知道克里米亞人會支持這一點：在克里米亞將有三個地位平等的官方語言——俄語、烏克蘭語和克里米亞韃靼語。

在克里米亞人民的心裡，在他們的記憶裡，他們曾經是，也始終是俄羅斯不可分割的一部分。這份信念建立在真理與公平的基礎上，它無可動搖、代代相傳，在它面前，任何時間與環境變遷都是無力的。我們在二十世紀一起經受了許多動盪與變革，但這些變化也無力改變這份信念。

（十月）革命後，（蘇聯）共產黨將俄羅斯南部一大塊劃入烏克蘭版圖，上帝會論斷此事——這是無視當地人口構成所做出的舉動，今天，這塊土地成為了烏克蘭的東南部分。1954年，根據將克里米亞劃入烏克蘭的決定，塞瓦斯托波爾也同時被移交給烏克蘭，儘管當時塞瓦斯托波爾還是從屬於俄羅斯的。提出這一決定的是蘇聯共產黨總書記赫魯雪夫。是什麼推動了他做出這一決定？是為了在烏克蘭贏得自己的聲譽？還是為了自己30年代在烏克蘭組織大規模鎮壓的舉動贖罪？這一點讓歷史學家來研究吧。

對我們來說還有一點很重要：這個決定（把克里米亞交給烏克蘭）明顯有違憲法，即使在當時也是如此，這是私相授受。自然，在極權國家裡，克里米亞和塞瓦斯托波爾的居民無處申辯，擺在他們面前的只有既成的事實。當時在百姓中也產生了疑問：克里米亞怎麼突然歸烏克蘭了？當然，當時從宏觀角度來看，這個決定也只是表面文章，要知道這都發生在一個巨大的國家之內。只是當時完全不能想像，烏克蘭和俄羅斯會有一天成為兩個不同的國家。然而，這件事還是發生了。

令人惋惜啊！那些看似不可能的事情成為了現實。蘇聯解體了。這件事發生得如此之突然，很少有人明白這過程與結果是多麼戲劇性。許多俄羅斯人、烏克蘭人和其他共和國的人民期待新的聯合，期待獨聯體會成為新形式的國家共同體，畢竟獨聯體承諾使用統一貨幣、統一的經濟空間和共同的武裝力量。可是這一切都只是（空頭）承諾罷了，我們並沒有看到一個新的龐大聯盟。這樣，克里米亞就突然成為另一個國家的國土了，俄羅斯這才意識到，克里米亞不僅僅是被偷走了，而且是被搶走了。

必須面對這樣的事實：俄羅斯自己促成了蘇聯的解體，卻丟下了克里米亞和黑海艦隊的基地——塞瓦斯托波爾。成千上百萬的俄羅斯人在一個國家上床睡覺，醒來時卻已身在俄羅斯之外了。俄羅斯人一瞬間就在過去的共和國裡成為了少數民族。俄羅斯民族成為了世界上最分裂的民族。

今天，許多年過去了，我聽說，在1991年時，克里米亞人像一袋馬鈴薯一樣被踢來踢去。對這個說法，我認為很難有更貼切的比喻。作為國家的俄羅斯是什麼？是那時的俄國嗎？俄羅斯低下了頭逆來順受，將委屈吞了下去。我們國家當時處在一個沉重的狀態，完全不能保護自己的利益。但是，人們卻不能忍受如此明目張膽的歷史不公正。這些年，許多俄羅斯公民和社會活動家不止一次地提出了這個議題，他們說，克里米亞自古以來就是俄羅斯的土地，而塞瓦斯托波爾是俄羅斯的城市。

是的，這些我們都明白，我們的心和靈魂都感受到了。我國和烏克蘭之間的關係、俄烏人民的手足之情曾經是，現在是，將來也是我們最重要和最關鍵的關係，毫不誇張。（

不過，今天我們要打開天窗說亮話了，我想和你們分享21世紀初的那些談判的細節。當時的烏克蘭總統庫奇馬請我加快俄羅斯與烏克蘭之間的劃界進程。直到現在，這一進程基本沒有推進。俄羅斯模糊地承認克里米亞是烏克蘭的一部分，但是這一談判根本沒有進行。瞭解了這一進程的停滯後，我下令啟動劃界的工作，我們實際上從法律角度已經承認了克里米亞是烏克蘭領土，同時也最終終止了這一問題的討論。

我們不僅在克里米亞問題上迎合了烏克蘭，在亞速海和刻赤海峽的劃界上也是。我們為什麼會這麼做？因為俄羅斯和烏克蘭的關係對我們是最重要的，它不能因為領土問題而陷入僵局。我們當然期望烏克蘭會是我們的好鄰居，希望俄羅斯人和烏克蘭使用俄語的人能生活在和睦、民主、文明的國家之中，期望他們的合法利益可以在符合國際法的基礎上得到保障。

但是局勢開始往另一個方向發展了。一次又一次，俄羅斯歷史遺跡被毀壞，甚至俄語也不時地遭受被強迫同化的厄運。當然，俄羅斯人和烏克蘭人都被這20年間連續不斷的政治和國家危機所折磨。

我理解烏克蘭人民想要變革的訴求。多年來當權者帶來的所謂「獨立」已經讓人們厭煩了。總統換了，總理換了，議員換了，但對國家和人民的態度還是沒有變。他們「榨乾」了烏克蘭，為了權力和金錢而互相內鬥。當權者不關心人民的生活，不關心烏克蘭人為什麼要為了生計而背井離鄉。我要強調，這些烏克蘭人不是為了發展而移居到什麼矽谷之類的地方，而是為了生計而外出打零工。去年僅在俄羅斯就有300萬烏克蘭人工作。有些資料表明，在俄烏克蘭人的工資在2013年達到了200億美元，這幾乎是烏克蘭GDP的12%。

我再重申一次，我很理解那些喊著和平的口號，上獨立廣場示威，抗議腐敗、執政無能和貧困的人。人們有權和平抗議，也可以透過民主程序或選舉來更替自己不滿的政權。可是，在烏克蘭近期事件的背後站著另外一些人，他們有著不同的目標：他們籌備又一次政變，他們計畫奪取政權，不達目的誓不甘休。伴隨這一進程而來的是恐怖、殺戮和種族迫害。政變的主要執行者是民族主義者、新納粹分子、恐俄者和反猶分子。

這個所謂「政權」，上臺第一件事就是提出聲名狼藉的法令修改語言政策，這直接箝制了少數民族的權利。這些「政治家」們在西方的贊助人和保護人馬上出面，讓議題的發起人收手。公允地說，這些背後的大老還算是聰明人，他們明白這種建設「純淨」烏克蘭族國家的舉動會導致什麼。於是法案被擱置了，擱置到一旁，不過顯然還是留作備胎的。關於這條議案存在的事實，西方媒體倒是一聲不吭，估計是指望人們能快點忘記。但是所有人心裡都很清楚，這些二戰時希特勒的幫兇——斯捷潘．班傑拉（烏克蘭民族主義者，二戰時納粹支持的傀儡政客，波蘭大屠殺的主犯之一）分子的繼承人在將來會想要做什麼。

還有一個事實很清楚，到現在烏克蘭也沒有一個合法的政權，沒人能與之進行談判。很多國家機關被篡權者霸佔著，這些人對烏克蘭發生的任何事情都放任不管，而他們自己——我想強調這一點——他們自己還處在極端分子的挾持之中。現在，甚至要求現任政府的官員出來見面，都要得到廣場上那些鬥士們的允許。這不是玩笑話，這是當下的現實。

那些抵制政變的人很快受到鎮壓和懲罰的威脅，首當其衝的就是克里米亞。因此，克里米亞和塞瓦斯托波爾的居民向俄羅斯求助，希望俄羅斯能保護他們的利益和人身安全。他們希望俄羅斯不要對烏克蘭已經發生的事情坐視不管。在基輔、頓涅茨克、哈爾科夫和其他烏克蘭城市，這些事仍然在上演。

我們當然不能忽視這樣的請求，我們不能讓克里米亞的居民生活在水深火熱之中，否則就會成為一種背叛。

首先我們要保衛人民和平自由地表達意願的權利，讓克里米亞人民自古以來頭一回決定自己的命運。然而，我們從西歐和美國聽到了什麼樣的回應？他們說，我們違反了國際法。我想說，首先，他們自己想起了還有國際法這麼一個東西。這很好，應該為此而謝謝他們，晚知道總比不知道好。

其次，最重要的是：我們違反了什麼？是的，俄羅斯總統從上議院手中獲得了向烏克蘭動武的權力。但是嚴格來說，這權力到現在還沒有被使用過。俄羅斯的武裝力量沒有進入克里米亞，當地的俄羅斯駐軍完全符合此前的國際協議。是的，我們加強了當地的俄羅斯武裝力量，但是——我要強調這一點，我要讓所有人都聽見——我們甚至都沒有超過駐克里米亞俄軍的人數上限，2萬5千人，這只是以備不時之需。

我們接著說獨立公決的事情。

宣佈獨立，安排全民公決，克里米亞議會的這些舉動完全符合聯合國有關民族自決的章程。順帶一提，烏克蘭自己在脫離蘇聯的時候也走了同樣的流程，經歷了完全一樣的步驟。烏克蘭有這樣的權利，而克里米亞人這樣做卻不被接受，什麼道理？

除此之外，克里米亞政府還有科索沃這一先例，這一先例是我們西方的夥伴自己親手製造的，和克里米亞現在的情況完全一樣。他們承認科索沃從塞爾維亞獨立出來是合法的，並向所有人證明，科索沃獨立不需要得到任何中央政府的允許。聯合國國際法庭根據聯合國章程第一款第二條條例同意了科索沃獨立，還在2010年7月22日說了如下這番話，我來逐字逐句地引用：「普適的國際法不會包含禁止獨立的禁令。」還有：「聯合國安理會不會（對科索沃獨立）採取措施，不會禁止單方面的獨立聲明。」這些都已經說得非常清楚了。

我還能找到一個官方文件的引用，這次是美國2009年4月17日簽署的備忘錄，正與國際法庭審理科索沃事件有關。我再來引用一下：「獨立宣言或許經常違反母國的法律，但這並不意味著它違反了國際法。」引用完畢。

他們自己白紙黑字寫的東西，推廣到全世界，強迫所有人接受，現在倒義憤填膺起來了。憑什麼？要知道克里米亞人的行動完全符合這些規定。為什麼阿爾巴尼亞人（我們很尊敬他們）在科索沃能這麼做，為什麼我們俄羅斯人、烏克蘭人和克里米亞韃靼人就不能做？為什麼？

同樣也是美國和歐洲告訴我們，科索沃又是個特殊情況。那麼在我們的同行們看來，科索沃的特殊性體現在哪裡呢？哦，原來體現在衝突過程中有大量人員死傷。這算什麼，司法證據嗎？在國際法庭的仲裁中這根本不算什麼。用雙重標準都沒法形容這種說法。這是驚人的、原始的、赤裸裸的恬不知恥。西方不能為自己的利益就把一切事情都那麼粗暴地拼湊起來，同一件事情你今天說它是白的，明天說它是黑的。你們拿傷亡作為獨立的理由，是不是西方國家希望任何矛盾都導致人員傷亡？然後才有資格獲得解決？

我直說吧：假如克里米亞自衛軍沒有及時控制局勢，那裡也會出現人員傷亡。老天幫忙，這種事情沒有發生！在克里米亞沒有發生一起武裝衝突，也沒有人員傷亡。聽眾們可以想一想，這是為什麼？答案很簡單：因為要對抗人民和人民的意志是很困難的，或者根本就是不可能的。在這一點上我想要感謝烏克蘭的軍人，他們為數不少，一共有2萬2千全副武裝的士兵。我想感謝你們沒有用流血解決問題，沒有用血沾污了自己。

在這件事上當然也有不同的聲音。有人說什麼俄羅斯是在干涉、侵略克里米亞。聽起來怪怪的。你聽說過歷史上有過不放槍、不死人的軍事干涉嗎？

尊敬的同事們！

烏克蘭局勢就像一面鏡子，折射出近幾十年來發生在世界上的種種事件。自從兩極體系不存在後，地球上的太平日子就一去不復返了。遺憾的是，關鍵性國際機構的地位不僅沒有得到鞏固，反而在不斷退化。在實際政治運作中，以美利堅合眾國為首的西方國家們並不喜歡國際法來，他們傾向於推行強權主義。

他們堅信自己是上帝的選民，是唯一的例外，他們堅信世界的命運要由他們來決定，堅信只有自己是永遠正確的。他們在這個世界上為所欲為：一會兒對這個、一會兒對那個主權國家動武，以「要麼與美國站在一起，要麼成為美國的敵人」（出自布希為紀念發動伊拉克戰爭一周年而發表的第二次講話）為原則建構同盟。為了給自己的侵略加上合法性的幌子，他們從國際組織中挑選需要的決議，要是找不到，那就管它聯合國（大會）還是安理會，一概忽略。

在南斯拉夫他們就是這麼幹的，1999年，我們都記得很清楚。我當時很難相信自己的眼睛，在20世紀末，在一個歐洲國家的首都上空，持續幾週呼嘯著導彈和炸彈，隨後便是如假包換的軍事干涉。喂，難道安理會通過的相關決議允許這麼做嗎？一點都沒有！然後是阿富汗，接下來是伊拉克，在利比亞問題上，聯合國安理會的決議也被公然撕毀，說好的是開闢禁飛區，結果公然開始轟炸了。

還有一連串的「顏色革命」。我理解，這些國家的人民受夠了暴政、貧困和沒有前景的日了，但是他們的情感被人無恥地利用了。這些國家被強加了一些既不適應生活習慣、也不符合傳統和民族文化的政治標準。最後帶來的不是民主和自由，而是混亂、暴力和接二連三的政變。「阿拉伯之春」已經變成了「阿拉伯之冬」。

類似的劇情也在烏克蘭發生了。2004年，為了把需要的候選人送上總統寶座，硬是搞出了個法律框架外的什麼第三輪選舉。這種荒謬絕倫的事情純粹就是在嘲笑憲法。而現在呢，乾脆赤膊上陣，訓練充分、裝備精良的武裝分子被拉出來解決問題。

我們明白現在所發生的一切，我們明白，這些行為的目標是指向烏克蘭和俄羅斯的，指向歐亞的融合。儘管如此，俄羅斯還是真心希望能與西方的盟友展開對話。我們一直希望能就重要議題與西方國家展開合作，希望能加強彼此之間的信任，希望我們之間的關係是平等、開放且誠實的。但我們沒看到你們為此所做的任何努力。

相反！我們一次又一次地被欺騙，別人在我們背後替我們做決定，留給我們的都是既成事實。這在北約東擴時發生過，在他們把軍事設施放在我們邊境邊上時也發生過。西方一直向我們保證：「喏，這跟你們沒有關係。」沒有關係？說得好輕巧！

美國反導系統也是這樣推進的。儘管我們對此十分憂心，那些（裝有反導系統）的卡車還是往前開。俄羅斯獲得公平競爭與自由市場的許諾，然而在簽證事宜的談判上，西方卻一拖再拖，還是這樣。

有人威脅要制裁我們！可就算不制裁，我們也已經生活在層層限制之下了，這些限制對我們的人民、經濟與國家來說非常致命。比方說，從美蘇冷戰時開始，發達國家就拒絕向俄羅斯輸入先進技術與設備，還列了一個所謂的禁運名單（巴黎統籌委員會）。今天，這些限制看起來是解除了，但實際上依然存在。

總而言之，我們有理由認為，無論在十八世紀、十九世紀還是在二十世紀，對俄羅斯的高壓政治都聲名狼藉，到現在依然聲名狼藉。就因為我們有自己的立場！因為我們用自己的觀點來看待問題！因為我們不虛偽！所以我們總是被邊緣化。但是凡事都有個極限。在烏克蘭事件上我們的西方夥伴們玩過火了，表現得十分粗俗、不負責任，且很不專業。

他們很清楚，無論是在烏克蘭還是在克里米亞都住著上百萬的俄羅斯人。這些人是多麼地沒有政治預見和分寸感？才會如此不顧後果的行動啊！俄羅斯現在退到了無路可退的邊緣，就像一根彈簧被壓到底，它是會猛烈地彈起來的。要永遠記住這一點。

今天，我們必須阻止那些歇斯底里的叫囂，要對冷戰的宣揚者們說不。（你們）必須要承認：俄羅斯是國際事件中自主且積極的參與者。俄羅斯和其他國家一樣，有自己的國家利益，需要得到理解和尊重。

我們感謝理解我們在克里米亞行動的人們，我們感激中國，中國領導人從歷史和政治角度全面地考慮了克里米亞局勢；我們高度評價印度的冷靜與客觀。

今天我還想問美國人民，問這些為獨立宣言而自豪的人，問這些認為自由高於一切的人：克里米亞人民自由選擇自己的命運，難道不正是體現了這高於一切的價值嗎？理解理解我們吧。

我相信歐洲人會理解我們的，尤其是德國人。在東德與西德合併的政治協商中，並非德國的（西方）盟國都支持這一合併。而我們則相反，蘇聯完全贊成德國人的歷史性統一。我相信德國人沒有忘記這一點，希望德國公民們也能支持俄羅斯的恢復民族統一的努力。

我也在這裡對烏克蘭人民說，我真心希望你們能理解我們：我們無論如何都不想傷害你們，不願傷害你們的民族感情。我們始終尊重烏克蘭的領土完整，我們和那些為了自己的野心而犧牲烏克蘭統一的人不一樣。他們舉著「烏克蘭至上」的標語口號，但正是他們在不惜一切地分裂這個國家。今日亂象的罪魁禍首正是他們。

親愛的烏克蘭朋友們，希望你們能聽我說。不要相信那些用俄羅斯來嚇唬你們的人，他們宣稱，在克里米亞之後還會有其他地區會被俄羅斯割佔。我們不想看到烏克蘭的分裂，我們不需要。至於克里米亞，它始終是俄羅斯人的，是烏克蘭人的，是克里米亞韃靼人的。

我再重複一遍，在過去的幾個世紀克里米亞是所有生活其上的人的故鄉，它在今後也將如此。但它永遠不會是班傑拉分子們的！

克里米亞是我們共同的財富，是地區穩定的重要因素。這片戰略要地應當處於強大而穩定的主權之下，而在今天，這一主權國家只能是俄羅斯。否則……我親愛的朋友們，我不僅要對烏克蘭人說，還要對俄羅斯人說，我們和你們，俄羅斯人和烏克蘭人，我們都將會很快失去克里米亞。請考慮一下我所說的這些話吧。

我再提醒一下，在基輔已經有人揚言加速烏克蘭加入北約的進程了。這對克里米亞和塞瓦斯托波爾意味著什麼？這意味著在俄羅斯的軍事榮耀之城將會出現北約的艦隊，而這將會威脅俄羅斯南部，這不是什麼稍縱即逝的騷擾，而是切切實實的威脅。如果沒有克里米亞人的這一選擇，這一切都很可能會發生。為此我要感謝克里米亞人民。

順便說一下，我們不反對與北約合作，完全不反對。我們反對的是在存在軍事集團對抗的情況下，北約關起門來自己發展軍事組織，我們反對軍事組織霸佔我們家門口甚至駐紮在我們的歷史領土上。我完全不能想像我們到克里米亞的北約艦隊去作客。最好讓他們到我的克里米亞來作客，而不是我們去他們那兒。

坦率地說，我們為現在烏克蘭所發生的一切心痛，烏克蘭人民在受苦，他們不知道今天該如何生活，明天又會怎麼樣。我們的這份擔心很容易理解，要知道我們是近鄰，我們實際上是一個民族。基輔是俄羅斯城市的母親，基輔羅斯是我們共同的源頭，我們無論如何都不能缺了對方。

再說一點，在烏克蘭生活著，也將繼續生活著千百萬的俄羅斯人，說俄語的人，而俄羅斯將始終用政治、外交和法律手段來保護這些人的利益。當然，首先奉勸烏克蘭自己要關心百姓的權益。這是烏克蘭國家和領土主權完整的保證。

我們希望能和烏克蘭保持友誼，希望烏克蘭是強大且自給自足的主權國家。對我們來說，烏克蘭是首要盟友之一，我們有許多共同的項目，無論在何種情況下我都相信這些項目會取得成功。最重要的是，我們希望烏克蘭一片和睦，俄羅斯願意和其他國家一起提供一切可能的援助與支持。但是，我再重申，這只有在烏克蘭人民自己能夠維護社會秩序的情況下才能實現。

尊敬的克里米亞和塞瓦斯托波爾居民！

過去幾天，整個俄羅斯都為你們的英勇和尊嚴所嘆服，正是你們決定了克里米亞的命運。在這些天裡，我們從來沒有這麼近過，我們互相扶持。這是真正的團結。這種歷史性的時刻體現了一個民族的成熟以及精神成就。俄羅斯人民表現出了如此成熟而強大的力量，用團結統一支持了自己的同胞。

數百萬人民的意志是俄羅斯外交堅定立場的後盾。全民族的團結、各主要政治和社會力量的支持是它的基礎。我感謝所有人表現出的愛國情感，感謝所有俄羅斯同胞。但對我們來說，重要的是在將來也保持這種團結，以解決俄羅斯面臨的各種問題。

顯而易見，我們正遭遇來自外部的各種壓力，但我們應當自己決定，我們是要捍衛自己的民族利益，還是將其拱手讓人，不知所措？已經有些西方政客用制裁和內部矛盾激化來威脅我們了。我想知道，他們期望的矛盾是什麼？他們指的是形形色色的「國家叛徒」呢，還是他們覺得能打擊俄羅斯經濟，激起民眾的不滿？我們將接下這些不負責任、極具攻擊性的言論，並用相應的手段來回應。無論在東方還是西方，我們永遠不會挑起與盟國的對抗，相反，我們將採取一切必要的手段來建立文明的睦鄰友好關係，這正是當今世界所需要的。

尊敬的同事們！

我能理解克里米亞人的心聲。他們在公投中提出的問題既直接又明確：克里米亞要麼和烏克蘭在一起，要麼和俄羅斯在一起。我很自信地說，克里米亞與塞瓦斯托波爾的領導人、立法機構的代表們在制定公投問題時，已經超越了自己團體的政治利益，而是首先考慮了人民的根本利益。但鑑於這一地區在歷史、人口、政治和經濟上的特殊性，任何別的選項無論乍看之下多麼誘人，都只能是過渡的、臨時的、不穩定的，必然導致克里米亞局勢進一步惡化，並對人民的生活帶來災難性影響。克里米亞的公投選項是強硬的、毫不妥協的、沒有任何似是而非的成分。公投的過程公開又誠實，克里米亞人民清晰地、堅決地說出了自己的聲音：他們想要和俄羅斯在一起！

考慮到種種內外因素，俄羅斯也面臨著艱難的選擇。俄羅斯人民現在持什麼觀點？就像任何一個民主國家那樣，俄羅斯人也有不同的觀點，但是絕大多數——我想要強調是絕大多數——俄羅斯公民的立場都是顯而易見的。

你們知道不久前在俄羅斯進行的幾場民調結果：大約百分之九十五的俄羅斯公民認為，俄國應該保護克里米亞俄羅斯族及其他民族居民的利益，百分之九十五！還有超過百分之八十三的受訪者認為，即使代價是俄國與某些國家關係惡化，俄羅斯仍應該這麼做。百分之八十六的我國公民相信，克里米亞至今仍是俄羅斯的領土，是俄羅斯的土地。這是非常重要的資料，它絕對能和克里米亞公投的結果相呼應——百分之九十二的克里米亞人支持與俄羅斯合併。

因此，壓倒性多數的克里米亞居民和絕對多數的俄羅斯聯邦公民都做出了決定，支持克里米亞共和國和塞瓦斯托波爾市與俄羅斯聯邦重新合併。

如今，這件事關乎俄羅斯自己的政治決定。它的根據只能是人民的意志，因為人民、只有人民是政權的源泉。

尊敬的聯邦委員會成員們！

尊敬的國家杜馬議員們！

俄羅斯公民、克里米亞與塞瓦斯托波爾的居民們！

根據在克里米亞舉行的全民公決的結果，尊崇人民的意願，我把《接受兩個新聯邦主體：克里米亞共和國和塞瓦斯托波爾市加入俄羅斯》的憲法性法律提交聯邦委員會審議，並請聯邦委員會批准待簽的《克里米亞共和國和塞瓦斯托波爾市加入俄羅斯聯邦條約》。

我不會懷疑你們的支持！

2012年就職演講

時間：2012年5月7日
地點：克里姆林宮
（節選）

對於我來說剛剛我已經鄭重的向全俄羅斯的民眾宣誓，我將把捍衛國家的利益還有人民的人權，全心全意的為人民服務，永遠視為我最為神聖而至上的這樣一個職責，我不會辜負我們俄羅斯民眾幾百萬人對我的這樣一份厚愛和期待。我將用我畢生的精力去捍衛俄羅斯、服務人民而努力。我們在一起經歷很多，我們共同走過以前這個特別困難的那一段歷史，也正是由於這些困難，我們所有的這些人變得更加的團結，我們永遠是站在一起，那麼現在我們取得了一些成績，我想說這都是我們大家通力合作的結果，我非常想感謝所有的人，所有那些為了我們的國家發展，人民生活更好而做出貢獻的人們。俄羅斯在過去這些年當中我們的經濟已經有了很明顯的改善，社會各方面也有了一定的改善，在梅德韋傑夫上任總統他執政期間，俄羅斯社會各個方面都取得了一定的成績，所以我要感謝他。

我也要祝願梅德韋傑夫在新的總理這樣一個崗位上，能夠取得新的成績。我們在未來的六年當中，我將會繼續的把捍衛國家權益、人民權益視為最重要的工作任務。在經濟方面保持經濟的大幅增長，這一項目標是離不開大家所有人的通力合作和努力的，我們一直想把重振俄羅斯的雄風，讓俄羅斯在世界的舞臺上能夠得到超級大國這樣一個地位。我們也要捍衛俄羅斯的民主，擴大人權的自由還有經濟的自由，我們俄羅斯有自己的特點，因為它是多民族的有多宗教信仰，所以我想對於這樣一個國家來說，捍衛這個國家的凝聚力是一個非常重要的一個任務。那麼只有在非常穩定的、非常良好的這樣一個文化和社會的基礎下我們才能度過一個又一個的難關。

我想說，如果我們每一個人都能夠熱愛我們的祖國，熱愛我們的人民，把俄羅斯變成世界大國，使人民生活得更好的這條道路上，我們就會走得更順。俄羅斯是一個民主的國家，在這樣的一個國家內，我希望通過我的努力能夠讓每個人都能夠各盡其職，各司其能。我非常相信、確認我跟我的這些同仁們我們有共同的目標，那就是讓俄羅斯能夠大步的發展，能夠讓國家更加的公正、更加的公平，那麼我們的國家在歷史上創造了很多這樣輝煌的一頁又一頁，正是由於這樣輝煌的歷史我們的人民才能創造一個又一個的奇蹟，我很感謝在座的各位，謝謝大家。

2012年競選總統演講

（節選）

我國對外政策的目的帶有戰略性和延續性，反映了俄羅斯在國際政治版圖上的獨特地位，及其在歷史和文化發展中的作用。毫無疑問，我們將會繼續推行積極並且富有建設性的方針，以維護世界安全，防止衝突，有效的應對核武器擴散、地區衝突與金融危機、恐怖主義和毒品威脅等挑戰。我們將會盡一切能力讓俄羅斯在科技方面獲得新成就、取得新突破，讓我們的企業在全球市場中佔據應有的位置。我們將致力於建立新的、以當代地緣政治現實為基礎的世界體制，保障世界局勢的平穩，避免不必要的動盪。

我一貫認為，各個國家的安全與杜絕濫用暴力和遵守基本的國際法準則是不可分割的，這可以算是最重要的一條公理。正是有了這種共識，我們才認為美國和北約組織的某些行徑不符合當代發展的邏輯，他們的行徑都建立在已經定型的集團化思維基礎上。大家都明白我指的是什麼，沒錯，就是北約的擴張，包括北約在歐洲佈置新的軍事設施，以及該組織（以美國為主導）在歐洲建立反導彈防禦系統的計畫。如果這些遊戲沒有直接觸及俄羅斯的國境，如果它們沒有威脅到俄羅斯的安全，如果它們不危害世界的穩定的話，我也不會談及這個話題。理由大家都很清楚，因此我不想再反覆強調，但令人遺憾的是，這些理由卻無法得到我們西方夥伴的認同，他們一直採取迴避的態度。

還有一點也令人非常擔憂：儘管我們與北約組織「新的」關係還未最終定型，但是北約已經開始想把「生米煮成熟飯」，這絕對無法促進雙方建立互信。對於我們而言，這種行為會牽連全球任務的完成，阻礙國際關係的積極發展，並將減緩國際關聯式結構性調整的步伐。以人道主義目的為理由的武裝衝突有損於數世紀以來一直受人尊崇的國家主權。國際關係中還有一個真空，這就是道德和法律上的真空。

人們常說，人權對國家主權而言是第一位的。毫無疑問，確實是這樣，針對人類的犯罪應當受到國際法庭的制裁。但是如果對人權的保護來自外部，或是在有選擇性的基礎上進行，那麼對保護人權這一武器的使用很容易會損害國家主權，而在「保護」人權的過程中踐踏的是最廣大人民的權利，包括最基本和最神聖的生命權。這裡說的不是什麼崇高的事業，而是狹隘的蠱惑式的宣傳。

最重要的是，聯合國和安理會能夠有效地抵制來自某些國家的操縱及其在國際舞臺上的恣意妄為。沒有人有權利賦予自己聯合國的特權，尤其是涉及到對國家主權使用暴力。這裡首先指的是北約組織，他們試圖賦予自己本不屬於他們這個「防禦聯盟」的功能。這點非常重要。我們還記得，我們徒勞地呼籲給予那些淪為「人道主義」行動和「導彈民主」出口犧牲品的國家法律規範和最基本的尊嚴。但是沒有人聽從我們的意見，也沒有人想聽。

似乎，北約人，首先是美國人形成了關於安全的獨特認知，這種認知與我們對於安全的認知完全不同。美國人認為必須要保障自己處於絕對安全的位置，請注意，這種認識無論是從技術層面上，還是從地緣政治層面上都是不可能實現的，也是不現實的。說實話，這才是問題的實質。某一個人的絕對安全也就意味著其他人的絕對不安全。我們完全不能贊同這種說法。出於一些眾所周知的原因，大多數國家選擇緘默，這就是另外一回事了。俄羅斯習慣直接闡述自己的觀點，並開誠佈公地行動。我再一次強調，破壞統一的安全原則（尤其是不顧眾多有關尊崇安全原則的宣言）的行為是最危險的威脅。最終，這對於那些由於各種原因導致上述破壞行為的國家而言也是極為危險的。

一年之前世界上出現了一種新現象：許多阿拉伯國家幾乎是同時出現了反對專制體制的事件。「阿拉伯之春」一開始是一種對積極變革的希望，俄羅斯人總是對那些進行民主改革的人抱有好感。然而很快事情就清楚了，很多國家情況並沒有沿著文明的方向發展，他們沒有建立民主，沒有對少數者權利形成保護，取而代之的是反對派的上臺，當某一派掌權勢力被另一派更具侵略性的掌權勢力所取代時，重大的變革也就應運而生了。

外部勢力的干涉，其對國內衝突中的一派給予支援的情況讓局勢的發展令人擔憂，這種干涉本身就帶有一種強權的性質。許多國家用人道主義的口號作掩護，借助空軍打擊利比亞當局。這種噁心的場景甚至超過了中世紀的血腥迫害，是對格達費的某種原始而低級的鎮壓。

我們絕不能允許有人試圖在敘利亞重演「利比亞事件」。國際社會首要的努力方向應當是在敘利亞內部達成和解。儘快停止暴力是非常重要的，無論這種暴力來自何方，我們最終都要讓敘利亞全民族開啟對話，這種對話必須是不帶任何前提條件，沒有外國的干涉，並且尊重敘利亞的國家主權。這為敘利亞當局具體實施其宣佈的民主措施創造了前提條件。最主要的是，不能允許任何大規模的國內戰爭的出現。俄羅斯的外交官們一直致力於此。

我非常希望，美國和其他國家能夠想想那些令人難過的經歷，不要再試圖在聯合國安理會沒有發佈制裁令的情況下對敘利亞使用暴力。沒人知道，這種強烈的好戰情緒出自何處。為什麼就不能制定精準而平衡的集體性行動，尤其是在出現上述「敘利亞決議」的情況下，這種行動已經初具輪廓了。剩下的就是要求反政府武裝從城市撤出自己的武裝力量和武裝部隊。拒絕這種要求是不道德的。如果我們希望保障那些平民的安全（而這就是俄羅斯的首要目標），那麼就必須要說服所有的武裝對抗勢力成員放下武器。

還有一方面：俄羅斯的企業似乎在那些親身經歷「阿拉伯之春」的國家（如同早期的伊拉克一樣）市場都遭受到了重大的損失，許多大型的商業合約被完全終止。而當這些國家穩定下來後，他們的市場卻又已經被那些在顛覆原政權中「出過力」的國家的企業所佔據。

也許會有這樣一種想法，認為悲劇性事件的產生，其本身在某種程度上不是因為對人權的關注，而是某些國家對重新瓜分市場產生的興趣。不管怎樣，我們必然不能泰然自若地坐視不理。我們將會與新的阿拉伯國家政權積極合作，以儘快恢復我國在這些國家的經濟地位。

總的說來，在阿拉伯世界發生的事件很具有教育性。事件表明，想要借助強力手段灌輸民主的做法可能以及有時會導致完全相反的結果。包括宗教極端分子在內的想要改變世俗國家發展方向的人已經開始從社會底層使用暴力。

我們俄羅斯與伊斯蘭溫和派代表一貫保持良好的關係，這些溫和派代表們所持的世界觀與俄羅斯的穆斯林教徒所秉承的傳統相近。我們也願意在當前的條件下繼續發展這種關係，願意與所有的阿拉伯國家積極發展政治和經貿聯繫，我要再次重申，這些阿拉伯國家包括那些目前正處於國內政局動盪時期的國家。此外，我已經意識到俄羅斯在中東地區完全保持自己領導地位的現實先決條件，畢竟我們在中東地區一直都有許多夥伴國。提到阿拉伯和以色列的衝突，目前我們還沒有找到可以最終緩解當地局勢的「神奇藥方」。但是無論如何我們都不能放手不管，尤其是考慮到我們與以色列當局和巴勒斯坦領導人之間建立起的良好關係。俄羅斯的外交官們將會繼續促成以巴雙方在四方會談的形式下積極恢復和平進程，協調其與阿拉伯國家聯盟的談判步伐。

「阿拉伯之春」還清楚地表明，目前世界輿論正借助於積極使用資訊推廣和通信技術而形成。可以說，網際網路、社交網、手機等正與電視一起成為國內政治和國際政治的有效工具。這是一個需要我們思考的新因素，特別是在進一步推動網際網路自由交流的情況下，要減少其被恐怖分子和犯罪分子利用的風險。

現在，人們越來越多地談及這種「軟實力」的概念——這是一套不使用武器，僅依賴資訊和其他槓桿的影響達到外交目的的工具和方法。但令人遺憾的是，這些方法經常被用作激發極端主義、分裂主義和民族主義，操縱社會輿論以及直接干涉主權國家內政的工具。我們需要明確區分：什麼情況下是言論自由和正常的政治活動，什麼情況下是使用非法的「軟實力」工具。我們只歡迎那些人道主義性質和慈善性質的非政府組織所從事的文明工作，其中包括發表對當局的積極批評。然而無論哪一個國家，其「冒名的非政府組織」，以及出於破壞穩定局勢的目的、由外部勢力支援的其他機構都是不允許存在的。

我指的是那些並非以地方社會組織的利益（和資源）為出發點，而是在外部勢力資助和保護下對政府「指手畫腳」的非政府組織。當今世界上，大國、大型聯盟和大型企業都有許多「影響力代理」，他們公開發表言論只是文明的院外活動的一種形式。俄羅斯也有這種機構，如俄羅斯聯邦獨聯體事務署、「俄羅斯世界」基金，我們的重點大學也正在海外積極尋找有才能的學生。但是俄羅斯不會利用他國的國家非政府組織，也不會以滿足自己的利益為目的資助這些非政府組織和海外政治機構。我相信中國、印度、巴西也都不會這麼做。我們都認為，對本國政治和他國的公眾情緒施以影響必須是公開的，要在各參與方以最負責任的態度對待自己行為的時候才能進行。

現在全世界都將關注的目光投向了伊朗。對伊朗進行軍事打擊的威脅日益嚴峻，這一點俄羅斯無疑也已經感受到了。如果軍事打擊真的發生了，那麼後果將會是災難性的，其造成的實際損傷規模將難以想像。

我相信，只有通過和平的方式才能解決伊朗問題。我們建議各方承認伊朗發展民用核計畫的權利，其中包括進行鈾濃縮活動的權利。但是這一切要以伊朗提供其所有與核武器相關的活動資訊為交換，並且其核研製活動必須在國際原子能機構的全面監督下進行。如果這一條件可以被接受，那麼屆時就應該取消所有針對伊朗的制裁，包括某些國家單方面的制裁。西方國家太熱衷於對某些國家進行「懲罰」，只是他們不是抓住制裁措施不放，就是抓住軍事措施不放。我要提醒他們的是，我們現在生活的年代已經不是十九世紀或二十世紀了。

朝鮮核問題引發的局勢危機也非常堪憂。平壤違背了核不擴散原則，公開宣佈其製造「軍事核武器」的決定，並且兩次進行核彈頭試驗。朝鮮的行為在我們看來是無法接受的，我們一直毫不動搖地支援朝鮮半島的無核化，尤其是希望通過政治和外交的手段達成該半島的無核化，我們呼籲儘快恢復六方會談。然而，看起來我們的夥伴中不是所有人都贊成這一方法。我相信，現在需要弄清楚朝鮮核問題的特殊緊迫性。但是我們不能接受有人試圖威脅朝鮮新領袖的地位以及這些人提出的欠妥當的應對措施。

我要提醒大家的是，朝鮮與俄羅斯擁有共同的邊界，而大家都知道，地理邊界是無法選擇的。我們將會繼續與朝鮮領導人進行積極對話，與其發展友好鄰邦關係，同時我們也會幫助平壤解決核問題。很明顯，如果朝鮮半島上互信的氛圍更加強烈，朝韓之間能夠恢復對話，那麼朝鮮核問題將會更容易解決。

提到伊朗與朝鮮的核問題，大家就會不自覺地開始思考，核武器擴散的危機是如何開始的，是誰讓這場危機變得越來越嚴重的。似乎是那些粗暴、甚至武力干涉他國內政的參與國逼迫那些主權國家政府（沒錯，也不僅僅是政府）開始研究核武器。人們會說，我的口袋裡有原子彈，這樣就沒人敢動我了，畢竟自己的性命最重要。而那些沒有原子彈的人呢，只有等待「人道主義」的干涉了。

不管我們是否喜歡這一切，但是外部干涉確實會引起這種想法，這是無可否認的事實。因此那些有可能研製「軍事核武器」技術的所謂「邊緣」國家不僅不會減少，而且還會變得越來越多。這種情況下在世界各個地區建立大規模殺傷性武器禁區具有越來越重要的意義。俄羅斯提議全世界應該開始討論在中東建立這種禁區的事宜。

我們應當盡可能地斷絕所有那些妄圖研製核武器國家的念想。為此反對核武器擴散的戰士們自己需要進行調整，尤其是那些已經習慣使用軍事暴力而不是外交途徑制裁他國的人。比如，伊拉克問題就是在長達十年的武力佔領後才越演越烈的。

如果促使國家研製核武器的動因能最終被消除，那麼在現有合約基礎上的反對核武器擴散的機制將會成為真正全面而穩定的機制。這種機制將可能讓所有相關國家在國際原子能機構的監督下真正享受「和平原子能」帶來的福利。這對於俄羅斯來說是非常有利的，因為我們正積極致力於在國際市場上利用現代和安全的技術建造新的原子能發電站，參與建造多功能鈾濃縮中心和核原料庫。

阿富汗的未來也讓我們擔憂。眾所周知，我國支援以軍事行動向該國提供國際幫助，但是在北約庇護下的國際軍事部隊未能完成既定任務，阿富汗的恐怖活動和毒品威脅情況並未好轉。在宣佈2014年從阿富汗撤軍之後，美國人在未經允許的情況下開始在阿富汗鄰近國家建造類似的軍事基地，而且美國人也沒有宣佈此類軍事基地的用途及其使用年限。我們當然對此非常不滿。

俄羅斯在阿富汗有自己的利益，這些利益是完全可以理解的。阿富汗是我們的鄰國，我們希望該國能夠穩定與和平地發展。最主要的是，我們希望阿富汗不再是毒品走私的主要源頭。非法販賣毒品已經成為全世界最嚴峻的威脅之一，它破壞了整個世界的和平，為腐敗和犯罪提供了溫床，並導致了阿富汗地區局勢的不穩定。我要指出的是，阿富汗毒品的生產不僅沒有停止，去年其毒品的產量反而增加了近40％。俄羅斯切身感受到了來自阿富汗海洛因的威脅，它嚴重危害到了我國居民的健康。

由於阿富汗毒品威脅的規模巨大，因此這一問題只有全世界依靠聯合國和地區組織（如集體安全條約組織、上海合作組織和獨聯體）的共同努力才能解決。我們願意更加廣泛地參與援助阿富汗人民的行動，但條件必須是國際部隊在阿富汗的行動更加有力，符合俄羅斯的利益，並且可以切實銷毀毒品作物和地下實驗室。在阿富汗國內進行禁毒活動的同時，應當切斷其毒品向外運輸的路線及保障毒品交易的資金來源，封鎖製作海洛因所需的化學藥品供應。行動的目的是在該地區建立禁毒安全綜合體系。俄羅斯將會切實地促進國際社會的有效行動，以便從根本上打擊全球毒品威脅。

很難預測，阿富汗局勢未來將會如何發展。歷史經驗表明，外國的武力入侵不會為這個國家帶來安寧。只有阿富汗人才能解決自己國家的問題。我認為俄羅斯在這方面的作用是積極給予鄰國人民幫助，協助他們建立穩定的經濟，提高國家武裝部隊打擊恐怖主義和毒品犯罪威脅的能力。我們不反對包括塔利班在內的武裝反對派成員參與阿富汗國家的和平進程，但條件是他們必須要放下武器，承認國家憲法，切斷與「基地組織」等恐怖組織的聯繫。原則上我認為，建造和平、穩定、獨立和中立的阿富汗國家是完全有可能實現的。

長達數年甚至是數十年的不穩定局勢為國際恐怖主義提供了溫床。所有人都承認，國際恐怖主義是國際社會面對的最危險的挑戰之一。我想提醒大家注意的是，產生恐怖主義威脅的危險區域距離俄羅斯邊界不遠，比我們的歐洲夥伴和美國夥伴距離該國都近。聯合國通過了全球反恐戰略，但是似乎當國際社會對恐怖分子的無恥行徑越來越難以忍受的時候，大家就越來越不按照統一而連續的計畫打擊恐怖主義，而是用最嚴酷和最野蠻的手段對付恐怖主義。文明世界不應該坐等2001年9月紐約的恐怖襲擊悲劇的重演，或是新的別斯蘭悲劇（2004年9月俄羅斯別斯蘭學校人質事件，1128人被劫持為人質）的發生，難道只有當這些悲劇事件發生之後，人們才會猛地警醒，才會堅決的開始合作。

不能否認我們在打擊國際恐怖主義方面取得的成果，我們確實取得過一些成果。近年來各國特工機關和執法機構之間明顯加強了聯繫，我們在反恐合作方面也有後備力量。但確實，到目前為止還存在著「雙重標準」，人們對各國的恐怖分子看法不一：有「很壞」和「一般壞」之分。後者經常被某些人用在政治遊戲中，比如為顛覆某些看不順眼的執政當局。我想說的是，在全球都在打擊恐怖主義的情況下，我們應當學會利用現有的社會機構工具——大眾傳媒、宗教團體、非政府組織、教育體系、科學和商業。需要在宗教內部，以及更廣層面上的文明內部進行對話。俄羅斯是一個多宗教國家，但是卻從沒有發生過宗教戰爭。我們可以在此層面上為國際宗教討論做出貢獻。

在我們看來，取得發展的不僅有中國和印度，整個亞太地區的重要性都得到了增加。因此俄羅斯對其在擔任亞太經合組織主席國時能夠取得豐收的合作成功充滿信心。今年九月我們將組織符拉迪沃斯托克亞太經合組織峰會，為此我們正在積極籌備中，將建造完善的基礎設施，這本身將促進西伯利亞和遠東的進一步發展，讓我們國家能夠以更高的水準參與「新亞洲」快速融合進程。

無論是現在還是未來，我們都將高度重視和金磚國家夥伴間的相互合作。這是一個成立於2006年的獨特組織，該組織的成立讓人更加相信世界正在從單級轉向更加公平的多級國際秩序。金磚國家組織聯合了擁有近30億人口的五個國家，這五個國家擁有最具發展潛力的經濟，最豐富的人力和自然資源，以及最大的國內市場。自從南非加入金磚國家後，該組織可以完全被稱作是一個世界性組織，現在該組織的國內生產總值已經超過了全球的25%。

我們已經習慣在這種組織框架下合作，相互磨合。尤其是當我們需要在對外政治領域進行更為密切的配合，在聯合國這個平臺上進行更為緊密的合作。當金磚國家的五國真正施展本領的時候，其在國際經濟和政治上的影響力將會更大。

近年來俄羅斯的外交官們和我們的企業家們將更多的目光投向了與亞洲、拉丁美洲和非洲國家的合作發展上。這些地區的人們對俄羅斯依然保有真誠的好感。未來我們將與上述地區國家在發展經貿合作，實施能源、基礎設施、投資、科技、銀行業和旅遊業的合作項目方面進行合作，這將成為我國的重要任務之一。

二十國集團的成立反映了上述地區在建立管理全球經濟和財政民主體系方面發揮著日益重要的作用。我認為，這個集團很快就將成為一個戰略性的重要機構，該機構的任務不僅是應對危機，還要對國際經濟格局進行長期的改革。俄羅斯將會在2013年擔任二十國集團的輪值主席國。毫無疑問，我們應當利用主席國的職能加強二十國集團和其他多邊機構（首先是八國集團，當然還有聯合國）的合作。

俄羅斯是歐洲大陸和廣闊的歐洲文明不可分割的一部分，我們的公民把自己當成歐洲人，我們對於歐洲大陸的發展一向非常關注。這就是為什麼俄羅斯建議建立從大西洋到太平洋的統一經濟和人類空間，俄羅斯的專家們稱其為「歐洲同盟」，該同盟能夠鞏固俄羅斯經濟在向「新亞洲」轉型過程中的地位。

目前俄羅斯與歐盟的合作水準仍然無法應對全球性挑戰，這指的首先是提高歐洲大陸競爭力的挑戰。我再一次提議歐洲與俄羅斯合作建立從里斯本到符拉迪沃斯托克的和諧經濟共同體。未來有可能成立自由貿易區，甚至有可能推動建立經濟一體化機制。屆時我們可以獲得一個價值三萬億歐元的統一歐洲大陸市場。還有人會懷疑這樣做的好處，以及這樣做是否符合俄羅斯和歐洲的利益嗎？

我們需要認真思考如何深化能源方面的合作，甚至是建立統一的歐洲能源綜合體。我們在這一方面的重要行動是建造沿波羅的海海底的「北溪」天然氣管道和在黑海建造「南溪」天然氣管道。這些項目得到了許多國家政府的支持，許多大型歐洲能源公司也參與到項目中來。在上述天然氣管道完全投入使用後，歐洲將會獲得更為可靠的天然氣供應，並將不再受制於某些多邊政治因素的影響。這將從現實上鞏固歐洲大陸的能源安全，並且對某些歐洲國家減少甚至是完全停止利用核能具有特殊的重要意義。

說得直白些，歐洲委員會發起的旨在打壓俄羅斯跨國公司的「第三能源一攬子文件」不會有利於鞏固我們的關係。而且考慮到俄羅斯能源供應商的地位日益動搖，這個一攬子文件將會使歐洲能源的體制危機更加嚴峻，並且會嚇跑潛在的投資者，原本他們計畫投資新建基礎設施項目。在和我會談時許多歐洲政治家們都會對這個「一攬子文件」發幾句牢騷。因此我們需要鼓起勇氣把這個雙方互利合作道路上的障礙剷除。

我認為，在影響雙方居民及經濟往來的障礙依然存在的情況下，俄羅斯與歐盟之間不可能建立真正的夥伴關係，這種障礙首先指的就是簽證制度。取消簽證制度將會極大地促進俄羅斯和歐盟取得真正的融合，擴大雙方在文化與商業上的往來，尤其是中小企業之間的合作。所謂的俄羅斯經濟移民對歐洲產生的威脅有很大一部分都是憑空杜撰的，俄羅斯國內有的是職缺提供給本國居民，並且這些職缺會越來越多。2011年12月我們與歐盟達成一致意見，要「合力」推動建立免簽制度。必須要馬上開始實施這項制度，我指的是我們要繼續利用最積極有效的方式研究這一問題。

近年來俄美關係取得了一定程度的發展，但是目前俄美關係的基礎問題依然沒有解決，兩國關係仍舊在經歷潮起潮落的起伏。我們與美國之間夥伴關係的不穩定有時是因為眾所周知的墨守陳規和畏懼心理導致的。一個突出的事例就是美國國會對待俄羅斯的態度。但是最主要的問題是我們兩國的雙邊政治對話與合作並不是以穩定的經濟基礎為依靠。我們兩國的貿易額遠不符合兩國的經濟潛力。而最重要的是相互投資問題。因此我們兩國的關係還未形成免受不穩定的市場條件影響的保護網，為此我們還要繼續努力。美國的某些行為無助於鞏固俄美雙方的互信，以及雙方的「政治工程」，其中包括在那些對於我們而言一直非常重要的地區事務上，以及在俄羅斯的選舉事務上。

我要重申的是，美國企圖在歐洲佈置導彈防禦系統的打算當然會引起我們的擔憂，為什麼這個導彈防禦系統如此讓我們擔心呢？因為它涉及到了目前俄羅斯在該領域的戰略核威懾力，破壞了數十年形成的軍事政治平衡。導彈防禦系統與進攻性戰略武器之間分不開的關係反映在2010年簽署的新的《削減進攻性戰略武器條約》上。該條約已經生效，並且運作良好。這是對外政策上取得的一個重大成就。我們願意研究各種可能的方案，以便和我們的美國夥伴共同研究如何在未來監督戰略性進攻武器的使用。在這方面平衡利益、反對透過談判達到自己單方面的目的應當成為一項不可更改的準則。

我要提醒大家，在2007年與布希總統在肯納邦克波特會面時我曾提出解決反導彈防禦系統問題的建議，無論這個建議是否得到認可，它都將改變俄美關係一貫的性質，讓俄美關係朝著積極的方向發展。除此以外，如果屆時在反導彈防禦系統方面取得突破，那麼就將為建立全新的、接近同盟國合作模式以及在解決其他敏感問題上打開方便之門。但是事情發展並不順利，也許重提肯納邦克波特的談判是有好處的。近年來俄羅斯領導層提出了一些如何就反導彈防禦系統達成一致意見的建議，所有這些建議現在都還有效。無論如何，我們都不希望大家在尋找解決反導彈防禦系統問題的折中方案這件事情上失去信心，也不希望事情發展成美國在歐洲大範圍地佈置反導彈防禦系統，這會讓我們不得不實施我們聲明過的應對措施。

前不久我與季辛吉先生舉行了會談，我們經常見面，我完全贊同這位專家的觀點，他認為在世界局勢動盪的時期俄羅斯與美國之間保持密切和相互信任的合作關係尤為必要。總的來說，在俄美關係上我們願意和美國發展更加長遠的關係，取得更具實質性的突破，但條件是美國方面必須要切實遵守平等與相互尊重的夥伴關係原則。

去年12月末俄羅斯加入世界貿易組織的漫長的馬拉松終於跑到了終點。我不能不說的是，在衝刺階段歐巴馬總統的班底與許多歐洲大國政府積極促成各方達成了最終的一致意見。

說實話，在這條漫長而艱難的入世道路上我們曾多次想放棄談判算了。但是我們並沒有向畏難情緒屈服，並且最終取得了對我國完全有利的折中協議——這在未來外部競爭壓力越來越大的情況下保障了俄羅斯工業與農業企業的利益。我們的企業獲得了更多走向國際市場的現實機會，並且可以以文明的方式維護他們自身的權益。我認為這才是俄羅斯加入世界貿易「俱樂部」的主要成果，而不是僅僅擁有某些象徵意義。

俄羅斯將遵守世貿組織的準則與自己肩負的所有國際義務。我真誠地認為，我們的夥伴們也會遵守這些規則。順便我也想指出的是，我們已經把世貿組織的原則推廣到了俄白哈（俄羅斯、白俄羅斯、哈薩克）統一經濟空間的法律基礎中了。

如果想要分析我們是如何在國際舞臺上維護俄羅斯的經濟利益，那麼很明確的一點就是，我們還在學習如何系統性和連貫性地保護本國的利益。如果與許多西方夥伴相比我們在這方面的能力稍顯不足，那麼我們就需要在對外經濟上合理地制定有利於本國企業的決議。

考慮到國家的創新發展方向，那麼我們在這方面的任務就更為艱巨了，我們要保障俄羅斯在當代世界經濟聯繫體系中的平等地位，將融入世界經濟過程中可能出現的風險降到最低，我指的內容中包括上面提到的入世和未來加入經濟合作與發展組織。

我們迫切需要邁向更加廣闊與平等的外部市場，目前俄羅斯企業在海外特別不受尊重，他國採取了針對我國企業的限制性貿易與政治措施，設置技術壁壘，讓其在與對手的競爭中處於更為不利的境地。

相同的情況也出現在投資領域。我們努力吸引境外資本投資俄羅斯的經濟，為他們創造了最具吸引力的環境，給他們實實在在的優惠，其中包括燃料與能源領域。但是我們的投資者在海外卻不受歡迎，有時還會受到排擠。

我想沒必要舉太多的例子，就說說我們和德國「歐寶」公司的事情吧。俄羅斯的投資者們想盡辦法也拿不下這家公司，甚至是在這個合約得到德意志聯邦共和國政府批准，並且也得到德國工會的積極評價後，俄羅斯的投資者依然無法收購歐寶。再舉一個令人髮指的例子，俄羅斯的企業向海外資本注入大量的資金後更是根本連投資者的資格都沒有，這種事情經常發生在中歐和東歐。

這些事例讓我們意識到政府必須要在政治和外交上增加對俄羅斯企業海外經濟活動的關注，給予那些我們所熟悉的大型項目更大的幫助。大家不要忘記，俄羅斯可以對那些採取不正當競爭手法的人施以同樣的政策。政府和企業協會應當更加明確地協調其在對外經濟方面的行動，更加堅定地保護俄羅斯企業的利益，幫助他們開拓新市場。

我想請大家注意一個現實的因素，該因素將在很大程度上決定俄羅斯在當前與未來的國際政治及經濟舞臺上的作用和地位，這就是我國廣闊的領土。現在我們的國土面積佔世界總面積的六分之一，並且俄羅斯聯邦是一個豐富資源的大國，其中許多都是稀缺資源。我指的不僅是石油和天然氣，還有木材、農業用地和淡水資源儲備。也就是說俄羅斯的國土是其潛力的源泉。過去廣闊的土地對於我國而言只在緩衝外部侵略方面起到優勢作用，而現在，在實施正確的經濟戰略條件下，土地資源可以成為提高我國競爭力的最重要基礎因素。

我想特別提到的一點是，目前全世界淡水資源日益緊缺，可以預計，在不遠的將來將會爆發爭奪水資源和水產品生產的地緣政治鬥爭。我們手中握有這張王牌，大家都知道應當節省和有戰略性地合理利用我們所繼承的財富。

對自己國家的尊重還取決於祖國是否有能力保護本國居民和海外同胞的權利。永遠不要忽略廣大海外同胞以及在國外度假和出差的本國公民的利益，這點是非常重要的。我要強調的是：外交部和所有的外交與領事代表處都有義務二十四小時向我們的同胞提供現實的幫助與支援。外交人員對我國同胞與當地政府出現的衝突、突發事件、交通事故等必須第一時間做出反應，而不是等到外交部給他們敲警鐘的時候才有所行動。

我們將堅決督促拉脫維亞和愛沙尼亞政府履行國際組織關於遵守公認的少數民族權利的眾多建議。我們無法容忍「非公民」這種可恥的字眼存在，我們也無法容忍每六個拉脫維亞居民和每十三個愛沙尼亞居民中就有一個人因為其「非公民」身分而被剝奪其基本的政治權、選舉權、社會經濟權利，以及自由使用俄語的權利。以幾天之前在拉脫維亞舉行的俄語地位全民公投為例，此次投票再一次警告國際社會，拉脫維亞的問題亟待解決。要知道還是有超過30萬的「非公民」沒有權利參加此次公決。拉脫維亞中央選舉委員會也拒絕授予俄羅斯社會院代表團公決觀察員的身分。負責維護公認的民主標準的國際組織對此卻緘默不語。

總的說來，國際社會對人權問題的處理無法讓我們滿意。首先，美國和其他的西方國家想要霸佔人權保護特權，將其完全政治化，並用作打壓他國的工具。他們不能允許別人指責自己，把對他們的指責看作是不正常的。其次，保護人權的監督設施是經過某些國家精心挑選的，是完全不符合標準的，而且只是某些國家將其「私有化」的產物。

我們認為目前國際社會對俄羅斯的批評是不客觀的，帶有偏見和侵略性的，有時甚至是完全出乎人意料的。當有人指責我們在處理事務上的缺點時，我們只歡迎和接受那些必要的結論，而如果這些指責過於泛泛且層出不窮，並且試圖影響我們的公民對政府的態度，或者直接指責俄羅斯國內的政治局勢時，我們都知道，此時這些指責聲音的背後都是一些既不道德也不民主的原則。

任何國家在人權方面都沒有特權。俄羅斯是一個新興的民主國家，我們有時會表現得過於謙虛，會一再為我們的那些夥伴的自尊心考慮。但是我們也有話要講：沒有哪一個國家完全做到了保護人權和尊重基本的自由。老式的民主中可以見到對人權的嚴重踐踏，我們沒有必要對此視而不見。當然，保護人權的工作不應當按照「愚蠢」的原則進行，各方都能夠從對人權問題的建設性討論中獲益。

俄羅斯外交部年末的時候發表了第一篇名為《世界各國人權現狀》的報告。我認為，以後應該多發佈這種報告，報告的內容還應包括促進世界各國在人道主義問題上進行更加廣泛與平等的合作，推動制定基本的民主和人權原則。順便說一句，上面我所說到的僅僅是我們國家對外政治和外交活動宣傳，以及在海外形成俄羅斯真實形象宣傳活動的一部分。要承認的是，我們在這些方面取得過不少成績，在宣傳領域我們經常取得成績，這是一個獨立的多層次問題，我們需要對其進行認真的研究。

俄羅斯繼承了偉大的文化，這得到了東西方的一致認同。但是我們目前在文化產業的投入及將俄羅斯文化推廣到全世界方面做得還遠遠不夠。全世界重燃對思想與文化的興趣，並將社會與經濟納入全球資訊網路，這給了俄羅斯更多的機會展示其在創造文化價值方面所具有的公認才能。

俄羅斯不僅有機會保留自己的文化，還能將其當作走向全球市場的動力。俄語空間包括蘇聯的所有加盟共和國和東歐的大部分地區，這不是一個帝國，而是文化的傳播；這不是政治體制的推廣，而是教育和文化的出口，這些可以為俄羅斯的產品、服務以及創意提供更加良好的環境。

我們應當不斷讓本國的教育與文化更多地參與世界教育與文化發展，並且有計畫地增加在那些說俄語或懂俄語的國家傳播俄羅斯的教育與文化理念。

俄羅斯將繼續透過積極和建設性地參與國際政治、解決全球與地區問題等途徑維護自身的安全和國家利益。我們願意與所有的夥伴建立切實互惠的合作關係，進行開誠佈公的對話。我們會理解和考慮我們夥伴的利益，但是也請他們考慮我們的利益。

2008年卸任演講

時間：2008年5月7日
地點：克里姆林宮

尊敬的俄羅斯公民，親愛的朋友們：

新一任總統就要上任了，對民主政權來說，這是一個非常重要的階段，這是聯邦內各地區、國家、各民族政治力量以及全社會公民聯合的里程碑。

現在，本著對公民有益的原則，掌握國家發展方向，繼往開來，繼續發展是當務之急。總的說來，在原有法律和民主原則基礎上，我們實現了國家政權向更深層次的更新，這一過程不是一天能完成的，但也是亟待完成的。我們面臨的問題是把它不斷地向前推進，使之不妨礙國家的發展。

可以肯定的是，只有經常想著人民的利益，想著發掘每一位公民的潛能，才可以把他發展成真正對社會有益的人，才能完成突破性創新並鞏固他在社會上的地位，讓他發揮公民的作用。

今天，勝利就在眼前，我們和每一位公民一樣激動。我們不止一次地面對國家發展道路上的問題，我們在保衛國家的過程中取得了巨大的成功，包括社會文明、世界科學、文化、藝術等方面的發展。

親愛的朋友們，8年前，我第一次以俄羅斯總統的身分宣誓，擔起責任，公正誠懇地工作，忠實地為國家和人民服務，我沒有違背承諾。

可以確信，一個人值得信賴的主要品質是高度的道德心和責任感，與之同樣重要的是使全社會達到幸福所必備的經驗和專業知識。

現在，我即將卸下國家元首職務，我想說，保衛俄羅斯是我最高的義務，在以後的日子我仍然會這樣做，並為此奮鬥終生。

需要重點指出的是，在俄羅斯這樣龐大的多民族、多宗教的國家，維護國家和民族精神的統一是至關重要的目標。

尊敬的各位俄羅斯公民、親愛的朋友們，我由衷地感謝你們的信任、理解和支持。在我做總統的8年裡，工作上你們給予我的全面支持，你們給予我的力量，使我相信我所做的是正確的。我還要感謝你們，我們一起排除萬難，實現了預定的目標，我們一起經受了悲劇事件，一起跨越了曾擺在我們面前、看似無法逾越的障礙。是的，工作沒有失敗，沒有錯誤，我們最終取得的成果顯而易見，我們可以實現新的突破。

今天我們提前為自己規劃了目標和將來一段時期的任務，不只是提前一個月、一年，而是提前20—30年。只要有你們積極全力的支持、全力以赴的參與，我堅信我們的雙肩能夠勝任面前最艱巨的任務！謝謝你們！

今天，我把政府轉交給德米特里·阿納托利耶維奇·梅德韋傑夫。我祝願他成功，在俄羅斯聯邦總統的位子上取得好成績，我們一起支持他。

感謝你們的關注！

2004年連任演講

時間：2004年5月7日
地點：克里姆林宮

親愛的俄羅斯公民們，親愛的朋友們：

總統宣誓的誓詞剛才已經說過了，現在我想強調一下誓詞的主要思路：總統的責任是守護這個國家並且忠誠地服務於人民，對我來說這一責任將是神聖不可侵犯的，並且我將會像以前一樣將其置於至高無上的地位。

像之前一樣，我認為俄羅斯公民的幫助和支持構成了總統工作最首要也是最值得信賴的依靠。

今天我想感謝那些對我付出如此之信任，將我選舉為俄羅斯國家元首的人們；我想感謝那些在過去四年裡透過他們的工作而對我們國家所取得的成果做出貢獻的人們。

就像過去那些年一樣，我將會積極、公開並誠實地工作；我將在職權範圍內盡我最大的能力來證明成千上萬的人民有理由將他們的希望交給我。

對我們所有人來說，過去四年並不容易。坦白地說，這四年就是一連串嚴峻的考驗。回想2000年，當時我們面對的好像是許許多多根本不可能解決的問題。

但是在這些危急關頭，俄羅斯人民表現出了作為愛國者和公民最崇高的品質，共同抗爭以保證我們祖國的領土完整，保持我們國家的團結統一，並透過他們的辛勤勞動和堅定努力為俄羅斯經濟的發展創造了堅實的基礎。

我們共同取得了很多成就，並且我們取得這些成就完全是通過我們自己的努力。

是我們實現了高經濟增長率，是我們克服了困難的意識形態對抗，是我們正逐漸地鍛造出一個真正團結統一的國家。

是我們堅定地對抗國際恐怖主義襲擊，是我們在崩潰的邊緣拯救了這個國家。

我們共同將我們的祖國打造成了一個面向世界的國家，一個尋求廣泛平等合作的國家，一個鞏固了其國際地位的國家，一個學會了在飛速變化的當今世界中如何用和平手段來維護其合法權益的國家。

現在接下來四年，我們的主要目標是將我們挖掘出來的潛力轉化為新的發展動力，並透過這些努力為我們的人民帶來基礎性的高品質的生活，帶來真正的實質性的繁榮。

在這裡，我們經常說，俄羅斯的國家元首可以並且，也一直會回應所有的一切。當然這仍是如此。但是今天，儘管我對我的個人責任有著深刻地認知，我還是想強調，俄羅斯的成功和興旺不能也不應該僅僅依靠某個個人、某個政黨甚至單純是政治力量本身。我們需要一個廣闊的基礎從而實現我們國家的民主發展，從而能夠繼續我們已經開始進行的轉型。

我確信一個成熟的民權社會是持續發展的最佳保障。只有自由的國家裡自由的人民才能真正取得成功。這不僅是俄羅斯經濟增長的基礎，也是政治穩固的基礎。

我們將盡我們最大的努力，讓每個人都能夠意識到自己的天賦和才能，從而確保真正多黨制的發展，確保個人自由得到加強。我們將盡每一份努力確保俄羅斯的所有人民都能享受到良好的教育和社會醫療保障；確保全體人民都能過上免於匱乏之苦的生活，都能將他們的勞動果實傳給他們的子女；當然也將確保他們都將為自己強大但是愛好和平的祖國而自豪，為我們祖國的大國風範而自豪。

親愛的朋友們：

我們仍然還有很多很多工作要做，為了我們的祖國，為了我們自己，為了我們的孩子們。我們具有所有的完成既定目標所需的機會。我們有資源，我們有經驗，並且透過過去四年中積極良好實踐經驗的嘗試和試驗，我們也對我國發展中的優先權問題有著完整詳盡的理解。我們有著極大的創造力，有如此聰明智慧潛力的人民。

我們都是俄羅斯和她上千年歷史的繼承人，我們繼承的這片土地孕育了傑出的子女，傑出的工人、戰士和開創者。他們將這個廣袤而偉大的國家傳承給了我們。

毫無疑問，我們可以從我們的過去獲取力量。但是即便是最輝煌的歷史也不足以保證我們擁有更美好的生活。俄羅斯的當今一代必須透過自己的行動來延續我們的輝煌。

只有這樣，我們的後代才能為今天我們為這個偉大國家所書寫的歷史而感到驕傲。

謝謝大家。

2000年就職演講

時間：2000年5月7日
地點：克里姆林宮

尊敬的俄羅斯公民，親愛的朋友們：

今天，非常感謝你們。正是因為有了你們的支持，我才有幸擔任國家最高領導人一職。我很清楚，我肩上的責任非常重大。在俄羅斯，身為國家元首要為國家的過去和未來負責！

第一任總統葉爾欽先生即將離開克里姆林宮，今天的發言將會牢牢地保存在他的記憶中。今天，他在這裡一再重申：照顧好俄羅斯。這使我明白了總統的重大職責。執行這一重大責任將需要我的戰友們在工作和生活中與我並肩作戰。我希望獲得俄羅斯所有同胞的幫助，為祖國的未來而奮鬥。

今天我要感謝所有在選舉中為我投票的人及支持我的人。你們的支持是我成功的第一步，為此我深表感謝。請你們相信，我們共同的努力可以改變我們的生活，讓生活更加美好。但我知道，你們的支持，這也是政府的期望，即由我來履行國家總統的職務。我相信，為其他候選人投選票的人，也是在為我們共同的未來、共同的目標，為我們更美好的生活，為俄羅斯的繁榮和強大投票。每個人都有自己的觀點和看法，但我們應該共同努力，共同協作完成許多尚未完成的工作。

我想再次強調，今天是歷史性的一天。實際上，按照人民的意願，以最民主、最直接的方式，合法和平地通過國家最高權力的委任，在我們國家歷史上尚屬首次，在俄羅斯歷史上也是第一次。權力的更換，始終是對立憲體制及立憲體制強度的檢驗。的確，我們不是第一次檢驗，更不是最後一次檢驗，但這一檢驗是我們生命中光榮的里程碑。我們充分證明：俄羅斯已成為民主國家。和平的繼承權，這是我們實現政治穩定這一夙願的基本要求。

通往自由社會的道路並不容易，在我們的歷史長卷中早已留下了慘澹、光輝的篇章。建設民主國家的任務遠遠沒有完成，但我們已經為此付出了很多。我們已經完成了保護、保存和發展民主制的任務，讓民眾選舉的負責人在國內外代表人民的利益，處處捍衛俄羅斯公民，服務於社會。無論現在還是未來，我一定會堅決秉承這一原則，捍衛這一立場。

我們今天和未來的人民在神聖的克里姆林宮舉行這次盛會。克里姆林宮是我們國家記憶的集中點，在克里姆林宮牆上，有我們國家數百年來的歷史，我們不能成為伊萬，也不能成為與他相似的人。我們應該清楚自己的歷史，絕不能忘記，應從中汲取教訓，永遠記住是誰創建了俄羅斯，是誰捍衛了俄羅斯的尊嚴，又是誰把它變得更加強大。我們要記住這些，保存這一時代聯繫，並把歷史的精華傳給後代。

尊敬的俄羅斯公民！我們要相信自己的力量，要相信我們能夠真正改造和改變我們的國家。我們擁有共同的目標——把俄羅斯變成令公民自豪和令世界各國尊重自由、繁榮、富強、文明的國家。

這幾個月，在莫斯科舉行的俄羅斯地區會議上，我深深地感到你們對我的理解和支持，我經常聽到公民在廣場或是街道上對我說：我們相信您，我們依賴您，您一定不要辜負我們。這些話對我至關重要。

我向你們保證，我將完全遵循國家的利益。當然，錯誤是在所難免的，但我能夠保證一切工作都會是公開和誠實的。

使俄羅斯人民團結一致，集中實現人民的明確目標和任務是我神聖的職責。同時，要時刻記住我們擁有同一個國家、同一個民族、同一個未來。

謝謝！

附錄二：普京大事年表

1952年10月7日出生於列寧格勒市（今聖彼得堡市）。

1970年，進入國立列寧格勒大學法律系國際法專業學習。

1975年從國立列寧格勒大學法律系以優異成績畢業，畢業論文題目是《一個國家如何才能獲得別國的平等對待》，畢業評語是「誠實、紀律性強、具有高度責任感」，畢業後在蘇聯國家安全委員會對外情報局工作。

1985年至1990年被派往民主德國工作，擔任過東德萊比錫的德俄友好會館代表。

1990年回國後離開KGB，先後擔任列寧格勒大學校長外事助理、列寧格勒市蘇維埃主席阿納托利．索布恰克的顧問。

1991至1992年任聖彼得堡市對外聯絡委員會主席。

1994年任聖彼得堡市第一副市長兼對外聯絡委員會主席，1994至1996年任聖彼得堡市第一副市長。

1996年8月，開始擔任俄聯邦總統事務管理局副局長。

1997年3月26日至1998年4月，任總統辦公廳副主任兼總統辦公廳監察總局局長。

1998年7月25日起任俄聯邦安全局局長，同年11月20日起任安全會議常務委員。

1999年3月29日起任俄聯邦安全局局長兼安全會議秘書，同年8月8日免去俄聯邦安全局局長職務，11月15日免去安全會議秘書職務。

1999年8月，車臣非法武裝分子侵入達吉斯坦，挑起戰事，普京主張堅決出兵車臣以打擊恐怖分了，捍衛國家統一和領土完整。

1999年8月9日起任俄羅斯第一副總理兼代總理，8月16日起正式任總理，同年9月起任俄羅斯和白俄羅斯執行委員會主席。

1999年8月9日，葉爾欽總統推薦普京為下屆總統候選人。同日，普京宣佈參加2000年總統大選。

1999年12月31日，葉爾欽總統任命他為代總統至2000年3月選出新總統為止。這之前，普京發表文章《千年之交的俄羅斯》，強調俄羅斯要走富民強國之路，指出「俄羅斯思想」的重要性，主張加強國家的作用；認為「俄羅斯的思想」的要素是愛國主義、大國意識、國家主義和社會團結。評論家稱此文章是普京競選總統的綱領。

2000年1月1日，普京在安全會議擴大會議上重申，俄羅斯將一如既往地和世界所有國家在平等、互諒、友好和互利合作的基礎上建立關係，確定了俄羅斯對外政策的連續性。他在上任的第一天即前往車臣，慰問了在那裡作戰的俄軍士兵，並重申對這場戰鬥的支持，他說俄羅斯士兵的根本目標是結束俄羅斯的分裂。

2000年1月25日起任獨聯體國家元首理事會主席。3月27日，俄羅斯中央選舉委員會宣佈，在已統計的94.27%的選票中，普京獲52.94%的選票，超過法定票數，當選為俄羅斯總統。

2000年5月6日普京支持政府將賭博稅提高5倍。

2000年5月7日在克里姆林宮安德列耶夫大廳舉行就職，同日免去總理職務。

2000年5月7日普京簽署一項補充法律，允許在受到嚴格限制的情況下可對外出口核材料、設備和技術。

2000年5月11日俄總統普京開始整頓一些聯邦主體制定的法律，加強對全國89個聯邦主體的控制，強化中央權力。

2002年10月：車臣叛亂分子在演出過程中衝進莫斯科劇院，將數百人劫持為人質。特種部隊最後衝進劇院，將叛亂分子頭目和幾十名武裝分子擊斃，釋放數百名人質，但也有100多名人質在解救過程中喪生。

2003年10月：俄當局逮捕首富米哈伊爾·霍多爾科夫斯基，指控其逃稅和詐騙。

2004年3月：普京在選舉中獲得70%以上的選票，輕鬆贏得第二個四年任期

2004年3月，普京贏得大選勝利，連任總統，同年5月宣誓就任。

2004年9月：北高加索地區別斯蘭的一所學校發生持續三天的人質危機，最終導致330多人死亡，其中大多數是兒童。

2004年12月：普京簽署法案取消州長選舉，此舉讓他有權任命州長，並在地區立法機構拒絕批准他提名的人選的情況下解散這些立法機構。

2006年2月9日普京總統與西班牙總理薩派特羅在馬德里舉行會談，發表反恐聯合聲明。

2006年2月16日普京總統簽署《關於打擊恐怖主義措施的命令》，決定成立國家反恐委員會，以協調各級權力執行機關的反恐活動。

2006年2月21日普京總統訪問巴庫，與亞塞拜然總統阿利耶夫共同出席亞塞拜然俄羅斯年開幕式

2006年3月6日普京總統簽署《聯邦反恐怖主義法》，該法明確了恐怖主義和反恐行動的定義，規定了反恐主義的基本原則、消除恐怖主義的法律與組織原則，並賦予俄羅斯武裝力量在境外對恐怖分子或其基地採取武裝行動的權力。

2006年7月：在莫斯科和華盛頓的雙邊關係惡化之際，俄羅斯在普京的家鄉聖彼得堡主辦首次八國集團首腦會議。

2006年7月15日八國集團首腦會議在聖彼得堡召開。普京總統與美國總統布希舉行了會談。

2006年9月21日普京總統在莫斯科會見烏克蘭總理亞努科維奇，討論了俄烏合作等問題。

2006年9月23日普京總統、法國總統席哈克和德國總理梅克爾在法國科姆皮延市舉行三方會談，會上討論了能源、經貿合作以及國際形勢等問題。

2006年10月25日普京總統在任期內第五次以現場直播的形式回答俄羅斯國民提出的問題。普

京表示，俄羅斯憲法不允許總統三連任，即使在失去全權後他也會努力保持人民對他的信任，憑藉這種信任他將像現在這樣繼續對國家生活產生影響，以保證俄羅斯的進一步發展。普京指出，近期謀殺案件數量增多的情況與國家開始積極打擊經濟領域的犯罪有關。

2006年11月17日普京總統表示支持位於西伯利亞地區的赤塔州和阿加布里亞特自治區權力機關聯合提出的建議，將這兩個聯邦主體合併為外貝加爾邊疆區。

2007年2月10日普京總統在德國慕尼黑安全政策問題國際會議上發表講話，強調「對當代世界而言，單極模式不僅不可接受，而且也根本不可能。」

2007年4月23日俄羅斯總統普京簽署《關於對〈最低勞動報酬法〉及聯邦其他法規進行修改的法律》，從2007年9月1日起將最低工資標準提高到2300盧布／月。俄羅斯聯邦前總統葉爾欽逝世。

2007年5月2日俄羅斯總統普京簽署《為國家需要預留土地的辦法》，為國家和城鎮政府需要可將土地預留七年。

2007年5月21日俄羅斯總統普京簽署命令，批准《俄羅斯與白俄羅斯避免雙重徵稅協議議定書》。

2007年5月29日俄羅斯成功試射一枚『RS 24』多彈頭洲際彈道導彈。俄官方稱『RS 24』能穿透任何導彈防禦系統。

2007年9月6日普京總統對印尼進行正式訪問，雙方簽訂了價值10億美元的軍火協定。這是

50年來蘇聯和俄羅斯元首首次訪問印尼

2007年10月1日普京總統參加「統一俄羅斯黨」八大，宣佈領導該黨參加將於12月2日舉行的新一屆國家杜馬選舉。他表示：2008年總統大選後，由他出任總理是可能的，但需要滿足兩個條件：一是「統一俄羅斯黨」在國家杜馬選舉中獲勝；二是下任總統必須是正派、有能力、有工作效率的具有現代理念的領導人，可以和他很好地合作。

2007年10月16至18日普京總統正式訪問伊朗，和伊朗領導人討論伊朗核問題。這是1943年蘇聯領導人史達林出席德黑蘭會議後蘇聯和俄羅斯最高領導人首次訪伊。

2007年10月16日普京總統出席在伊朗首都德黑蘭舉行的黑海沿岸國家峰會。會議討論了劃分裡海海底資源以及相關的能源問題。

2007年12月10日「統一俄羅斯黨」、「公正俄羅斯黨」、「俄羅斯農業黨」和「公民力量黨」聯合提名現政府第一副總理德米特里·梅德韋傑夫為2008年總統大選候選人。普京對此表示完全支持。

2007年12月17日「統一俄羅斯黨」舉行代表大會，正式提名梅德韋傑夫為該黨2008年總統大選候選人，普京宣佈，如果梅德韋傑夫當選總統，他準備出任政府總理。

2008年2月20日俄羅斯總統普京簽署成立俄羅斯國家航空製造中心的總統令。同日，俄羅斯總統普京在獨聯體峰會召開前夕會見喬治亞總統薩卡什維利，承諾俄不會承認阿布哈茲和南奧塞提亞共和國為獨立國家。

2008年4月15日「統一俄羅斯黨」第九次代表大會全票選舉普京從5月7日起擔任該黨主席，行使該黨最高領導人的職責。普京同意出任「統一俄羅斯黨」主席。

2008年8月8日喬治亞對南奧塞提亞展開軍事行動俄軍進入南奧塞提亞。

2010年底，俄羅斯在2018年世界盃足球賽主辦國的角逐中獲得了意外的勝利，最初人們以為英格蘭將獲得主辦權。普京代表俄羅斯政府保證將以最高水準籌備此次盛會，還承諾世界盃足球賽的所有參與者和觀眾都將免簽進入俄羅斯。

2011年4月13日俄羅斯總理普京否認俄羅斯和烏克蘭已經同意重新考慮天然氣定價原則。普京稱，已生效的合約應予執行，但俄做好了研究任何聲稱數字不準確的準備。歐洲委員會議會代表大會俄羅斯代表團邀請喬治亞代表重新開始因2008年南奧塞提亞事件而中止的對話。

2011年11月，普京作為總統候選人參加2012年俄聯邦總統大選的提名獲得全票通過，正式宣佈2012年參選總統。

2012年3月5日俄中央選舉委員會公佈總統大選的初步統計結果，在對全國99.3%選票進行統計，普京以63.75%的得票率贏得總統選舉。

2012年5月7日普京正式宣誓就任俄總統，成為俄第六屆總統。根據新憲法，總統任期六年並可連任。

2012年5月9日莫斯科紅場舉行盛大勝利日閱兵式，慶祝偉大衛國戰爭勝利67周年。

2013年6月25日，普京拒絕了美國引渡史諾登的要求。

2013年7月4日俄政府召開會議研究2014至2016年預算政策的主要內容和聯邦預算的參數。

2013年10月7日，普京下令取消俄羅斯最高仲裁法院，將之職能併入俄羅斯最高法院。

2014年3月，普京被提名為2014年諾貝爾和平獎候選人。

2014年3月18日普京簽署克里米亞入俄條約。

國家圖書館出版品預行編目資料

普京傳：還你一個奇蹟的俄羅斯 / 謝東 作：--

一版. -- 臺北市 : 廣達文化, 2014.07

面 ; 公分. -- (世界菁英：6)

ISBN 978-957-713-552-0(平裝)

1.普京(Putin. Vladimir Vladimirovich 1952-)

2.傳記 3.俄國

784.88 103010160

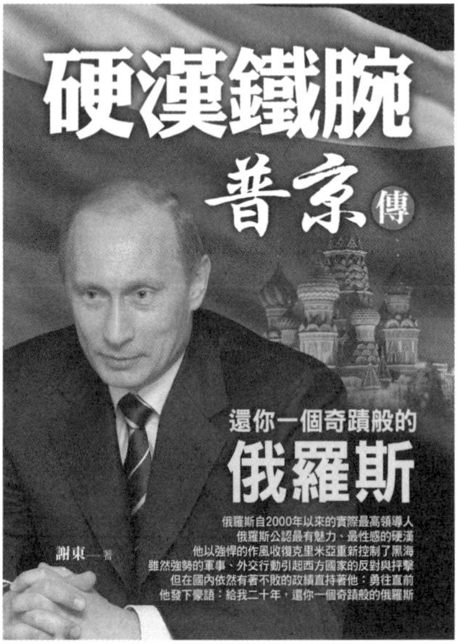

文經閣

普京傳
還你一個奇蹟般的俄羅斯

書山有路勤為徑
學海無涯苦作舟

作　者：謝東
叢書別：世界菁英 06
出版者：廣達文化事業有限公司

文經閣企畫出版
Quanta Association Cultural Enterprises Co. Ltd
編輯執行總監：秦漢唐

編輯所：臺北市信義區中坡南路 287 號 5 樓
通訊：南港福德郵政 7-49 號
電話：27283588　傳真：27264126

E-mail：siraviko@seed.net.tw
www.quantabooks.com.tw

製　版：卡樂製版有限公司
印　刷：大裕印刷排版公司
裝　訂：秉成裝訂有限公司

代理行銷：創智文化有限公司
23674 新北市土城區忠承路 89 號 6 樓
電話：02-2268-3489　傳真：02-2269-6560

CVS 代理：美璟文化有限公司
電話：02-27239968　傳真：27239668

一版一刷：2014 年 7 月
定　價：420 元

書山有路勤爲徑
學海無涯苦作舟

書山有路勤為徑
學海無涯苦作舟